ETNOGRAFIA
DA INDIA
PORTUGUESA

ETNOGRAFIA DA INDIA PORTUGUESA

A. B. DE BRAGANCA PEREIRA

VOLUME II

AS CIVILIZACOES DA INDIA

GYAN

Published by

GYAN

Gyan Publishing House
5, Ansari Road
Daryaganj, New Delhi-110002
Phone: 011-47034999, 9811692060
E-mail: books@gyanbooks.com

Distribution Network
gyanbooks.com
India, USA, Canada, UK, Australia, France

ISBN : 978-81-212-3363-7 (Set)
ISBN : 978-81-212-9726-4 (PB)

2nd Impression 2020

Printed at: Gyan Press, Delhi.

Etnografia Da India Portuguesa
Author: A. B. De Braganca Pereira

"L'ethnologie moderne, après les synthèses audacieuses mais fragiles de ses débuts, s'emploie aujourd'hui à des enquêtes de détail qui sont devenues la condition même de son existence. Chaque aire géographique demande à être etudiée non seulement en elle même, mais en raison des influences qu'elle a subie. C'est de l'ensemble de ces résultats partiels que nous pourrons dégager quelques aperçus généraux sur l'histoire d'un continent et peut-être, dans l'avenir, de l'humanité".

A. Métraux—*Prefácio da tradução francesa do* **Manual de Antropologia Cultural do prof. R. Lowie.**

CAPÍTULO I

O território

O Estado da Índia Portuguesa compreende três distritos administrativos: Goa, Damão e Diu.

Goa

Situação — O território de Goa está situado na costa ocidental da Índia, na região do Concão, no extremo Sudoeste do distrito de Bijapur da Presidência de Bombaím a 14° 53′ e 15° 48′ de latitude Norte e 73° 45′ e 74′ de longitude E. de Greenwich.

Limites—Ao Norte confina com o rio Araundém e alguns contrafortes dos Gates que o separam do Estado Nativo de Savantvadi; a Oeste com o Gôlfo de Arábia; ao Sul com a porção setentrional do Canará e a Leste com a cordilheira dos Gates (Saiadri) que o separa dos distritos ingleses de Belgão e Canará do Norte.

Em Torxém a fronteira corta para o Sueste, acompanhando o pequeno rio que nasce junto de Ancadém e aflue ao Chaporá, perto de Ibrampur, a montante da fortaleza de Alorna. Atravessa depois o Chaporá e sempre àquele rumo continúa até Maulinguém; donde se desvia para o Oriente, indo atingir os Gates de Chorlém e Parvor e segue a cordilheira dos Gates na sua direcção Sul passando pelos cumes de Quelgate, Sonogor, Tiném, Cuessim, Digui, Condol e Doncorpém. No Gate de Doncorpém inflecte a fronteira para o Sudoeste, cortando as origens dos rios de Talpona e Galgibaga, indo terminar na costa em Polém.

Aspecto — O solo apresenta contínua declinação desde os Gates até o Oceano Indico, sendo esta muito rápida do cume dos Gates até à sua raiz e depois suave até a costa.

De Norte a Sul e no extremo oriental encontram-se montes de arestas agudas e anfractuosas, que se elevam a grandes alturas sôbre vales precipitosos; gigantescos bambus entrelaçados por intermináveis trepadeiras e as sombrias tecas caracterizam a região dos Gates.

Dos Gates com seus contrafortes partem para a costa numerosas montanhas ou pequenas cordilheiras, de contornos ondulantes entre os quais tem origem a maior parte dos rios que banham o nosso território, onde se encontra o principal da povoação e onde os arrozais fazem agradável contraste com os palmares. O litoral é sempre variado pela freqüência dos rios, repetidas sinuosidades, ligeiros entumecimentos do solo e continuados palmares.

São três os sistemas orográficos de Goa.

O primeiro, constituido pelo grande maciço, ao Sul dos Gates Chorlém, é formado por todos os relêvos que vão dos montes de Vagueri a Querim de Satari. Ramifica-os para o Oriente a partir de Quelandém e acompanha a linha da escarpa dos Gates até Surla de Cima, no mesmo concelho, indo morrer no vale do rio Nanorém. Neste maciço ficam os picos de Zormém (Vagueri) e de Salali (Morlenchó dongôr).

O segundo sistema é o conjunto das montanhas que formam a cordilheira que partindo dos Gates de Parvor vão correndo ao Sul até o rio Madei. Êste maciço fica localizado pelas aldeias Satrém, Derodém, Vainguinim e Zoranim do concelho de Satari.

O terceiro sistema, que é constituido pelas cordilheiras que descem dos Gates de Quelgate, estende-se ao Sul acompanhando a linha dos Gates e segue por Embarbacém. É neste maciço que está situado o ponto mais elevado de Satari—o monte de Sonsogôr, conhecido também por Darsinga por onde passa a linha divisória que separa o nosso território do britânico.

As principais montanhas dêstes sistemas são:

Catlanchi Mauli, entre as aldeias Satrém e Derodém de Satari, e a aldeia inglesa de Amegão. Altitude: 1.107 metros.

Zormém. Altitude: 724,81 metros.

A *Moita de Zormém*, maciço do arvoredo no tôpo, serve para regular as agulhas dos navios surtos no Mandovi, aproveitando-se do pilar que fica junto ao cais de Malim. No plató encontram-se duas fontes de água potável.

Saleli. Altitude: 661,60 metros.

Em 1847 foi escolhida como ponto primário da triangulação inglesa, achando-se aí construido o sinal trigonométrico.

Morpila, em Bali (Canácona). Altitude: 479,10 metros.

Sidnata, em Borim (Pondá). Foi escolhida pelos ingleses para estação trigonométrica. Altitude: 409 metros.

Chandernate, em Parodá (Quepém). Altitude: 350 metros. A' pequena distância do templo hindú dedicado a Butnat, no cume, fica a marca da triangulação secundária inglesa. Sobe-se por uma escadaria de pedra bruta, salvo o último lanço que é de pedra aparelhada ligada com argamassa.

Litoral e Portos—O litoral apresenta, ao Norte e ao Sul alguns cêrros. Ao centro entre Cabo de Rama e Gôa, a costa é baixa, porém para dentro é elevada e pode ser costeada até a ilha de S. Jorge, ao Sul do promontório de Mormugão que é alto e comprido.

Dos portos que se abrem sôbre o litoral, sòmente dois, o de Goa e o de Mormugão podem dar entrada a navios de alto bordo; os demais servem para pequenas embarcações de cabotagem.

O pôrto de Goa tem a sua barra na foz do Mandovi, com a largura de 3,5 quilómetros tomada entre Aguada, ao Norte e o Cabo, ao Sul. A barra é desabrigada e os navios perigam sempre que há temporais do S.W. De 20 de Maio a fim de Setembro considera-se fechada, em virtude das areias arrastadas pelo Mandovi, não permitindo o acesso aos navios, que devem então procurar o porto de Mormugão.

Para guiar o navegante existe no morro da Aguada, um farol de rotação situado 85^{m},6 acima do nível do mar e visível a 48 quilómetros de distância.

O pôrto de Mormugão oferece completo abrigo em tôdas as épocas do ano, em conseqüência dos molhes que o protegem contra os ventos do mar. Está situado na enseada formada pelo promontório extremo de Salsete, à entrada do rio Zuari. A profundidade da água regula de 8 a 9 metros.

Defronte de Mormugão, margem direita do rio Zuari, fica o cais de D. Paula que serve para o movimento de passageiros e mercadorias durante a monção S. W.

Além dêstes portos existem mais:

Tiracol, contíguo à foz do rio do mesmo nome, tem na barra $1^m,8$ de profundidade na baixa mar, mas no ancoradouro a altura da água é maior.

Chaporá, na embocadura do rio do mesmo nome, marcando o extremo Noroeste de Bardês tem na barra cêrca de 2^m, 5 de altura de água.

Betul, na enseada Sul do rio do Sal. A barra de Betul tem cêrca de 3^m, 5 do fundo de areia.

Agonda, na foz de Agonda, a 14 quilómetros a S. E. de Cabo de Rama.

Talpona, na margem esquerda do rio de Talpona. Tem na barra cêrca de 3^m de altura de água.

Galgibaga, na foz do rio do mesmo nome.

Angediva, na ilha do mesmo nome. Tem 7^m de profundidade.

Hidrografia — O território de Goa é banhado pelos seguintes rios:

Arondém ou rio de Tiracol. Nasce em Bandém, no território de Savantvadi, entra em Perném pouco acima de Torxém e vem desaguar na costa entre Querim, e a Fortaleza de Tiracol. Comprimento: 23 quilómetros.

Chaporá ou rio de Colvale. Nasce no Rama Gate em Manerim (Savantvadi) e vem encontrar a nossa fronteira perto de Ibrampur, divide Bicholim e Bardês do concelho de Perném, vindo desaguar entre a fortaleza de Chaporá e Morgim. Comprimento 30 quilómetros.

Baga é formado pelo Oceano Índico que entra em Bardês junto ao forte do mesmo nome. Comprimento: 1 quilómetro.

Sinquerim é formado também pelo Oceano Índico que

entra em Bardês junto ao reduto de Sinquerim. Comprimento: 5 quilómetros.

Mandovi. Nasce nos Gates de Bingod e desce para o nosso território pelos Gates de Parvor, seguindo a direcção Este-Oeste até Gangém. O seu comprimento é de 6 quilómetros; a entrada à praça de Aguada fica situada na sua foz. No seu trajecto banha Volvoi, Candolá, Amonã, Marcela, Cundaím, Marcaím, as ilhas de Chorão, Divar, Capão ou Vanxim, Corjuém, Combarjua, Toltó e Jua, Velha-Gôa, Ribandar e Pangim.

Os principais afluentes do Mandovi são: o *Volvota* e o *Madei*. O primeiro nasce nos Gates de Verdi, junto da aldeia de Chorlém, atravessa Satari e dirige-se a Sanquelim. O Volvota e o rio de Bicholim, que tem a sua origem em Manerim, lançam-se no Madei em Sarmanos.

O *Madei* tem a sua origem em Jamboti (Gates), entra para o nosso território em Codval e passando por Nanus vem desaguar no Mandovi. O seu principal afluente é o rio Rogaró que fica em Sanguém.

De Madei, nas alturas de Usgão parte um canal navegável para Candeapar (Pondá) para o qual convergem o rio de Calai e as águas da cascata de Dudsagôr (Sanguém).

De Usgão segue para o Noroeste o rio Madei que separa Sanquelim de Pondá até Sarmanos, donde despede dois braços para Sanquelim e Bicholim e um, que é de menor importância, para Cudném.

De Sarmanos corta para Oeste, circunda diversas ilhas, formando cadeias mais ou menos numerosas e entra em Bardês, banhando Mapuçá, Tivim e Assonorá. Comprimento: 63 quilómetros.

Zuari. Tem a sua origem nos Gates britânicos, em Digui; recebe em Sanguém as águas do ribeiro dêste nome que resulta da confluência dos regatos que descem dos Gates de Dancorpém e das montanhas de Cumbari. Dêste ponto de junção corre com o nome de rio de Sanguém, separando as provincias, de Caçorá e Chandravaddi da de Embarbacém até Xelvona onde desagúa o rio de Parodá (que nasce em Ocimligant e passa por Bali e Chandravadi) e segue com o nome de rio de Rachol separando o concelho de Salsete do de Pondá até Marcaim e daqui com o nome de Zuari tornea a ilha de Secretário ou S. Jacinto formando a barra de Mormugão. Nesta parte separa Salsete da ilha de Goa. Um dos braços, segue na altura de Tonca (Marcaim) banhando Cundaim e Combarjua até ligar com Mandovi. Êste braço separa Pondá da ilha de Goa. Comprimento: 65 quilómetros.

Sal. Nasce em Vernã, passa por Margão, recebe em Assolná as águas de Adném e vai desaguar no Oceano junto ao forte de Betul. Comprimento: 25 quilómetros.

Talpona. Tem a sua origem nos Gates de Ambegil (torofo de Cotigão), atravessa Canácona e entra no Oceano entre Quendolim e o reduto de Talpona. Comprimento: 11 quilómetros.

Galgibaga. Nasce em Canácona e vai desaguar no Oceano, separando Loliém de Poinguinim.

Geologia—Parece que o território de Goa pertence à era terciária.

Assenta sôbre rochas de gneiss granitóides e xistos intercalados em alguns pontos de diorite basáltica e quartzo.

O solo é constituido pelos terrenos de aluvião e em grande parte pela laterite que tem 40 a 50% de aluminio.

Em Perném, junto ao rio de Tiracol, encontram-se nas laterites cavidades cheias de argila branca, que se assemelha ao caolim e de argila rosada e amarela.

A laterite exposta à acção dos agentes atmosféricos endurece. Por isso é pratica geralmente seguida em Goa deixar passar uma monção sôbre as alvenarias de tôdas as construções.

Encontram-se também depósitos de manganês e de ferro, principalmente na região Leste.

"Emquanto ao norte de Goa, e, ao sul, pelo menos até Mangalor, as escarpas terminais do rebordo seguem regularmente para o mar, no nosso território os menores relêvos dispoem-se um tanto assimétricamente e em pendores suaves. Com excepção da antiga província de Satary, onde os seus pequenos planaltos se distribuem com uma certa regularidade, ladeados por pequenas coroas de relevos, no resto da nossa colónia as ramificações do rebordo ocidental do Decan apresentam vestígios de um abaixamento desigual. Efectivamente, as depressões do solo preenchidas pelos materiais arrastados pelas fôrças exógenas, são actualmente planos inclinados orientados na direcção SE-NO.

É assim a maior parte da depressão do rio Candiapar, caminhando para NO, até se encontrar com o Madei, que faz a descarga dos platós de Satari; é a fenda percorrida pelo rio Sanguém-Zuari, flanqueada a leste pelas ramificações divergentes do grande morro de Sidnat, até entrar no Indico, entre o pontal de Mormugão, extremidade ocidental de uma linha de fracos relevos vindos dos Gates, e as escarpas bruscas do Cabo. Entre estas duas linhas de depressão estende-se a nesga de terras altas que ganha a maior altitude no Sidnat, no concelho de Pondá, e vai depois em degraus sucessivos até a zona insular e baixa do nosso território.

Não considerando as planícies de Bardez, Ilhas e Salsete, de constituição recente, visto que tôdas elas revelam deposições provenientes dos materiais arrastados do rebordo dos Gates e pelas águas do Oceano Indico, deposições que contribuiram para as formações insulares entre as duas falhas indicadas, vê-se que ao norte em Satari, o solo é um *pavimento* dos Sahiadris, uma espécie de terrado de nível inferior ao do rebordo. Na parte sul do nosso território, as irregularidades do solo e a forma denteada característica da linha de costas até o pontal de Cabo da Rama traduzem uma superfície movimentada, de pequenos vales irregulares, um emaranhado de planícies estreitas, descendo assimétricamente para o mar. Entre estas duas regiões norte e sul, predomina o morro de Sidnat, separando as duas nesgas de depressão que foram mencionadas.

A morfologia geral do território revela, como se vê, abaixamentos do solo, desmoronamentos que foram modelados e regularizados pelos materiais vindos das zonas mais altas. Há quebras de terreno, realizadas provávelmente quando se flectiram as ligações primitivas com a Arábia e a Africa, e o Oceano—o Mar de Godwana—abriu caminho de saida para o sul. Tôda a planície de Salsete, de construção recente, ocupa hoje o espaço de uma antiga reintrância do mar; entre o estuário do Zuari e a bacia do Mandovi haveria certamente comunicações muito mais largas, permitindo a hipótese de um golfo terciário onde hoje se encontra a maior parte da Ilha de Tissuary. Uma faixa considerável da planície de Bardez até a ponta de Chaporá seria formada do mesmo modo que a nesga de terra que se prolonga da península de Mormugão ao pontal de Cabo de Rama. A arquitectura destas planícies e dos seus relevos de acumulação à custa dos materiais vindos das quebradas dos Gates imprimiu aos primitivos abaixamentos do solo uma feição característica de degraus sem grandes desnivelamentos e orientados quási todos para o mar. É dissecando o solo e considerando-o na sua estrutura primitiva que se pode avaliar qual deveria ter sido a grandeza das flexuras sofridas por êste pedaço da lombada ocidental da Península do Decan.

Foi lentamente, graças às condições climáticas da região de Goa, que o seu solo, fortemente arborizado, se regularizou. Os abaixamentos encheram-se de materiais arrastados, as quebradas modelaram-se, adquirindo a forma actual que permite um fácil trânsito pelas estradas em projecto de Doncorpem, Digui, Guessi e Langarbaga e as já construidas de Tinem, Quelgate, Chorlem e Doromarogo. Todos estes caracteres geomorfologicos revelam, justificando-os, antigas depressões na zona divisória entre as massas gneissicas do sul e as formações plutónicas que se estendem até o limite norte dos Gates. E' examinando detidamente os caracteres da periferia da nossa colónia, alternadamente lisa e denteada, de inclinação suave e de escarpas bruscas, de plataformas oblíquas e de degraus curtos; é analizando a orientação e a inclinação das pequenas planícies e, finalmente, estudando a configuração geral dos seus terrados nas suas relações com a estrutura litológica ao norte e ao sul do nosso território, que se reconhece como êste se caracteriza no ponto de vista geomorfológico e como as suas linhas fisionómicas traduzem a existência de uma zona de abaixamentos tectónicos, modelados posteriormente pela acção do clima.

Êste conjunto de caracteres morfológicos que imprimem a Goa uma fisionomia inconfundível comparada a outras nesgas do pendor ocidental do Decan, justifica, a nosso ver, a tradicional importância que o território português gozou na história da Peninsula. Inabordável ao norte até Poona, sem passagem fácil para o sul até os Nilgheris, a única zona do transito para as terras opulentas do Decan deviam ser as quebradas dos Gates que, pela região de

Goa, por nós heróicamente conquistada, veem morrer nas águas do Oceano Indico. Caracteres litológicos e tectónicos prepararam as feições predominantes de Goa, a sua fisionomia especial e por isso a sua alta importância no ponto de vista da geografia politica." (1)

Clima. As estações podem reduzir-se a duas: o verão, sêco, de Outubro a Março, e o inverno, ou tempo das chuvas, de Abril a fins de Setembro.

Na primeira, também chamada quadra dos terrais, os ventos sopram de N. E. durante a noite. A atmosfera conserva-se diáfana.

A estação das chuvas é caracterizada pelos ventos de S. W. As chuvas de Maio, na segunda quinzena do mês, denominam-se *rohini.* É a época da sementeira de arrôs. A's chuvas do mês de Agôsto dão o nome de *Mogó.*

No tocante às temperaturas o ano pode dividir-se em três estações: uma quente de Março à primeira quinzena de Junho; outra fresca e húmida desde a segunda quinzena de Junho a Outubro, e a terceira fresca e sêca de Novembro a Fevereiro.

A média térmica anual é de 26° 9.

As médias estacionais são: 25°5 para a estação fresca e sêca que é a monção de N. E. ou dos terrais; 26°7 para a fresca e húmida que é a monção de S. W. ou das chuvas; 28°9 para a estação quente também conhecida por verão.

Os meses de Outubro e Abril são os mais quentes; os de Dezembro, Janeiro e Fevereiro os mais frescos.

Extensão e Superfície. O maior comprimento do território de Goa é de 105 quilómetros quadrados — a sua maior largura de 60 quilómetros quadrados, abrangendo uma superfície avaliada em 3.806 quilómetros quadrados.

População. Os recenseamentos da população do Estado da India referem-se aos anos seguintes:

---

(1) Prof. Silva Telles — *Goa* no *Boletim da Segunda Classe da Academia das Sciências de Lisboa,* vol. IV, pag. 91.

1894	1900	1910	1921	1931
494.386	475.513	486.755	507.776	505.281

Divisão administrativa—As terras de Goa, relativamente à época em que passaram ao domínio português, dividem-se em *Velhas Conquistas* e *Novas Conquistas.*

As *Velhas Conquistas* compreendem as províncias das Ilhas, Salsete e Bardês que formam os concelhos das Ilhas, Salsete, Mormugão e Bardês.

As *Novas Conquistas* abrangem as províncias de Perném, Bicholim ou Batagrama, Satari, Pondá ou Antruz, Canácona ou Advota, Embarbacém, Astagrar, Bali, Chondravaddi e Cacorá tendo as cinco últimas o nome colectivo de Zambaulim ou Panchmal, formando todo êste território os concelhos de Perném, Sanquelim, Pondá, Quepém, Sanguém, Canácona, e a Intendência Militar de Satari.

Cada concelho divide-se em freguesias:

Concelho das Ilhas

Freguesias civis	*Aldeias ou povoações correspondentes*
Agaçaim	S. Lourenço de Agaçaim, compreendendo a aldeia de Mercurim.
Batim	Batim, Gancim, Goalim-Moulá e Telaulim de Santana.
Carambolim	Carambolim e Corlim.
Goa-Velha	Goa-Velha, Siridão e Curca.
Graça	Senhora da Graça de Chorão (Chorão pequeno).
Mercês	Morombim o grande, compreendendo Santa Bárbara, Morombim o pequeno, Murdá e Renovadim.
Neurá	Neurá o grande e Neurá o pequeno.
Mandur	Mandur e Azossim.
Pangim	Pangim.
Piedade	Piedade (Goltim e Navelim).
Ribandar	Ribandar e Chimbel.

S. Bartolomeu	S. Bartolomeu de Chorão (Chorão grande), Caraím e Ambarim.
S. Braz	Gandaulim, Ilhas de Combarjua e Vantsó.
St.º Estêvão.	Ilha de Jua e Acaró ou de Mota.
S. Matias.	Malar, Naroá e Ilha de Capão ou Vanxim.
S. Pedro	S. Pedro compreendendo Panelim; e Velha Goa compreendendo Banguinim, Elá e Daugim.
St.ª Cruz.	St.ª Cruz compreendendo Calapor, Cujirá e Bambolim.
Taleigão	St.ª Inês, Taleigão, Caranzalém, D. Paula e Cabo.

No concelho das Ilhas, na ilha de Tissuari, fica Nova-Goa, a capital do Estado da India.

Concelho de Salcete

Freguesias civis	*Aldeias ou povoações correspondentes*
Assolná	Assolná
Benaulim . . . . , . .	Adsulim, Benaulim e Caná.
Betalbatim	Betalbatim e Consua.
Carmoná. , ...	Carmoná e Cavelossim.
Chandor	Cavorim, Chandor e Guirdolim.
Chinchinim	Chinchinim, Deussua, Dramapur, Sarzorá e Sirlim.
Colvá	Colvá, Gandaulim, Sernabatim e Vanelim.
Cuncolim.	Cuncolim, Talvordá e Verodá.
Curtorim	Curtorim.
Loutulim	Loutulim.
Macazana	Macazana.
Majordá	Calata, Majordá e Utordá.
Margão	Margão.
Navelim	Aquém, Davorlim, Dicarpale, Navelim e Telaulim.

Nuvém.	Nuvém.
Orlim	Orlim.
Parodá.	Parodá e Mulém.
Rachol	Rachol.
Raia	Raia e Camorlim.
S. José do Areal . . .	S. José do Areal.
Seraulim . . . . , . .	Duncolim e Seraulim.
Varcá	Varcá.
Velim	Ambelim e Velim.
Verná	Nagoá e Verná.

CONCELHO DE BARDEZ

Freguesias civis	*Aldeias ou povoações correspondentes*
Aldoná.	Aldoná.
Anjuna.	Anjuna.
Assagão	Assagão.
Assonorá.	Assonorá.
Calangute.	Calangute.
Candolim. . , . . .	Candolim e Linhares.
Colvale	Colvale e Camorlim.
Guirim	Guirim e Sangoldá.
Mapuçá . . . . , .	Mapuçá, Corlim e Cunchelim.
Moirá	Moirá.
Nagoá	Nagoá, Arporá e Baga.
Nerul	Nerul.
Nachinolá.	Nachinolá.
Oxel	Oxel e Vagalim.
Parrá	Parrá, Cancá e Verlá.
Pilerne . , ...	Pilerne e Marrá.
Pomburpá.	Pomburpá, Olaulim e Velotim.
Penha-de-França . . .	Penha-de-França.
Reis-Magos	Reis-Magos.
Revorá	Revorá, Nadorá e Pirna.
Saligão	Saligão.
Siolim	Siolim, Marná e Vaddi.
Socorro	Socorro.

Salvador do Mundo. .	Salvador do Mundo.
Tivim	Tivim, Sirçaim e Bodiém.
Ucassaim.	Ucassaim, Paliém, Punolá e Bastorá.

CONCELHO DE MORMUGÃO

Freguesias civis	*Aldeias ou povoações correspondentes*
Chicalim	Chicalim, Chicolna, Dabolim e Ilha de S. Jacinto.
Cortalim	Cortalim, Quelossim e Sancoale.
S. Tomé	Arossim, Cansaulim e Cuelim.
Vasco da Gama . . .	Pôrto, Vasco da Gama e Vadém.
Velção	Issorcim, Pale e Velção.

CONCELHO DE PERNÉM

Freguesias civis	*Aldeias ou povoações correspondentes*
Agarvadó.	Agarvadó e Chopdém.
Alorna	Alorna e Cançarvorném.
Amberém.	Amberém e Poroscodém.
Arambol	Arambol.
Cassabé	Cassabé.
Casném	Casném e Varconda.
Chandel	Chandel e Mopa.
Corgão	Corgão.
Dargalim	Dargalim.
Ibrampur	Ibrampur.
Mandrém	Mandrém.
Morgim	Morgim.
Ozorim	Ozorim e Tuém.
Paliém	Paliém.
Querim	Querim.
Parxém	Parxém.
Tamboxém	Tamboxém.
Tiracol	Tiracol.
Torxém	Torxém.
Uguém	Uguém.
Virnorá	Virnorá.

Concelho de Sanquelim

Freguesias civis	Aldeias correspondentes
Amoná	Amoná e Verdi
Arvalém	Arvalém e Maulinguém
Aturli	Aturli e Vainguinim
Bordém	Bordém e Lamagão
Carapur	Carapur e Sarvona
Cassabé de Bicholim .	Cassabé de Bicholim
Cassabé de Sanquelim	Cassabé de Sanquelim
Cotombo	Cotombo e Surla
Cudném	Cudném
Latambarcém	Advolpale e Latambarcém
Maém	Maém
Mencurém	Dumaxém e Mencurém
Navelim	Navelim
Piligão	Piligão e Naroá
Salém	Salém
Sirigão	Mulgão e Sirigão
Usgão	Gangém e Usgão
Velguém	Pale e Velguém

Concelho de Satari

Freguesias civis	Aldeias correspondentes
Caranzol	Assodém, Caranzol, Carambolim-bazuruco, Codvol, Pendral, Sanvordém, Sirangulim e Sirsodém.
Codal	Ambeachi-govol, Codal, Derodém-Maloli, Nanodém, Satodém, Sonal, Surla, Ustém, Vanguriém, Xelop-buzuruco e Zadani.
Cotorém	Ambeli, Bironddém, Conquirém, Cotorém, Damocém, Govaném, Guleli, Malpona, Melauli, Vantém e Xelop-Curdo.

Onda	Buimpale, Codiém, Morlém, Onda, Pissurlém, Ponocém, Poriém, Podocém; Saleli, Sigoném, Sonuz e Vagoriém.
Querim	Anzuném, Choraundém, Curchirém, Goaluli, Gonteli, Golulém, Ivrém - Buzuruco, Ivrém - Curdo, Ona, Maulinguém, Ponsuli, Quelaudém, Querim, Ravona e Siroli.
Valpoi	Advoi, Ambedém, Assolém, Bom, bedém, Bocal, Carambolim-Brama, Codqui, Cudném, Cumarconda, Comordém, Dabém, Davém, Edorém, Massordém, Maús-Nagvém, Naneli, Nanus, Nagargão, Pale, Rivém, Sanvorxém, Santodém, Taném, Velguém, Veluz e Zormém.

CONCELHO DE PONDA'

Freguesias civis	*Aldeias correspondentes*
Bandorá	Bandorá.
Borim	Borim.
Betqui	Betqui e Candolá.
Candeapar	Candeapar e Coddar.
Conxém . . . . , .	Conxém e Nirancal.
Cundaim	Cundaim e Boma.
Curti	Curti e Betorá.
Marcaim	Marcaim.
Orgão	Orgão, Tiurém e Adcolna.
Ponchovaddi	Ponchovaddi
Priol	Priol.
Querim	Querim e Cuncoliém.
Sirodá	Sirodá.
Queulá	Queulá.

Talaulim	Talaulim e Vaddi.
Velinga	Velinga.
Verém	Verém, Volvoi e Vagurbém.

Concelho de Sanguem

Freguesias civis	*Aldeias correspondentes*
Bati	Naiquinim, Dongor, Sigoném e Bati do torofo dêste nome e Viliena e Cumbari.
Calém	Dudal, Maulinguém, Calém, Oxél, Dongorli e Boma do torofo de Surla.
Curdi	Curdi e Curpém.
Darbandorá	Darbandorá e Paliém.
Molém	Molém, Caranzol, Sonaulim, Colém, Sangoda e Sigão do torofo de Sancordém.
Netorlim . . . . . . , .	Netorlim, Vichundrém, Jaqui-Nudém, Verlém, Salguiném, Tudou, Cunonguém e Viliém do torofo de Verlém.
Quirlapale	Bandol, Codli, do torofo de Codli, Camarconda, Moiçal, Cormoném, Santona, Rumodém, Cananguinim e Sanvordém.
Rivona.	Rivona e Colomba.
Sancordém	Sancordém e Aglot do torofo de Sancordém e Surla do torofo de Surla.
Sanguém	Catorli, Xelpém, Salauli, do torofo dêste nome, Uguém, Patiem, Panchorém ou Potrém e Tudou do torofo dêste nome, Costi do torofo de Calém, Muguli do torofo de Surla, Comproi do de Codli.

Concelho de Quepém

Freguesias civis	*Aldeias correspondentes*
Amoná	Amoná e Sirvoi.
Arali	Arali, Dabém, Naqueri, Quitol e Vagurbém.
Assoldá	Assoldá.
Avedém	Avedém.
Bali	Bali, Adném, Bendordém, Cordém, Fatorpá e Morpila.
Barcém	Barcém, Paddi, Quedém e Nil-vontoli.
Cacorá	Cacorá (Chircondi, Gotmorod, Goddiamod, Moda e Soliém).
Cotombi	Cotombi e Chaifi.
Cusmane	Cusmane.
Curchorém	Curchorém.
Maina-Sulcorna . . .	Canvorém, Corla, Cazúr, Gocoldém, Maina, Mangal, Pirla, Quiscona e Sulcona.
Molcorném	Molcopona, Molcorném, Nagvim, Udorno e Zanodém.
Odar	Chic-Xelvona, Odar e Xelvona.
Quepém	Ambaulim e Quepém.
Xeldém	Xeldém.

Concelho de Canácona

Freguesias civis	*Aldeias correspondentes*
Angediva . . , ...	Angediva.
Canácona	Canácona, e Nagorcém-Palolém.
Cola	Cola, Agonda, Molorém e Siroli.
Cotigão	Cotigão e Gaundongrém.
Loliém-Polém	Loliém-Polém.
Poinguinim	Poinguinim.

Damão

Situação e limites — Êste distrito, situado na costa ocidental da India a 20° 24′ 30″ de latitude N e 72° 24′ 45″ de longitude E de Greenwich, é limitado ao Norte pelo rio Couleque que o separa do colectorado de Surrate e ao Sul pelo rio Calem confrontando com o colectorado de Taná. Abrange uma pequena parte da costa do gôlfo de Cambaia, avaliada em 15km de extensão.

Compõe-se de três partes:

A primeira conhecida por Damão própriamente dito, séde do govêrno do distrito, limita-se ao Leste por uma linha que, partindo das proximidades de Pardi, junto ao rio Calem, segue para o Norte quási tangente à via férrea de Bombaim a Barodá e em Dabel inflecte para Oeste, cêrca de 4 quilómetros, continuando depois para o Nordeste, até encontrar o rio Coileque; com a área de 57 quilómetros quadrados.

A segunda constituida pelo territórios de Dadrá, Demuá e Tigrá, aldeias, entre si ligadas, com a área de 7,59 km^2 e encravadas no território britânico, a 9 quilómetros ao Sudoeste da primeira sôbre a margem direita do rio Sandalcalo ou Damangangá.

A terceira, a mais importante — Praganã Nagar Aveli — também encravada nos domínios ingleses e confinando a Leste com os territórios do rajá de Darampur; ao Sul com a parte superior do rio de Salcantor, tributário esquerdo do Damangangá até ao monte Gambirgad; a Oeste com o rio que nasce próximo de Gambirgad até Valgão, donde segue, pela divisória de águas entre a bacia de Damangangá e a de Calem até Pada Gandria, em que atravessa para a margem direita do Calem, acompanhando-a até próximo do Moti Barli; ao Norte e linha limítrofe da Praganã, corre sensívelmente a ENE, passando próximo das seguintes aldeias: Caxigão, Fulandy, Marcal, Varda e Pada. Junto de Pada segue por Leste o curso do Coileque, confrontando com os domínios de Dharampur. E' composta de 72 aldeias com a área de 290 quilómetros quadrados.

Aspecto— O aspecto orográfico é caracterizado por uma declinação lenta e suave no sentido N. E. a partir de relêvos montanhosos do seu limite continental.

Orografia—Não tem montes notáveis; apenas na Praganá Nagar-Aveli apresenta algum relêvo, ocupando proximamente uma terça parte da sua superfície. As montanhas mais altas não têem cota superior a 432 metros, sendo a principal serra a que serve de limite ao nosso território e ao britânico na parte do distrito de Taná. O ponto mais alto de Damão é a Serra da Cruz cuja cota é de 112 metros.

Litoral e porto — Junto à foz do rio Damangangá fica o porto de Damão, onde podem surgir navios de alto bordo. A profundidade da barra regula por 3^m, 5, na baixamar. A defendê-la estão duas obras de fortificação, sendo uma o forte de S. Jerónimo, na margem direita do rio, e a outra a praça de Damão, na margem esquerda, donde, do baluarte de S. Filipe, se pode bater a entrada da barra. Nas embarcações dos rios de Calem e Coileque passam barcos pequenos que se empregam no serviço costeiro, e são, por isso, portos de quasi nenhuma importância os que existem junto à entrada dêstes dois rios.

Hidrografia— É atravessado por vários cursos de água doce, como o *Pimpolia, Salcantor* e *Dongorcari* que não são navegáveis, mas utilizados para a alimentação e para os usos domésticos das povoações marginais. O único rio, que atravessa o nosso território, é o *Damangangá* ou *Sandalcalo* que tem as suas origens nas montanhas de Pughisanvor (India Inglesa) e entra em Nagar-Aveli por Gorbari. Percorre-o no sentido de Leste para o Oeste, e recebendo o Salcantor, seu afluente esquerdo, em Chispará dirige-se para o Norte. Banha as aldeias Tigrá e Dadrá ao Sul, e correndo através do território britânico entra nas proximidades de Jari e Calicachigão, em Damão que atravessa para desaguar no mar. E' navegável por barcos costeiros até Calicachigão, a uns 6 quilómetros da foz.

Geologia—Tôda a grande planície que se estende desde as cercanias de Bombaim até Damão, assenta em maioria sôbre terrenos de aluvião de diferentes origens formados de areias siliciosas puras ou misturadas de calhaus rolados de quartzo branco e vermelho proveniente da destruição de grés.

Essas areias, da época diluviana, apoiam-se numa camada de argila plástica, pertencente à época miocena. A camada superior de terras em maior parte é calcárea e em parte arenosa. O basalto, a traquite, e a laterite encontram-se formando massas isoladas.

Clima—O verão começa em Setembro, e o inverno entra no fim de Maio com os ventos do Sul, S. W. e Oeste. Os meses de mais chuva são Junho, Julho, Agôsto e grande parte de Setembro.

Os ventos dominantes no verão são: de manhã E. S. E. até N. N. E., de tarde N. W. até W. N. W. No inverno: de manhã e de tarde sopra S. S. W. variando entre W. e S.

As médias térmicas estacionais são: estação fresca e sêca ou monção N. S., 23°, 3; estação quente ou verão 27°; a estação fresca e húmida ou monção pluviosa de S. W. 25°. A média térmica anual é de 25°, inferior a de Goa.

A temperatura de Praganã Nagar-Aveli oscila na estação do inverno entre 20° e 27°, na estação fria entre 10° e 20° e no verão entre 27° e 42°.

Superfície e população—A área do distrito é de 384 quilómetros quadrados.

Os recenseamentos da população referem-se aos anos seguintes:

1894	1900	1910	1921	1931
63,248	41,671	47,550	48,526	58,001

Divisão Administrativa —Compõe-se de dois concelhos:

Damão com 26 aldeias e a área de 7,5 quilómetros quadrados. A séde é a cidade de Damão, elevada a cidade por Alvará de 1581.

Nagar-Aveli com 72 aldeias e área de 376,5 quilómetros quadrados. A séde é a vila de Paço de Arcos (Silvassá) criada por decreto de 11 de Fevereiro de 1885.

Concelho de Damão

Freguesias civis	*Aldeias correspondentes*
N. Sr.ª do Mar. . . .	Bimpor, Calicachigão, Cariá, Carivari, Catriá, Dabel, Damão pequeno, Deolá, Dundordá, Janivancar, Marvôr, Regunvará e Varacunda.
Praça	Bamotim, Campo dos Remédios, Damão de cima, Deva-Paidi, Dolér, Jampor, Jari, Jumpri, Magarvará, Paila-Paidi, Palhita, Prial e Taná-Paidi.

Concelho de Nagar-Aveli

Freguesias civis	*Aldeias correspondentes*
Candoli	Candoli, Amboli, Tinor, Bridabine, Velugão, Calú, Carachigão, Querdi, Parxai e Dolara.
Canoel	Canoel, Cuntli, Chaurá, Talauli, Rudanã, Jelti, Umbarvani e Goratpará.
Carchonde	Carchonde, Querarbari, Cotár, Vagchourum, Merum, Ambabari, Jamalpará, Caunchum, Dudonim, Guneça, Dildari e Gorbari.
Dadrá	Dadrá, Deminim e Tigrá.
Dapará	Dapará, Chinspará, Vassonã, Chicli, Apti, Pati e Surongui.
Noroli	Noroli, Dapeçá, Canari, Atal, Cararpará e Luari.
Quilaunim	Quilaunim, Sili, Galondá, Flandi e Umborcui.

Randá	Randá-grande, Randá-pequeno, Morcola e Bontá.
Silvassá	Silvassá, Ameli, Samarvanim, Massate, Cundachá, Racoli, Carar, Saili, Atolá e Vagchimpá.
Sindonim.	Sindonim, Chinzdá, Mandonim, Benzdum, Berpum, Querpum e Vansdá.

Diu

Situação e limites—O distrito de Diu fica situado no ângulo onde o Oceano Indico se bifurca em dois golfos: o de Cambaia e o da Pérsia.

É limitado ao E. S. e O. pelo Oceano Indico e ao N. pelos territórios de Katiawar do Rajá de Junnagad.

Compõe-se de três partes:

1.ª *Ilha de Diu*, banhada ao Sul pelo Gôlfo de Arábia e separada do continente por um braço de mar que constitui o pôrto com as suas duas barras, uma em frente da fortaleza e a outra em Brancavará. O esteiro, nas Marés baixas dá vau em dois pontos: Passo Sêco e Passo Côvo.

As coordenadas geográficas do castelo de Diu são 20° 43' Lat. N. e Long. 71,2. O comprimento da ilha desde o castelo até Brancavará é de 15 quilómetros e a sua maior largura é de 5 quilómetros aproximadamente.

2.ª *Aldeia Gogolá*, situada em frente da cidade de Diu e separada pelo ribeiro de Chassi, é orientada no sentido do seu comprimento de S. W a N. E e a largura de N. E a S. E tendo a área de 2 quilómetros quadrados e o comprimento de 2 quilómetros. As suas coordenadas são Lat. N 20°, 44', 30" —Long E de Greenwich 710,2.

3.ª *Simbor*, é um pequeno território na enseada de Simbor a 25 quilómetros de distância para o Nascente de Diu, onde temos o forte de Pani-Kota, edificado numa ilhota, a beira-mar. É constituido por uma ilhota e por duas faixas de terreno, interceptadas por um riacho conhecido por "Rio Vançoso".

Hidrografia—Existem dois rios: um denominado Chassi que, começando na barra do porto da praça de Diu, vai desaguar na de Brancavará, o outro que separa em Simbor os nossos terrenos.

Geologia—A constituição da ilha é de natureza vulcânica. O sub-solo é rochoso, podendo as terras ser divididas em cinco grupos: rochoso, arenoso, varzio ou humoso, palmar e marinhas ou terrenos salgados, existindo também alguns terrenos que podem classificar-se como argilosos.

A natureza geológica do território, duma maneira geral, pode ser classificada como sílico-calcárea.

Clima São três as estações: a do inverno que decorre de Julho a Outubro; a do terral que dura de Novembro a Janeiro e a de calor que vai de Fevereiro a Junho.

Não são grandes as chuvas, mas há fortes trovoadas nas tardes dos últimos dias de Agôsto.

Os ventos que sopram na costa de Diu, durante o verão que começa em Setembro são ventos mareiros de Sul e Sudoeste e Noroeste; em Novembro começam os terrais que ventam geralmente entre a meia noite e o meio dia e quando acalmam sopram as viracões do mar entre o S. W. e N. E desde o meio dia até à meia noite.

A temperatura máxima oscila entre 30° e 36° e a mínima entre 10° e 12°, sendo portanto a temperatura média de 21°. Os meses mais quentes são os de Maio e Junho e os mais frios os de Dezembro e Janeiro. Em Novembro e Fevereiro fazem-se sentir as mais bruscas mudanças de temperatura.

Superfície e População. Tem a área de 37 quilómetros quadrados.

Os recenseamentos da população referem-se aos anos seguintes:

1894	1900	1910	1921	1931
13.206	14.614	14.170	14.214	16.688

Divisão Administrativa — O distrito de Diu compreende único concelho.

Concelho de Diu

Freguesias civis	*Aldeias correspondentes*
Diu	Diu, Simar, Naliará, Massaniã Frafarium, Talium e Tanque dos Mainatos.
Podamo	Podamo e Malala.
Gogolá	Gogolá.
Bunxivará.	Bunxivará, Queuri, Sar, Dangravari, Jesoá, Kotrá, Nagoá, Jolá, Oravari, Dinsá, Danadar, Bolavari, Singelim, Castelo, Passo-Sêco, Bauliajol, Patelvari, Ambavari, Metavari, Chancri, Dagachi, Malia-veri e Maliatimbá.
Brancavará.	Brancavará, Bete, Passocovo, Pauti, Nagoium, Vassarvan, Vania-vari, Saúde, Chand-vari, Dolavari, Andarvari, Nacseri, Vadivari, Amblivari, Tanqui, Charicó, Gudoli, Pamponim, Carivari, Carivangessá, Timba e Armatiá.
Simbôr	O território do Comando Militar de Simbôr.

CAPÍTULO II

As Castas

A população nativa de Goa divide-se em católica e não-católica, e esta se subdivide em hindu e maometana. A população católica predomina em as *Velhas Conquistas* e a hindu em as *Novas*.

São os seguintes os *jatis* (castas) hindus de Gôa:

Brâmanes:
- chitpavanas
- caradés
- pâdhés
- zoixis
- gaud-sarasvats:
  - smarts
  - sasticares
  - bardescares
  - pednecares
  - cudaldescares

Maratas (militares), *vanis* (comerciantes), *gurous* (servidores dos templos), *sonares* (ourives), *cansares* (caldeireiros), *mest*, que são *sutares* (carpinteiros) ou *lohares* (ferreiros), *cancanacares* ou *olares* ou *bogares* (fabricantes de manilhas), *chimpis* (alfaiates), *karvis* ou *gabits* (pescadores e marinheiros), *gonsavis* ou *zoguis* (mendicantes), *piducares* (vendedores de missangas), *bandaris* ou *sudir*, e *comorpaicos* (lavradores de sura), *cumbares* (oleiros), *agris* ou *mit-gauddés* (saleiros ou salineiros), *gauddés* (agricultores), *parits* ou *modvôls* (lavadeiros), *malés* ou *hajams* ou *nahvis* (barbeiros), *telis* (azeiteiros), *dangores* (pastores), *goulis* (pastores), *lingaitas* (seita religiosa), *gugires* (comerciantes), *malxis* (agricultores), *pernins*, *bavinas* e *deulis* (serventes dos pagodes), *calavantas* e *ganns* ou *gaiacas* (bailadeiras e músicos), *chêdvans* e *forgentos* ou *cheddés* ou *bhondés* (prostitutas e bastardos), *mahars* (farazes), *chamares* (curtidores). Estas duas últimas são párias *(asparchajat)*, que não podem ter contacto com as outras castas.

Os *chitpavanas, caradés, pâdhés, e zoixis* desempenham as funções sacerdotais nos templos hindus de Goa, mas não se aparentam uns com os outros. Os *chitpavanas, caradés*, e *pâdhés*, comem uns nas casas dos outros, mas não nas dos *gaudsarasvats.*

Os *chitpavanas* são também conhecidos por *chitpols, chiplunas* e *concanastas.* Chamam-se *chitpols* e *chiplunas* por terem irradiado de Chiplun (distrito indo-britânico de Ratnaguiri). Cêrca de 1715, quando os Pexuás, brâmanes *chitpavanas*, se apoderaram do trono imperial do marata Sivagi, os *chitpavanas* apelidaram-se de *concanastas.* As lendas que correm sôbre a origem dêles levam a supor que sejam estrangeiros, talvez árabes bramanizados que entraram na India pela via maritima. Consoante uma lenda, Paraxurama, incarnação do deus Vixnú, exterminador dos kchátrias, satisfazendo o pedido de sacerdotes, feito pelos povos do Concão, criou os *chitpavanas* da espuma do mar. Segundo outra lenda registada no *Sahiadri-Khand*, obra dum brâmane, Samudra (Neptuno indiano) arrojou às margens do rio Waxisti, ao norte de Ratnaguiri, cadáveres de *marinheiros árabes* que Paraxurama resuscitou (1)

A deusa tutelar dêles é Jogai. São os seguintes os apelidos dos chitpavanas: *Barvê, Fatquê, Goclê, Ozê, Paranjapê, Sanê, Shidhayê, Umariê, Quelcar, Italcaranzicar* e *Sahastrabudhê.*

Sir James Campbell sustenta que os *caradés* descendem dos hunos brancos ou *gurjaras* que colonizaram Goa e Canará, por causa da identidade dos deuses domésticos e do apelido *Gurjar* que usam tanto os caradés como os gujars. Certo é que Sidharaj, rei de Anhilvada (Guzerate) e neto do rei Cadamba de Goa era gujar. (2) O nome deriva de Karad (distrito indo-britânico de Satará) donde os caradés se espalharam pelo resto da India.

Como o antigo nome de Karad era Karachataka, Sir Ja-

---

(1) Crawford — *Legends of the Konkan*, pag. 3.

(2) *Census of India*, 1911, VII, parte I, pag. 289.

mes Campbell deriva Karad de Khagarata, nome da dinastia scitica que dominou no Concão; mas a verdade é que já o Mahâbhârata se referia à herética Karad (*Pachandam Karahatakam*) ([3]) aludindo evidentemente aos herejes budistas, pois que em Karad se encontram vestígios dos conventos budistas. ([4])

A lenda recolhida pelo Saiadri-Kand atribue aos caradés origem estrangeira, pois diz que Paraxurama os fez de ossos de camelos e os acusa da oferta de sacrifícios humanos, que foram proïbidos pelo *Pexuá* Balagi Bagirau, que reinou no Decão de 1740 a 1761 ([5]) Os caradés usam os seguintes apelidos: *Zodiê, Mahajani, Canddare, Pitrê, Bhati.*

Os *pâdhés* dividem-se em duas sub-castas: *pâdhés* e *porobos.* Usam os seguintes apelidos: *Gobrê, Gulê, Colnê, Matarbôgo, Dessai, Nigoliê.* Os *pâdhés* não comem em casa dos *porobos,* mas êstes comem em casa daqueles.

Os *zoixis* dividem-se em duas sub-castas: *zoixis* própriamente ditos e *kirvant-zoixis.* Êstes derivam o nome de *kriya,* serviços fúnebres, a que presidem. Os *kirvant-zoixis* assistem aos funerais de tôdas as castas, excepto dos mahrs e dos chamares. Usam o apelido Jotichi.

O *Gada Parva,* um dos episódios do Mahâbhârata faz-se eco duma lenda sôbre a origem dos sarasvats:

Nas margens do Sarasvat (Punjab) vivia Sarasvat, filho do rixi Dadichi. Quando a fome assolava a India 60 mil brâmanes fizeram-se discipulos de Sarasvat e imitaram o Mestre que se alimentava de peixe. Daí o costume de comerem peixe, o que é defeso aos outros brâmanes. Das margens do Sarasvat espalharam-se os discipulos de Sarasvat pelo Sindh, Rajputana, e Bengala.

O *Saiadri khand* recolheu a seguinte lenda sôbre a imigração dos *gaud-sarasvats* no Concão: Paraxurama, incarna-

---

([3]) *Mahâbhârata Sabhaparvan,* 31, 70.

([4]) N. K. Bhagawat —Two symbols from Karad Caves — no *Journal of the University of Bombay,* VI, pt. III, pag. 43.

([5]) Pandit Bhattacharya — *Hindu Castes and Sects,* pag. 87.

ção do deus Vixnú, arremessou, como vimos, uma seta do alto do *Sahiadri* (Gates) para o mar, que recuou, emergindo o Concão. Paraxurama estabeleceu na parte mais fértil do Concão, em *Gomantac* ou *Gomanchal* (Goa) uma colónia de 96 famílias de brâmanes de *Trihôtra* que se espalharam pelas aldeias das Ilhas de Goa e de Salcete, e posteriormente pelas de Bardês, Perném e Kudal (Sauntvaddi). Daí as sub-castas *sasticares, bardescares, pednecares,* e *cudaldescares.* É de saber que o *Sahiadri-khand* não é documento coevo, pois foi escrito, provàvelmente há três séculos (6); que, segundo diz Grierson no vol. VIII, pag. 12 do *Linguistic Survey of India,* Trihôtra não se identifica com Tirhut (Behar), como alguns pretenderam; que o dr. Bhau Daji, eminente indianista *gaudsarasvat*, chegou à conclusão de o estabelecimento dos *gaud-sarasvats* em Goa ascender a 7 ou 8 séculos. (7)

Consoante o *Manguexh Mahatmaia,* a segunda colónia *gaud-sarasvat* veiu de Kanauj (Províncias do Noroeste) a Goa, tendo por chefes Devasharma do gôtra Vatsa, Lomasharma, do gôtra Coundinia, e Sivasharma do gôtra Cauxica. Os grupos dos primeiros dois se fixaram em Cuxasthali (Cortalim) e o terceiro em Queloxi (Quelossim). Tal é a origem dos brâmanes *smarts,* dos quais se recrutaram os *culcornins* (escrivãis) da mór parte das comunidades de Goa. Diz o *Concan-aquiana,* escrito por um *gaud-sarasvat* há um século e meio, no cap. V da parte II, que a segunda colónia *gaud-sarasvat* que se estabeleceu em Cortalim e Quelossim se cruzou com belas mulheres que não tinham casta. (8) Os brâmanes *vaixnavas* de Salcete e Ilhas queixaram-se de os brâmanes *smarts* de Cortalim os terem acusado de mesclagem com gente branca, de o prelado dos mesmos *smarts* ter feito agregar à casta gente estranha, como os narvalhos do Norte. (9)

(6) Kyd Nairne — *History of the Konkan* no *Gazetteer of the Bombay Presidency*, I, parte II, pag. 27.

(7) John Wilson — *Indian Caste* — II, pag. 28.

(8) *Arquivo Português Oriental,* fasc. 6 sup. 2.°, doc. 142.

(9) J. A. Saldanha — *The Indian Caste* — pag. 50.

Estes narvalhos devem ser os *nagarwals*, que são um ramo dos gaur-brâmanes das margens de Sarasvati, ou os brâmanes de Nagar. Sarasvat era o apelido dos monges duma religiosa criada por Xancaracharia fundador da seita dos *smarts*, sendo possível que os ascendentes dos *gaud-sarasvats* fôssem discipulos daqueles monges. Dir-se-á que os sasticares e os bardescares são *vâixnávas*, *ubés*, sectários de Madvacharia que esteve em Goa e convertou ao vixnuismo muitos dos brâmanes *advés*, sectários de Xancaracharia, segundo o *Madhva Vijaya*, resultando daí continuarem os vixnuitas de Goa a prestar culto aos deuses xivaítas.

As principais divindades xivaítas são: *Manguêch*, *Xantadurgá* e *Saptacotisvâr*, ao passo que são vixnuítas: *Naguêch*, *Ramnat*, *Mahalacximi*, *Malsá*, *Lacximi*, *Narasing*, *Kamacxá Damodar*. ([10])

Os xivaítas chamam-se *advés* e os vixnuítas *ubés*, porque aqueles usam na testa uma linha horisontal e êstes vertical.

Os *smarts* brâmanes *advés*, aparentam-se com os sasticares, êstes comem em casa daqueles e vice-versa; mas os sasticares e os smarts não casam nem comem em casa dos bardescares e dos pednecares. Releva notar que é recente a união entre os sasticares e os smarts que estavam separados por divergências religiosas.

Os *gaud-sarasvats* são também conhecidos por brâmanes *sarasvats*, *gomantaquis*, *concnins* ou *scenevis*. Consoante o *Sahiadri-khand* a colónia estabelecida em Goa por Paraxurama dividia-se em 10 *gôtras* (grupos exogâmicos) às quais se agregaram posteriormente mais 8. São as seguintes:

Bharadvaj, *Cauxica*, *Vatsa*, *Jamadagni*, *Caundania*, *Visvamitra*, *Vassixta*, *Caxiapa*, *Gautama*, *Atri*, *Xencapingal Garguia*, *Sanquiaian*, *Dhananjaia*, *Naixavia*, *Harit*, *Neidravia*, e *Cutsa*.

Os apelidos dos *gaud-sarasvats* são: *Sinai*, *Porobo*, *Poi*, *Patel*, *Camotim*, *Naique*, *Rau*, *Dessai*, *Quenim*, *Bandari*, *Maló*,

---

([10]) C. M. Char—*The life and teachings of Sri Madvacharia*, pag. 10; V. P. Chavan—*Vaishnavism of the Gaud Sarasvat Brahmins*, pag. 13 e 22.

Zoixi, Dondo, Xetió, Podvol, Mudrás, Pandita, Mantri, Khota, Katkatê, Samanta, Takur.

Paraxurama é uma entidade mitológica, à qual se atribui a criação do Concão e do Malabar e bem assim dos *chitpavanas* e *caradés*, e ainda a imigração dos *gaud-sarasvats* em Goa. Certo é que as incursões dos maometanos ao Noroeste da India, desde o século VIII provocaram o êxodo dos príncipes hindus que decerto não emigraram sem se fazer acompanhar de sacerdotes e homens de armas. A tradição confirmada pelas inscrições atribui aos reis Cadambas, que dominaram em Goa, a introdução dos brâmanes de Aicchatra no Concão e no Malabar. ([11])

Segundo Gerinl, a Adeisaga de Ptolomeu corresponde a Aicchatra, capital da Utara Panchala, ao Norte do Ganges. ([12]) Cunningham identificou Aicchatra com Aihcchatur, a oito milhas de Bareilly. ([13]) Outros identificaram Aicchatra com Ramnagar, a 20 milhas de Bareilly ([14])

Há quem identifique Aicchatra com Nagar em Rajputana. ([15]) Os brâmanes de Nagar, estão divididos em *sharmas* (clans): *devasharma*, etc. e emigraram de Nagar para Kanauj. ([16]) Ora como vimos, segundo o *Manguêsh Mahatmaia*, a segunda colónia *gaudsarasvat* veio de Kanauj a Goa sob a chefia de Devasharma e outros. É possível, portanto, que a segunda colónia *gaud-sarasvat* seja oriunda de Nagar (Rajputana).

Há três teorias sôbre a orígem da palavra "*marata*": Segundo o dr. Bhagvanlal e Fleet vem de Maharaxtra (grande país) nome com que os povos do Norte, cuja linguagem era sanscritoide, designaram o país que fica ao Sul do Hindostão.

([11]) B. A. Saletore—*Ancient Karnataka*, I, pag. 333.

([12]) *Researches into Ptolemy*, pag. 747.

([13]) Archeological Survey of India I, pag. 255.

([14]) Dey—*Geographical Dictionary of Ancient and Medieval India*, pag. 2.

([15]) Dr. P. D. Gune — *Annals of the Bhandarkar Institute*—1920-21, pag. 199.

([16]) K. E. Enthoven—*The Tribes and Castes of Bombay* I, pag. 234

Esta opinião foi combatida pelo dr. John Wilson, por se não descobrir a razão por que os povos do Norte chamaram "grande país" ao país do Sul, e por não se descortinar o motivo por que o nome que a princípio foi dado a tôda a India do Sul se restringiu depois à região em que actualmente se fala o marathi.

O professor Bhandarkar deriva a palavra *marata* de *rata*, povo que dominou no Decão e no Concão. Os *ratas* denominaram-se *maharatas* (grandes ratas) e assim o país que êles habitavam chamou-se Maharata (e em sânscrito Maharaxtra).

Sir James Campbell deriva a palavra *marata* de *rath* (carro de guerra) em que os maratas pelejavam.

Aparece a palavra *marata* pela primeira vez numa inscrição de Punem (Poona) do século I. O gramático Vararuchi (século I) alude à língua *maharaxtri*. O viajante chinês Hiuan Chwang (século VII) refere-se a Maharaxtra.

Cêrca de 1020 o geógrafo árabe Al-Biruni menciona *Marhat Des* como um país ao Sul do rio Narbada. Em 1320 o monge francês Jordanus fala do reino do Marata. Em 1340 o viajante Ibn Batuta diz que o povo de Daulatabad ou Devaguiri era marata. (17)

Marata, no sentido lato, é o povo do Decão ocidental (Maharaxtra) e na acepção restrita, a tribu militar histórica dessa região, tribu que constitui a casta (*jati*) marata. (18)

Sir James Campbell traçou o seguinte esbôço físico e psicológico da casta marata: "São simples, francos, independentes, liberais, cortêses e quando bem tratados liais. E' uma raça viril e inteligente, ufana da grandeza primitiva, amiga de ostentação. Sentem-se vocados para a carreira militar. Poucos maratas instruidos, de boas famílias exercem empregos públicos. Nunca se dedicam ao comércio. Em regra, um marata abastado tem a seu serviço um escrivão brâmane chamado *di-*

(17) R. E. Enthoven—*The Tribes and Castes of Bombay*, III, pag. 4; C. V. Vaidya—*History of Medieval Hindu India* I, pag. 64.

(18) Dr. Ketkar—*An Essay on Hinduism*, pag. 78.

vanji. A mulher marata é bondosa, afável, simples e, em geral, boa espôsa e dona da casa. Os maratas são de estatura mediana, de feições regulares, e bem constituidos" ([19]) São mili- ‹ ares, agricultores, e proprietários. Pertencem a esta casta os rajás de Barodá, Gwalior, Kolapur, os *ranes* e alguns *dessais* da nossa India. Ainda há pouco uma filha de Sotrogi Ranes, de Carapur (Sanquelim) casou com o rajá de Gwalior.

A semelhança dos apelidos, o casamento de raparigas púberes, a reclusão das mulheres, tudo isto revela o parentesco entre os rajputs e os maratas. A história atesta o facto de alianças matrimoniais entre as familias riais maratas e rajputs. A mãi do rajput e gujar (huno) Sidharaj Jaising, rei de Anhilvada (Guzerate) era filha do rei Cadamba de Goa. ([20])] Segundo a tradição, que se harmoniza com as investigações antropométricas de Fonseca Cardoso os ranes de Satari são oriundos de Jubbulpur, Udaipur e Jaipur (Rajputana).

E' facto que [dominaram no Decão as dinastias dos Chalúquias, Kalachurias, Gurjaras, Latas e Yadavas, e em Goa os Silahras e os Cadambas. E' natural que subsistam no Decão e em o nosso território de Goa vestigios daquelas dominações, e é curioso que entre os rajputs e os maratas encontremos os apelidos: *Chalqui, Calchuri, Gujar, Lad, Yadava, Silar e Cadambo.* ([21])

Os maratas pretendem descender dos antigos kchátrias e no Canará do Norte intitulam-se *árias.* Etnicamente não há brâmanes nem kchátrias, mas sim neobrâmanes e neokchátrias, porque os actuais brâmanes e kchátrias pertencem a várias raças e a diferentes castas. Os Chalúquias, os Yadavas e outros dominantes do Decão, os Silahras e os Cadambas que dominaram em Goa deviam ter a sua côrte, a sua aristocracia militar (*sardars*), o seu exército que nenhum Pa-

---

([19]) *Bombay Gazetteer, XXIV*, pag. 70. Census of India—I—*Ethnographic Appendix*, pag. 92.

([20]) *Census of India* —1911, vol. VII, part I, pag. 289.

([21]) *Census of India*— 1901, I, pag 93 e 1911—VII — pte. I, pag. 289.

Jeurá-darum (dança dos *goulis* de Praganã)

Modvõl (lavadeiro)

Goulina

Senhora khojá

Senhoras maratas

Grupo de *Curumbinas*

Zagôr (teatro dos *curumbins*)

raxurama exterminou. Mas os brâmanes, fieis à crença do aniquilamento dos kchátrias por Paraxurama não podem admitir a existência de kchátrias no Decão e em Goa. O que uma lenda destrói só outra lenda pode fazer renascer. Assim, consoante a lenda, os deuses arrependidos pelos progressos da impiedade (talvez budista) criaram novos kchátrias no alto do monte Abu: são os rajputs, o braço secular que auxiliou a propaganda do neo-bramanismo. Ser ou não ser kchátria depende dos brâmanes—afirma o brâmane dr. Ketkar. Com efeito, Sivaji o fundador da nacionalidade e do império marata, pagando 40 mil libras aos brâmanes de Benares conseguiu ser agraciado com o título de *kchátria*. ([22])

Já antes de Sivagi havia em Maharaxtra uma aristocracia militar. A pag. 613 e seguintes do *Gazetteer of Bombay Presidency*, vol. I, parte II, Loch menciona vários maratas que dominaram no Decão, como reis ou dessais. O turco Adil Khan, fundador do reino de Bijapur, de que fazia parte o nosso território de Goa, casou com uma marata, e o marathi passou cêrca de 1535 a ser a língua oficial do reino. Os reis indo-turcos de Bijapur protegeram os maratas, concederam-lhes terras e feudos, em recompensa dos serviços militares nas guerras com os mongois, e conferiram-lhes os títulos de *Desmuc*, *Sar-dessai*, *Naique*, *Rau* e *Rajá*. Assim, Malogi, avô de Sivagi, obteve o feudo de Poona e Supa, e Shahagi, pai de Sivagi, casou com a filha de Locgi Yadava, um dos fidalgos da côrte de Nizam Shah, rei de Bijapur, e obteve os feudos de Colar, Bangalore e Tanjore. Não é verdade, portanto, que os maratas, como vulgarmente se diz, se tenham levantado depois de Sivagi.

Sivagi aproveitou hábilmente o descontentamento provocado pela política intolerante do imperador mogol Aurangzeb para levantar os hindus contra os mongóis e prégar a guerra santa. Sem embargo das barreiras que separavam as diver-

([22]) *Imperial Gazetteer of India* — Bombay Presidency—III—pag. 86; Kennedy no *Imperial Gazetteer of India* —II; Dr. Ketkar—*An Essay on Hinduism*, pag. XXIV; *Census of India*— I Ethnographic Appendix

sas castas de Maharaxtra, Sivagi conseguiu reunir sob a sua bandeira todos os nindus contra o inimigo comum: o maometano. Os rajputs, não tendo podido opôr um dique às vagas maometanas (turcos e mongóis) que se precipitaram sôbre a India e arrastaram na corrente templos e ídolos, refugiaram-se em Rajputana. Mas a *revanche* coube aos maratas que conseguiram, tendo à frente Sivagi, aluir o poderio mongolo-maometano, afirmando a vitalidade das tribus guerreiras de Maharaxtra. O zêlo religioso de Sivagi teve a sua recompensa: foi coroado Imperador dos hindus, no alto de Raigad, por Ganga Bôto, brâmane de Benares, a 6 de Junho de 1674, e nêsse dia histórico, salvaram tôdas as fortalezas de Maharaxtra!

A Sivagi sucedeu Sambagi que invadiu o nosso território de Goa e a Sambagi seguiu Xaú, verdadeiro *roi-fainéant* que abdicou a favor do seu *premier* Baji Rau, brâmane *chitpavana*, que fundou a dinastia dos *Pexuás* e organizou a confederação marata. Poona passou a ser a capital do império marata. Os maratas conquistaram o Guzerate, Malwa, Berar, Orissa, Chaul, Baçaim, e a ilha de Salsête. Nos fins do século XVIII, dissolveu-se a confederação marata, formando-se os Estados nativos de Barodá, Nagpur, Indore, Gwalior, e Kolapur. ([23])

A casta marata está dividida em duas classes: maratas própriamente ditos e *cunebi-maratas* ou *culvadis*. Pertencem à primeira os príncipes, os oficiais, e os proprietários, e à segunda os operários agrícolas e os soldados. Na primeira há tradições da ancestralidade *rajput*. Os maratas da classe superior pretendem descender dos *kchátryas*, assemelham-se aos *rajputs* pelos seus costumes e apelidos, casam com as filhas dos da classe inferior, mas não lhes dão as suas filhas. Êste último costume revela que os maratas superiores descendem das tribus militares estranhas que invadiram o Decão

---

([23]) *Imperial Gazetteer of India* — Bombay Presidency, I, parte I, pag. 603; W. W. Loch — *Deckan History*; Ranade — *Rise of the Maratha Power;* Kincaid and Parasnis — *History of the Maratha People.*

e o Concão sem se fazer acompanhar de mulheres ou supriram a falta delas pelas indígenas, como é vulgar nas invasões. Os maratas da classe inferior não se julgam com direito ao título de *kchátria* nem entre êles há tradições da ascendência *rajput* evidentemente porque a linha masculina é indígena.

> "Now strangely enough the Chālukyas or Chalakes who are still one of the leading Maratha families are still assigned to the Suryavamsa, see the noted *pothi* issued from Kolhapur...Now another Maratha family *viz.*, the Kadams who are plainly the Kadambas of ancient inscriptions assigned in them to the same gotra as the Chālukyas (Ind. Ant., VI, page 24) are also assigned to the Suryavamsa in the above book of the modern Marathas. These facts prove that these 96 families' tradition of the Marathas are not imaginary productions, but are supported by inscriptional records which go back to the fifth and sixth centuries A. D. According to both of them the Chālukyas and the Kadambas are Solar race Kshatriyas while the Jādhavas and the Rāshtrakūtas (Ratakute in the modern Maratha books) are believed to be Lunar race Kshatriyas." (24)

Convem notar que os *cunebis-maratas* constituem uma classe distinta da dos *cunebis* das Velhas Conquistas que correspondem aos *gauddés* das Novas Conquistas, cujas mulheres se vestem como as *curumbinas.* A palavra *cunebi* significa "agricultor". Tanto os *cunebis* como os *gauddés* são operários agricolas. (25)

Em Sanguém há uma sub-casta denominada *novémarathi* (neo-maratas) que não se aparenta com os outros maratas, não sendo porém defesa a comensalidade.

São os seguintes os apelidos dos maratas: *Ranó, Inglé, Rauto, Saunto, Gad, Fortó, Pol, Porobo, Maló, Naique, Cada-*

---

(24) C. V. Vaidya—*History of Mediæval Hindu India*—Vol. I, pag. 82.

(25) R. E. Enthoven—*The Tribes and Castes of Bombay*—II—pag. 284 e 310 e III, pag. 3.

mo, Molico, Gaunço, Tacur, Tilvé, Sanvoló, Morio e Dessai.

Os maratas só comem em casa dos brâmanes e dos vanis. Em casa dos maratas comem as outras castas inferiores, menos os sonares, cansares, mests, cancanacares, gurous e chimpis.

Os *vanis* são comerciantes. A palavra *vani* deriva do sânscrito *vanij* (comerciante). Pretendem ser do *varna* váicya. Antigamente os vanis se aparentavam com os maratas, aos quais se assemelham pelos seus costumes. Isto mostra que o grupo *vani* se destacou da casta marata por se ter dedicado ao comércio. Os seus apelidos são: *Marató, Gad, Pal, Neugui, Munz, Gãoco, Naique, Xete, Saunto, Camotim, Lad, Molico, Dangui, Vanzari, Dari, Bôgoto, Porobo, Portó, Sirsat, Bingue, Sunvar.* Os vanis só comem em casa dos brâmanes e dos maratas da classe superior. Em casa dos vanis comem as outras castas, excepto os brâmanes, sonares, gauddés, cansares, mests, cancanacares, gurous, e chimpis.

Os vanis e os maratas da classe superior são investidos na linha sagrada (distintivo das castas superiores) por ocasião do casamento e estão divididos em gôtras, mas nem a identidade da *gotra* nem a do *cul* (totem) são impedimentos matrimoniais.

"Of the castes of the Maharashtra, the Desasthas, the Karadas and the Mahrattas are local groups, but the Chitpavans, the Saraswats and the Prabhus are traditionally supposed to have migrated from other parts. There is a legend that the Chitpavans were descended from shipwrecked foreigners, who were subsequently purified by Parashurama into the Brahmin caste, as their "name Chitpavan" implies. On the basis of this legend, and the alleged similarity oi Chitpavan names with places in Palestine, Prof. D. R. Bhandarkar has ascribed their origin to Asia Minor.

The Prabhus measured, belong to the Chandraseniya Kayastha section. According to their chronicles, the Prabhu Ratnamala; their original home was Oudh, from where they migrated to the Bombay Presidency during the times of Mahapadmanand and his successors. The Chandraseniyas do not intermarry with any other sections of the Prabhus excepting de Davne who are considered to be their sub-section.

The Saraswat Brahmins measured by me at Nova-Goa, claim their descent from the Gour Saraswats of Northern India, and were supposed to have been brought by Parashurama and settled in Gomanchal, the ancient name for Goa. Their surnames, *e.g.* Debasharma, Lomasharma, Shivasharma and titular deities such as Shantadurga are adduced as proofs of their affinities with the Brahmins of Eastern India (Bengal). Unlike the rest of the people in Maharastra, neither the Chitpavans nor the Saraswats marry their maternal uncles' daughters. This custom has been considered as one of the distinguishing features of Dravidian speaking peoples of Southern India, and lends some supportto their traditional migration from Northern India...

To conclude this brief Survey of the Mahrathi people, there can hardly be any doubt, that they belong to the same racial stock, with the possible exception of the Saraswats, whose relationship with the rest barring the Prabhus, does not appear to be so close. In the colours of the skin, eye and hair there are however marked differences. The Chitpavans, the Prabhus and the Saraswats are lighter than the others, and contain a definite blond element, specially, the former who are one of the fairest, and include a higher percentage of light eyed and light haired people than any other race living in the plains of India. This probably has occasioned so much speculation regarding the possible sources of their origin and their descent from foreigners from Asia Minor, shipwrecked on the coasts of the Konkan. The intimate associations of the Chitpavans with the rest of the Maharashtra people, as disclosed by quantitative tests are against such suppositions. The lighter element, so well marked among them, but noticed in a smaller degree among other groups of Western India, is undoubtedly due to an alien strain, but there seems no justification to suppose that it originated from Asia Minor where excepting the Mountain Kurds the people are in general dark eyed, and belong to a certain well known racial types very different from that of the Chitpavans. As has happened in many other parts of India, but possibly in a lesser extent — this lighter element probably had its source in some early racial drift from N. Western India...

The figures published in the Appendix will show that the lighter element though constituting a very small percentage, is still present among the upper classes of the Indian people not only in

N. India but also slightly in the South where among the Tamil Brahmins at least it is noticeable. But the largest percentage of this element is found among the Chitpavan or Konkonastha Brahmins of Maharashtra who constitute one of the lightest racial groups in India. In a pure form, however, it is prevalent only among the Indo-Aryan speaking tribes south of the Indukush mountains, who are in this respect comparable to the European races. It is probable that the powerfully built large-headed strain found at Mohenjo-daro forms one of the constituents of this race whose advent in India appears to synchronise with the "Aryan" invasion.

The brachycephalic race, who forms the dominant element in the population of the western and southwestern parts of India as well as Bengal, must have come at an earlier period, as judged by the remains at Harappa. But that it penetrated Southern India somewhat later seems certain, as judged by the age of the Aditanallur and Raigir skeletons. When it had moved eastwards into Bengal we have no definite evidence, but probably earlier that in Southern India as racial drifts along the Gangetic Valley would seem to have been easier and more rapid.

Mr. Chanda, who first pointed out the non-Mongolic character of the brachycephalic people of Bengal, postulates the invasion of an Alpine race from the Pamir regions, speaking a Tokharian speech to explain its existence in India. The presence of broad-headed skulls in the early strata of Mohenjo-daro and Harappa would seem however to militate against this supposition. Recent discoveries of Bertram Thomas analysed by Sir Arthur Keith have definitely shown the existence of brachycephalic types in South Arabia, of which the "Omani" displayed Armenoid affinities, which according to Keith must have come from Persia and Baluchistan. There seems no reason to think that the Indian brachycephals with definite Armenoid affinities resembling the "Omani" had a different origin. ([26])

Os *gurous* são servidores dos templos hindus e nas procissões empunham uma vara e caminham adiante do ídolo. A classe dos *jaina-gurous* descende provávelmente dos

([26]) *Census of India*—1931—vol. I, part III.

jainas. São vegetarianos. ([27]) Comem em casa dos brâmanes. Em casa dêles comem os maratas, bandaris, karvis, gonsavis, agris, cumbares, cunebis, telis, dangores, modvôls, malés, mahrs e chamares, bavinas e deulis, calavantas e ganns, e forgentos. Também os vanis que servem nos templos hindus se intitulam *gurous*. Usam os apelidos: *Sunvar, Bondrá' Naique, Samplo, Avaldar.*

Os *sonares* são ourives. A palavra *sonar* deriva do vocábulo sânscrito *suvarnacar* que significa "ourives". Estão divididos em *gôtras* e usam a linha sagrada *(upanaiana)*. A identidade da *gôtra* é impedimento matrimonial, como entre os brâmanes. Só comem em casa dos brâmanes *caradés*. As outras castas não comem em casa dêles, salvo as bavinas e as calavantas. Todos os sonares de Goa são mazanes (membros da confraria) do pagode de Calambá de Cansarpale (Sanquelim). Intitulam-se brâmanes *daivadnia*. Assemelham-se aos brâmanes pelos seus costumes. Usam o apelido "*Xete*". Para reivindicarem o título de *brâmane* alegam que antigamente os brâmanes rathacars e hoje os panchals ou vichvas trabalham em pedra, madeira, ferro, ouro e outros metais.

Os *cansares* são caldeireiros. Usam a linha sagrada. Só comem em casa dos chitpavanas, caradés e padhés, e em casa dêles comem apenas as bavinas e os deulis, as calavantas e os ganns, os cherés os mahrs e os chamares.

Os *mests* ou *lohares* são ferreiros e chamam-se *sutares* quando exerçam a profissão de carpinteiro. Usam a linha sagrada. Só comem na própria casta; as outras castas não comem em casa dêles. Alguns trabalham em prata. Usam o apelido "*Chari*". Nas *Velhas Conquistas* chamam-se *camares.*

Os *bogares* ou *volares* ou *cancanacares* são fabricantes de manilhas. Só comem em casa dos brâmanes. Em casa dêles comem os gonsavis, os bandaris, os dangôres, as bavinas e deulis, as calavantas e ganns, os pernins, os mahrs e os

---

([27]) *Bombay Gazetteer*—X, pag. 119.

chamares. Alguns exercem a profissão de caldeireiros.

Os *chimpis* são alfaiates. Há várias sub-castas: a que existe em Gôa denomina-se " *Nandev* " e estabeleceu-se recentemente. Estão divididos em *gôtras* e em *culs* mas nem a *gôtra* nem o *cul* são impedimentos matrimoniais. Comem em casa dos brâmanes. Em casa dêles comem apenas os dangôres, os pernins, os mahrs e os chamares. Usam o apelido " *Xete* ".

Os *karvis* ou *taris* ou *gabits* são pescadores e marinheiros. Comem em casa dos brâmanes, maratas, vanis, gurous, cumbares e gauddés. Comem em casa dêles os gonsavis, mit-gauddés, os piducares, os modvols, os bandaris, os dangôres, os pernins, as bavinas, e calavantas, os mahrs e os chamares. Usam os apelidos: *Saunto, Naique, Tari, Tandel, Pagui, Gantvol, Cordé, Carzé, Forté, Porobo.*

Os *piducares* vendem missangas. Comem em casa dos brâmanes, maratas, vanis, gurous, cancanacares, sonares, cansares, chimpis, carvis, gonsavis, gauddés, bandaris, telis, cumbares. Em casa dêles só comem os mahrs e os chamares.

Os *gonsavis*, ou *motcares* ou *zoguis* são agricultores e mendicantes. São obrigados a pedir esmola; tocam um instrumento chamado *xankha*. Os brincos nas orelhas são o distintivo da casta. Quando a criança atinja a idade de 10 ou 12 anos, faz-se a cerimónia de *mudricá* (investidura): um velho da casta alarga o orifício da orelha e introduz nêle o *mudricá* (brinco). No 11.º dia do falecimento, um ancião da casta preside à cerimónia de *giu-sut*: alinha três vasos: *tambió* (de cobre), *potra* (de cobre) e *gaddgó* (de barro), suspende perpendicularmente aos vasos uma linha a que prende uma folha de betle e flôres, deixa ao pé espírito nativo de palmeira, e pronuncia algumas palavras e no dia seguinte é o espírito distribuido pelos que assistiram ao entêrro. Comem em casa dos brâmanes, maratas, vanis, cancanacares, e carvis. Em casa dêles comem os dangôres, os chamares e os mahrs. Estão divididos em sub-castas que se não aparentam: cambli e piducares. Adoram o deus *Sideá*, sob a forma de cilindro de pedra, introduzido num orifício aberto noutra pedra.

Os *bandaris* ou *sudir* são agricultores e lavradores de sura de palmeira. Há duas sub-castas: *bandaris* próprimamente ditos e *põecapé-bandaris.* Estes distilam espíritos nativos e são conhecidos nas Velhas Conquistas por *rendeiros* (palavra indo-portuguesa). Parece que a palavra bandari deriva do vocábulo sânscrito *mandhara* (distilador). Os bandaris comem em casa dos brâmanes, maratas, vanis e cancanacares, e em casa dêles comem os dangôres, as bavinas e deulis, as calavantas e ganns, os mahrs e chamares. São os seguintes os apelidos dos bandaris: *Naique, Sanvol, Cansé, Metor, Cudou, Raul, Bordé, Bolé, Côt, Fotgi, Sindé, Mosgi, Polgi, Cambli, Buché, Zoxi, Canogi, Esgi, Engi, Duri, Bisgi, Gounddé, Narogi, Gongi, Norci, Cologi, Sidgi, Dadgi, Pocrê, Carbê, Calê, Bodjé, Lancé, Pouvar, Pandré, Dabalé.*

Os *comarpaicos* ou *comarpants* são agricultores e distiladores de espíritos nativos. É defeso o casamento entre os que adoram o mesmo *cul-devatá* (deus protector da família). Comem em casa dos brâmanes, maratas, e gauddés. Em casa dêles só comem os mahrs e os chamares. Só no concelho de Canácona encontramos esta casta que se subdivide em 18 grupos exogâmicos.

Os *cumbares* são oleiros. O nome deriva das palavras sânscritas: *khumba*, vaso de água, e *kar*, fabricante. Só comem em casa dos brâmanes, maratas e vanis. Em casa deles comem os dangôres, os karvis, os mahrs, os chamares, os piducares, as bavinas, as calavantas, os malés, e os forgentos. Usam o apelido "*Xete*". Na cabeça do cadáver da mulher grávida cravam um prego de *cazeró.* Quando a alma duma mulher grávida persiga a família do marido, fazem os oleiros uma cerimónia chamada *danque* com assistência do *ghaddi* (feiticeiro): cravam-se no chão 4 estacas, dentro do quadrado formado pelas estacas deita-se um punhado de arroz, coloca-se num vaso de água um raminho de mangueira e sôbre o raminho um côco, espalham sôbre o arroz, areca e betle, em volta os oleiros põem-se a tocar *gumot*, um dêles fica possesso e o *ghaddi* faz o exorcismo.

Os *agris* de Salcête e os *mit-gauddés* ou *gauddés* nas

Ilhas de Gôa e em Bardês exercem a indústria da extracção do sal ou são agricultores e proprietários. O *Census of India* distingue os *agris* dos *mit-gauddés* ou *mit-gavadás*. Aqueles são, consoante a tradição, oriundos de Mungi Paithan donde foram trazidos para o Concão por Bimbaraja. Os *mit-gauddés* distinguem-se também dos *gauddés* das Novas Conquistas, mesmo pelo aspecto físico. Os agris encontram-se principalmente nos distritos britânicos de Thana e Kolaba e os mit-gauddés em Ratnaguiri, Canará e Savantvadi. Divergem as opiniões sôbre a etimologia da palavra *gauddó:* Moleswort deriva-a de *ganv*, aldeia; outros do sânscrito *govaca*; e o dr. Oppert duma palavra dravídica que significa "monte". Os mit-gauddés usam os apelidos: *Gauddó, Porôbo.* Comem em casa dos brâmanes, maratas, bandaris. Em casa dêles comem os forgentos, os mahrs e os chamares.

Os *gauddés* são conhecidos por *cunebis* nas Velhas Conquistas e constituem uma casta distinta da dos *mit-gauddés*, são agricultores. A identidade do *cul-devatá* (deus protector da família) é impedimento matrimonial. Não comem nas folhas da árvore que seja *cul* (totem). Só comem em casa dos brâmanes. Em casa dêles comem os malxis, forgentos, chamares e mahrs. As mulheres desta casta distinguem-se das outras pela forma de vestir o pano e por cobrirem o antebraço com manilhas de latão. Usam os apelidos: *Neuro, Fogró, Velipo, Oizo, Miraxi.*

Os *modvôls* ou *parits* são lavadeiros. Comem em casa dos brâmanes, maratas, vanis, gurous, bandaris, carvis, e cumbares. Em casa dêles comem os mahrs e os chamares.

Os *malés* são barbeiros. Chamam-se também *hajams* ou *nahvis.* Comem em casa dos brâmanes, maratas, vanis, e cumbares. Das outras castas comem em casa dêles os mahrs e chamares. Os malés fazem a barba às outras castas, excepto aos mahrs e aos chamares.

Os *telis* extraem óleo de côco, gergelim, e undám *(calophylum inophyllum).* Comem em casa dos brâmanes, dos maratas, e dos vanis. Em casa dêles comem os dangôres, os mahrs, os chamares e os forgentos.

Os *dangôres* são criadores de gado. A identidade do *cul* (totem) é impedimento matrimonial. Não é o *botto* (sacerdote brâmane) que preside às cerimónias religiosas, mas o *sicaddi* (sacerdote da própria casta). É o *sicaddi* que escolhe o dia do casamento. No dia da boda, o pai da noiva dá ao noivo um pano, um turbante, e um lenço. Celebra-se a cerimónia nupcial debaixo duma árvore: o *sicaddi* canta versos; os convidados deitam arroz sôbre a cabeça dos noivos, que se postam um em frente do outro, separados por um anteparo (*antar-pat*); a noiva toca o *antarpat* com um dedo que o noivo, empunhando uma faca, descobre e segura. A adúltera é expulsa da casta pelos amigos da família (*tiraits*). Pode ser readmitida na casta cumprindo a pena (*dondda*) imposta pelos *tiraits*. Caso o adultério seja cometido com um parente com o qual se não possa casar, faz-se a seguinte cerimónia de purificação: mete-se a mulher num vaso de barro aberto nas extremidades, põe-se palha sôbre o vaso e deita-se-lhe fogo. A penitente entra por uma das aberturas e sai por outra, é obrigada a engulir o escarro que os tiraits deitam numa *cherêta* e sôbre ela é esparzida água de bosta (*dochmucta*). Os dangôres comem em casa dos brâmanes, maratas, vanis, chimpis, gurous, cancanacares, bandaris, cumbares, karvis, telis, e gonsavis. Em casa dêles comem os mahrs e os chamares. No 5.º dia depois do parto adoram a deusa Panchvi. Usam os apelidos: *Shindé, Carvoté, Zoré, Patel, Bandaré, Chelqué, Cocré, Doinfoddé, Taté, Jancar, Jhoré, Pinglé, Tandil, Oroc, Gandel, Cumbar.* Adoram os deuses: Vithobá, Birobá, Khandobá, e as deusas: Vijai, Vitleá, Satvai, Jani, Jocai.

Os *lingaítas* constituem uma seita hindu dissidente. Adoram Xivá sob a forma de *linga* (emblema fálico). Não admitem o casamento infantil nem a supremacia dos brâmanes. Permitem o casamento das viúvas. Enterram os cadáveres na posição de sentado. São vegetarianos e abstém-se de bebidas alcoólicas. Falam o canarês. Muitos dos jainas se converteram a esta seita, à qual pertencia o rei de Sundém, que derrotado em 1763 pelo maometano Haidar Ali, rei de Maiçôr, se acolheu à protecção do govêrno português e nos cedeu os concelhos de Pondá, Quepém, Sanguém, e Canácona. O actual representante do rei de Sundém é pensionista do Estado e reside em Bandorá (Pondá). Não comem com as outras castas nem depois do sol posto.

"Basava the founder of the Lingayat sect was a Brahmin who was for some time even minister to Vijjan the Kalachury commander in chief of the Chalukyas who had just usurped the power...

The Kalachuri usurpation was short-lived being supplanted by the Chalukya Somesvar the rightful king in 1182 A. D. But the Lingayat sect spread in Kuntala on Southern Maratha country rapidly and finally almost drove Jainism out of the Karnataka country...

In the first place Basava adopted Ahimsa as his main doctrine and then satisfied the popular trend of opinion which was now entirely in favour of non-slaughter and removed one vulnerable tenet of Hinduism which the Jains sucessfully attacked. He also denied the Varnasrama, Dharma another vulnerable point of Hinduism He denied that Brahmins had any special sanctity and affirmed that. every one was entitled to attain the highest goal. The Vaishnava of the South could not give up the ancient varna system of the Hindus and stuck to it. But Basava boldly came forward to abandon caste and in his days intermixture between Brahmins and even Chandalas took place. He even denied Saniasi and Tapa and thus going beyond the Jains scored a point over them and every one, he preached, must live by his own toil and never beg, not even the Jangamas, their priests. Basava is then almost the first Indian thinker who preached the dignity of labour and stopped all beggary. He alone preached that only Kayakas (work) led to Kailasa. He insisted in a strictly moral life for all men with perhaps greater success than Jainism and Buddhism for the Lingayats as a community eschew all frivolity and generally lead a highly moral life. Lastly, he stuck to the old Lingas worship of the common people and did not disturb their god. Of course Basava had to infuse a higher esoteric meaning into the symbol and to insist upon his followers wearing constantly upon their person the sacred Linga. He had done away with

Hindu goesa

Sacerdotes parses

Parsinas

the Brahmanic thread and he substituted for the same a silver thread with Linga attached to it. Having denied the Brahmins and the caste system, Basava had naturally recourse to the language of the people in which to preach to them. Basava cared not to copy the Jains in carrying on disputations with orthodox pandits in the Sanskrit language; but spoke pithy words of advice and doctrine in the Kanarese which had become the scripture of the Lyngayats. For this reason also Basava's sect secured victory over the Jain and even over the orthodox in the view of the common people. To the present day among the agriculturists and the trading population in Karnataka, the Lingayats are in preponderance from his time". (28)

Os *gujires* são comerciantes e mazanes do pagode de *Lacximi Naraína*, de Naroá (Bicholim). Não comem com as outras castas de Goa, pois são estrangeiros que recentemente se estabeleceram em Goa.

Os *malxis* são agricultores. Comem em casa dos brâmanes, maratas, vanis, e gauddés. Em casa dêles comem os deulis, as bavinas, as calavantas e os ganns.

Os *pernins* são servidores dos templos hindus. Comem em casa dos brâmanes, maratas, chimpis e vanis. As outras castas não comem em casa dêles, salvo os mahrs e os chamares.

Os *forgentos*, ou *bonddés* ou *cherés* são bastardos. As mulheres chamam-se *chêdvans* e as que se entregam à prostituição são conhecidas por *columbinas*. Comem com as outras castas, excepto carvis, sonares, mests, bavinas e deulis, calavantas e ganns.

Os *deulis* e as *bavinas* servem nos templos hindus. Os deulis tocam instrumentos de música, mas não acompanham as calavantas (bailadeiras). Das filhas, umas se casam e outras se destinam à prostituição. Quanto a estas praticam o lenocínio. Comem em casa dos brâmanes, maratas, vanis, cancanacares, gurous, cumbares, carvis, bandaris, sonares e

---

(28) C. V. Vaidya—*History of Medievael Hindu India*—vol. III, pag. 405.

cansares. Em casa dêles comem os mahrs e os chamares.

As *calavantas* ou *naiquines* são cantoras e dançarinas Os filhos chamam-se *ganns, murdangueiros,* ou *gaiacas* e são músicos. Das filhas umas se casam e outras se destinam à prostituição. Quanto a estas praticam o lenocínio. Comem em casa dos brâmanes, maratas, vanis, gurous, cumbares, carvis, bandaris, sonares e cansares. Em casa delas comem os mahrs e os chamares.

Os *chamares* são curtidores. Esta casta hoje votada ao desprêzo, considerada *pária*, nivelada com a dos mahrs, existia nos tempos védicos, e segundo o indianista Zimmer *(Altindisches Leben)* pertencia ao varna *váicya.* Talvez a influência do budismo explique a decadência dos chamares, pois o *Vinaya Pitaca* (livro budista) considera inferior a arte de curtir peles. Certo é que a alvura da tez e a correcção do tipo físico os distinguem dos aborígenes escuros, como os mahrs.

A inferioridade da casta não deve, pois, ser de origem étnica, mas sim social e religiosa. O *bôtto* (sacerdote brâmane) não preside às cerimónias religiosas dos chamares, mas limita-se a dar-lhes água benta *(tirta)* e a indicar os ritos que são executados pelos da casta. Os barbeiros não lhes azem a barba. Comem em casa das outras castas, excepto dos mahrs. Nenhuma casta come em casa dêles.

Os *mahrs* trabalham em artefactos de bambú, tocam bombo *(dhôl)* nas festas religiosas e profanas, hindus e cristãs, e encarregam-se da limpeza e remoção dos animais mortos. Vivem em bairros isolados, longe da povoação. Não comem carne de porco. Não comem em casa dos chamares. Em casa dêles não comem as outras castas. O sacerdote brâmane não preside às cerimónias religiosas dos mahrs, mas dá-lhes água benta *(tirta)* e indica, mediante remuneração, certas cerimónias. Usam o apelido: *Parvar.*

Segundo a tradição recolhida por um velho manuscrito um chitpavana, os *dangôres,* descendo dos Gates, descobriram o Concão, e voltando para a terra descreveram região explorada e encareceram as suas belezas. Os *mahrs* seduzidos pelo que ouviram aos *dangôres* transpuseram os Gates e esbeleceram-se no Concão. Aos *mahrs* seguiram os *sudras* na cultura das terras que os *maratas* conquistaram. ([29])

Entre os cristãos de Goa numeram-se as seguintes castas: *brâmanes*, *chardós* ou *chardi*, *gauddés* ou *agris* (saleiros), *sudir* (rendeiros ou destiladores de espiritos nativos), *carpinteiros*, *pedreiros*, *lavadeiros*, *azeiteiros*, *barbeiros*, *pescadores*, *ourives*, *ferreiros*, *oleiros*, *gauddis* ou *cunebis* (agricultores), *mahars* (farazes), *chamares* (curtidores).

São também considerados *sudras* os que não sejam brâmanes, chardós, gauddés, cunebis, mahrs ou chamares.

As castas maometanas de Goa são as seguintes:

Saiads, *xecs*, *pathans*, *khojás*, *bhatiaras* (cozinheiros), *bohoras* (comerciantes), *darvexis* ou *faquires* (mendicantes), *hakims* (curandeiros), *kaleigares* (latoeiros), *kassabs* (carniceiros), *manyares* (manilheiros), *memans* (comerciantes), *momins* (tecelões), *nagarjis* (músicos), *nalbands* (ferradores), *patvegares* (fabricantes de borlas de sêda), *pinjaras* (cardadores), *rafugares* (remendões), *rangaris* (tintureiros), *saudagares* (comerciantes).

Os *saiads* pretendem descender de Fatima e Ali, filha e genro de Mahomet, mas são descendentes dos maometanos da Arábia, Turquia e Asia Central. Usam o prenome "*Saiad*" ou "*Mir*" e o sobrenome "*Shah*" e as mulheres o apelido "*Begum*" ou "*Bibi*".

Os *xecs*, na acepção restrita do têrmo, são os descendentes dos imigrantes árabes e no sentido lato os hindus convertidos ao maometismo. Usam o prenome "*Xec*" ou "*Mahomet*", e as mulheres o apelido "*Bibi*".

Os *pathans* são afegans ou turcos estabelecidos na India. Usam o apelido "*Khan*" e as mulheres o sobrenome: "*Khatum*, *Khatu* ou *Bibi*". Podem casar fóra da casta.

Os *khojás* constituem a seita maometana dissidente conhecido por *xiá*. A profissão da fé maometana: "Há só um,

---

([29]) A. Crawford — *Legends of the Konkan*, pag. 23.

deus Allah, e Mahomet é seu profeta" acrescentam e "Ali companheiro de Mahomet, é o vigário de Deus". Os khojás primitivos eram persas, agregaram-se-lhes muitos hindus do Guzerate, a tribu dos *Lohanas* do Afaganistão e os *Chaks* de Cachemir. É chefe espiritual da seita o principe Agha Khan.

Os *bhatiaras,* os *bohoras,* os *darvechis,* os *momins,* os *nalbands* os *pinjaras,* e os *rafugares* descendem dos hindus convertidos ao maometismo.

Os *hakims,* os *kaleigares* e os *manyares* não constituem castas fechadas.

Os *kassabs* estão divididos em duas sub-castas: *gáo kasab,* que abate gado bovino, e *bakar cassab,* que abate carneiros. Esta considera-se superior àquela. As sub-castas não se aparentam e é defesa a comensalidade.

Os *memans* estão divididos em cinco classes, das quais encontramos em a nossa India as seguintes três: *cutchi,* oriundos do Sind e Cutch, dhoraji bhavnagri, de Bhavnagar, e veravalas de Veraval (Katiawar). Os primitivos memans eram hindus do Sind e foram convertidos ao maometismo por Cayad Yusuf-un-din kadiri de Baghdad, no século XV. São muitos religiosos. Como, em regra, não deixam de ir em peregrinação a Meca, a mór parte usa o apelido "Haji" (peregrino). O chefe espiritual dos cutchis reside em Mundra (Cutch).

Os *nagarjis* e os *patvegares* prestam culto aos deuses hindus e abastém-se da carne de vaca. E' que descendem dos hindus convertidos ao maometismo.

Os *saudagares* ou *navaiatas* dizem que descendem dos mercadores persas que nos séculos VII e VIII se estabeleceram nas costas do Concão.

São as seguintes as castas hindus de Damão:

Brâmanes, rajputs, banianes (comerciantes), *prabhus* (escribas), *agris* (salineiros), *bhandaris* (destiladores de espíritos de cajuri), *bhanguiás* (limpa-sentinas), *bariás* (agricultores) e *bharvads* (pastores de ovelhas e cabritos),

Rajá

Rajput

1. Bharvad

2. Barvads

3. Dhodiás

4. Marvaddis

bhatelás, *buruds* (fabricantes de artefactos de *bambu*), *kamlis* (agricultores e distiladores de espirito de *cajuri*), *cansares* (caldeireiros), *capris* ou *tambolis* (comerciantes), *khatris* (tecelões), *chamares* (curtidores), *chimpás* ou *bhavsares* (agricultores e carpinteiros), *coles* (agricultores), *conconãs* (operários), *cumbares* (oleiros), *dârjis* (alfaiates), *dhéres* (cozinheiros), *dhobis* (lavadeiros), *dhodiás* (agricultores), *dublás* (operários), *golás* (comerciantes de cereais), *lohares* ou *sutares* (ferreiros e carpinteiros), *machins* (pescadores e marinheiros), *maguelás* (pescadores e marinheiros), *marvaddis* (comerciantes e agiotas), *mitnans* (pescadores e salineiros), *mochis* (sapateiros), *sagares* (hortelões), *sonis* (ourives), *varanes* (barbeiros), *varlis* (operários).

Os *rajputs*, os "resbutos" dos cronistas portugueses, pretendem descender dos *kchátrias*. Pertencem a esta casta os rajás de Jodhpur, Bicaneer, Kishengarh, Jaipur, Alwar, Jaisalmir, Jalwar, Karauli, Kota, Bundi e Vizianagram. São militares e proprietários. Os rajputs aparecem na história no século VI da nova era como dissemos a pag. 164 do volume I.

Os rajputs são neo-kchátrias, pois pelo zêlo manifestado na propaganda do neo-bramanismo foram por meio de fantasiosas lendas, agraciados pelos brâmanes com o título de *kchátria*. A história demonstra que os scitas e os outros povos invasores da Asia Central abraçaram, primeiro, o budismo e depois o neo-bramanismo, cuja propaganda favoreceram. O rajput Sidharaj, rei de Anhilvada (Guzerate), neto do rei Cadamba de Goa era *gujar* (huno).

Os *banianes* constituem pela sua riqueza a classe mais importante de Damão. Pretendem descender dos váixias áricos. Uns são jainas e outros hindus. Dividem-se em sub-castas: *khadayata*, *lad*, *modh*, *porvad*, *shrimali*. As sub-castas comem umas nas casas das outras, mas não se aparentam entre si. O nome dos khadayatas deriva de Khadat, ao Nordeste de Ahmedabad, o dos lads de Lat, nome antigo do Guzerate meridional, o dos modhs de Modhera, ao Nordeste de Ahmedabad, o dos porvads de Porvad, em Marwar, o dos shrimalis de Shrimal, em Marwar. Os sacerdotes brâmanes que presidem às cerimónias religiosas dos khadayatas, modhs, e shrimalis têm respectivamente os mesmos nomes. E' que são oriundos das mesmas terras.

Supõe-se que os *bhanguiás* ou *bhanguis* constituem uma casta formada dos expulsos das outras castas. E' obscura a origem da palavra.

Os *bariás* são uma sub-casta dos coles.

Os *bharvads* ou *gadariás* são oriundos de Gokal Vrindavam, nas proximidades de Mathurá. A base da alimentação é o leite. A viúva casa de preferência com o irmão mais novo do marido.

Os *bhatelás* são brâmanes da classe *anavalas.* Anavala fica a leste de Surrate. Os bhatelás são agricultores e constituem a classe inferior dos brâmanes *anavalás*, sendo a superior formada pelos *dessais* que são proprietários.

Os *buruds* são também conhecidos por *medars, ghanchés* e *vanasfodás.* A identidade do *cul* é impedimento matrimonial. O apelido é o nome do *cul* (totem). Teem por *cul* o galo, o porco, o pavão, o pimpôl (*ficus religiosa*), o vôdd (*ficus indica*). Se os pais do noivo são pobres, o pai da noiva não dota a filha, mas recebe o preço da noiva. A viúva pode casar com um viúvo, mas não com um solteiro nem com os do *cul* do marido, salvo casando o solteiro prèviamente com a árvore de rui (*calotropis gigantea*). Consideram-se superiores aos mahrs, em casa dos quais não comem. Os *kamblis* são oriundos de Katiawar.

A identidade do *cul* é entre os *capris* impedimento matrimonial, e o apelido é o nome do *cul.* A viúva não pode casar com os do *cul* do marido. O solteiro que queira casar com uma viúva tem de fazer um casamento ficticio com a árvore de chami (*prosopis spicegera*).

Os *khatris* intitulam-se *kchátrias,* e usam a linha sagrada (*upainaiana*). Estão divididos em sub-castas que não comem umas em casa das outras nem se aparentam; numas a identidade do *cul,* noutras a do *gôtra* e noutras a do *gôtra* e do *cul* é impedimento matrimonial.

Os *chimpás* são hindus ou jainas. Pretendem descender

dos kchátrias e usam apelidos *rajputs*.

Os *coles* são provávelmente aborígenes que se misturaram com os rajputs. Estão divididos em sub-castas. As raparigas das classes superiores dos *coles* casaram com os *rajputs*.

Os *conconãs* são oriundos do Concão. Adoram os deuses *Brahm* e *Vagh* (tigre). Brahm é uma pedra colocada junto a uma árvore de *chami*. Vagh é um pilar de madeira com a gravura do tigre. Os brâmanes não presidem às cerimónias religiosas dos *conconãs*.

Os *darjis* pretendem descender dos *kchátrias*, e usam apelidos *rajputs*. Estão divididos em sub-castas que não podem ser comensais nem aparentar-se. Comem em casa dos cumbares e lohares. Os rajputs comem em casa dêles.

Os *dhéres* são provávelmente aborígenes desapossados das terras pelos invasores. Aproximam-se dos mahrs pelos seus costumes. Têm sacerdotes especiais chamados *garudas*. Estão divididos em sub-castas endogâmicas que podem ser comensais. Os dhéres comem em casa dos mahrs, salvo a sub-casta gujar.

Os *dhobis* pretendem descender dos rajputs. Usam o apelido *Choan*.

Os *dhodiás* admitem na casta os das castas superiores. A identidade do *cul* é impedimento matrimonial. Os sacerdotes brâmanes não presidem às cerimónias religiosas. Adoram os antepassados.

Os *dublás* são considerados aborígenes do Guzerate. As mulheres cobrem o antebraço com manilhas de latão, como as *curumbinas* e *gauddinas* de Goa. Admitem na casta os das castas superiores : rajputs, coles, dhodiás. Estão divididos em sub-castas endogâmicas que podem ser comensais. Um solteiro só pode casar com uma viúva, após o casamento fictício com a árvore de *chami*.

Os *golás* pretendem descender dos rajputs. Estão divididos em tribus. Não casam dentro da tribu. Um solteiro para casar com uma viúva tem de fazer préviamente a cerimónia de casamento fictício com a árvore de *chami*.

Os *lohares* estão divididos em sub-castas que se não aparentam nem podem ser comensais, e bem assim em grupos exogâmicos.

O nome dos *machins* deriva do vocábulo sânscrito *matsya* (peixe). Estão divididos em sub-castas endogâmicas; *kharvás*, *mitnãs*, etc. Um solteiro só pode casar com uma viúva, após o casamento fictício com a árvore de *chami*.

A palavra "*manguelá*" deriva de *mag* (rêde). Falam o marathi. A identidade do *cul* é impedimento matrimonial. O solteiro que pretenda casar com uma viúva tem de casar primeiro com a árvore de *chami* ou de *rui*.

Marvaddi quere dizer natural de Marwar.

Os *mochis* pretendem descender dos rajputs de Champaner. Estão divididos em grupos exogâmicos. Os brâmanes que presidem às cerimónias religiosas chamam-se *Mochi, Gors* e são desprezados por outros brâmanes.

Os *sagares* dizem que são oriundos do vale do Ganges. Estão divididos em grupos exogâmicos. A viuva não pode casar com o irmão do primeiro marido. O prelado dêles reside em Shahapur, em Marwar.

O nome dos *sonis* deriva de *sonu* (oiro). Estão divididos em sub-castas e em grupos exogâmicos. Dão ao primogénito o nome de *Jetho*. A viúva não pode casar no grupo exogâmico do marido. São vegetarianos.

Os *varlis* são considerados aborígenes. Estão divididos em sub-castas endogâmicas. A identidade do *cul* é impedimento matrimonial. As viúvas e divorciadas podem casar, mas fóra do grupo exogâmico do primeiro marido. Os brâmanes não presidem às cerimónias religiosas. Adoram a imagem do tigre que é colocada à sombra da árvore de gralha.

Os *déres*, e os *chamares* são os *párias* da região. E'-lhes proïbido tocar em qualquer pessoa de outra casta, nem sequer podem receber ou entregar qualquer objecto de mão a mão. Quando se quer dar-lhes qualquer coisa, ainda mesmo o dinheiro, atira-se nas mãos que êles formam em concha e, para receber dêles, manda-se-lhes guardar sôbre a mesa ou chão.

Como nem sequer podem aproximar-se dos poços públicos, teem poços privativos. A aproximação traz-lhes como conseqüência o pagamento de multa bem como as despêsas da purificação da água feita pelo *bôtto*, lançando no poço uma mixtura de águas de 20 poços, areca, côco, cal, leite, urina de vaca, cucume, incenso e uma ou outra moeda, tudo acompanhado de orações em sânscrito, feitas à frente de montículos de arrôs coroados de areca, simbolizando os deuses.

São as seguintes as castas maometanas de Damão: sauadas, xecs, ghanchis, hajams, khatiks, lotiás, e memans.

Os *ghanchis* são azeiteiros, os *hajams* barbeiros, e os *khatiks* carniceiros.

São as seguintes as castas hindus de Diu:

Brâmanes, *banianes* (comerciantes), *bhoiás* (condutores de machila), *caniãs* (pedreiros), *chunares* (pedreiros), *coles* (operários e marinheiros), *cumbhares* (oleiros), *dhéres*, *dhobis* (lavadeiros), *golás*, *jamprás* (varredores), *kandois* (leiteiros), *kharvás* (marinheiros), *lohares* (ferreiros), *malis* (jardineiros), *mochis* (sapateiros), *rangarás* (estampadores), *salats* (pedreiros), *sangariás* (torneiros), *sonis* (ourives), *suis* (alfaiates), *sutares* (carpinteiros), *vanands* (barbeiros), *vancares*, (tecelões), *vanjahs* (tecelões).

Os *bhos* pretendem descender dos rajputs de Lucknow. Estão divididos em sub-castas. Adoram as imagens das mulheres mortas da família (*matas*).

Os *jamprás* constituem uma sub-casta dos dhéres e os *kharvás* dos machins.

O nome dos *malis* deriva do vocábulo sânscrito *mala* (grinalda). Adoram a serpente.

Os *rangarás* estão divididos em grupos exogâmicos. O apelido confunde-se com o nome do grupo exogâmico; a identidade do *devac* é também impedimento matrimonial. Os principais *devacs* são o braço da balança e a ferramenta da tecelagem. A viúva não pode casar no grupo exogâmico do primeiro marido, e o solteiro que queira casar com ela tem de casar primeiro com a árvore de *chami*.

A palavra *salat* deriva de *salya* (pedra).

Os *vancares* constituem uma sub-casta dos dhéres.

Os *vanjahás* estão divididos em grupos exogâmicos. É permitido o casamento da mulher repudiada, a qual não é expulsa da casta.

As castas maometanas de Diu são as seguintes: agiá, bhati, capatiá, dobi-cojá, faquir (sacerdote), ghanchi (azeiteiro), horá, khatik (carniceiro), khojá, meman, mir, naliá, pangi-gará, pathan, pinjari, sidi, tarac.

Os *mirs* são também conhecidos por *langahs, dholis,* e *domes,* são músicos e cantores ambulantes, e mendigos. Os *sidis* adoram *Baba Ghor,* santo abissínio.

Entre os hindus de Goa predomina o elemento *gaudsarasvat,* e em Damão e Diu os *banianes.*

Entre os cristãos de Damão e Diu não há a distinção de castas.

Qualquer que seja a etimologia das palavras "*chardós*" e "*rendeiros*" com que são apelidados únicamente os cristãos, certo é que os rendeiros descendem dos *bandaris* e os chardós dos *maratas* e dos *vanis* e é por isso que entre os hindus não encontramos *chardós* nem *rendeiros* e sim *maratas* ou *quetris* (militares), *vanis* (comerciantes) e *bandaris* (lavradores de palmeira à sura). Releva, porém, notar que o termo "*marata*" é uma designação moderna das tribus militares das *Novas Conquistas,* talvez posterior a formação da nacionalidade marata levantada por Sivagi, pois que se consideram maratas os ranes que, segundo a tradição, são oriundos de Udaipur e Jaipur (Rajputana) e se estabeleceram em Satari no século XV e passaram mais tarde a ser feudatários do marata Bounsuló. A origem *rajput* atribuida aos ranes é confirmada pelas investigações antropométricas de Fonseca Cardoso.

Os historiadores portugueses, como Barros e Castanheda, e o próprio Afonso de Albuquerque referem-se aos *neiquebares* que não eram brâmanes, que se converteram ao cristianismo, e que eram capitãis gentios, naturais de Goa e " cabeceiras de aldeia que vem da linhagem dos principais daquela povoação". (30) Estes neiquebares correspondem precisamente aos chardós de Batim (Ilhas de Goa) de que fala o padre Francisco de Sousa à pag. 99, v. I do *Oriente Conquistado*, e à classe superior dos maratas das *Novas Conquistas*. Diogo do Couto (Dec., liv. X, cap. V) alude a Gorçá Naique e Malu Naique, capitães de Goa Velha (aldeia dos *chardós*) que se bateram como leões num recontro com os mouros em Vernã (Salcete).

A mudança de nome das tribus militares tanto das *Novas* como das *Velhas Conquistas* fêz com que se envolvesse nas sombras do mistério o problema da casta dos ascendentes hindus dos *chardós* que actualmente só encontramos entre os cristãos das Vélhas Conquistas.

Supunha-se que não existia a casta *chardó* entre os hindus ou que todos os chardós se tinham convertido ao cristianismo. Qualquer destas proposições é falsa.

É falsa a primeira, pois no *Repertorio Geral de tres mil e oitocentos processos que sam todos os despachados neste sancto ofício de Goa* por João Dalgado Figueira (Ms. de 1623 existente na Biblioteca Nacional de Lisboa) lemos:

"Betu, gentio, *charodó*, natural da terra firme, Garçu aliás Malcum, viuva de Rama Naique, *charodó*, natural de Mayão na terra firme: Gonugo, gentio, filho de Vitol, *charodó*, da terra firme." Lê-se ainda num Ms intitulado *Noticias Summarias do gentilismo da India* que se encontrava no cartório dos jesuitas na India e se publicou no tomo I de *Noticias para a Historia e Geografia das Nações Ultramarinas*: "Os maratas chamados vulgarmente *charadós* também levam linha".

É falsa a segunda proposição porque os *chardós* tem por *daijis* (descendentes do mesmo tronco) hindus *maratas* e em certas comunidades, como as de Jua e Revorá, pertencem ao mesmo vangôr (*parentela* no dizer de João de Barros) *chardós* cristãos e *maratas* hindus.

A mudança da designação "*chardó*" para "*marata*" tal-

(30) *Cartas de Afonso de Albuquerque*, vol. I, pag. 163; Monsenhor Dalgado — verb. Naiquebari.

vez se explique pelo facto de o nome *marata* se ter nobilitado desde que o marata Sivagi foi elevado à dignidade de *cxátria*, o que mostra que até então os *chardós* e os *maratas* eram considerados *sudras* pela ortodoxia bramânica, fiel à crença de o mítico Paraxurama ter exterminado os *cxátrias*!

Que os *brâmanes, chardós* e *vanis* eram socialmente considerados da classe superior se infere do Assento da Relação de Goa de 26 de Junho de 1674:

"... assim os pais dos desposados como êles não poderão chamar em seus casamentos e convite de tal dia mais que até trinta pessoas (em que se computarão os mesmos pais e parentes); o que se entenderá sendo os ditos desposados cristãos, casta *brâmane, chardó* ou *vanis*, e as pessoas de outra casta, alem destas referidas, poderão chamar sòmente até quinze pessoas." ([31])

Lê-se no Relatório do Vice-rei Conde de Sarzedas datado a 26 de Fevereiro de 1808:

"As diferenças de castas entre os Gentios he um obstaculo terrivel á Agricultura; os Bragmanes não se empregão segundo os seus falsos principios, senão em negocio de toda a qualidade, em Agentes e Procuradores de Cauzas, em nada mais; os Chardós em gente de Guerra, os Sudras em Marinheiros; os Farazes em serviços mais vis, e ordinarios domesticos, os Curumbins, unicamente na cultura das Terras e he tal a preocupação neste ponto que ainda as Familias que tem vindo a ser Christãs conservão o mesmo costume". ([32])

Os parses, que se encontram em Damão e em Diu, descendem dos persas que, por motivos religiosos, emigraram da Pérsia, e se estabeleceram na costa de Guzerate cêrca do século VIII da nossa era. Professam a religião de Zoroastro.

" Une colonie qui partit de Perse au début du VIII siècle de notre ère pour chercher un peu plus de liberté ailleurs que sur le

---

([31]) Abranches Garcia — *Arquivo da Relação de Goa*, doc. 762.

([32]) Ms n.º 666 (Colecção Pombalina) da Biblioteca Nacional de Lisboa, fl. 1.

sol occupé par les musulmanes alla s'établir dans l'Inde et y prospéra; ce sont les Pârsis, ainsi nommés de leur pays d'origine (*Pârsa*, la Perse). C'est chez eux qu'Anquetil-Duperron retrouva le texte zend de l'Avesta et le text pehlevi de ses commentaires, et s'en fit enseigner la langue par un *dastour* bienveillant. Ils s'embarquirent à Hormuz, sur le golfe Persique, après y avoir séjourné quinze ans, descendirent dans l'île de Diu près de la côte du Kâthiâwar ; après un séjour de dix-neuf ans, les circonstances les conduisirent dans le Gûdjerate, et ils débarquèrent a Sendjan en 716 de notre ère ; ils s'y établirent définitivement avec l'autorisation des souverains indiens. Obligés de se réfugier dans les montagnes du Bharhout lors de l'invasion musulmane de 1315, ils reprirent leur ancienne installation lorsque le pouvoir des conquérents s'affaiblit, et fondèrent des établissements à Surate, Nausari et Bombay. C'est du temps de la domination portugaise qu'ils s'installèrent dans cette dernière ville (1530-1666) qui est restée leur centre d'activité ..

En ce qui concerne les usages relativement aux morts, Hérodote assure que les Perses enduisent de cire les corps et les mettent ensuite en terre. Quant aux mages, ils n'enterrent les corps qu'après qu'ils ont été déchirés par un oiseau ou par un chien. Voilà une difference sensible entre les deux coutumes. La première est perse ; c'est ainsi que le rois ce sont fait creuser, au flanc des montagnes, des tombeaux ornés à l'exterieur de motifs architecturaux. La seconde est spéciale à la corporation des mages; c'est celle qui est préconisée par l'Avesta, en ce qui concerne l'oiseau, non le chien, que figure pourtant dans les cérémonies funèbres (survivance du rite ancien ?) c'est elle qui, conservée par les Parses, leur a fait construire les *dakhma* ou Tours du silence, larges cimetières circulaires à ciel ouvert, construits dans des endroits déserts auprès des montagnes. La construction de *dakhma* est assez récente." (33)

Os maometanos da India Portuguesa descendem dos árabes ou dos turcos, que no século X invadiram a India e, no decurso do tempo, formaram um colossal império, ou são hindus convertidos ao maometismo, ou imigraram recen-

(33) C. Huart — *La Perse Antique et la Civilisation Iranienne*, pag. 237 e 101.

temente, pois que os territórios de Goa, Damão e Diu foram conquistados pelos portugueses aos indo-turcos; e já ao tempo da dinastia dos Cadambas (século X) havia uma colónia árabe em Goa. ([34]) Entre os hindus convertidos ao maometismo subsistem as castas.

([34]) Bragança Pereira—Os *Arabes em Goa no século X—O Oriente Português*, vol. XVI, pag. 31 e seg.

CAPÍTULO III

A vida material

1—Da higiene e cuidados corporais

Os hindus, ao levantarem-se, esfregam os dentes com a folha de cajueiro ou mangueira, tirando-lhe o talo e enrolando-a e lavam a cara e os pés. Antes da primeira refeição tomam banho, durante o qual o brâmane recita versos sagrados (*stôtras*) e antes das outras lavam a bôca, os pés e as mãos, e após elas lavam a bôca e mascam areca *(areca catechu)* misturada com betle *(piper betle)* e cal, preparando-a da seguinte forma, depois de partirem com instrumento apropriado *(ad-catri)* a noz de areca em alguns bocadinhos, tomam duas folhas de *betle*, e sôbre elas estendem pouco de cal e nas mesmas envolvem um ou dois daqueles bocadinhos e às vezes cardamomo, cravo da India, e *cato* (extracto de *acacia suma* e de *a. sundra)* mastigando-os em seguida. Depois de terem mascado o rôlo (*pansupari* ou *viddó*) por algum tempo, a saliva tinge-se de vermelho purpurino; expelem esta primeira saliva, e continuam a mascar até que não exista mais do que sedimento insípido, que também rejeitam, ficando-lhes os lábios igualmente purpurinos. O ácido benzóico, que é o princípio activo das folhas de *betle*, é antídoto da toxina de arrôs avariado. O *viddó* tem a propriedade de estimular a digestão, e torna o hálito agradável. Usam palitos de prata, e limpam os ouvidos com a *canulém*. Os barbeiros aparam as unhas dos pés e das mãos com a *nacxinem*.

Depois do banho os hindus usam tamancos *(paducá)* e dão umas pinceladas nos braços, no peito e na testa. Os *vixnuítas (ubés)* usam traços verticais, e os *xivaítas (advés)* horizontais. Estes traços são feitos com tinta branca extraída de sândalo *(chandane)* ou com argila branca de Dwarká, onde reinou Crixna *(gopichandane)*, na testa com *pinzor* (pó vermelho de açafrão misturado com vários ingredientes) com *acchata* (tinta vermelha) ou com carvão. Os *vixnuítas*, além das pinceladas, põem no corpo com sinetes *(xrimudrás)* molhados em *chandane* ou *gopichandane*, umas marcas correspondentes às armas de Vixnu: concha *(chanco)*, disco *(chacra)*, clava *(gada)* e lótus *(padma)*.

"Among the various modes of worship recommended by him (Madvachária) is Ankana — marking the body with the emblem of Vishnu with gopichandan. Occasionally these emblems are impressed with heated metallic stamps on the body so as to leave permanent scars. The frontal mark of the followers of Sri Madhva consists of two white perpendicular lines made with gopichandan and a dark line in the middle with a red spot in the centre. The two white lines are joined at the base on the bridge of the nose.

Members of the sect exist in large numbers in Kanara, Mysore, and on the Western coast from Goa to South Kanara and also are to be met with in Bombay, Benares and other places." (1)

De tempos a tempos os hindus untam o corpo e sobretudo a cabeça com óleo de côco. Esta operação é considerada refrigerante e higiénica. Também deitam óleo de côco nos ouvidos e fazem uso de fricções sêcas, para conciliar o sono.

Não usam barba, salvo os anacoretas *(saniassis)* ao contrário dos árias primitivos, que eram, em regra, barbados. De 8 em 8 dias rapam a cabeça, deixando crescer no alto uma madeixa de cabelo (*xenddi*), sendo obrigatório nesta ocasião untar a cabeça com óleo de côco, antes do banho. É defeso fazer a barba e rapar o cabelo nos dias de jejum, às terças-feiras e sábados, na lua cheia, depois do jantar; e aos que presidam à cerimónia fúnebre (*xrada*), no 29.º e 30.º dia de cada mês hindu e no dia do aniversário da morte do pai. Existe uma casta de barbeiros (*malé*) que fazem a barba a tôdas as castas, menos aos *chamares* e aos *mahrs*.

---

(1) D. A. Pai — *Monograph on the religious sects in India among the Hindus* — pag. 43.

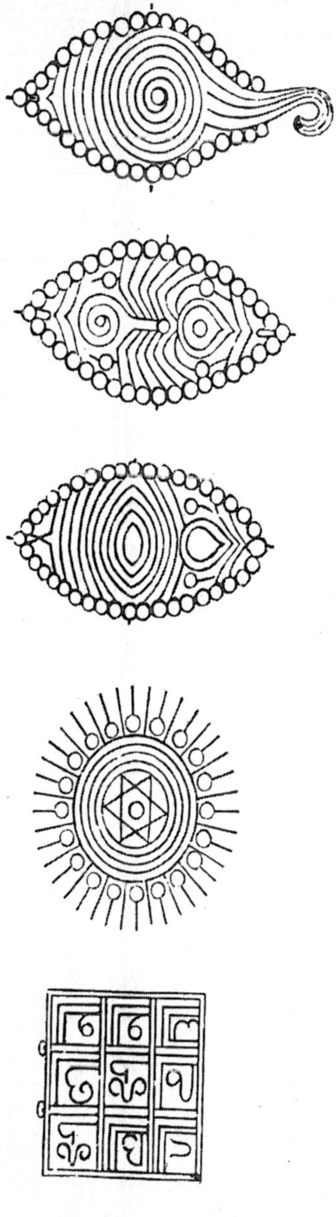

Xri-Mudrás

Dentro da casa, os hindus andam descalços e com o corpo descoberto da cinta para cima. Fazem o mesmo os sacerdotes hindus quando presidam às cerimónias religiosas. Descalçam-se à entrada da casa própria ou alheia e do templo. Mudam de roupa às refeições, vestindo pano (*mucttó* ou *câd*) de sêda, ou linho (*ambaddi*).

As mulheres hindus andam de cabeça descoberta, descalças, o cabelo singelamente apartado em dois bandós. Nas classes inferiores cristãs, as raparigas quando casam trocam o penteado de solteira (*xenddó*) pelo de casada (*fompó*). As hindus casadas trazem na fronte um disco vermelho (*soubaguia* ou *tilló*) feito com o *cocume* (composto de açafrão, alúmen, sumo de limão, etc.) No período da menstruação, e durante 11 dias depois do parto, a mulher hindu conserva-se incomunicável. As parturientes usam nas pálpebras *cazol* (fuligem misturada com óleo de côco) e fazem massagem do corpo durante um mês. As hindus de Damão fazem por meio de tatuagem um sinal, em forma de meia lua, entre as sobrancelhas, servindo-se da matéria corante da ervilha.

Os maometanos usam, em regra, barba e antes de completarem sete anos de idade, é obrigatória a circuncisão. A sexta-feira é dia de descanço. Fazem exercícios de esgrima e jogam o pau (*lacddi* e *fari-gatca*).

No período menstrual é defeso à maometana rezar, jejuar e entrar na mesquita, tocar no alcorão e aproximar-se do marido até tomar banho no 7.º ou 10.º dia.

Durante a menstruação e durante 40 dias depois do parto a parsina isola-se, não podendo ver o Sol, a Lua, o firmamento, nem podendo ter contacto com a água e o fogo.

Há prática de tatuagem, entre os brâmanes *chitpavanas*, *caradés*, *pâdhés* e *zoixis*, na testa das raparigas solteiras As operadoras são mulheres: picam com agulha e introduzem sumo de *macó* ou tinta feita de fuligem, desenhando um arco com um ponto no centro ou simples arco ou ainda um traço horisontal.

Também voga esta prática nas castas dos *gauddés* e dos *dângores*, entre as raparigas solteiras que tatuam o antebraço desenhando flôres e raminhos. É rara entre os *maratas*.

Na tatuagem os maometanos empregam também hastes de aço fazendo-as girar entre os dedos.

A côr da tatuagem é preta ou vermelha.

O dono da casa oferece às visitas *pansupari* ou *gudguddi* (cachimbo) e, sendo de cerimónia, unge de perfumes as costas da mão e oferece flôres artificiais, doces, frutas, e leite. O uso do tabaco encontra-se difundido por tôda a província, quer reduzido a pó como rapé quer picado para ser fumado. Fumam-no em cachimbos (*gudguddi* e *zurzuri*) ou enrolado em fôlhas de bananeira (*musa sapientum* e *paradisiaca*), de aptá (*bauhinia racemosa*) ou de cuddó (*hollarhena antidysenterica*), e em Damão, de timbri (*diospiros montana*) e dão a êstes cigarros o nome de *viddis* ou *canudos*. O *gudguddi* é grande cachimbo com depósito de água, feito do endocarpo de côco, por onde passa o fumo, e que comunica com dois tubos, um dos quais serve de boquilha e o outro de fornilho. O *zurzuri* é cachimbo composto de um fornilho com o tubo longo e de um vaso cheio de água que o fumo atravessa antes de chegar à bôca. O primeiro é usado pelos hindus e o segundo pelos maometanos que usam tabaco perfumado. As classes inferiores mascam tabaco. Só os parses não fumam.

" On a vraisemblablement fumé en particulier du chanvre, avant de connaître le tabac, mais c'est la connaissance de cette plante qui a développé le goût de fumer et l'usage de la pipe. Or, le tabac est originaire de l'Amérique, plus spécialement des Antilles, et il ne faut pas s'étonner du rôle considérable, tant matériel qu'animologique joué par le tabac et la pipe dans le Nouveau Monde. Trois faits seront ici rappelés : la provenance du mot *cigare* de la langue maya, le rôle du " calumet de paix " dans les relations intertribales de l'Amérique du Nord, les pipes des tribus du Nord-Ouest les plus ornementées du globe !

En Amérique du Sud il semble qui le tabac soit descendu vers le Sud par l'intermédiaire des Arowak (dont le gros se trouve dans le bassin de l'Orénoque) la pipe pouvant avoir fait son apparition dans ce continent avant le tabac ; en tout cas, l'emploi de la pipe et du tabac a toujours été restreint sur le plateau andin, et les po-

Hindus na operação da pintura do corpo depois do banho

Vendedor
de
doces hindus
a fumar
por
guddguddi
(cachimbo)

Maometanos
a·fumar
por
Zurzuri (cachimbo

Boundi (volta da caçada)

pulations andines, qui *mâchent* les feuilles de coca, sont opposables, à ce point de vue, aux populations de la plaine forestière, qui prefèrent fumer la pipe. Mais ces dernières populations aiment aussi à *priser*, se soufflant du tabac dans le nez par le moyen de petits tubes coudés. On peut dire en resumé, pour le Nouveau Monde, que l'Amérique du Nord était par excellence le domaine de la pipe, l'Amérique central celui du cigare, l'Amérique du Sud celui où l'on fume certes mais aussi où l'on prise et où l'on mâche...

Si la *culture islamoide* a comme caractéristique la pipe à l'eau, la *culture* sinoïde a des pipes à tête terminale extrêmement petite."([2])

Os maratas e os dessais das Novas Conquistas são bons caçadores. Lopes Mendes no seu livro "A India Portuguesa", vol. II, pag. 50, dá a seguinte descrição da caçada (*boundi*).

"Os satarienses da casta marata dedicam uma grande parte do tempo a exercícios venatórios nas florestas da provincia, onde existe muita chitela, meruns, javalis, bocris, etc.

No dia destinado à caçada, que é pelo menos um de cada semana, na época própria como preceito religioso, depois de tomarem a sua canja matinal, todos os aldeãos disponiveis dos trabalhos rurais e domésticos reunem-se no largo do pagode da aldeia, e dali conduzidos pelo primeiro gãocar, partem para o lugar aonde presumem haver caça grossa. Chegados ao ponto préviamente combinado, o gãocar distribui as esperas, que armadas das suas caçadeiras, sobem a grandes árvores, aonde, acocoradas, esperam o ensejo do aparecimento da caça.

Estabelecidas as esperas, entram na parte densa da floresta os begarins, manãis ou roites, destinados a montear a caça, dando gritos e fazendo grande vozearia.

A cabeça espantada desencova, e procura sair das moitas, fugindo ao perigo que a ameaça. E' então que as esperas fazem fogo. Se a caça é ferida mortalmente, o que acontece quasi sempre, por os satarienses serem destrissimos atiradores, o caçador, depois de se assegurar de que está efectivamente morta, abre-lhe o ventre com o *coity*, que traz à cintura, arranca-lhe as visceras, e embrulha-

---

([2]) G. Montandon – *L'Ologénèse Culturelle*, pag. 288.

as em grandes fôlhas de *combiò*. Em seguida é conduzida para o terreiro do pagode. A' frente dos condutores colocam-se os caçadores e vazanteris tocando xinga, bátegas de cobre, talés e atabaques, e fazendo uma gritaria infernal.

E' a êste acto que os satarienses dão o nome de *bondy* ou volta da caçada.

Quando regressam ao pagode colocam a caça no regato próximo, onde fica a macerar na água corrente tanto tempo quanto fôr aquele que o gaddi, astrólogo ou feiticeiro da aldeia, determinar, para se fazer a distribuição da carne em conformidade com o rito religioso e estilo da povoação, a que geralmente procedem pela forma seguinte:

O gãocar corta uma grande fôlha de bananeira, estende-a em frente da porta do pagode, e sôbre ela se coloca a peça de caça com o lado direito voltado para cima. Cercado pelos caçadores, fica o gãocar junto da cabeça e ao seu lado direito o *gaddy*, que, tirando do langotim um punhado de arroz com casca, o distribui pelos circunstantes. Finda a distribuição, juntam as mãos em acto de adoração, e o gãocar recita em voz alta uma rogativa ao deus da caça, terminando por os caçadores lançarem o arroz sobre o animal gritando: *Mahadeu, Mahadeu.*

Em seguida o gãocar faz um rôlo de betle e areca, introduzindo-lho no pavilhão da orelha, para logo a cortar e ir solenemente depositá-la aos pés do ídolo, onde está um pantim aceso. Voltando para junto do animal, corta-lhe a perna direita (que é dedicada ao ídolo), e tirando dela alguns bocadinhos, espeta-os em varinhas e chamuscando-os na fogueira, que se vê no desenho do natural ao lado do pagode, os oferece ao deus tutelar da aldeia, distribuindo-os depois pelos assistentes. Terminada esta cerimónia, cortam os caçadores a perna esquerda do animal, que pelo uso estabelecido pertence ao dessay, antigo senhor da aldeia; depois o membro anterior direito que compete ao primeiro gãocar; após êste o esquerdo para o atirador que feriu a caça; e finalmente a parte restante, compreendendo a pele, os ossos e as vísceras, é cortada em muitos bocadinhos de que fazem tantos quinhões quantos são os caçadores e auxiliares da caçada."

Em Satari caçam o tigre com espingarda fazendo espera em *malós* (paliçadas) ou por meio de armadilha: cêrca de espi-

Moinho

Uma indu a caminho do poço

Poço da aldeia

Moinhos

Refeição hindú

Banquete hindú (*pangata*)

nhos e cardos, dentro da qual colocam o engôdo, que é em regra a presa da véspera, e espingardas em posição horisontal ligadas a um pau, colocado na abertura por onde o tigre deve entrar de tal modo que o contacto do tigre com o pau dispare as espingardas. É um processo análogo ao da caça de hiena na Abissinia. (3)

Há na Índia as seguintes aves de caça: perdiz (*cascadrem*), codorniz (*lâvó*), narceja (*ben-lâvó* ou *bezocoró*), garças: branca (*kituarem*), cinzenta (*boquém*), parda (*curdem-boquém*), real (*camardongo*), galinhola (*concari*), galinha de mato (*ran-combi*), galinha d'agua (*cuacombi*), mergulhador (*teli* ou *buddi*), rôlas (*couddés*), pombos (*parvés*), pica-peixe (*quirquiró*), tordos (*goleram*), pato-bravo (*oddó*), patinhos (*pogdé*), grou (*gorou-poquió* ou *guroddo*), marreco (*gozeró*), pica-pau (*padcar*), domínico real (*cangfoddo*), gaivota (*querem*). Os animais silvestres são os seguintes: o tigre (*vag*), a hiena (*balu*), o porco-montês (*ran-ducôr*), o porco espinho (*sall*), o veado (*merum*), a chitela (*chitol*), a lebre (*sonsó*), o búfalo do mato (*gavó*), o lobo (*eúl*), o urso (*vansvel*), o gato do mato (*babcó*), o adive (*coló*), a camurça (*becrém*), o cão do mato (*colsunddó*).

O indígena aproveita os ócios, cantando e tocando, jogando *pâgo*, *socttem*, *passé*, *canga*, *damas*, *tablã*, *vag*, *guddfollã*, *noti*, o *xadrez*—invenção indiana que os árabes introduziram na Espanha, donde irradiou para tôda a Europa —e o *gangifó* que é um jôgo de cartas, cuja antiguidade remonta pelo menos ao século VII da era vulgar talvez importado da China.

O sistema das cartas baseia-se nas 10 incarnações de Vixnu. Cada naipe leva o nome e sinal duma das incarnações: *Matsia* (símbolo: peixe, vermelho), *Curma* (símbolo: tartaruga, vermelho), *Varaha* (símbolo: javali, amarelo), *Narassinva* (símbolo): leão, verde), *Vamona* (símbolo: anão ~~de água,~~ verde), *Paraxurama* (símbolo: machado, castanho) *Ramá* (símbolo: arco e seta ou Hanuman, amarelo), *Krisna*, (símbolo:

(3) Dr. Montandon—*Traité d'Ethnologie Culturelle*, pag. 226.

disco ou vacas, castanho), *Budha* (símbolo: concha, preto), *Palanqui* (símbolo: espada ou cavalos brancos, preto).

Cada naipe tem 12 cartas redondas das quais duas são ilustradas uma com o símbolo de naipe e um ou dois cavalos que representam o ministro (*pradhan*) e outra com a imagem do *avatar* (incarnação).

Cada baralho tem pois 120 cartas. Nos 5 primeiros naipes o n.º 10 é de maior valor, seguem os imediatos na ordem descendente; nos outros 5 a ordem é inversa, sendo o az a carta mais importante. Das cartas ilustradas a que representa Ramá é a mais importante.

Os *curumbins* divertem-se com o *zagôr*—espécie de revista popular, ora cómica ora satírica, às vezes chula, dialogada, dançada e cantada num tablado, em volta do qual se apinham os espectadores ao ar livre. Escreve Monsenhor Dalgado no seu *Glossário*: "O *zagôr* está actualmente proïbido pela autoridade eclesiástica, sob penas graves, pôsto que não fosse mais imoral do que muitos teatros europeus."

O pôço da aldeia é o lugar de encôntro das mulheres do povo, como na Grécia era a fonte.

> " Les dessins de vases nous montrent en ces fontaines d'agréables compositions architecturales. C'était aussi, n'en doutons pas, un lieu de rendez-vous et de bavardage." (1)

No carnaval e nas demonstrações de regozijo o povo diverte-se organizando *brincos*: um grupo de populares, vestindo trajes caprichosos, canta, toca, baila e esgrime.

Dentre os desportos merecem registo: *mitfolliô, sodnāpopotte, lopiô, tembeā-khêll, chantiós, hatpaiqui* (jôgo de pau), *coindebalam*.

---

(1) Quenell — *La Vie de Grecs* — trad. francesa — Paris — 1937.

2—Da alimentação

São três as principais refeições dos hindús de Goa.

Pelas 10 horas tomam em vasos de latão (*latt* ou *pitli*) canja (decocto de arroz) com *toca-boca*, isto é, com peixe, conserva de manguinhas (*ambli* e *miscut*), hortaliça, legumes, *chêtnim* (feito de côco, pimenta, jagra e assa-fétida) e *papari*, que é pasta circular delgada, feita de farinha de urida, (*phaseolus max*) assa-fétida (*ferula fétida*), pimenta longa (*capsicum frutescens*) e redonda (*piper nigrum*) e potassa.

Das 12 às 2 horas da tarde jantam e ceiam das 8 às 11 da noite. Os brâmanes banianes, parabus e ourives de Damão só têm 2 refeições: jantar e ceia.

Uma pessoa mesmo desconhecida, que chegue à hora das refeições, senta-se à mesa, tão rigorosos são os deveres de hospitalidade.

O arroz (*oryza sativa*) constitui a base da alimentação indígena, e o *caril* o condimento mais usual. Para ser consumido, é o arroz (*bate*) primeiramente cozido e depois sêco, excepto entre os brâmanes, descascado, transformado em *tandul*, que é cozido em água. Preparam-se vários pratos com arroz: a canja (*péz*), o arroz-caril (*xit-côddi*) o arroz com molhos picantes (*agsal*).

O *caril* é môlho feito de côco ralado, camarão ou peixe, e de várias especiarias, como malagueta (*grana paradisi*), pimenta, açafrão (*curcuma longa*), cominho, gengibre (*zinziber officinale*), tamarindo (*tamarindus indica*), cebola, alho, *solans* (talhadas sêcas de manga verde, brindão ou ottomba (*artocarpus laccocha*). O *toca-bôca* (acepipe) acompanha igualmente o arroz-caril.

Os jantares de cerimónia são caracterizados pela variedade de *caris*, de *xaques* (pratos de hortaliças), *bojés* (bolos de farinha e pimenta), acepipes, frutas e doces, e pelos cânticos entoados pelos convivas.

São vulgares os doces: *laddus*—bolas preparadas com açúcar, várias farinhas e castanhas de caju; *neureôs* (pasteis folhados) e bolos em que entram leite, côco, açúcar jagra de cana e farinhas (*aluás, khot-khotens, gilibilis, xeuiôs, dud-penddés*). Não usam ovos.

A culinária é a principal prenda da mulher hindu.

Os brâmanes *chitpavanas, câradés, pâdhés* e *quirvonts*, os banianes, parabús, os concni-soni e os guzerate-soni, e os *gurous* são vegetarianos; não podendo porém os banianes que professam o jainismo comer batata nem beringela. Os brâmanes *gaudsarasvats*, que não exerçam a profissão sacerdotal, e os *gauddés* (curumbins) comem peixe e carne, excepto de vaca, de porco e de galináceos. Os brâmanes abstem-se de alho e cebola. Ás outras castas só é defeso ingerir a carne de vaca e de porco. Vai entrando nos hábitos o uso de chá simples ou com leite.

As castas inferiores de Gôa fazem uso dum caldo pouco espêsso de nachinim (*eleusine coracana*) que se denomina *ambil* e de *apas* (bolos) de farinha de nachinim, de birlamadd (*caryota urens*), de cycas da Índia, de bananeira silvestre (*musa sylvestris*) e da semente de *connqui* (bambú). Ás vezes juntam à massa das apas miolo de côco ralado para as tornar mais agradáveis. Fazem outra espécie de bolos mais pequenos, a que dão o nome de *oddés*; para isso preparam um caldo concentrado de arroz que guardam por algum tempo até fermentar, nesse caldo amassam a farinha de *nachinim*, e formam massa da consistência da dos padeiros, que estendem sôbre uma táboa por meio dum ralo, e cortam em forma de hóstias frigindo-as depois em azeite de côco.

Preparam-se manjares saborosos com os cereais e legumes:

Oriô — Fazem uma geleia agradável a que dão o nome de *orna*, cozendo a semente na água até esta adquirir uma consistência ligeiramente mucilaginosa; juntam-lhe jagra ou açucar. Em lugar da semente empregam também a farinha, e fazem umas papas, a que dão o nome de *dudóli*.

Urida.— Entra na composição das *sandnans* (apas), algumas vezes fazem estas apas só com a farinha de arrôs, e então dão-lhe o nome de *bacri*, mas assim preparadas ficam duras e pesadas para o estômago, por isso juntam as duas farinhas que as torna mais leves e esponjosas. O processo que empregam é o seguinte: dividem a *urida* em duas metades por meio duma espécie de mó a que dão o nome de *dantem*, e deitam-na em água comprimindo-a na mão até largar a casca que vem à superfície, e é separada; juntam a semente, assim preparada, com o arroz lavado e humedecido; e moem estas duas substâncias; ficando uma massa a que dão o nome de *pitt*, que deixam por algum tempo até fermentar; e cosem-na sôbre uma panela de barro, posta ao lume com água, coberta com uma espécie de diafragma a que dão o nome de *sandnim*, em forma de pires, feito de bambu, com o fundo de um tecido do mesmo, e coberto com pano de linho, em que poem a massa, tomando esta a forma de pires. Sôbre êste *sandnim* poem uma espécie de grade, em que assenta outro, e assim vão pondo mais três ou quatro, cobrindo-os depois com outra panela de bôca larga em forma de capitel que descança sôbre o bojo da panela inferior. Assim os conservam o tempo preciso para serem cozidos pelos vapores de água. Estes bolos são muito usados em ocasiões de festividades. Servem para condutar as carnes, molhos, fazer sopa, etc. Fazem outra espécie de *sadnans*, a que dão o nome de *gorachim sandnam*. O processo é quási o mesmo; cobrem a massa, antes de a cozer, com uma camada de côco ralado e amassado com jagra, e sôbre êste poem outra camada de massa; os bolos assim preparados servem para sobremesa. Há outros *sandnans* em que a *urida* é suprida pela *sura*. Os hindus empregam-na também no seu acepipe—*paparis*.

Mug—A geleia (*atóla*) prepara-se, cozendo a semente na água até esta engrossar; junta-se-lhe leite de côco, e jagra ou açúcar, e conserva-se ao fogo até adquirir a consistência de geleia.

Tori — Come-se guisado, cozido serve para *orna*, carilroço dos hindus.

Chounli—Serve para fazer *orna* e *atóla*.

Gergelim—As sementes brancas servem para doce; para

isso fervem o açúcar até a consistência de mel, juntam-lhe as sementes de *gergelim*, e dão-lhe algumas fervuras; formam uma massa consistente que estendem sôbre uma táboa, e cortam-na em pequenas tiras que deixam secar. Este doce encontra-se à venda em quási tôdas as feiras.

Em Damão e na Praganã a base da alimentação é a apa de arroz ou nachinim, nas classes inferiores e de trigo nas superiores e bem assim o arroz-caril, sendo êste feito de lentilha ou peixe salgado. Os *varlis* comem as apas com uma cebola ou uma mistura de sal, pimenta e água (*bagi*).

Os *gounlis*, pastores nómadas que vivem nas montanhas das Novas Conquistas e de Praganã-Nagar-Aveli, comem duas vezes ao dia, uma pela manhã, e outra à noite quando os gados recolhem das pastagens. Alimentam-se de vegetais, de apa de nachinim, de *dâím* (leite coalhado) e *tac* (sôro de leite) a que adicionam leite coalhado de fresco e algum sal de cozinha.

"*Bageri*. Grão mais miudo e mais trigueiro que o trigo, cana como a de milho, da grossura de um dedo, altura até 9 pés.

Planta pouco sequiosa, é o principal alimento dos habitantes q' o acham nutriente e saudável. Também é muito boa ração para os animais.

Humedecem a farinha com a água, temperam-na com o sal, amassam-na sem a deixar levedar, e fazem dela bolacha a que dão o nome de apas que assam sôbre pratos de barro e às vezes sôbre uma telha. Emquanto quente a *apa* de bageri é gostosa e tenra, barrada com manteiga é assaz boa para suprir o pão no almoço de uma pessoa acostumada ao trigo; é de côr cinzenta, e no sabor faz lembrar o centeio, fria endurece e perde o gôsto. Por esta circunstância fazem a apa próxima da ocasião e da comida. Ordináriamente amassam entre as mãos um punhado de farinha que reduzem a bola e depois achatam com as palmas para lhe dar a forma de bolacha." (5)

(5) *Annais do Conselho Ultramarino*, pag. 365.

Ao jantar e à ceia, os hindus assentam-se junto de seus *tattam* (vasos de latão) e *potravolis* (pratos circulares feitos de fôlhas juntas de bananeira (*musa paradisiaca* ou *sapientum*), de jaqueira (*artocarpus integrifolia*), de vôdd (*ficus indica*) ou de cumbió (*caréya arborea*) e em Damão de carveli (*bauhinia vahlu*) ou palass (*butea frondosa*), pratos de que se servem em cada refeição.

Os alimentcs são distribuidos nas casas ricas pelo cozinheiro, e nas pobres pela dona da casa que põe os sólidos no *potravoli* e os líquidos nos *donné*, (pequenos vasos feitos de fôlhas de bananeira).

Os hindús brâmanes, antes de levarem os alimentos à bôca, espargem água sôbre o prato e em volta dêle, e tomando cinco bocadinhos do alimento, oferecem-nos aos quatro deuses da côrte de Indra: *Chitra, Chitragupta, Yama, Yamadhârma* e aos demónios (*bhuts*); tomam água e ofertam outros cinco bocadinhos do alimento aos cinco vapores que se exalam do corpo: *prana, apana, viana, udana, somana* e o conjunto a Brahmá. Êste rito tem o nome de *chitravoli.* No fim da refeição tomam um gole de água e deixam no prato uma pequena quantidade de alimento (*chécha*) aos *bhuts* (demónios).

Os hindús nunca se servem de cadeiras nem de mesas, assentam-se sôbre escabelos (*patt*) ou sôbre esteiras de junco ou bambú com as pernas cruzadas. Junto do prato colocam: *tambió* (gomil de água), *panchapatra* (copo), *podgó* (tigela) e *polli* (colher); servem-se do *polli* para tirar água do gomil e do copo para bebê-la. Não usam de faca nem de garfo. Cada qual come em separado, os varões antes das mulheres, as quais sendo casadas comem no prato do marido (*usttem*).

Ainda na Europa é relativamente recente o uso da faca e do garfo.

> "Les convives devaient se laver les mains avant de prendre place et ne pas omettre de se nettoyer les ongles, étant donné que *chacun portait la main au plat pour se servir.*" ([6])

([6]) A. Lefranc — *La Vie Quotidienne au temps de la Renaissance*, pag. 149.

"Les primitifs ont probablement toujours ignoré la fourchette, à l'exception des Fidjiens qui s'en servaient pour manger la chair humaine. Rappellons nous toutefois qu'elle est également récente en Europe. En 1423, un noble espagnol fit observer qui les instruments à deux ou trois pointes dont on se servait pour découper aideraient beaucoup à porter la viande à la bouche, en évitant aux doigts de se graisser. On suppose que les Italiens connaissaient déjà la fourchette un siècle auparavant ou davantage, mais dans ces deux pays elle était extrêmement rare et son usage limité aux sphères supérieures. En 1295, le pape Boniface VIII avait quatre grandes fourchettes et trois petites toutes en or, et seize ans plus tard le pape Clément V en avait deux grands et trois petites. Ce raffinement n'apparut que beaucoup plus tard dans les pays du nord. Un film récent nous montre fort justement Henry VIII d'Angleterre déchirant un poulet avec ses doigts. Jusqu'en 1600, la société raffinée en France ignore la fourchette et la bourgeoisie n'apprit guère à s'en servir avant le XVIII° siècle. Ainsi l'Onaqui partage de ses mains un morceau de viande de guanaco et qui le mange à pleines dents n'est que de deux siècles en retard sur la plus avancée des nations blanches, et ces dernières se trouvaient à des millénaires en retard sur les Chinois qui, aux temps de la dynastie Chou (1122-247 avant J. C.) se servaient déjà de baguettes en ivoire et antérieurement de bâtonnets de bois ou de bambou.

D'autre part, couteaux, cuillers et louches sont largement répandus à tous les niveaux culturels." [7]

Entre os indígenas da Polinésia encontramos o uso de pratos de fôlhas.

"Ils (les Samoans) servent les aliments sur des plateaux allongés, faits avec les petites feuilles des cocotiers." [8]

O professor Thurnwald dá a seguinte explicação da separação dos sexos na alimentação:

"En bien des pays, les hommes et les femmes mangent séparément. C'est une coutume qu'il faut évidemment ratta

---

[7] R. Lowie — *Manuel d'Anthropologie Culturelle*, pag. 82.

[8] R. Lowie — *Manuel d'Anthropologie Culturelle*, pag. 83.

PAGDDI
TOPI
PAGOTTEM
MUNDAXEM
TOPI
MANDIR
RUMAL
TOPI
FENTÓ
RIBANDAR, 15/7/30
CHRISNANATA V. NAIQUE.

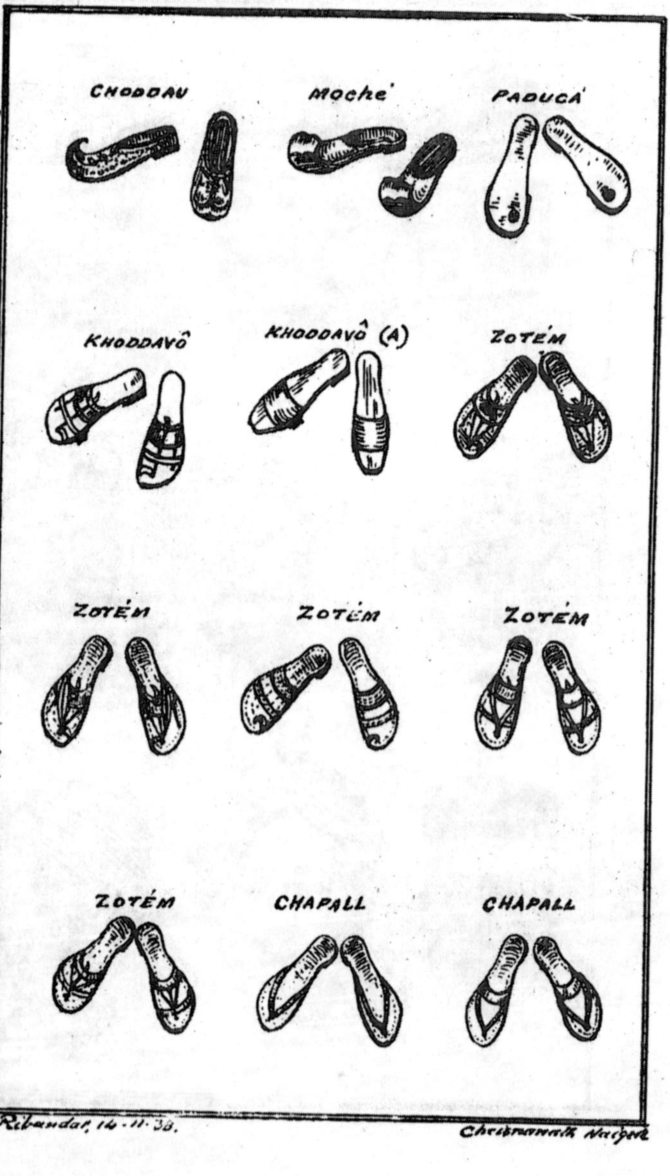

Ribandar, 14-11-38. Christanath Naique

Um hindú (Brâmane com *pagdi, angarcá, dupattó, pudvem* e *moché*)

Hindus enfeitando-se de flores

cher à la division traditionelle du travail entre les deux sexes et assis au fait que les hommes vont à la chasse, tandis que les femmes récoltent les fruits, les tubercules, ramassent des mollusques." (9)

Nos dias de jejum, não comem arroz; mas é lhes permitido comer legumes, frutas, hortaliça e tomar leite. Durante o mês de *ramazan*, os maometanos só comem uma vez ao dia.

Ás crianças dão em geral leite de vaca ou cabra, canja de arroz. Aos doentes: canja de arroz, leite de vaca e cabra.

As castas superiores hindús abstêm-se de bebidas alcoólicas. As inferiores e os cristãos fazem uso de espíritos nativos extraídos, em Goa, do coqueiro, do cajú e da cana de açucar; em Damão do cajuri (*phenix silvestris*) de que se destilam 4 espécies: *rassi*, *valium*, *dobrado*, e *berassi*, e da flôr de maurá (*bassia latifolia*) e em Diu da flôr de *maurá*, da jagra de cana, e das fôlhas de *dauri*, êste último denomina-se *judeu*. Em Damão e Diu a bebida usual é a *sura* (seiva de palmeira).

As castas superiores não podem ingerir alimentos preparados pelas inferiores, de modo que nos hotéis e restaurantes hindús são contratados cozinheiros brâmanes. Assim, os brâmanes *chitpavanas*, *caradés* e *pâdhés* comem uns em casa dos outros. Tôdas as castas, excepto os brâmanes *chitpavanas*, *caradés*, *pâdhés* e *qüirvonts*, os *sonares* (ourives), os *cansares* (caldeireiros), os *mests* (carpinteiros e ferreiros) comem em casa dos brâmanes *gaud-sarasvats*, dos *maratas*, e dos *vanis*; mas os *gaud-sarasvats* não comem em casa dos outros brâmanes e das outras castas. Os *maratas* só comem na dos brâmanes e vanis, êstes só na dos brâmanes e maratas. Daqui se infere a seguinte hierarquia:

1.º *Brâmanes*
2.º *Maratas*
3.º *Vanis*.

Estas três classes são as mais ricas.

---

(9) Prof. R. Thurnwald — *L'Economie Primitive* — trad. franc., pag. 43.

Se os brâmanes constituem a aristocracia religiosa, os gãocares formam o patriciado da aldeia, consideram-se senhores da terra, contrapondo-se aos servidores da aldeia lavadeiros, barbeiros, ferreiros, etc. sendo a nobreza civil, de origem militar, como a europeia, representada pelos *dessais* e *sardessais*, verdadeiros barões feudais, dos quais nos havemos de ocupar em outro lugar.

Os maometanos não comem carne de porco. Os varões tomam refeições antes das mulheres, em aposentos distintos, para cada sexo. No comêço e no fim das refeições lavam as mãos, e antes de se levantarem da mesa distribuem areca e betle pelos convivas; comem sôbre toalhas (*dastar cvan*) estendidas sôbre tapetes e esteiras, e servem-se, em grupos, do mesmo prato grande de metal. O seu prato predilecto e característico é o *pulau* ou *bringe* (guisado de carne com arroz, manteiga, especiarias, amêndoas, passas, etc.)

Os sacerdotes parses só podem ingerir alimentos preparados pelos seus correligionários.

A base da alimentação dos indígenas cristãos é também o arroz. A' lista dos acepipes (toca-bôca) podemos acrescentar: o *balchão* (composto de camarão picado e fermentado, de bilimbins, e de especiarias picantes) e o *pará* (espécie de escabeche preparado de certas espécies de peixe, como serra esmargal, peixe bigodeiro, raia, dourado, cavala, mugem e taínha, salgadas, sêcas e conservadas em môlho de açafrão, alho, tamarindo, aguardente, vinagre, pimenta, etc.) Um doce característico é a *bibinca* feita de farinha de trigo, ovos, amêndoas e leite de côco. Em dias de festa, os das classes inferiores servem-se de carne de vaca, pôrco e galinha. Os das classes superiores alimentam-se à europeia.

É curiosa a seguinte determinação da Inquisição de Goa (Edital de 14 de Abril de 1736):

"Que não usem nas suas comidas de arroz cosido sem sal misturando-lhe depois o sal por modo de achar (conserva) como costumam fazer os gentios. Que não jejuem nos dias undécimos da lua cheia, nem em outros dias, em que os gentios costumam jejuar, por observância da sua seita, e quando nos tais dias aconteça haver obrigação de jejuar, por preceito da Igreja, jejuarão, em observância dêste preceito, e seja o jejum feito segundo o estilo dos cristãos e não conforme costumam jejuar os gentios, não comendo, nem bebendo, senão de noite, usando de comeres sêcos e frutas.

Que nos dias das luas nova e cheia, e nos dias duodécimos das ditas luas, não façam banquete, nem solenidade alguma.

Que nos dias dos eclipses da lua não estejam em jejum, até que a lua fique livre do eclipse, nem façam banquete, ou outra qualquer solenidade".

A carne de porco, na alimentação, defesa aos hindus e aos maometanos, deve ter sido introduzida pelos portugueses. A matança de porcos obedece ao ritual descrito por Brito Camacho nos *Quadros Alentejanos*.

O poeta Horácio refere-se à canja que era usada em Roma como medicamento.

Segundo Ramalho Ortigão, é de origem indiana a *canja de galinha* introduzida na culinária portuguesa. (10) O étimo é indiano, o malaiala *kanji*. (11)

3 — Do vestuário

Os hindús trazem na cabeça: *topi* (barrete) ou um pano enrolado de várias formas e com as denominações seguintes: *mandir*, *pâgddi*, *rumal*, *pagottem*, *mudaxem* e *fentó*. O *topi* é de lã ou de veludo bordado a oiro; o *mandir* é turbante de sêda, ao passo que o *pâgddi* e o *rumal* podem ser de sêda ou de algodão. Os dessais e os ranes usam *mandir*, *fentó* ou *pâgddi*, e as outras classes ricas o *pâgddi*. Os hindús das Velhas Conquistas cobrem a cabeça com um barrete alto, vermelho ou preto, de veludo (*topi*) que, segundo a tradição era o distintivo dos judeus.

(10) *Farpas*, I, pag. 195.

(11) Gonçalves Viana — *Apostilas*.

Os hindús vestem: camisola, camisa: *angui*, *cholli* ou *angarcá* que são uma espécie de sôbretudo ([12]), *uparni*, *dupattó* ou *upvasira* (pano que trazem debaixo do braço, em volta do pescoço ou a cintura) e *pudvem* ou *dhontar* (pano branco de algodão, às vezes com barras de côr ou bordadas a oiro enrolado em volta da cintura, que cobre as côxas e em parte as pernas), *angavastra* (pudvém curto), *vizar* (calças apertadas só usadas pelos dessais).

As classes inferiores usam: *caxtti* ou *langotim* (lenço que se traz por entre as nádegas, com uma ponta atada a um cordel por detraz da cintura e a outra parte pendente por diante), *valé* (pano que cobre as côxas), *cambolim* (manta de lã, de ordinário parda) e *mudaçó* ou *topi*.

Nos pés trazem: *zotém*, *chapall* (alparcas), *moché* (chinelas vermelhas recurvadas na ponta), *choddem* (sapatos recurvados na ponta), *paducá* (tamancos usados só dentro da casa), *kaddavô* (tamancos).

Adornos: (nas orelhas) *bali* (três ou mais pérolas no alto da orelha direita), *zôd* (argolas de oiro com esmeraldas), *choucuddó* (argolas de oiro com pérolas), *conttó* (corrente de oiro no pescoço), *har* (colar de pérolas que só é usado pelos principes e pelos ranes), *bahu-bâl* (bracelete de oiro no braço direito), *petti* (pulseira de oiro no pulso direito), *solés* ou *solcoddins* (um par de manilhas no pulso esquerdo), *gôp* (cinto de oiro ou de prata, êste só em uso nas classes inferiores), *mudi* (anel).

As mulheres vestem: pano de algodão ou sêda *capod* ou *sari*, (que se enrola em tôrno da cintura, cingindo uma parte da cinta para baixo, e passando-se uma ponta sôbre o ombro esquerdo ou sôbre a cabeça). Há muitas variedades: *pitambâr* (de sêda com borda de brocado), *chandracalá* (preto ou vermelho), *topchiló* (verde), *guzri* (de quadradinhos), *bibé* (de quadrados), *patâl* ou *chunaddis* (leve de algodão). Usam também *cholli* (espécie de corpete de manga curta, que conchega

(12) O *angarcá* era a princípio traje militar, usado pelos *rajputs*; hoje está generalizado (T. C. Das Gupta — *Aspects of Bengali Society*, pag. 411).

Uma senhora indu

Uma goesa cristã vestida do *pano-paló*

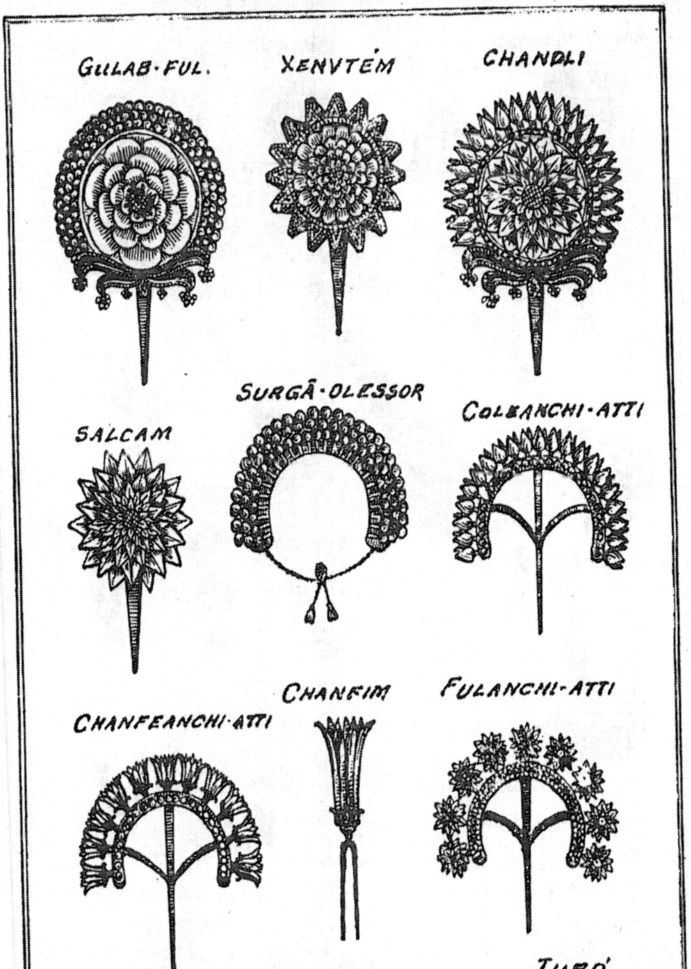

GULAB-FUL.
XENVTÉM
CHANDLI
SURGÃ-OLESSOR
SALCAM
COLEANCHI-ATTI
CHANFIM
CHANFEANCHI-ATTI
FULANCHI-ATTI
TURÓ
CUTTOREM
QUEGODA

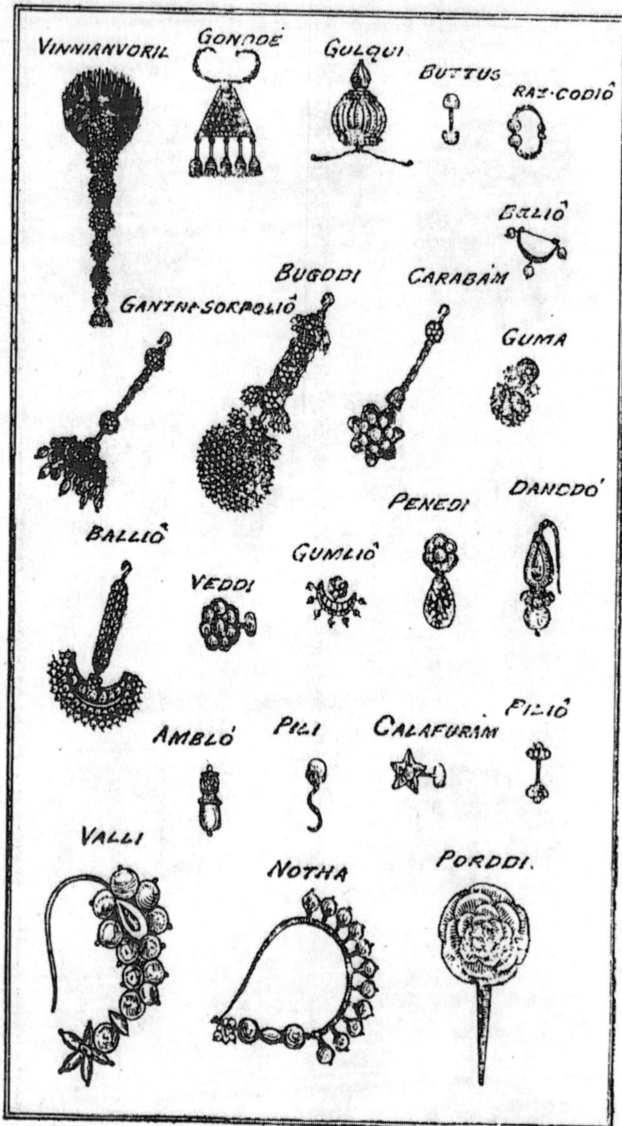
VINNIANVORIL
GONDDÉ
GULQUI
BUTTUS
RAZ·CODIÔ
BALIÔ
BUGDDI
CARABAM
GANTNI·SORPOLIÔ
GUMA
DANDDÓ
PENEDI
BALLIÔ
GUMLIÔ
VEDDI
FILIÔ
AMBLÓ
PILI
CALAFURAM
VALLI
NOTHA
PORDDI.

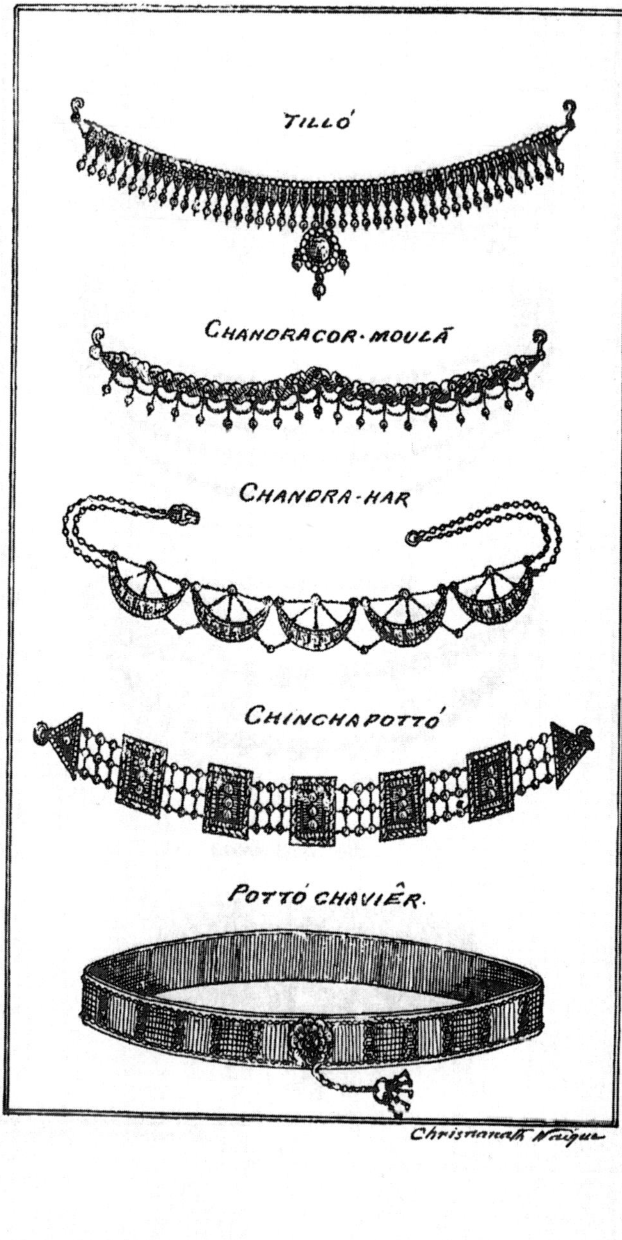

Christianath Naique

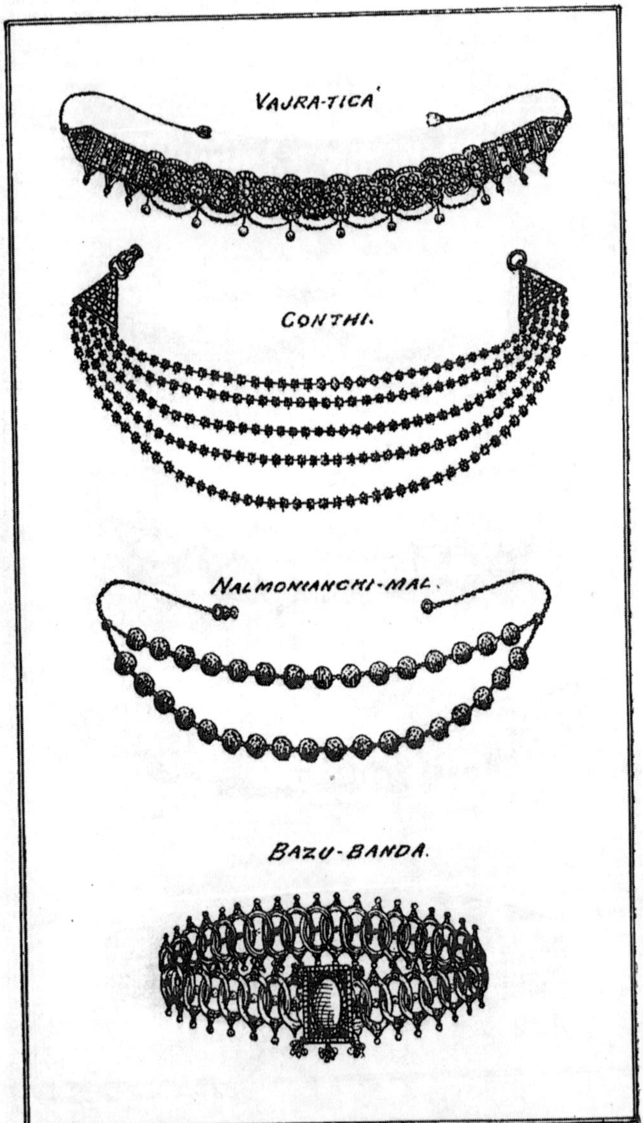

Chrisnanath Naique.

Chrisnanath V. NAIQUE

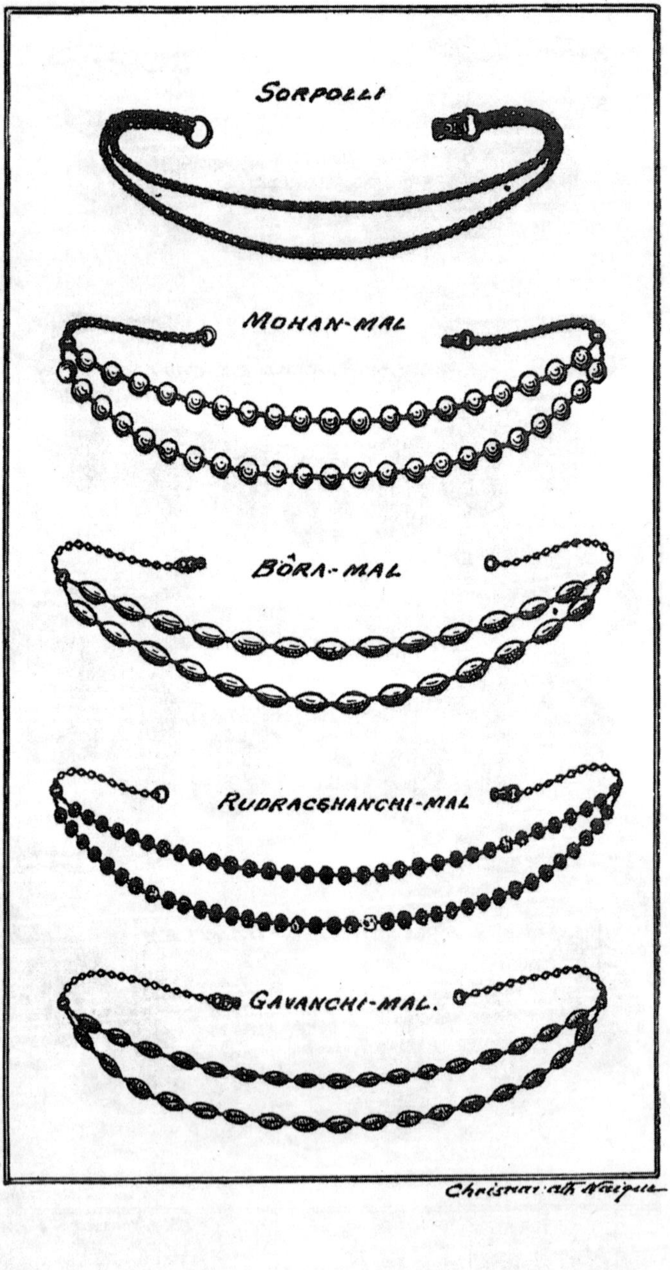
SORPOLLI
MOHAN-MAL
BÔRA-MAL
RUDRACSHANCHI-MAL
GAVANCHI-MAL.

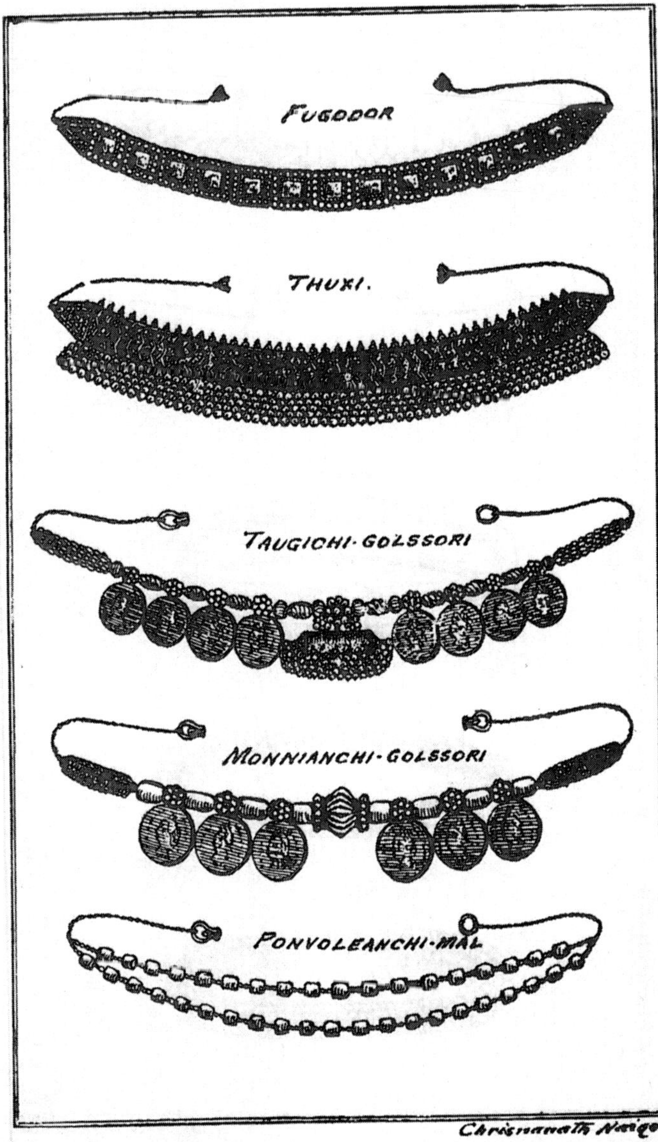

Chrisnanath Naique

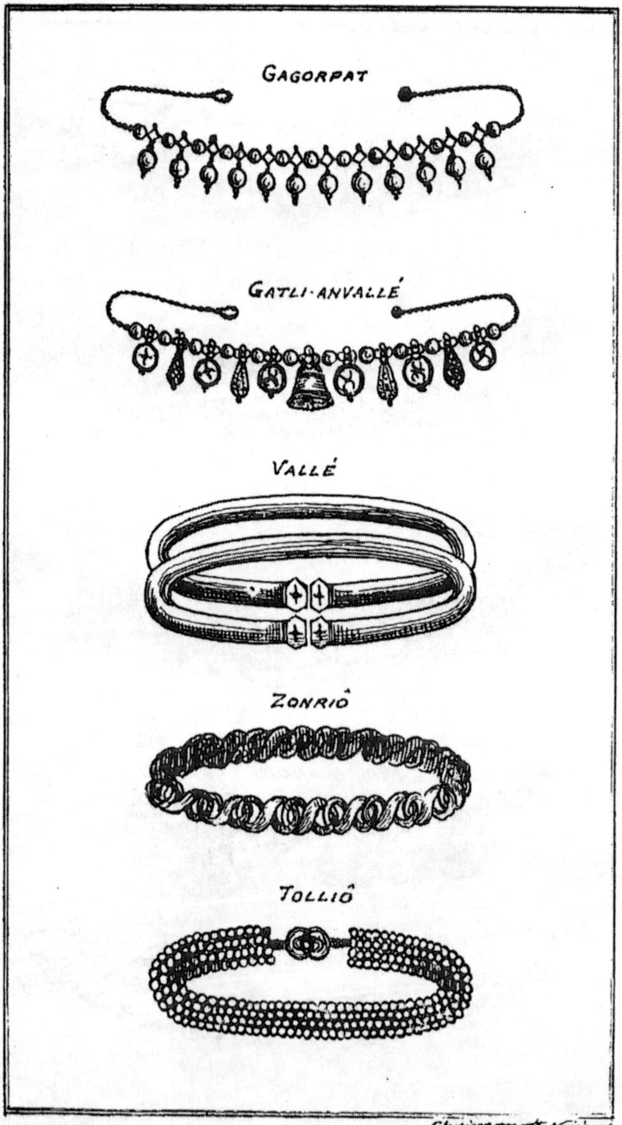
GAGORPAT
GATLI-ANVALLÉ
VALLÉ
ZONRIÔ
TOLLIÔ

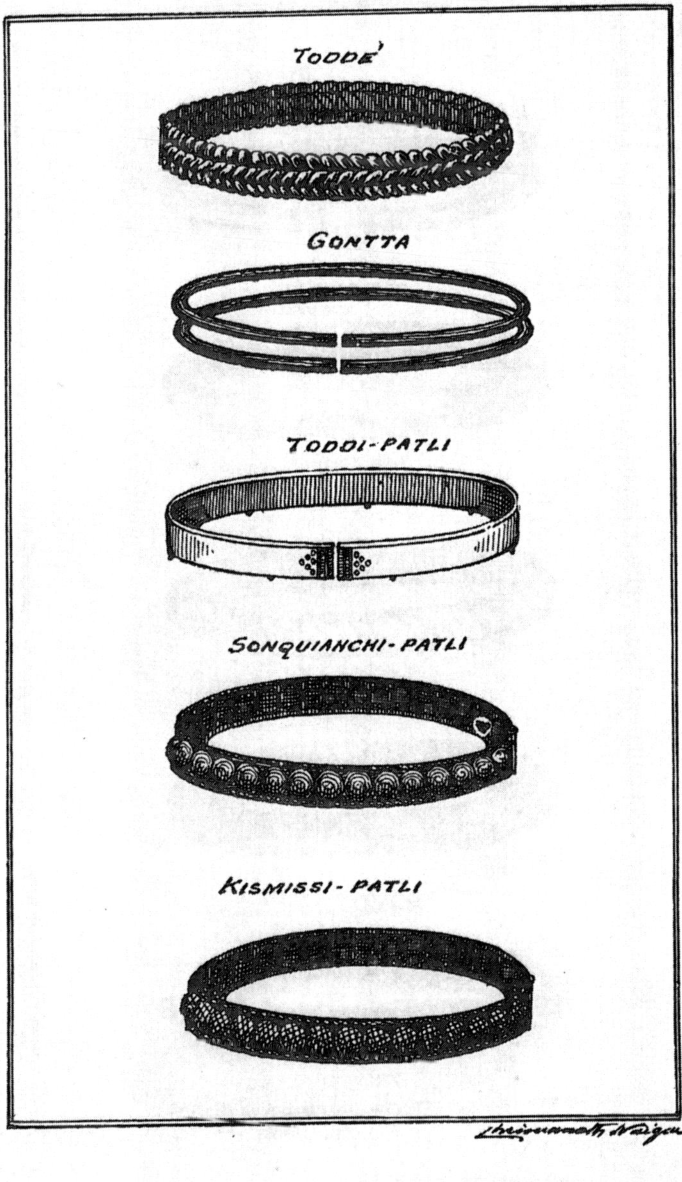
TODDE'
GONTTA
TODDI-PATLI
SONQUIANCHI-PATLI
KISMISSI-PATLI

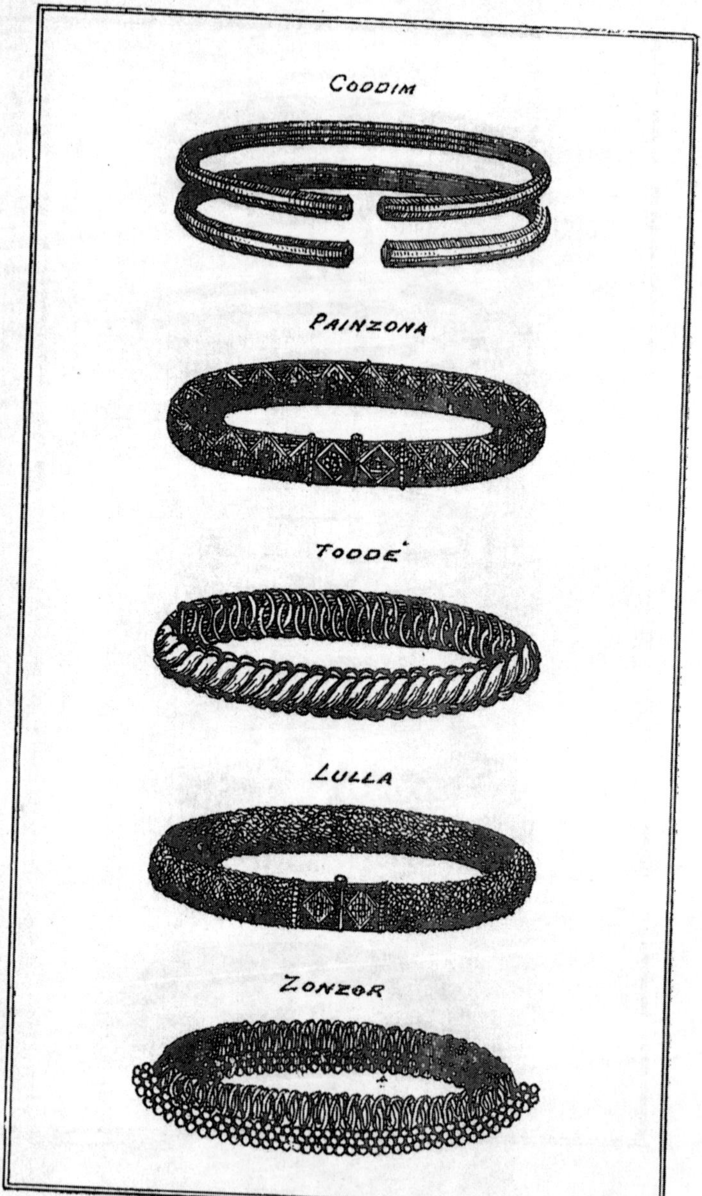
CODDIM
PAINZONA
TOODE
LULLA
ZONZOR

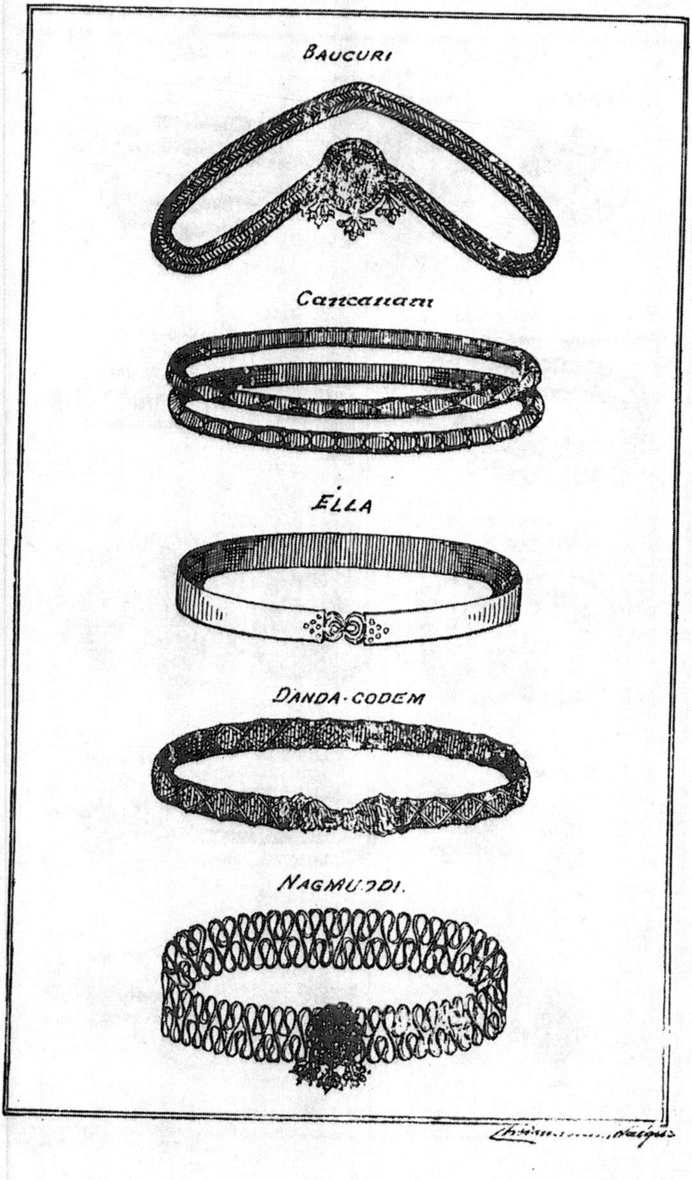
BAUCURI
Cancanam
ELLA
DANDA-CODEM
NAGMUDDI.

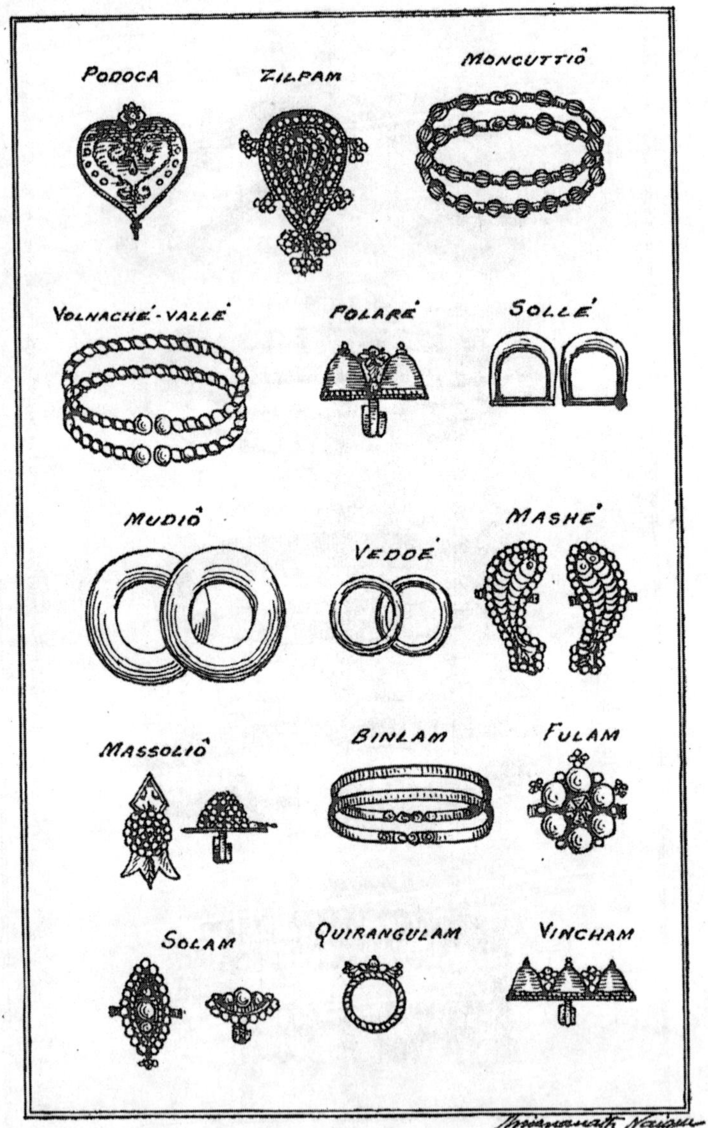
PODOCA
ZILPAM
MONCUTTIÔ
VOLNACHÉ-VALLÉ
POLARÉ
SOLLÉ
MUDIÔ
VEDOÉ
MASHÉ
MASSOLIÔ
BINLAM
FULAM
SOLAM
QUIRANGULAM
VINCHAM

o busto até um pouco acima da cintura), *chal* (manta) ou *pambri chal* (com borda de galão). A par disso, as de Damão usam saia branca ou saia curta (*gagri*) e as *dherinas* um casaco de mangas compridas. Quando se compra um novo pano (*capod*) sacam-se-lhe dois fios, um dos quais se oferece a *Suriá* (Sol) e outro a *tulôsse* (ocimum sanctum), e esfrega-se *cucume* à sua orla, porque o *cucume* simboliza o oiro.

O traje feminino é elegante e simples.

Há duas maneiras de usar o *sari*: a *sacacha* e a *vicacha* segundo se passa ou não uma das extremidades entre as pernas e se prende à região lombar.

As viúvas rapam o cabelo e usam *sari* vermelho, talvez à imitação das monjas budistas, e no Guzerate *sari* preto.

As mulheres da casta *gauddé*, as *curumbinas* distinguem--se pela forma de vestir o pano e por cobrirem o antebraço com manilhas de cobre.

As mulheres hindús enfeitam a cabeça com grinaldas de mogarim (*jasminum sambaca*), zaiô (*jasminum grandiflorum*), surungam (*ochrocarpus longifolius*), abolim (*orossandra undolefolia*), vonvlans (*mimusops elengi*), champó (*michelia champaca*), quegada (*pandanus odoratissimus*) e xenvtim (*chrysanthemum indicum*).

> " S'il est oiseux de se demander depuis quand la femme a mis des fleurs dans ses cheveux si l'on sait que les fleurs artificielles, crées dans ce but, ne sont pas un produit de la seule civilisation moderne, mais que l'ancienne Rome et la Chine ont connu cette industrie. (13)

Adornos de ouro e pedras preciosas:

Na cabeça sôbre o nó do cabelo: *ambaddó*, *gulab-ful* (rosa), *xenvtém* (crisântemo), *chandli salcam* (lotus), *surumgam olessor* (surungã), *pissolim* (borbòletas), *chanfim* (champó), *quegoda*, *colleanchi atti* (fiada de botões), *chanfeanchi atti* (fiada de champés), *fulanchi atti* (fiada de flores), *salcanchi atti* (fiada

(13) G. Montandon — *L'Ologenèse Culturelle*, pag. 362.

de lótus), *turó* (ramo de flôres), *cuttorem*, *gulqui* e *porddi*, *tilló* (sôbre a testa), *chandrakormolam* (no alto da testa), *gonddê* (no temporal).

Nas orelhas, nos três furos na borda do pavilhão: *ghanthi-sorpoli*, *bugdi*, *carabam*, *paqué*, *veddi*, *baliô*, *penedi*, *gumliô*, *calafuram*, *piliô*, *buttus*; no lóbulo central: *gume*.

No nariz: *nôth*, *valli*, *danddó*, *pili*.

No pescoço: *ardeapovonachém gantlém*, *povonanchém gantlém*, *moedanchém gantlém*, *putoleanchém gantlém*, *chinchapottó*, *chadracor-moulá*, *chandra-hai*, *fugdôr*, *pottó-chaviêr*, *sorpoli*, *monniachi golsori*, *thuxi*, *tilló*, *taugichi-golsori*, *ponvleanchi-mal*, *mohan-mal*, *gavanchim-mal*, *rudracshanchi-mal*, *nalamonianchi-mal*, *bôra-mal*, *vajraticá*, *conthi*.

No pulso: *coddim*, *gonta*, *sonquianchi-patli*, *toddé*, *quismissi-patli*, *cancanam*, *bangliô*, *tolli*, *beloreô*, *bandió*, *lulla*, *zonzor*, *toddi-patli*, *doró*, *dhuddó*.

No braço: *baicuriô*, *ellá*, *talballó*, *bazubanda*, *nagmuddi*, *zovó*, *danda-coddém*.

Nos pés joias de prata: *guzreá*, *paenzon*, *toddé*, *lullá*, *zonzor*, *tollió*, *volnaché-valé*.

Nos dedos dos pés joias de prata: *maché* (peixes), *polaré*, *vincham*, *fulam*, *solam*, *massoliô*, *bichvé*, *mudiô*, *veddé*, *undam*, *sollé*, *quirangulam*.

O *nôth* ou *valli* só aparece nas esculturas posteriores à invasão maometana. (14) É provável que tenha sido introduzido pelos maometanos. Certo é que a palavra não é de origem sânscrita. (15)

Dir-se-ia que as joias são uma instituição de providência; são às vezes a única garantia das operações de crédito para fazer face às despesas extraordinárias e imprevistas:

---

(14) A. S. Alteker — *The Position of Woman in Hindu Civilisation*, pag. 364.

(15) P. K. Gode — *The antiquities of women of the hindoo nose ornament* nos *Annals of the Bandarkar Oriental Research Institute*, vol. XIX, part. IV.

doença, morte, aquisição dos meios de produção, pagamento da renda, etc.

"Relativement à l'existence de la parure aux différentes époques et dans les différentes cultures, on dit communément qu'elle a existé de tout temps. Pour autant que l'on peut remonter dans l'histoire, oui. Mais l'ethnographie moderne montre que les peuples appartenant à la culture primitive (Pygmées particulièrement) sont a peu près totalement ignorants de la parure". [16]

As crianças do sexo masculino usam *doglé* (casaco comprido), *tumann* (calças) e *topi* (barrete) e joias: *moncuttiô* (no pulso), *razcodiô* (nas orelhas), *zilpam* (no temporal), *vallé, zonriô* e *tolliô* (nos pés), *gagorpat e gantli-anvalé* no cinto.

As do sexo feminino quando andam nuas ocultam os orgãos sexuais com *podoca* de prata e usam: *gagró* (saia curta) e *cholli* ou *polcó* (blusa) e adornos: *baliô* (nas orelhas), *vallé, vinnavâril* (na trança de cabelos) *zonriô, tolliô* e *binlam* (joias de prata) nos pés.

Os maometanos trazem na cabeça: *topi* (barrete) ou pano enrolado: *pâgdi, mudaçó, fenttá* ou *fez*, e vestem: *curtu* (camisola comprida até os joelhos), *sudariô* (colete bordado de sêda ou lã), *vizar* (calças) ou *pudvém* e casaco. As mulheres maometanas vestem-se como as hindus, usando, porém, calças de côres vivas (*vizar*) por baixo do pano e um manto por cima; e as *lotiás* quando saem da casa envergam uma capa que as cobre da cabeça aos pés, tapando o rosto tendo apenas um buraco defronte dos olhos.

Os indígenas usam guarda-chuvas de fôlhas de palmeira (*conddó*), de armação de bambu coberta de fôlhas de bondgui (*satli*), de *gurome vel* ou *palass* (butea frondosa), *guromo*, *gorban* ou *virlem*.

Os parses vestem camisola de musselina (*sadrá*) sôbre a qual usam na cintura cordão de lã de ovelha (*caxtti*), *angarcá*

---

(16) G. Montandon — *L'Ologénèse Culturelle*, pag. 356.

e calças, e trazem na cabeça *pagddi* de pano oleado (espécie de mitra), *fenttá* (chapeu sem abas) ou *tôpi*. As parsinas usam *ijar* (bragas de algodão ou sêda), *sadrá, caxtti, cholli* e *sari* (pano de sêda passando uma ponta sôbre a cabeça) e um lenço na cabeça (*mathabana*), e andam sempre calçadas. Os adornos são de uma grande simplicidade à europeia. Os sacerdotes vestem-se de branco, inclusive o turbante. Nas cerimónias religiosas, os parses e os banianes usam um casaco comprido (*jamo*) trazendo os parses uma faixa branca larga à cintura.

Os cristãos vestem-se à europeia. Porém, os das classes inferiores andam descalços, em cabelo ou com lenço atado à cabeça; usam às vezes calção, cabaia ou pano que cobre as côxas e na província limitam o vestuário ao *langotim*. O traje feminino é indígena ou europeu; o indígena difere pouco do hindú, pois usam pano sem o *cás* (pano-paló) isto é, uma das extremidades passando por entre as côxas não é segura na parte posterior da cintura, e por cima do pano um manto de ordinário branco (*ôl* ou lençol) sôbretudo quando assistem aos actos da igreja, e em vez de *cholli* hindu uma blusa de mangas compridas (*cholli*) que desce até a cintura. As raparigas solteiras além do *quimão* (camisa sem gola nem abotoadura) usam um pano que só cobre a parte inferior do corpo. Há uma variedade de traje nada elegante que se denomina *pano-bajú*, composto de pano (*saraça* ou *todôpe*) que só cobre da cintura para baixo (e tem o nome de *fota*, sendo de fazenda rica, veludo bordado a oiro, *tisso*) e de *quimão*. As brâminas e chardinas que não usem vestido trajam, as primeiras, *pano-baju* e as últimas, sobretudo em Salcete, pano branco com borda vermelha ou preta. As mulheres ricas das classes inferiores vestem o *pano-bajú*.

O edital da Inquisição de Goa de 14 de Abril de 1736 explica as modificações que entre os cristãos sofreu o traje hindú. "Que não usem, nem em público nem em particular, os homens de *pudvém*, que costumam usar os gentios e as mulheres de *choles* que costumam usar as gentias".

Cristã vestida de lençol (*ôle*)

Cristã vestida de pano à moderna

Cristã vestida de "*pano-baju*"

Operário cristão
de camisola, *langotim* e *cambolim*

Um cristão de cabaia
empunhando um *satli*

Mulher coberta com *Conndó*

"Mandamos aos ditos naturais da India, e a todos os moradores dos ditos distritos, ainda portugueses, que nas procissões, e encamisadas, e outras quaisquer festas, que se fizerem de dia, ou de noite, em louvor de Deus, e de seus Santos, não vá pessoa alguma cristã em traje gentílico...". O decreto episcopal de 8 de Julho de 1644 determinou que nenhuma mulher cristã usasse joia no nariz.

As cristãs de Goa que se vestem à indiana usam as seguintes joias:

Na cabeça: pentes de oiro, prata, ou tartaruga; nas orelhas: carapo ou *veddis* (brincos), *penetis* (arrecadas), no pescoço: pedra verde (*malaquite*) com dois grandes corais; colar de oiro de variados feitios; rosário de oiro, de coral, de missanga; nas mãos: manilhas de oiro e de vidro; anéis nos dedos.

As cristãs de Damão, das classes inferiores, vestem saia, blusa e manto, e as de Diu *pano-bajú* e quimão.

A roupa é lavada pela casta dos *modvôls*.

4—Da habitação e da mobilia

A habitação hindu tem, em regra, no centro um pátio quadrado aberto (*razangona*) como o cláustro dum convento, rodeado de galerias (*sopé* de *chouqui*) das quais a de frente dá para a sala de visitas (*ossoró*), a de traz para a sala de jantar (*vassri*) e as laterais para os quartos (*cuddi*). À frente fica a entrada (*sopó* ou *balcão*) que é alpendre quadrado coberto de tecto piramidal, aberto de três lados e com bancadas de volta, onde espairecem ou palestram. Na *razangona* ou em frente da casa, os hindus plantam o arbusto sagrado 'tulóss" (*occimum sanctum*) que tem a propriedade de afugentar os mosquitos.

As casas dos ranes e dos dessais tem nas paredes, de cada lado das portas, seteiras *(zonguiôs)* para fazer fogo no caso de assalto.

As traves esculpidas e as colunas e os roda-pés adornados de arabescos pintados a fresco dão a nota d'arte em casas ricas.

A reclusão das mulheres (*purdha*) foi introduzida na India provávelmente pelos mongois. ([17])

A casa é construida de terra amassada ou de laterite, e em Damão, também de tijolo ou de ripas de bambú cobertas de terra misturada com bosta. Nos alicerces e nos muros das hortas usa-se de pedra bruta de laterite, chamada *robôlo*. As rochas que se encontram em a nossa India são classificadas empíricamente pelos indígenas do seguinte modo:

1.º *Khôddpi-fatôr* (pedra de construção de casas), rochas conglomeradas, grês, quartzo, laterite.

2.º *Pachanna* (pedra agregada escura), rochas feldspáticas, granito pardo.

3.º *Nibôr pachanna* (pedra preta dura), rochas basálticas.

4.º *Môu-pachanna* (pedra preta mole), rochas micáceas micaxistos.

5.º *Cupfatôr* (pedra branca), rochas granîticas e talcosas, granito branco, calcáreas.

6.º *Locanddi-fatôr* (pedra de ferro), rochas com base de óxido de ferro e hidratos de peróxido de ferro.

É defeso empregar nas construções madeira de pimpôl (*ficus religiosa*), vôdd (*ficus indica*) e rumbôdd (*ficus glomerata*) por serem árvores sagradas.

A casa do povo é, às vezes, coberta de fôlhas de palmeira ou mesmo feita desta matéria, e em Damão de folhas de cossamo (*schleichera triguja*).

A casa hindu, muito baixa, só recebe luz pela porta e por umas pequenas janelas com balaustres de madeira. Em lugar de vidro usa-se, em algumas casas, *carepo* (concha translúcida da ostra *placuna placenta* que filtra luz macia e discreta).

No caso de o lavrador possuir juntas de bois ou de búfalos (*zot*) construem-se defronte, ou a um dos lados da casa cerrados cobertos de *olas* (folhas tecidas de palmeira) ou de palha colocando, no centro e no sentido longitudinal,

---

([17]) A. M. A. Shushtery—*Outlines of Islamic Culture*, 677.

Casa de Dipu Ranes (Satari)

Tipo da casa dos maratas da classe superior

Casa hindú

Casa hindú (interior)

Casa do dessai de Arabó

Casa do dessai de Lamagão

Palácio do Prelado hindú de Partagal (*agarçal*)

Palácio do Rei de Sundem em Bandorá

Casa de campo dum fidalgo português em Dandim

de campo dum fidalgo português em Dandim (interior)

Pedreiros

um ou mais aguieiros sustentados por duas grossas forquilhas, uma em cada extremidade: os animais são presos a êstes aguieiros horizontais por meio duma corda de cairo (*davem*) lançada ao pescoço.

A cozinha é lugar sagrado, onde as castas inferiores e os que não professem a religião hindu não podem penetrar.

As casas teem o seu poço privativo, o qual deve ser aberto ao N. E., N. ou O. num local onde se não descubram ossos.

A construção da casa deve começar em qualquer dos seguintes meses: *Cheitra* (Março-Abril), *Vaixâca* (Abril-Maio), *Jêstha* (Maio-Junho), *Cartica* (Outubro-Novembro), *Margaxirxa* (Novembro-Dezembro), *Mágha* (Janeiro-Fevereiro), *Falguna* (Fevereiro-Março). A casa deve ser edificada ao Norte ou Leste da rua.

Vastapurucha, deus que preside à construção das casas, está sempre deitado, muda, porém, de posição durante o ano. Em certos meses a sua cabeça está voltada para o norte; por isso não se deve começar a construção duma casa quando suceda ficar a fachada voltada para os pés de *Vastapurucha* ou numa posição tal que a sua vista possa incidir nela.

Determinado pelo astrólogo o dia de lançamento da primeira pedra, reunem o dono da casa, a mulher, e o sacerdote. Escolhem-se cinco ou nove pedras e traçam-se nelas os sinais: *svastica* e *padma*.

Lança-se nos fundamentos um composto de limo, leite coagulado, lascas de esmeralda e rubi, coral, pérolas e oiro, e cobre-se com aquelas 5 ou 9 pedras, e o sacerdote recita uma oração. É o rito chamado *chilá-niás*.

A cerimónia de inauguração da casa (*ghâr-pravêx*) consiste no seguinte: abre-se uma cova num canto Nordeste, enterra-se nela uma caixinha de barro contendo: leite coagulado, limo, *pancha ratnam* (esmeralda, rubi, oiro, coral e pérola), legumes de 7 qualidades, areca, boi de oiro (*vricha vastu*), fecha-se a cova, e colocam por cima uma bilha de água fria, uma lâmpada, e bolos de arroz. Êste canto Nordeste passa a ser o lugar sagrado da casa.

Em Damão, antes de se cobrir o tecto prendem-se 2 côcos à cumieira.

Damos a lista da mobília e utensílios domésticos dos hindús:

Manchaca (cama), *palanga* (cama); *khatt*, marquesa; *canapó*, *zompaló* (balouço), *hindló*, táboa suspensa do tecto por meio de correntes de ferro e que serve de leito; *choufaló*, banco sem espaldar; *assan*, assento; *codel*, cadeira; *patt*, *tabôa* e *bascá*, escabelos; *painem*, berço; *capatt*, armário; *pétt*, caixa de várias espécies; *satrangui*, tapete em que se sentam as visitas; *hatâr*, esteira grande de bambú para secar bate; *hatri*, esteira de bambú; *mandri*, esteira de junco; *xendri*, esteira de rotim; *lódd*, almofada para quem se senta no tapete; *gadi*, colchão; *gurdeá*, travesseiros pequenos; *tactá*, travesseiro grande; *lamandivó*, candieiro de suspensão; *diuli*, candieiro de azeite; *samai*, candieiro de mesa; *cándil*, lampião; *coipongi*, lamparinas; *ponnti*, tigelinha; *tambió*, gomil de cobre ou latão; *chimbú* e *cassanddi*, gomis de latão; *collsó*, cântaro de cobre ou barro; *colsuli* ou *bindul*, bilha de cobre ou barro; *gundd*, panela pequena de latão; *thal* e *tôplem*, panelas de cobre; *môddqui*, caldeira; *borni*, boião; *handdó*, caldeirão; *codem*, balde de barro; *godguenchó tôp*, tacho de cobre; *pânchehandichó tôp*, tacho de cobre; *sandanã confró*, vaso para cozer *sandanans*; *satel*, frigideira grande; *locnem*, frigideira de fundo côncavo; *cail*, *pollécail*, *oddeam-cail*, frigideiras; *fatôr* e *rogddó*, pedras de moer tempêro de caril; *kolbotó* e *fovam-van*, almofarizes; *dantém*, moinho; *adoli*, ferro para cortar, escamar peixe e ralar côco; *sambardem*, caixa para guardar condimentos; *colmul*, *cotholem*, vasos de madeira para tempêro; *lattfolém*, táboa para massas; *lattnim*, rôlo de *bambú* para massas; *chirném*, ferro para cortar massas; *xeugó*, passador mecânico para *chirvoleôs*, aletria de arroz; *dantó*, passador para doces; *locném*, assadeira; *tavó*, assadeira para apas; *elapó-cail*, fôrma para dôce; *bogunnem*, terrina de cobre; *urvulli*, terrina de latão; *zharó*, colher em forma de crivo; *dôuló*, colher grande de latão; *cansul*, colherinha de latão; *chonchó*, colher de ferro; *pâlli*, colher para

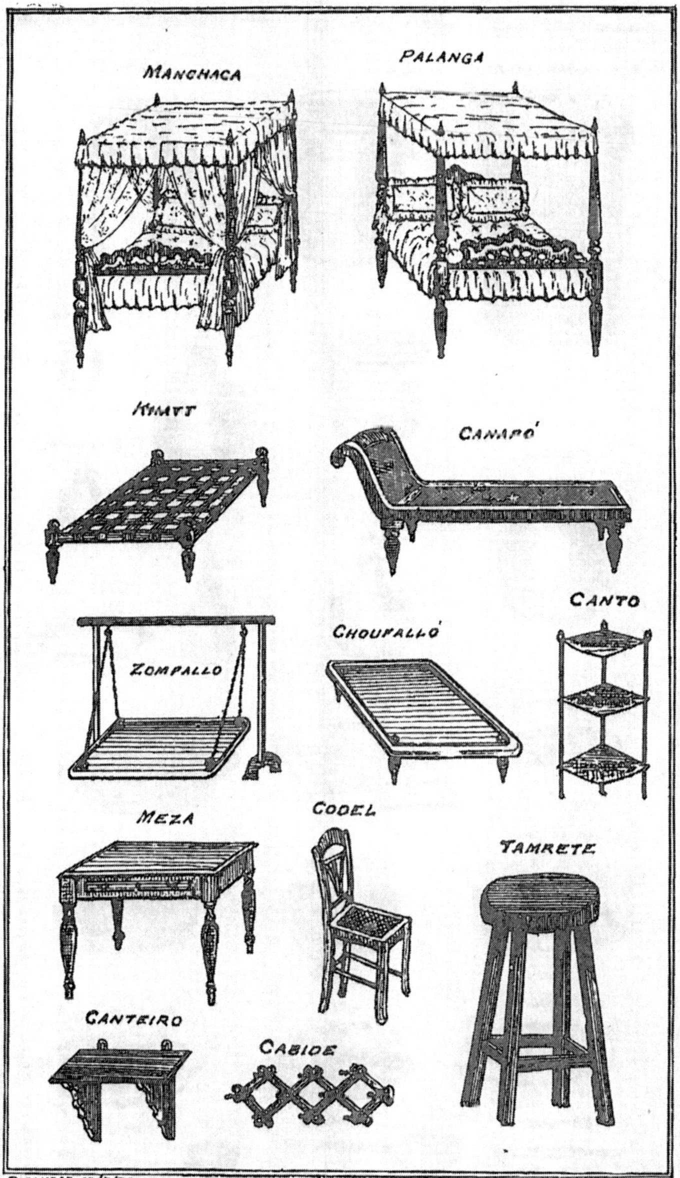

RIBANDAR, 18/7/36 CHRISHNANATH V. NAIQUE

PANCHA-HANDICHÓ TOP
GODGUENCHÓ TOP
HANDDÓ
TOP
COLSÓ
CHIMBÚ
MODQUI
CASSANDDI
COLSULI
TAMBIÓ
POLLÓ CAILI
VATLI
TABÔA
CAILI
ODDEA CAILI
CANSSÓ
PITLI
LATTFOLÉM
TAPCADI
ELAPÓ CAILI
LATNIN
ZARÓ
DOULÓ

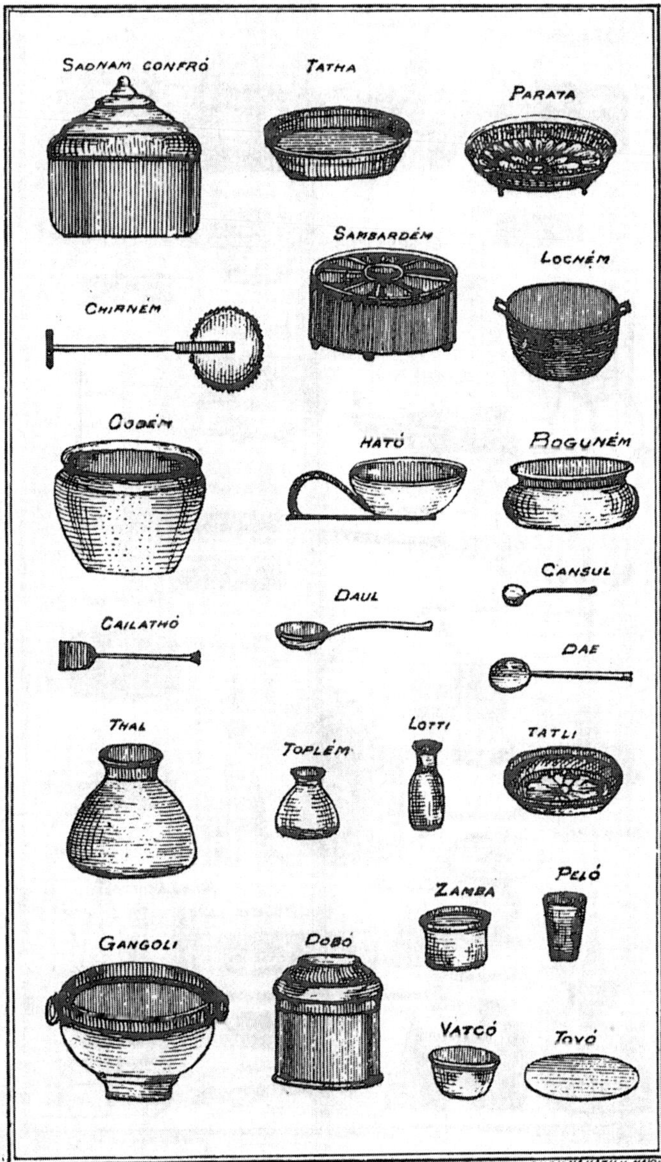

RIBANDAR, 23/6/38 CHRISNANATH V. NAIQUE

RIBANDAR, 7-7-30 VASSUDEVA C. NAIQUE.

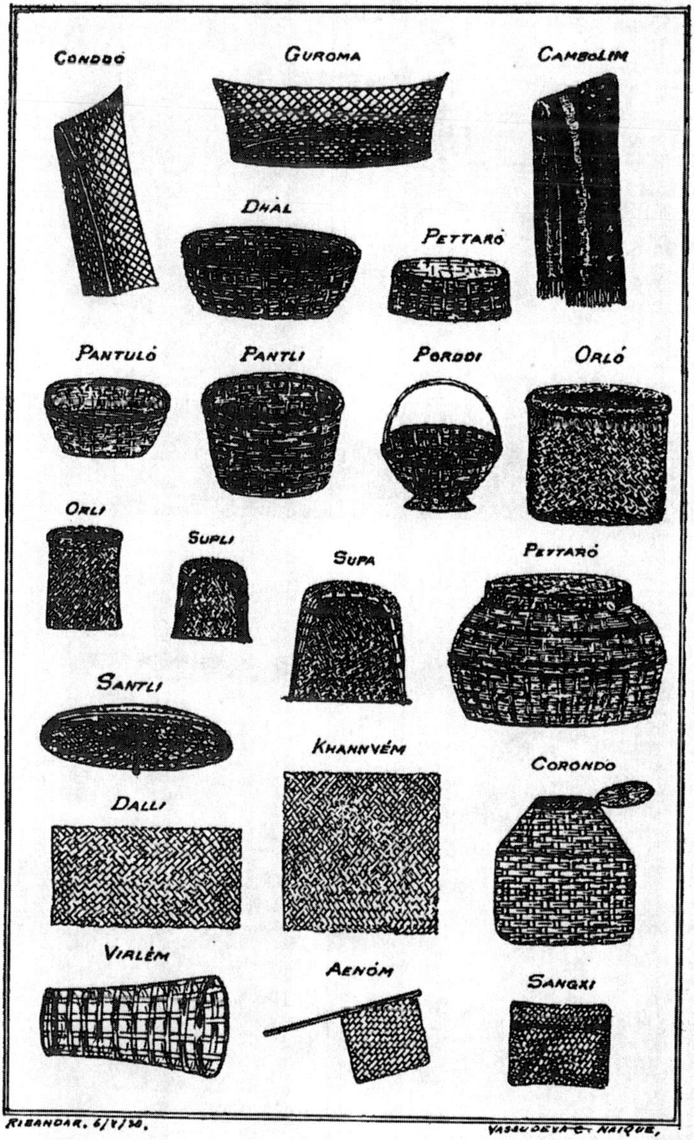

RIBANDAR, 6/7/30. VASSUDEVA C. NAIQUE,

Culto de *tulôss*

Trabalho doméstico

Rangoli

tirar água do gomil; *pitli, vatli*, pratos de latão; *tâpcâddi* e *tâtli* pratos lavrados de latão; *ximpó*, prato de latão para *chandane; pâdgó*, tigela de cobre; *vatcó*, tigela; *cansó*, malga; *pancha-patra*, copo de cobre ou latão; *peló, lottli* e *zamba*, copos de latão; *vatcó*, copo de chumbo; *vatteá*, tigela de latão ou prata; *ható*, chávena; *coronda*, boceta de latão para cal que se ajunta à areca e betle; *malti* ou *mattul*, tigela de barro; *xinquem*, suspensório de panelas com comida; *gângoli*, balde de cobre; *tâst*, bacia de cobre; *pan-pudó* e *dobó*, caixa de areca e betle; *talha* e *tapcadi*, bandejas; *tabâc*, bandeja para areca e betle; *adcatri*, quebra-areca; *tapqué*, caixa de rapé; *parata*, salva; *athar-danddi*, pulverizador de prata; *gulab-dandi*, pulverizador de prata para água de rosas; *gudfolem* e *tabalfolem*, jogos; *picddandi*, escarradeira; *sarôn*, vassoura; *pissondi*, espanador; *zabló*, saco de cairo para transportar côcos; *mussol*, pilão; *chalôn*, peneira. Para iluminar o oratório usam: *niranjan, arthi, pancharti* (candieiros de latão) e para incensar os deuses servem-se de *duparthi* de latão e para o ofertório o *chimpó*. Os hindús usam, para iluminação, de óleo de gergelim (*sesamum indicum*).

Dentre os móveis indianos em uso entre cristãos merece registo a *preguiçosa*—longa cadeira, cujos braços se prolongam tanto que permitem que sôbre êles se estendam as pernas, chama-se também cadeira à Voltaire. A esteira de junco ou de bambú supre a cama nas casas burguesas. Ainda na Europa o progresso da habitação é recente.

"En Scandinavie, au XVIe siècle, on partageait sa maison en hiver avec le bétail. Les voyageurs égarés dont on éntendait les lits à terre sentaient toute la unit les porcs qui venaient en grognant leur lécher le visage, mais on suspendait les enfants en bas âge assez haut pour les mettre à l'abri des chèvres indiscrètes. A cette époque, les vitres aux fenêtres étaient une innovation, même dans les classes supérieures, et, beaucoup plus tard, les pays les plus avancés n'en faisaient encore qu'un usage limité. Un voyageur anglais qui traversa en 1787 la France et l'Italie, nota à plusieurs reprises l'absence totale de vitres dans des maisons de pierre et d'ardoise, de bonne apparence pourtant; une ville suffisammente importante pour qu'y siègeât un évêque avait toute une rue sans un seul carreau". ([18])

5—Dos meios de transporte

Transportes terrestres—Machila: Há duas espécies: uma tem a forma dum leito portátil (*catre*) e serve para transportar uma pessoa deitada, e outra tem dois assentos a modo de cadeiras, em ambos os extremos, na qual se fazem transportar duas pessoas sentadas (*cadeline* ou *cadeirinha*). E' suspensa por meio de cadeias de ferro em um varal (cana). Tem um tôldo de chita ou de outro qualquer estôfo para resguardo do sol, *tendilhão* ou coberta de pano oleado (*tenda*) para abrigo da chuva. E' conduzida à cabeça ou aos ombros de 4 *boiás* (carregadores).

Os *boiás* usam uns saiotes e casacos de mangas curtas (*malaias*). Para amortecer a sensação da dureza da carga e corrigir a diferença de altura, os *boiás* trazem na cabeça um *chumbôl* (pano enroscado) e *niunnem* (rodelas de palha de arroz). *O boiá* da frente, que é capataz, guia os companheiros, indicando as irregularidades do terreno e os objectos que encontra no caminho, pela forma seguinte: *sacóss*, devagar, *êque fatôr*, uma pedra; *êque danddó*, um pau; *udic*, água; *daó*, para a esquerda; *uzvó*, para a direita; *mucar*, para a frente; *beguine*, depressa; *rabrê*, pára, etc.

Dolim. Assemelha-se a um grande berço coberto, suspenso dum bambú e conduzido à cabeça por dois ou quatro homens do qual geralmente se servem as mulheres hindús.

Palanquim. É leito portátil mais largo que o catre suspenso por meio de cadeias de ferro em uma cana arcual no meio e recta nas extremidades.

Mennom. Palanquim em que viajam os prelados hindús.

Khatli. Maca em que são transportados os doentes das classes inferiores.

Tonga. Carruagem de duas rodas tirada por cavalos.

([18]) R. Lowie—*Manuel d'Anthropologie Culturelle*, pag. 111.

Sarvotta-gaddi. Carruagem de duas rodas puxada por bois.

Gaddó. Carroça tirada a bois ou búfalos.

Boiada. Récua de bois que transportam mercadorias em costais.

Ao lado dos caminhos erguem-se, de espaço a espaço, estrados de pedra (*dâvârnins*) para descanço das cargas que se transportam. As carregadeiras usam na cabeça pano enroscado e nos pés chinelas de folhas de palmeira (*mossó*).

Sôbre a viação e os *dâvârnins* escreveu o jesuita Sebastião Gonçalves:

"São os Gentios amigos de honra e nome ainda depois da morte; por esta rezão são dados às obras publicas; a fazer descanços de pedra bem laurada em q' os homẽs de carga a ponhão, e com facilidade a tornẽ per sy a tomar e sem ajuda d'outrẽ; poem os Padres nelles Cruzes pera que fiquem mais aliviados com sua vista. Dão de beber aos viandantes, e pera este effeito poem nos caminhos calão com agua. Edificam tanques e poços nas aldeas, nos quaes depois de mortos conservão sua memoria". (19)

"Le portage *sur la tête* a été particulièrement important en Afrique. On met parfois l'attitude droite des femmes de couleur foncée sur le compte de l'héritage de ce caractère acquis au cours des âges par l'habitude de porter en équilibre des jarres d'eau sur la tête...

Tant pour amortir la sensation dure du fardeau que pour le bien tenir en équilibre, une rondelle de paille est fréquemment interposée entre la tête et le fardeau...

Quant à la *chaise à porteurs*, elle a été utilisée dans l'Amérique précolombienne en Asie, en Europe, en Afrique. C'est au Japon que ce mode de transport a atteint son plus haut degré de devéloppement. En Europe, il fut en vigueur...

C'est l'Asie qui a été le continent des caravanes parfois immenses, puisqu'on en voyait défiler qui comptaient jusqu'à 20.000 chevaux." (20)

---

(19) *De História dos Religiosos da Companhia de Jesus*—1614—Ms. da Biblioteca Nacional de Lisboa, pag. 324.

(20) G. Montandon—*Traité d'Ethnologie Culturelle*, pag. 551.

"Autour de l'an 3300 avant notre ère, le Babyloniens inventèrent la roue, l'une des inventions les plus importantes que fit l'homme pour résoudre le problème du transport. De Babylone, la roue se répandit en Egypte, *aux Indes*, en Chine et en Europe. Les peuplades vraiment primitives, tels les nègres d'Afrique, certaines tribus asiatiques et les Océaniens ne l'adoptèrent jamais. Beaucoup d'entre eux n'auraient su que faire de véhicules sur roues, faute d'animaux de trait. La roue resta inconnue de toute l'Amérique précolombienne.

Le principe de la roue rendit possibles nos trains et nos automobiles...

L'ancienne roue babylonienne avait la forme d'un disque; elle prédomina jusque vers 2300 avant notre ère. La roue sans rayons se retrouve encore en plusieurs régions, à Formose, au Caucase et même chez les Basques espagnols." ([21])

Vimos que se encontraram em Mohenjo-daro vestígios de carros de duas rodas (vol. I, pag. 34).

Transportes marítimos— Quanto aos transportes marítimos trasladamos para aqui o que se lê no interessante Relatório do antigo Capitão dos Portos da India, Augusto Neuparth:

"Vou agora dar uma ideja geral das embarcações que fazem serviço de cabotagem na India Portuguesa.

São quasi tôdas de bôca aberta, isto é, não tem convez própriamente dito o qual é substituido por uma espécie de grade de bambús cortados, fácilmente removível. A sua forma é bastante diferente dos barcos europeus da mesma tonelagem, e o que fere a vista é o seu aspecto porque muitas se assemelham no casco aos antigos galeões e caravelas. Há uma grande disparidade entre o comprimento da quilha e o da embarcação, e a roda de prôa atinge muitas vezes mais de 2½ do comprimento da quilha. São em geral embarcações de muita bôca e de pequeno pontal, sendo por isso bastante bojudas.

Em muitas delas não se encontra um prego. O taboado é cosido com linha, e o próprio cavername é amarrado. Êste

([21]) R. Lowie—*Manuel d'Anthropologie Culturelle*, pag. 177.

Machila (*Cadeirinha*)

Machila (*catre*)

Palanquim (*mennom*)

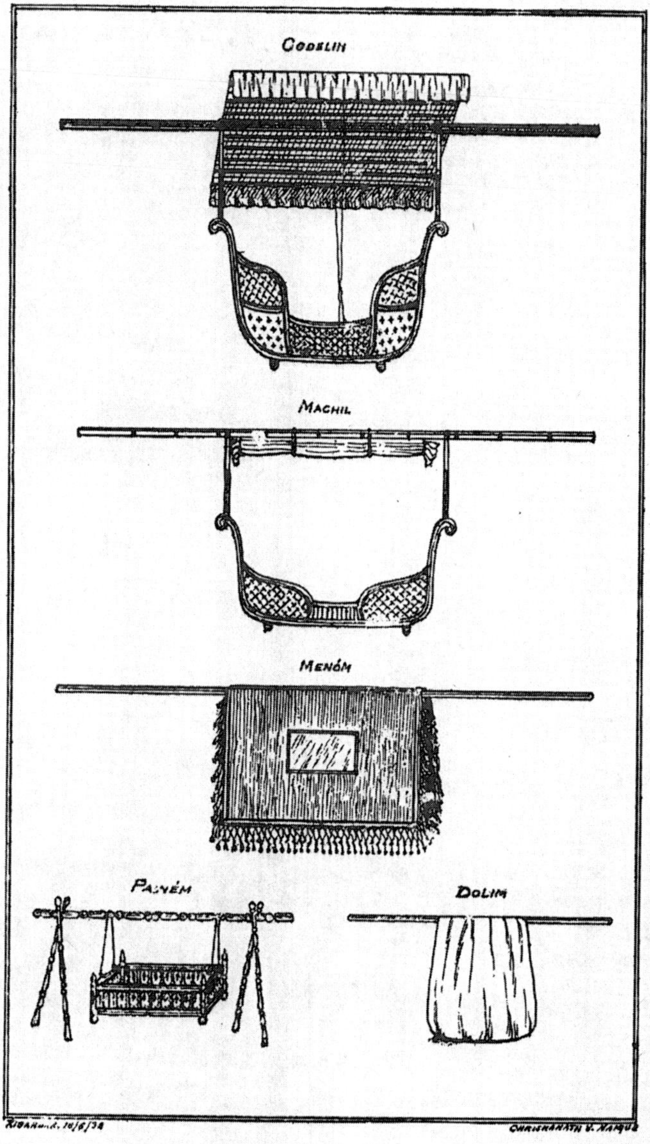
Codelin
Machil
Menóm
Dolim

Carroça de passageiros

Carroça (*gaddó*) de mercadorias

Tonas

Tarapá (*Praganã*)

sistema de construção dá-lhe uma grande elasticidade e quando encalham nos bancos, mesmo quando sacudidas pela rebentação ofecem uma grande resistência a serem desmanchadas pelas vagas.

São verdadeiras pélas de borracha. Tive ocasião de ver práticamente isto num dos naufrágios sucedidos na barra do Mandovi.

A embarcação a-pesar-de virada e sacudida pela rebentação, poude ser rebocada depois de muitas horas do momento do encalhe, tendo o seu casco sofrido pouquissimo em relação aos tombos que levou.

A concordância entre a roda de prôa e a quilha faz-se por forma que muitas delas apresentam um bico bastante saliente na direcção da vertical ligando-se por uma curva com o resto da quilha.

Não sei qual o fim a que isto obedeça, porque não se percebe a vantagem de tal feitio. Lembro-me que seja para evitar encalhes. Como em geral elas demandam tanta água à prôa como à pôpa, e às vezes ainda mais avante, é possivel que o tal bico, tocando no fundo denuncie o baixo, estando ainda o resto do barco a nado e assim o arrais se possa livrar mais fácilmente do encalhe. A inclinação nos cadastes também varia muito de embarcação para embarcação conforme o nome que tem.

Há cadastes quási verticais, outros bastante inclinados mas nunca atingindo a inclinação da prôa, a não ser nas *tonas*, em que a prôa é igual à pôpa, afectando a forma da balieira.

Como cadaste muito caracteristico indicarei o *batelão arabe.*

Este faz um ângulo de 80° com a quilha, tornando se em seguida quási vertical na linha dagua. Este batelão não tem o tal bico à prôa.

Quasi tôdas as embarcações de cabotagem armam com dois bastardos e tem os mastros mais ou menos inclinados para vante.

Não falarei nos *pangaios*, que pouco aparecem nos nossos portos da India, a não ser em Diu. Estas são embarcações de convez e destinam-se em geral à viagem para a costa oriental da Africa. São bem conhecidos em Moçambique.

São vários os nomes porque se distinguem as embarcações de cabotagem da nossa India ou que frequentam os nossos portos, variando também muito a sua tonelagem.

Citarei em primeiro lugar a *Galveta*, embarcação bastante comum em Damão, mas que se não constroem no distrito de Goa.

Para dar idea das suas proporções indicarei em pés o comprimento das diferentes partes de uma galveta de tonelagem média.

Tendo a quilha 44 pés, a roda de prôa deve ter 25, o comprimento total 77, a bôca 20 e o pontal 13. A carlinga do mastro do ré fica a 8 pés do cadaste. Arma com 2 bastardos sendo maior o traquete do que a vela do mastro de ré. Os mastros são pouco inclinados para vante. A pôpa é quadrada e imita a dos antigos galeões com varanda e janelas fingidas. A's vezes pintam uma alcacha branca como portinholas pretas.

O *batelão arabe* tem o bico de prôa em forma de bola ou cilindro achatado, tem o leme exterior, com a cachola recortada, tem uma espécie de tombadilho, e o cadaste tem a forma que acima foi descrita. Para 30 pés de quilha, tem 20 de roda de prôa, e 66 de comprimento total, com 16 de bôca e 7 de pontal. O mastro de ré nasce da ligação da quilha com o cadaste, e tanto êste como aquele tem pequena inclinação para vante.

O traquete maior do que a outra vela, quando a bolina vai amurar a uma espécie de pau da bujarrona. Assim como a galveta não iça velas de prôa. Tem a pôpa redonda,

O *batelão* própriamente dito, tem um comprimento total de 70 pés com 42 de quilha, 17 de bôca, 11 de pontal e 30 de roda de prôa.

A carlinga de mastro da ré está a 11 pés do cadaste, e a distância entre os mastros é de 17 pés. O cadaste é quási vertical, assim como os mastros. A roda de prôa faz aproximadamente um ângulo de 45 com a quilha. Iça dois bastardos e uma vela de prôa e tem pau da bujarrona. A vante e a ré forma castelo e tombadilho, que são ligados por uma borda falsa de tecido de bambú. O leme é exterior e a pôpa quadrada.

O *patmarim* ou *patimar*, é a embarcação mais vulgar na nossa India. Chega o seu nome quási a ser genérico para tôdas as embarcações que não sejam tonas confundindo muita gente com ela o *muchuó* e o *cottió*.

Um patmarim própriamente dito pode ter 75 pés de comprimento desde a roda de pôpa até ao bico de prôa com 40 pés de quilha e 35 de roda de prôa. Tem a pôpa quadrada e o cadaste fazendo um ângulo de 80 com a vertical. A bôca regula por 80 pés e o pontal por 11,o mastro de ré tem a carlinga a 6 pés do cadaste e tanto êste como o de prôa, são muito inclinados para vante. Arma com dois bastardos, tendo o traquete como em tôda a embarcação indiana maior do que o bastardo de ré. Iça à prôa uma vela de estai. O leme é exterior. O afastamento entre os 4 mastros é de 28 pés.

O *Muchuó* pouco difere no aspecto exterior do patmarim. Não tem vela de estai, e a desproporção entre os dois bastardos é maior. Tem a pôpa redonda. As suas dimensões são aproximadamente as seguintes: Comprimento total 60 pés. Quilha 33. Boca 15, Pontal 9, Roda da prôa 35. Cadaste bastante inclinado para ré, leme exterior: O mastro de ré tem a carlinga na ligação da quilha com o cadaste e é muito mais curto do que o traquete. O afastamento entre eles é de 25 pés, e a sua inclinação chega a atingir 25° para vante.

O *Cotió* guarda as seguintes proporções: Quilha 42 pés, comprimento total 65. Bôca 15, Pontal 9, Roda de prôa 26. Carlinga do mastro de ré a 15 pés do cadaste. Afastamento entre os mastros 15 pés. Arma com 2 bastardos, e não usa vela de prôa.

Tem uma espécie de tombadilho e a pôpa é quadrada.

O *parau* é embarcação de muito mais pequena tonelagem porque tem um pequeno pontal que não passa de 3 pés. Tem um comprimento total de 56 pés com 38 de quilha, 18 de roda de prôa e 14 de bôca. Tem bancadas para remadores e um mastro com seu bastardo o qual de bolina vai amurar no bico de prôa. O mastro, colocado um pouco avante faz um ângulo para vante de cêrca do 20° com a vertical. E' embarcação muito boieira, e na India Britânica emprega-se muito para transporte de fardos de algodão.

A *tona* varia muito na sua tonelagem que pode ir desde 5 a 30 toneladas. Tem a pôpa igual à prôa, governando muitas veses de esparela. E' a embarcação que mais se aproxima na forma do casco com as usadas por tôda a parte porque não apresenta a enormidade de comprimento de roda de prôa. Arma com uma ou duas velas de pendão. Tem bancadas para remadores. As mais pequenas são feitas de um só tronco, e quando muito o casco é acrescentado em altura com taboado cosido com linha, nas obras mortas.

Os cabos empregados em tôdas estas embarcações são de esparto e os ovens, nas maiores, são substituidos por talhas ou estralheiras. E' raro ver-se, a não ser nas embarcações pequenas, ovens ou estais simples. As vergas também são içadas com estralheiras. As vergas dos traquetes atingem muitas veses 100 pés de comprimento.

A teca é a madeira preferida encontrando-se também embarcações feitas de mangueira.

As embarcações de pesca de Goa tem uma forma muito especial; são em geral compostas por uma canôa de um só tronco, acrescentada na parte superior por uma borda muito inclinada para fóra e bastante alta. Estas embarcações virar-se-iam com muita facilidade se não fosse a *cangalha*. Esta compõe-se de um madeiro com a forma exterior aproximada à de um barco que é ligado por dois paus curvos fixos na borda da embarcação. Este madeiro flutua ao lado da embarcação de modo que funciona como um contrapêso, quando a embarcação se inclina para o lado oposto e oferece resistência na superfície da água quando aquele se inclina por o lado onde êle está.

É um sistema que dá grande estabilidade à embarcação e evita que ela se vire na rebentação da praia onde esta embarcação está sempre sujeita a navegar para o serviço do lançamento das grandes redes chamadas *ramponis*. São embarcações de remos usando velas de pendão ocasionalmente.

A cangalha é também muito usada nas pequenas canôas, chamadas vulgarmente *charutos*.

Além das embarcações já descritas há ainda outras que pouco diferem delas. Assim o *Mangueri* é quàsi sinónimo de *Patmarim*. Há também o *balão, barca, chambuque, sandó* etc.

As dimensões acima indicadas não são rigorosas porque na mesma qualidade de embarcação há tonelagens bastante diferentes mas servem para dar uma idea das duas proporções relativas, tendo eu escolhido as dimensões que são mais vulgares.

As embarcações de cabotagem variam em geral entre 25 e 100 toneladas, havendo poucas que sejam superiores ou inferiores a estas dimensões.

As de tráfego local são quási sempre inferiores a 15 toneladas.

As tonas de Salsete são as maiores que se empregam neste serviço.

Durante a monção são estas que transportam as mercadorias de Mormugão para Nova Goa ou para Bardês e Pondá, fazendo a viagem pelo canal de Combarjua. Quando descem ou sobem o Zuari desde Mormugão até à bôca do canal, vão sempre muito cosidas com a terra do lado sul para evitar o mar que entra quasi livremente pelo rio acima, e que só abranda perto do canal no

Patmarim

Barcos de pesca

lugar onde se costuma fazer a travessia da ilha de Goa para Salsete chamado S. Lourenço ou Cortalim.

Estas tonas também fazem pequena cabotagem entre os portos do distrito de Goa.

O sistema de arqueação, usado na India Britânica e também na India Portuguesa, é uma operação muito simples e foi determinada empíricamente. Multiplicam-se as seguintes 3 dimensões: Comprimento da quilha, bôca e pontal médio, em pés. O produto dá imediatamente o número de toneladas. O pontal médio obtem-se, de dois pontais, um tomado desde a parte superior da quilha à face superior do vau principal, o outro desde o mesmo ponto da quilha à altura da borda falsa.

É um processo aproximado, mas mais rigoroso do que os aproximados, usados para outras espécies de embarcações, por causa do feitio especial que estas têem na India. Só a fórmula completa de Morson pode dar melhores resultados mas esta é laboriosa como se sabe e não vale a pena empregá-la para estes barcos.

Para as tonas usa-se multiplicar as três dimensões. Comprimento, bôca e pontal em metros, e multiplicar ainda o produto por 0,676. A capacidade obtida exprime metros cúbicos, que depois se reduzem a toneladas dividindo por 2,83.

O número de tripulantes, varia conforme a importância e tonelagem da embarcação; as de cabotagem tem entre 7 e 12 homens. As do tráfego local que empregam muito o remo, tem em geral 5 homens as maiores e 2 as pequenas. O arrais ou patrão de qualquer embarcação indígena tem o nome genérico de *tandel* e é êle que é o responsável perante o proprietário e a capitania da disciplina a bordo.

A tona pequena sem tôldo denomina-se *ponêl* (canoa) e o *ponêl* estreito e comprido de pesca tem o nome de *tol.* (22) *Soudó* ou *cumbré* é tona larga e chata para transportar estrumes.

" Plus communément, les hommes ont trouvé quelque moyen

---

(22) "...almadia ha q' elles chamam *canôa*" (Damião de Goes, *Crónica de D. Manuel,* I, pag. 123). A palavra *canôa* é pois de origem indiana.

de traverser les rivières non guéables. Ils ont des radaux, des bateaux en peaux, en écorce ou creusés dans des troncs d'arbre ; ces embarcations avancent à la gaffe, à la pagaie ou à la rame ; elles sont pourvues ou non de voiles...

Toutefois, la plus répandue sans doute de toutes les embarcations primitives est la pirogue monoxyle, faite d'une pièce de bois évidée. Ainsi que nous l'avons observé chez les Indiens de la Colombie britannique, on creuse le tronc à l'aide d'une herminette et du feu. Elle remonte au néolitique suisse et était commune en Afrique, dans les deux Amériques et en Océanie...

En Océanie, les indigènes avaient tout à la fois des pirogues monoxyles et en planches, ces dernières étant peut-être originaires des atolls où l'on ne trouve pas de grands arbres. On y avait aussi des pirogues monoxyles avec des planches surajutées ou des pirogues doubles, séparables ou unies indissolublement. Les Samoans faisaient usage de ces deux types principaux ; leur petite embarcation monoxyle passe toujours pour être indispensable à la pêche à l'intérieur des récifs. Les Mélanésiens parcourent leurs rivières sur de simples pirogues monoxyles qu'ils font avancer à la pagaie, mais pour la mer ils ont une embarcation munie d'un balancier parallèle au bateau ; c'est ce qu'on appelle "la pirogue à balancier". Cette dernière est caracteristique de la Polynésie et de l'Indonésie d'où ce type s'est répandu jusqu'à Madagascar et, dans certains cas exceptionnels, en Afrique orientale. Un autre accessoire fréquent en Océanie était la voile, faite d'ordinaire de nattes en feuilles de palmier.

Les plus grandes embarcations océaniennes mesurent 30 mètres et plus de longueur. Dans la double pirogue des Fidji prenaient place cent passagers et plusieurs tonnes de cargaison. De toutes les races primitives, les Polynésiens sont les meilleures navigateurs. Leur patrie d'origine doit se trouver en quelque point de l'Asie méridionale, et au cours des temps, ils ont littéralement essaimé à travers le Pacifique sur des milliers de milles s'avançant jusqu'à l'île de Pâques qui est bien plus proche de la côte chilienne que de leur point de départ en Asie. Parmi les hautes civilisations de l'Ancien Monde, les Egyptiens furent les premiers à construire des vasseaux qui pussent prendre la mer (2700 avant notre ère) mais leurs mérites dans le domaine maritime reculent au second plan devant ceux des Polynésiens qui les ont égalés dans tous les princi pes essentiels de la navigation. Il en est de même des Grecs et des Romans. L'Odyssée d'Ulysse n'est qu'un périple à l'intérieur d'un dé à coudre en comparaison des 2.300 milles qui représentent la distance entre Hawaï et Tahiti." ([23])

Não serão os Polinésios afins dos drávidas e dos fenícios?

Vimos (vol. I, pag. 32) que Hevesy pretendeu demonstrar as afinidades entre a escrita de Mohenjo-daro e os hieroglifos da Ilha da Páscoa.

Certo é que o antropologista Sergi sublinha a finura dos traços fisionómicos do polinésio.

"In generale questa varietà presenta forme belle, qualche volta se non spesso; queste forme, specialmente nelle donne, si avvicinano a quelle della varietà europea mediterranea; esteticamente i Polinesi puri sono superiori alla varietà euroafricana di colore che ha l'abitato nell'Africa orientale. Le forme facciali nella donno sono piuttosto belle e attraenti malgrado un naso spesso platirrino e una qualche tumidezza labiale; e in generale se può affermare che i Polinesi sono piu vicini agli Europei che non i Dravidi. Il torso é bello e bene sviluppato; nelle donne il petto non ha da invidiare alle donna europee. Krämer asserva che gli arti inferiori, specialmente le anche, sono un poco massiccie relativamente al tronco. La statura è normale e qualche volta superiore alla media". ([24])

6—Dos meios de existência

Segundo o *Censo*, existem em a nossa India as seguintes profissões:

Actores, advogados, agricultores, aias, alfaiates, azeiteiros, bailadeiras, barbeiros, boiás, bonguis, caiadores, caldeireiros, carpinteiros, cavouqueiros, cerieiros, compositores, copeiros, cordoeiros, cozinheiros, costureiras, coveiros, criados, curandeiros, empregados públicos, encadernadores, estalajadeiros, farazes, feitores, ferreiros, fotógrafos, funileiros, jardineiros, jor-

([23]) R. Lowie — *Manuel d'Anthropologie Culturelle*, pag. 179.

([24]) Sergi—*L'Uomo*, pag. 142.

nalistas, julgadores de palmeiras, lavadeiros, lavradores de palmeiras, manilheiros, médicos, músicos, operários, ourives, padeiros, parteiras, pastores, pedreiros, pescadores, piladeiras, pintores, piroctécnicos, relojoeiros, sacerdotes, sapateiros, serradores, soldados, tecelões, torneiros.

O jesuita Sebastião Gonçalves refere-se nestes termos às classes superiores hindús no século XVI:

> " Andão pois os Orientais (falo sempre dos nobres) vestidos de branco té o peito de pee : chamão-se as roupas superiores: *cabayas*, são degoladas e abertas por diante e dão hũa volta sobre a parte esquerda, atando com fitas de alto abaixo para mor decencia, cingem touquinha ou sendais de seda, vestem sobre as cabayas outras de gram cramoisim ou borcado: e lançam ao pescoço cadeas d'ouro; na cabeça trazem turbantes de varias sortes. . . Andão calçados de ponteagudo no q' ha variedade; usam de terçados e punhais com bainhas, e talabartes chapeados de prata e ouro, não faltando nos mais nobres pedrarias q' dão muito lustre ás armas. . . Os Bramanes são de vivo engenho, e muito sagazes pera chatinarias, pello q' são ordinariamente mercadores e botiqueiros ". (25)

Já no século XVII os indígenas exerciam a profissão de advogado e a de clérigo. Gemelli Careri, advogado italiano que esteve em Goa em 1695 escreve:

> " Dans Goa, comme dans toute l'Isle, il y en a beaucoup qui sont Prêtres, Avocats, Procureurs, Notaires et solliciteurs de Procès, très diligens au service de ceux qui les employent. Ils tirent leur origine de diverses races de Gentil et suivant la Noblesse ou la bassesse, ils en continuent les manières. La plus grande partie vient des *Brachmanes*, *Banianes* et *Charodos*; ceux-ci ont un bon jugement, sont propres a apprendre les sciences; spirituels, vifs, fins et prompts, personne aussi n'en veut avoir pour domestiques." (26)

---

(25) Ms. cit. pag. 324.

(26) *Voyage du tour du monde III*, pag. 96

a) — A vida pastoril

Os *goulis* ou *gopalas*, tríbu nómada das Novas Conquistas e Praganã-Nagar-Aveli, representam a fase pastoril da evolução económica.

Os *goulis* vivem ao ar livre na quadra estival. Á noite, para se defenderem dos animais carnívoros, ameijoam em *gotté* (cerrados feitos de estacas guarnecidas de arbustos espinhosos). A família goulina, e um ou dois cãis pecoream junto do gado depois de acenderem uma fogueira para afugentar os tigres.

No inverno, os goulis descem das montanhas para o povoado, onde construem para si e para os seus gados cabanas de bambús tecidos de cobertas de capim sêco (*anthistiria citrata* e a *cymbaria*) denominadas *govôllos* e aí ficam vivendo, emquanto a pastagem da vizinhança lhes forneça alimento suficiente para o armentio. Depois retiram-se para outra localidade, onde o gado encontra boa água e abundante pastagem.

Cêrca das oito horas, finda a refeição da manhã, e quando o Sol já tem evaporado o orvalho das plantas, com o qual o gado adoece, o *ghârchó-vhoddil* (maioral) e os goulis conduzem os rebanhos à pastagem. Ao meio dia e às quatro horas da tarde, dirigem os gados aos lugares aonde costuman abeberá-los e ao pôr do Sol voltam com êles para ameijoar.

Na quadra pluviosa é o gado estabulado com uma porção de erva, e na estação sêca e relativamente fresca dão-lhe palha de arroz ou algum feno. Os animais de trabalho, além de feno, recebem também algum *pênn* (resíduo da extracção do óleo de côco). A's vacas e búfalas paridas dão-lhes a competente ração de palha e uma beberragem de água com farinha de nachinim e de outros farináceos, que é ácida e refrigerante.

Emquanto os varões tratam dos gados, as mulheres ocupam-se da fabricação de *lonim* (manteiga fresca), *tac* (sôro de leite), e *dâim* (leite coagulado). A' noite, quando as vacas e as búfalas recolhem das pastagens, e de manhã, ordenham-nas, e fazem, em seguida, ferver o leite por espaço de uma hora em vasos de barro. Depois de a família goulina tomar o leite, deixam esfriar o restante, a que juntam uma porção de nata do antecedente, para obterem a fermentação ácida; depois de feita a coagulação deitam o leite coagulado em outro vaso de madeira e batem-no com instrumento apropriado de pau (*ravi*) até se formar o *lonim* que vendem nas povoações vizinhas. O hindu serve-se de *dâim* misturado com arroz, ao modo de caril, e de *tac* como refrigerante e caril.

O gouli ainda não abandonou o arco e as flechas que meneia com destreza e que lhe servem para a caça. Explora um pequeno trato de terreno, junto da cabana de inverno.

Os pastores em as Novas Conquistas jantam em comum, uma vez ao ano, arrecadando do dono do gado arroz que cozinham no local do pasto (*jeumi* ou *gottona*).

Até a idade de dois anos os bezerros são cauterizados, como preservativo de doenças, aplicando uma vareta de ferro em braza no focinho e na região lombar. Sendo bezerras a cauterização se fez em ambas as faces do focinho. No caso da lesão dos ossos, proveniente da queda, cauterizam a região magoada.

Administram como medicamento aos bezerros fôlhas de *talquiló* ou pêlos de ortiga em águacom sôro de leite e clister da água do *gudguddi*.

Quando o gado haja sido molestado por tigre costumam correr uma certa extensão do mato, onde tenha sido investido, tocando *dhôlquem* (bombo). É o que se chama "*tirar vagrem.*"

Vimos (vol. I, pag. 33) que em Mohenjo-daro o povo se alimentava, há 3 mil anos, da carne de vaca, carneiro, porco e aves domésticas e que os restos de esqueleto mostram que foram domesticados o boi, o búfalo, o carneiro, o elefante, o camelo, o porco, o cão, o cavalo e os galináceos.

"Bien qu'elle ne soit donc pas un des éléments culturels les plus anciens, la domestication du chien précède de plusieurs milliers d'années celle des autres animaux domestiques. L'âge relatif du chien est nettement indiqué par sa distribution qui dépasse de beaucoup en étendue celle de tout autre compétiteur...

Personne ne sait à quelle date et en quel lieu on commença à

Fabricação de *lonim* (manteiga)

Pescadores puxando a rêde

Mulher de pescador

domestiquer d'autres animaux que le chien. Cet honneur a été longtemps attribué à l'Egypte et à la Babylonie qui se le disputaient. *Mais il se pourrait bien que le porc ait tout d'abord été élevé en Chına et aux Indes. De récentes découvertes au nord-ouest des Indes ont prouvé que les habitants de celte région avaient du gros betail, des moutons, des bouffles et des porcs autour de l'an 3000 avant notre ère,* alors qu'en certains gisementes néolithiques situés en Chine on a trouvé un nombre considérable d'ossements de porcs domestiques...

Les Egyptiens et les Babyloniens en trayaient leurs vaches en l'an 3000 avant J. C. déjà, comme on peut le voir sur les anciennes peintures égyptiennes. *Cette pratique est aussi caractéristiqne des Indes...*

Un autre proche parent de notre boeuf est le buffle, non point le bison américain qui n'a jamais été domestiqué, *mais le vrai buffle aquatique des Indes* ou le carabas des Philippines. *Il s'adapte mieux aux régions marécageuses que notre betail ordinaire et s'est par conséquent répandu fort loin de sa patrie d'origine des Indes, où il semble qu'il ait été élevé vers l'an 3000 avant notre ère déjà...* Il est à noter que le buffle fut introduit en Europe autour de 1700 après J. C. Il a conservé quelque importance dans les Balkans et en Italie ..

En Birmanie, dans l'aire où, à en croire les zoologues, les premières poules ont été domestiquées, on les emploie principalement pour la divination et pour les combats de coqs. *Les causes de la domestication sont donc de nature cérémonielle et sportive.*" (27)

b)—A pesca

Esta indústria é exercida pela casta dos *kharvis* em Goa, dos *machins, maguelás* e *mitmãs* em Damão e dos *kharvás*, em Diu.

" A embarcação mais usada para a pesca na India Portuguesa é a Tona de Cangalha.

Esta embarcação é formada por três partes distintas : a canoa, a borda, e a cangalha. A canoa, que constitue o casco da embarcação é feita dum tronco de mangueira escavado a que chamam na lingua do paiz Humbli, que é a mangueira não enxertada.

(27) R. Lowie — *Manuel d'Anthropologie Culturelle,* pag. 53.

A canoa depois de concluida chama se Poriem. E'-lhe posta uma borda que faz com a parte exterior do casco um ângulo de cêrca de 150 a 160 gráos. A sua espessura regula por 20 a 30 milimetros e sôbre ela assenta a falca de madeira um pouco mais grossa. A borda é *cosida* à canoa com cordas chamadas *guddins* que passam por furos feitos à distância de 5 centimetros uns dos outros. A bôca da embarcação medida entre as faces internas das falcas é aproximadamente o dôbro da bôca da canoa que serve de casco. Para remar usam-se toletes de madeira com estropos de cabo onde se fixam os remos feitos de pau rosa, sendo a pá de forma circular 25 centimetros de diámetro com dois furos, por onde passam os *guddins* que a ligam ao corpo do remo. Remos são denominados *Olé* e a pá *Patte.* Em geral há apenas um mastro de 4 a 5 metros de comprido onde se iça uma vela latina, espécie de bastardo a que se chamam *Chidd* feita de sarja crua sendo preferida a que é um pouco avermelhada que se obtem no mercado de Malwane.

A *cangalha* é composta de três madeiros, dois assentos sôbre a falca um pouco encurvados e salientes ambos para um dos bordos e aos quais se liga o terceiro, o qual fica flutuando e que é um pouco recurvado nos extremos, afectando um pouco a forma de uma embarcação.

A *cangalha* tem por fim dar estabilidade à Tona a qual calando pouca água e com muito pouca bôca, virar se-ia muito fácilmente sem êste apêndice.

As Tonas de pesca armam em geral 4 ou 5 remos e o tandêl ou arrais governa a embarcação com o leme ou de asparrela.

A tonelagem varia muito e depende do serviço de pesca para que são destinadas. . .

Descrita a embarcação mais empregada na pesca convem agora dar uma idea dos diferentes aparelhos empregados na pesca e começarei pelas redes que são lançadas no mar alto, seguindo-se as dos rios e as de arrastar.

Redes Magos. Tem em geral 1000 a 1500^{m} de comprimento e a largura de 15 a 20 com malhas de 20 a 25 centimetros de lado. As talhas da rêde são de cabo de cairo chamando-se a superior "*Faddó*" e a inferior *Açor.* A' tralha superior estão ligados por cordeis, os flutuadores que são feitos de madeira muito leve. Esta madeira é o *Pongró* ou o *Uró,* sendo a última a preferida, por se

GALVETA
BATELEÃO ARABE
BATELAO
PATMARIM
SANGÔD
MUCHUÓ
COTTIÓ
RIBANDAR, 24/6/38
CHRISNANATH V. NAIQUE.

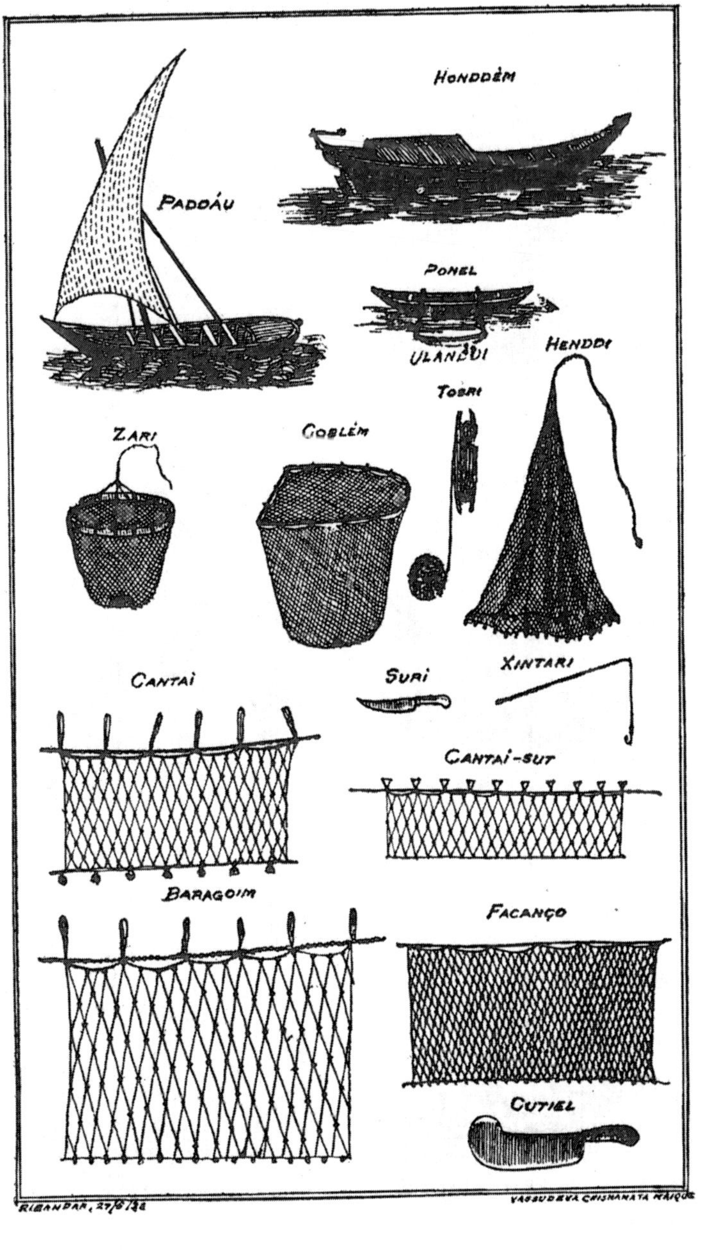
HONDDÈM
PADDÁU
PONEL
HENDDI
TOBRI
ZARI
GOBLÈM
CANTAÍ
SURÍ
XINTARI
CANTAÍ-SUT
BARAGOIM
FACANÇO
CUTIEL
RIBANDAR
VASSUDEVA CHISHANATA NAIQUE

não embeber de água. Creio que o *Uró* é da mesma espécie vegetal da madeira *Bimba* da costa ocidental de Africa que também é muito usada para construir pequenas jangadas que são usadas pelos pescadores de Benguela e imediações. Parece-se na estrutura e levesa com a *Piteira* que muito se usou para assentar navalhas de barba.

Aos flutuadores chamam-se *Candins*. Além dos *candins* usam-se nos extremos e a meio da rêde, côcos sêcos, presos por linhas de 15 a 20 metros que se denominam *Cheot*.

A' tralha inferior estão ligados pesos feitos de pedras furadas. Emprega-se a laterite ou a *pedra preta*, grés muito compacto. Estes pesos são de cêrca de meio kilo. Cada rêde é composta por panos de 40 a 60 metros de comprimento.

A rêde é transportada na tona de forma que vai colhida no bordo oposto ao da cangalha com os pesos e flutuadores para dentro e o corpo da rêde fóra. É estendida sensívelmente em linha recta e fundeada com poitas de pedra.

Cantaí rêde empregada no alto mar, na foz e dentro dos rios variando a dimensão da malha conforme o logar onde é lançada.

Assim, no mar alto a malha tem 0,12 de lado, na foz dos rios 0,08 e nos rios ou canais 0,06 ou 0,04.

O *Cantaí* do alto mar tem em geral 600 × 10^{m},0 da entrada dos rios 400 × 8 e dentro deles 100^{m} × 4. O aparelho é feito de linho mal torcido de 5, 4 ou 2 milimetros de bitóla.

As tralhas são de cairo de 0,^{m}01, 0^{m},008 ou 0,^{m}006 sendo os restantes acessórios idênticos aos das redes *magos*. O aparelho lança-se ao sol pôsto e levanta-se de madrugada. É especialmente empregado na pesca do *corli*, *bagre e linguado*.

Zorré. Aparelho do alto mar. A malha tem 0,^{m}10 de lado e cada pano da rede 40 × 20^{m}. O fio empregado é o linho com 0,^{m}007. Emprega-se para apanha de Peixe Serra, Cação e Raias.

Vagurzauam. Rede de grandes malhas de 0,30 de lado, identico à rede Magos aplicada para a pesca do peixe Viola.

Fassanco. Aparelho com malha ainda mais larga 0,40 especial para a pesca do tubarão e do Pristis ou peixe *serra*. Convém explicar aqui que o *Pristis* é o peixe que tem mandibula prolongada em espátula guarnecida de dentes. Porém na India chamam *Serra* ao cybium que é um Scombrido.

Danon. E' um aparelho guarnecido d'anzois. Consta de um

cabo de 0,02 de diámetro, com 100^{m} de comprimento, ao qual de 10 em 10 metros se acham ligados arames de 0,^{m}005 de diametro e 0,60 de comprido, com anzois grandes (0,30 de comprimento). E' destinada à pesca de tubarão e da jamanta.

Farei agora uma descrição sucinta das redes de arrastar.

Ogó. Tem o comprimento de 1500^{m} e consta de tres partes. *Paté, Conchém* e *Mand.*

Os dois extremos da rede são os *Patés* que tem cada um o comprimento de 350^{m} e a largura de 5^{m}, tendo 6^{m} do lado em que ligam às seguintes peças chamadas *Conchem* que tem cada uma 300^{m} e a largura de 8^{m} do lado do Paté e 10^{m} do lado do *Mand* que é a peça central da rede com 200^{m} de comprido e 13 metros de largura nos seus extremos e 15 a meio. As malhas do *Paté* teem 0,02 de lado, as do *Conchem* 0,01 e as do *Mand* 0,^{m}005.

As tralhas são de cairo, tendo a superior 0,^{m}03 de diámetro e 0,^{m}02 a inferior.

A' tralha superior estão ligados os flutuadores (*candins*) de meio em meio metro, e à inferior pedaços de chumbos (Marués) ou pedras, presas por cordas, também de meio em meio metro.

Nos extremos da rêde há de cada lado uma vara de madeira de 3^{m} de comprimento que é ligada por cabos às duas tralhas.

É ao meio destas varas que vão ligar os cabos de alar que teem em geral 200^{m}, chamados *channis*. A rêde é puxada da praia por uma forma especial. Cada par de homens trazem um pau, que por meio de uma volta especial fixam ao cabo de alar (channis). Este pau é conhecido pelo nome de *Dandi*. Os dois homens viram a cara para o mar e encostando os quadris ao *Dandi* vão subindo a praia de costas empurrando o *Dandi*. Conforme o pêso da rêde se empregam de cada lado mais ou menos Dandis. Os que vão na frente, ou mais afastados do mar, logo que teem espaço, passam para a rectaguarda, isto é para o lado do mar, com o seu Dandi, e assim successivamente até que o Paté chega à terra, e logo que isto sucede alam a rêde a braço.

Quando esta vem muito pesada, não a chegam a alar complemente para a terra com receio de se romper, deixando-a ficar n'água às vezes por 3 e 4 dias. O peixe que está dentro é então pescado com pequenas redes chamadas *can'nins* e passado para embarcações que tem o nome especial de *Donquém.*

Hendy é uma rêde de arrastar em tudo idêntica ao Ogó. menos no comprimento que é de 800^m, e a largura das suas partes componentes são de metade das do Ogó.

Ormol. Outra rêde idêntica, mas tem 400 metros e metade das larguras do Hendy nas suas diferentes partes.

Paute Hendy ou *Dandi Zau.* Tem 75^m de comprido, e metade largura do *Ormol.* Bastam dois pescadores para a manobrar.

Conxem. Tem 12 metros, é composta por uma única peça da largura de 3 metros. Não tem flutuadores nem pesos, e está ligada nos extremos a varas de bambú. As malhas tem $0,^m005$ de lado, e é empregada na pesca dos rios, e manobrada por dois homens.

As redes de arrastar teem o nome genérico de *Rampony.*

Em alguns rios emprega-se um processo curioso para apanhar o peixe miudo com rêde. São precisos 3 homens. Dois entram na água levando cada um o extremo de uma pequena rêde de 4 ou 5^m de comprido esticada com bambús. O terceiro pescador fica em terra. Os que estão na água caminham longitudinalmente ao longo da praia, trazendo a rede mergulhada na posição vertical. O que está em terra segue o movimento dos outros, mas vai caminhando muito agachado como que cosido com a terra para não ser pressentido. De repente dá uma corrida e entra pela água dentro na direcção da rêde Neste momento, os outros dois poem a rêde horisontal e levantam-na fora de água, e apanham o peixe miudo que caiu afugentado pelo barulho que o pescador fez ao entrar na água.

Estacadas. Em concani *Hari*, são alinhamentos de arequeiras, bambús ou estacas de outras madeiras, cravadas à distância média de $4^m,5$.

No intervalo de duas estacas sucessivas arma se a rêde que vai descrita. Em cada estaca há dois braçais ou anéis de bambú, corredios que servem para prender os fiéis da rêde.

Estas redes tem a forma de saco, tendo a sua bôca 3 metros de diámetro quando armadas.

O seu comprimento é de 10^m a 15^m. Este saco tem a forma cónica ou troncónica porque o fundo não tem mais de meio metro de diâmetro. De cada lado da bôca há 2 fieis que se vão fixar aos braçais das estacas.

Uma vara, que tem um dos extremos bifurcado, é atada ao braçal inferior de cada estaca, serve para conduzir e colocar a rêde no fundo do rio ficando a parte superior da mesma, prêsa à estaca no braçal superior, e por esta maneira está armada a rêde.

A malha do lado da bôca é muito larga ($0^m,15$), e vai estreitando sucessivamente de forma que no fundo mal tem 1 milimetro.

Para se apanhar o peixe que tenha entrado na rêde, colhe-se esta à hora do preamar ou do baixamar pela seguinte maneira :

Dois pescadores numa canôa tiram as varas e assim fecham a bôca da rêde a qual é içada para a embarcação onde lhe despejam o peixe.

O intervalo entre duas estacas sucessivas chama-se *mago* e assim se diz que uma estacada tem *tantos* magos.

Estes aparelhos dão resultado durante a monsão e nas águas vivas, quando a corrente é mais violenta.

Pesqueiros. Codçory. São cercados feitos junto às margens, com bambú e esteiras de palmeiras (ólas) com uma abertura que se fecha no preamar.

Ornas (*Onná*). São pesqueiros feitos de pedra ou de lodo...

A pesca do camarão é feita à noite ao candeio. Acendem à prôa da embarcação um fogo de casca de côco. Amarram à canôa uma rêde bastante comprida esticada por bambús. Um homem dentro d'água, perto da margem, segura o outro extremo da rêde e conserva-o na posição vertical. Quando o camarão vem à luz o pescador que está n'agua dá um movimento de rotação à rede colocando-a horisontalmente e levanta-a.

Há uma outra forma de pescar o camarão que é curiosa. Usa-se para isso de uma canôa muito comprida (3 a 4^m) em relação à bôca que não tem mais de 30 centimetros. Dentro desta canôa há três bambús inclinados por um dos bordos e neles estendida uma rêde.

O camarão que vem à luz, salta, bate na rêde e cai dentro da canôa.

O caranguejo é pescado com um camaroeiro colocado no fundo com isco. De vez em quando êste é levantado.

Outro processo é o da fibra de bananeira. Um pescador mete uma fibra dentro d'agua. O caranguejo que é muito guloso dêste isco, agarra-se a ela, e o pescador não tem mais que puxar.

As mais importantes pescas de moluscos são da *amêijoa* e da *ostra.* Para a amêijoa, o pescador serve-se de uma pequena canôa. Á hora do baixamar vai para o banco dêstes moluscos, fundeia a canôa e mune-se de um pequeno saco de rêde. Mergulha e recolhe no saco a maior quantidade de ameijoa que póde conforme o tempo que aguenta sem respirar. Vem à superficie, agarra-se à borda da canôa sem sair de água e passa para ela o conteúdo do saco. Em geral demora-se um minuto debaixo da água e descança 3 a 4.

A *ostra* é pescada de forma idêntica porém o pescador amarra-se pela cintura com uma corda fiche na borda de canôa, o que o auxilia para a subida e para elevar o saco de rêde. Faz-se a pesca da ostra mais com o intuito do aproveitamento da casca do que do molusco. Raras vezes se encontra à venda a não ser na Páscoa, que é quando é mais intensa esta pesca. Parece que há qualquer cousa que se prende com a tradição religiosa, o que não pude descobrir.

Como em Gôa não há calcáreos, é com a casca da ostra e dos outros moluscos que se fabrica a cal. Em Ribandar existem alguns fornos e é ali que na praia se encontram maiores depósitos de cascas.

As outras abundam muito no Zuari sobretudo em Siridão e Gôa Velha, e no Mandovi nas imediações de Ribandar.

Há bancos de ameijoas no Mandovi, enseada de Verém, perto da sua foz, no canal de Mapuçá, perto da praia de Gaspar Dias, etc.

No canal de Combarjua, Rio de Rachol e Zuari é onde se encontra maior quantidade da *Placuna Placenta* ou *Mendi* como lhe chamam na lingua do País. É a *Window Oister* dos ingleses, e a sua casca sobretudo a valva superior é muito empregada para substituir os vidros das janelas.

Esta valva é translúcida de um branco opalino e quasi plana, chegando às vezes a ter um decimetro de diámetro. A' falta de melhor termo chamei-lhe *ostra das janelas*.

Ostras perolíferas e a sua pesca. De há muito, existe a tradição de que nos mares de Goa há moluscos produtores de pérolas.

Num folheto publicado em 1862 por J. H. da Cunha Rivara em que foram transcritas as Observações feitas em 1784 sôbre a História Natural de Nova Goa pelo naturalista Manuel Galvão da Silva que esteve na India de passagem para Moçambique, encontram-se as seguintes indicações sôbre as ostras de Goa. Este folheto trata quasi especialmente de plantas, dando uma ligeirissima idea da mineralogia e descrevendo apenas esta ostra e não tratando de qualquer outro animal.

Diz êle—" Emquanto a matrizes das pérolas, é verdade que

junto a Chicalim aparecem algumas conchas que ainda que não sejam as próprias onde se geram as pérolas, não deixam comtudo de produzir alguns aljôfares pequenos e de baixo valor.

E mais adiante descreve a ostra que encontrou, pela seguinte forma :

"Sub-redonda plano convexa pelúcida escamosa com estrias tubuloso-canaliculadas e dentadas ; a concha mais convexa é ligeiramente deprimida em forma de umbigo, a outra, mais plana, sub convexa ; a charneira é plana com dois dentes na concha mais plana, junto do ângulo agudo e outro na mais comprida a concha superior com dois sulcos é ligada por meio de duas cartilagens iguais verde-fuscas."

Em umas encontram-se pequenos dentes obliquos em forma de estrias na charneira de cada concha, em outras não é assim. Pequeninas pérolas encontram-se na membrana da ostra....

Já agora não pode terminar êste capítulo sem dar uma indicação sôbre alguns animais que vivem na água ou nas suas proximidades e que são em geral pescadores, com os seus nomes em concani.

MAMIFEROS

	Português	*Concani*
Lutra indica	Lontra	Ude
Delfinus focæna	Toninha	Gaddó
Delfinus melas	Golfinho indiano	Gaddó

AVES

Blagrus leucogaster	Águia marinha	Cancone
Clyx crythaca	Pica peixe	Olló kirkiró
Alcedo bengalensis	Pica peixe cinzento	Kirkiró
Ardea virgo	Garça real	Bolar
Ardea garsetta	Garça branca	Kituarem
Ardea ?	Garça cinzenta	Boquem
Ardea ?	Garça castanha	Tuboe
Gallinago sternura	Narceja	Berocoró
Galinula ardosiaca	Galinhola indiana	Conkari
Scolapax arquata	Maçarico real	Ollô koddó

	Português	*Concani*
Trinla glareola	Maçarico pequeno	Koddó
Glacreola orientalis	Gallinha d'agua	Cuacombi
Larus conus	Gaivota d'azas cinzentas	Querem
Netappus coromandelensis	Pato bravo	Oddó
Moreca penelope	Marreco	Gozeró
	SÁURIOS	
Crocodilus porosus ou palustris?	Crocodilo	Man'guem
	QUELÓNEOS	
Cheloria virgata	Tartaruga verde	Kansôu
Cheloria imbricata	Tartaruga escura	Kansôu
Testudo stellata	Cágado	Kansôu
	BATRÁQUIOS	
Rana viridis	Rã verde	Manoquem
Rana malabarica	Rã do Malabar	Manoquem
Bufo scaber	Sapo	Canoquem

Todos estes animais fazem concorrência ao homem na pesca à excepção dos batráquios. ...'' [28]

Faz-se a pesca no mar alto, na costa, nos depósitos de águas salinas, ao longo dos rios (marinhas de sal e *pões*) e nos depósitos de água doce (alagoas e charcos) e por meio de estacas enterradas nos rios, com rêde atada a elas. Os indígenas da Praganã colocam gaiolas de bambú nas correntes das sangrias invernais.

Nos depósitos das águas salinas abrem-se as comportas comunicando o depósito com o rio, na entrada do inverno, para entrar o peixe que, nessa quadra do ano, sobe os rios e vem à margem para desovar ou procurar alimentos mais nutritivos que as águas do inverno trazem em suspensão. Uma

(28) A. Neuparth — *Relatorio*, cit.

vez no depósito aí fica até ao fim da época pluviosa. O principal trabalho do piscicultor consiste em renovar de vez em quando a água ou dar saída, caso seja excessiva. No princípio do inverno, deitam-se ramos de salgueiros que servem tanto de protecção ao peixe como de alimento pela sua decomposição.

Nos depósitos de água doce só se colhe o peixe que aí nasceu e cresceu, ou deu entrada no princípio da monção arrastado pela corrente.

Frutas de *guelli* ou casca da árvore de *ramo* e côcos pisados são substâncias venenosas ou narcóticas que se empregam na pesca.

> "... les peuplades primitives connaissent en principe presque toutes les méthodes utilisées par les pêcheurs civilisés. Les Australiens, par exemple, tuent à coups de lance ou de harpon les requins et les dauphins. Pour le menu fretin, ils se servent de filets, de hameçons ou de nasses et parfois ils étourdissent les poissons en jetant dans l'eau des plantes narcotiques. Cette dernière manière est couramment employée par les primitifs pour se procurer sans peine leur alimentation. Les Indiens sudaméricains ont étudié systématiquement les diverses espèces de leur flore dans le but d'utiliser leur pouvoir stupéfiant. Certaines méthodes de pêche font tout autant appel à l'esprit de coopération que la chasse collective. Ainsi des rabatteurs australiens remonteront un cours d'eau afin d'effrayer le poisson et de le diriger vers les filets qu'ont tendus leurs compagnons. Une invention plus remarquable encore sont les digues de ces indigènes, pourvues d'étroits passages en pierre, le courant entraînant les poissons vers les points où ils peuvent être facilement attrapés. En un certain endroit se trouve un vaste labyrinthe en pierre, assez solide pour résister aux courants les plus forts, dans lequel des milliers de morues ont été capturées. Les indigènes ont déployé d'immenses efforts pour élever ces digues et viennent régulièrement les réparer, prouvant ainsi qu'ils ne sont pas aussi stupides et imprévoyants qu'on se plaît à le dire." (29)

---

(29) R. Lowie — *Manuel d'Anthropologie Culturelle*, pag. 31.

Existiam comunidades de pescadores.

"Mais tres Aldeas no numero de sessenta e seis, de que se compõe aquella Provincia (de Salsete) e são dos Bois, que carretão o peixe, e levão a vender pelas Aldeas e praças, e Chandorins, que lavrão a sura para estilar vinho, e Pescadores, que lançam redes á pesca do mar...

Estas tres comunidades imaginarias como muito bem as definem os documentos do texto, acham-se hoje extinctas. A primeira foi a dos Pescadores, chamada na lingua do paiz *Mirabari*. Foi posto em execução neste Estado o decreto n.° 24 de 6 de Novembro de 1830 que regulou em Portugal e Ilhas adjacentes o pagamento das licenças dos Pescadores...

A camara geral de Salsete reclamara tambem contra o referido decreto de 6 de Novembro de 1830 no fundamento de ofender os direitos da pescaria sobre as praia e costa daquela Comarca, que de tempo imemorial possui a Comunidade ou Associação dos seus pescadores e motivaria a dissolução da mesma Comunidade, de que resultarião prejuizos á mesma Camara geral; o governador geral porem não achando nas rasões alegadas por parte da dita Camara geral fundamento sufficiente para ser conservado um exclusivo prejudicial á industria, e mesmo á subsistencia do povo, por tender a encarecer o pescado que se reputa neste paiz um dos generos de primeira necessidade, por outra Portaria tambem de 28 de Setembro de 1841 (Bol. 25) determinou que ficasse abolido o privilegio na Comunidade dos Pescadores de Salsete...

A Comunidade dos *Boys* ou carregadores de peixe foi extincta pela Junta da Fazenda..." [30]

"Na lista abaixo, indico o nome de algumas espécies e os nomes portugueses pelos quais alguns dêstes peixes são conhecidos embora muitos difiram dos que há na metrópole; por isso o nome Portuguez não indica senão uma certa semelhança com o género ou a espécie a que êsse nome se aplica em Portugal.

(30) *Arq. Port. Oriental*, 1.ª edição, fasc. VI, pag. 253.

Chondropterygii

	Português	*Dimensões*
Hemigaleus	Tubarão	$3^{m},0$
Zygaena	Peixe martelo	$1^{m},20$
Tayaenodon	Cação	$0^{m},50$
Odotaspis tricuspidatus	Tubarão	$3^{m},00$
Pristes semisaggitatus	Serra	$6^{m},00$
Rhymchobatus djeddensis	Peixe viola	$1^{m},00$
Rhynobatus granulatus	Peixe viola	$2^{m},80$
Narcine timlei	Tremelga	$0^{m},15$
Astrape dypterygia	Tremelga	$0^{m},35$
Trygon uarnek	Uge	$1^{m},50 \times 4^{m}$
Pteroplatea micura	Breamante	$1^{m},80 \times 0,90$
Aetobatis narinari	Jamanta	$1^{m},80$ de largura
Dicerobatis	Jamanta	$6^{m},0$ de largura
	Teleostei	
Muraena macrura	Morêa	$3^{m},00$
Muraena nebulosa	Morêa	$1^{m},5$
Clupêa lille	Sardinha	
Coilia dummiera	Rabo de galo	
Belone concolic	Peixe agulha	
Harpodon neherens	Bombilim	
Lates calcarifer	Peixe Naire	
Upencoides vittatus	Salmonete	
Pagrus Spinifer	Pargo	
Chrysophrys?	Dourada, Peixe Pedra	
Sciena sina	Corvina	
Scomber Kangurta	Cavala	
Cybium commersonii	Peixe serra	
Mugil Tade	Fataça	
Mugil œur	Mugem Tainha	
Achirus pavonicus	Linguado	
Synaptura albomaculata	Linguado	
Cynoglossus elongatus	Linguado	
Pseudorrombus triulatus	Solha	
Hippocampus comes	Cavalo marinho	

	Português
Triacanthus brevisostri	Peixe porco
Disodon histrix	Peixe porco

Parece-me interessante dar aqui umas indicações sôbre alguns peixes que se tornam perigosos por vários motivos :

Assim na Família dos Gymnodontes, os Tetrodons e os Diodons vulgarmente chamados *Porco espinho do mar*, porque alguns apresentam o corpo eriçado de espinhos, ou *Rã do mar* por causa do ruido especial que fazem quando são apanhados, são extremamente indigestos, e a sua carne chega a ser venenosa.

Na Família dos Chirocentridae, há uma espécie de Enchova, a *Engraulis baelama* que se aproxima da espécie que em concani se chama Banzó, que só deve ser cozinhada sem cabeça nem intestinos, de outra forma pode produzir a morte em poucas horas com todos os sintomas de um veneno violento. Torna-se muito perigosa depois da monsão.

Na Família dos Scombridae, a Acomber microleptidotris e outros Scombers que se aproximam da nossa Cavala (*bangdo* em concani) são irritantes e até venenosas quando há comêço de decomposição.

Na Família dos Cyprinidae o *Labeo rohita* (Saltão) tem a fama de produzir a Elefantiasis Arabum, quando forme a base da alimentação e se beba muito leite.

Entre os Siluridae, os espinhos dos peitorais de alguns peixes desta família, produzem feridas de mau caracter, e podem mesmo ocasionar o tétano. Há por exemplo o *Sacchobranchus fossilis* ou *Peixe scorpião* e o *Plotossus arab* que são muito temidos dos pescadores que tem o cuidado de lhes partirem imediatamente os espinhos.

O Pristis semisaggitatus espécie de Espadarte de pequenas dimensões produz também feridas perigosas, e mesmo sucede com as caudas das raias e jamantas.

Os espinhos dorsais de alguns Acantopterigios como o *Lates calcarifer* ou *Peixe naire* produzem feridas de mau caracter em pessoas de constituição debil e em certas condições atmosféricas (Day). A mordedura de algumas Muraenas é também considerada perigosa.

Moluscos

	Português	*Concani*
Sépia	Chôco	Bebó
Loligo	Lula	Maneki
Siphonária	Lapa	Congó
Tapes	Ameijoa	Fubó (do lodo) Mandolém (da pedra)
Mytilus	Mexilhão	Chmari
Lepos policeps	Percebe	Calli
Ostrea maleus	Ostra martelo	Calum
Meleagrina	Ostra perolifera	Calum
Placuna placenta	Ostra das janelas	Mendi

Crustáceos

Crangon	Camarão	Galmi e Galmó Poting
?	Camarão do rio	Lobem sungote
Cancer	Caranguejo	Urgue Goddi curli koddpi curli, kursachi kurli
Palinurus	Lagosta	Vagui
Homarus	Labagante	Potim
Cancer phalangium	Santola de pernas longas	Mutró

Equinodermes

Echinus	Ouriço do mar	
Asteria	Estrela do mar	

Hidrozoario

Medusa	Alforreca	Zoromm

Convém também dizer duas palavras sôbre as cobras do mar embora nada tenham que vêr com os peixes. Êstes animais porém são vulgarisimos nos rios e costas de Goa, e é rara a rêde de pesca que não traga algumas presas nas suas malhas.

Pertencem à família das Hydrophidae, Género Hydrophis,

dividindo-se em 40 espécies. Os característicos da Família são: Corpo cilindrico comprimido posteriormente. Cauda muito comprimida formando espátula vertical. São tôdas venenosas, mas tem apenas um dente de peçonha de cada lado seguido de 3 ou 4 vulgares. Os olhos são muito pequenos. As Hydrophis são em geral de um amarelado ou de um branco sujo, com fechas transversais pretas ou de azul pálido; chegam a atingir 2 metros de comprimento. Estas cobras ainda que venenosas são vulgarmente inofensivas. E' raro que um pescador seja mordido por elas. Fora da água ficam cegas e moles. Contudo a sua mordedura é mortal se não se lhe acode a tempo. A morte sobrevem cêrca de 48 horas depois, e os sintomas são: rigidez dos músculos do membro mordido, sobrevindo vómitos depois espasmos,." [31]

O *bombilim* sêco é exportado de Damão e Diu para a Africa e Europa.

c)—A agricultura

O povo indo-português é essencialmete agrícola. As classes superiores possuem o capital e a terra que são fecundados pelo trabalho das classes inferiores.

As principais culturas de Gôa são:

O ARROZ (*oryza sativa*)

A planta tem, em concani, o nome de *thamb*.

Desde que o arroz é nascido no campo até que seja debulhado, ou até ser separado o fruto da palha se chama *dhanó*. Quando a espiga é ainda muito tenra, e só cheia de leite, se lhe dá o epíteto "*dudoghilla*". Quando a espiga é semi-madura se lhe ajunta o adjectivo *ambaddó*. Quando a semente é madura se chama *bât*.

Classificam-se geralmente os terrenos para a cultura dêste cereal, em doces e salgados, sendo êstes os que ficam à borda dos rios ou braços do mar, sujeitos à alagação das

---

([31]) A Neuparth—*Relatório* cit.

águas das grandes marés (casanas) e doces os seguintes:

Addis, bhatlém ou *moroddas*, terrenos em anfiteatro (*taboleiros*) semeados depois de chover suficientemente. Produzem variedade de arroz que amadurece mais cêdo.

Quêr, terras arenosas, longe dos rios salgados, em que a semente é lançada em Abril.

Dulpi, terra argilosa em que a semeação se faz em Abril.

Moloy, na encosta dos montes em que a semeação se faz nas grandes chuvas.

Baval, Khári ou *Gally*, terrenos nas depressões de montes de laterite. São argilosos, retém humidade e produzem uma boa variedade de arroz.

Semeia-se o arroz em terrenos que possam ser alagados pela água das chuvas (*soródio*) ou por meio de valas de irrigação, as quais comunicam com algum rio de água doce, com alguma nascente ou alagoa (*vangana, xét-zâmin* ou *gadal*). Êstes terrenos argilosos, no fundo dos vales, férteis, da côr que varia entre amarelo e castanho escuro são quási horizontais, ou de um declive suave para facilitar as inundações.

Depois de convenientemente preparados dividem-se os terrenos em espaços ou taboleiros rectangulares (*cunngué*) cercando-os de cômoros (*mér*) de um palmo cúbico que se amassam com os pés, afim de poderem sustentar as águas, e darem passagem ao cultivador para se poder empregar nos trabalhos de cultura. Estes taboleiros estão dispostos de sorte que a água se conserve nêles sem se vasar por fenda alguma, passando de uns para outros por meio de comportas que se abrem e fecham fácilmente.

Dispostos assim os taboleiros procede-se à sementeira. Em duas épocas se verifica a cultura. Na primeira que começa com as primeiras chuvas (*rohini*), a de *soródio*, a sementeira é feita em fins de Abril ou princípios de Maio ou Junho, e colhe-se o arroz nos princípios de Setembro e nas *casanas* em Novembro. Na segunda, a de *vangana* começa em Dezembro e a colheita faz-se em Março ou Abril.

Há três modos de semear o arroz:

O primeiro consiste em lançar à terra a semente sêca,

Os bois na lavra

Cavadura na várzea

Ceifeiras

Debulha de arrôz

Componesas cristão

pilando o arrôz

Addão de Taleigão

Uma rapariga

cristã

transportando

cocos em *zabló*

Descasque de cocos

em linhas contínuas (*tassem*) ou em deitá-la nos sulcos abertos por meio de um arado, leve, em grupos de nove grãos (*chombó* ou *pungi*). Isto se faz quando o solo é pouco húmido *xêl*. Quando a semeação é feita em terreno sêco, o processo é conhecido como *dullâp*. O segundo, em se deitar à terra a semente, pondo-a em cestos com pesos, em cima, e banhando-a três vezes por dia durante algum tempo (*pazana*). Esta semente assim grelada (*rôu*) semeia-se quando a terra já está impregnada de água. O terceiro, finalmente, consiste na transplantação do arroz cultivado nos viveiros. Estes viveiros são de três espécies: *jalap, xêl e rôu.* Quando as plantasinhas teem crescido suficientemente, isto é, atingido a altura de 0^{m}, 2 são transportadas para os campos já preparados para as receber ou para as raleiras que, por qualquer circunstância, uma vegetação fraca e enfèzada deixa muitas vezes nos taboleiros (*torvó*).

Em Praganã são conhecidas mais de 30 variedades de arroz; as mais cultivadas em Goa são: nas casanas o *corgunto* e o *asgó*; nas moroddas o *dovó* ou *tambri-patni*, no solo arenoso e argiloso o *quendal* e o *khonchri*, nos terrenos de gally o *damagó*, o *khonchri* e o *nermar*, no solo oiteral o *dongrém bim*. As classes superiores preferem o *asgó* nas Ilhas, o *xittó*, o *patni* e o *quendal* em Salsete, o *damagó*, e *khonchri* em Bardês, o *sal*, pacharil, o *damago* e o *xittó* nas Novas Conquistas. O *corgunto* é preferido pelos *cunebis*, e o *quendal* e o *khonchri* para canja.

Para os arrozais de *vangana*, os cultivadores empregam sempre o bate, arroz com casca, denominado *xittó*. Esta variedade de arroz, que leva cinco meses e às vezes mais para se desenvolver e frutificar produz-se em terrenos lodosos, salgados. Os terrenos de Macazana, em Salcete, são considerados os melhores para a produção de *xittó*; sendo ali onde os cultivadores de vangana vão anualmente buscar a semente de que carecem.

Feita a sementeira introduzem logo a água nos taboleiros, conservando-a proporcionada ao crescimento das plantas até que o arroz comece a amadurecer na espiga.

Durante o seu desenvolvimento, os arrozais são mondados uma ou mais vezes (*nâdnim*). Para que a maturação do grão se possa completar, escoam-se as águas alguns dias antes da colheita.

Logo que o arrozal adquira uma côr amarela carregada, sinal de que o grão está maduro, o que de ordinário acontece três meses depois da sementeira, procede-se à colheita (*luvn*). A ceifa é efectuada depois da cerimónia da espiga que se faz em determinado dia, para o que semeam em canteiro, de modo que se possa fazer colheita no dia aprazado.

Os gãocares hindús escolhem dia de bom agouro *(dinachudhi)* e nêsse dia acompanhados do *bôto* e toque do bombo vão ao local da seara (as comunidades têm a sua várzea destinada para êsse fim) é aí venerada *(pujá)* fazem *garanem* (oração) partindo côco que é distribuido por todos. Procede-se à ceifa duma parte da seara que é levada ao templo, onde penduram em frente da divindade algumas espigas ou colocam aos pés da mesma e o resto da seara é distribuido entre os gãocares para a sua adoração doméstica.

Os não gãocares também ceifam a seara de qualquer várzea e levam a espiga para as suas casas e adoram-na.

O córte e benzimento da espiga em Taleigão faz-se no dia 21 de Agôsto; no dia 22 distribue-se o arroz pelas famílias cristãs dos gancares de 1.ª classe, que se achão constituidos em 10 famílias (Mendonça, Viegas, Lobo, Martins, Luis, Gomes, Faria, Almeida, Falcão e Abreu) a 23 vai a oblata ao padroeiro da igreja, S. Miguel Arcanjo e ao pároco e, finalmente, no dia 24 os gãocares privilegiados de Taleigão (Ilhas), depois de cortarem solenemente as primeiras gavelas de arroz, vão de casaca e chapéu alto, com a bandeira portuguesa e uma salva cheia de espigas de arroz recentemente ceifado, acompanhados de jogadores de arma branca *(potecares)* oferecer no altar da Sé, em Velha Gôa, e em seguida ao Governador Geral o arroz e *avel*, ou *fova*, arroz pisado e torrado com açúcar. Os *potecares* usam uma ou duas espadas largas e compridas *(potés)* e servem-se delas não só para manejo, mas também para atacar o adversário, dando o esgrimidor grandes pulos. Esta dança tem o nome de *addau.* Entre os hindús, a cerimónia tem o nome de *novem.*

Tem origem no cap. XLV do Foral de 16 de Setembro de 1526, que diz:

" XLV—A aldea de Taleigão tem preeminencia que hade ser a primeira que comece de segar o arroz ; e os Gancares della hão de vir cada anno com hum feiche delle apresentalo ante o Altar-mór da Sé, dahi hirá o Vigario com elles á Feitoria, onde o nosso feitor terá quatro pardaos empregados em pachoris e os lançará aos pescoços dos Gancares ordenados entre elles para receber esta honra, e dahi por diante poderão segar nas outras aldeas, segundo abaixo hirá declarado ".

" E' tradição antiga—escreve o desembargador Louzada nas suas *Memorias,*—que esta prerogativa provém do soccorro de mantimento prestado para a esquadra de Albuquerque, quando a primeira vez tomou Goa, estando por conseguinte ainda a ilha na dominação do Sabaio." (*Annaes Maritimos e Coloniaes,* t. 3.º, pag. 437).

Em tôdas as aldeias das Velhas Conquistas festeja-se o córte e benzimento da nova espiga, pertencendo êste encargo às comunidades. Em Salsete é a Comunidade da Raia, que primeiro faz, também com grande solenidade, êsse córte e benzimento, a 5 de Agôsto, dia de Nossa Senhora das Neves, padroeira das igrejas da Raia e Rachol, ambas situadas na aldeia da Raia.

Um antigo livro de sermões em concani, impresso em Gôa no ano de 1658, e intitulado *Jardim dos Pastores,* obra do padre Miguel de Almeida, da Companhia de Jesus, que foi reitor dos colégios de Rachol e de S. Paulo, contém uma prática de novidade, com o texto *Primitias frugum terræ tuæ deferes in domum Domini tui, Exodo* 23—na qual se demonstra que "não perdemos o que a Deus offerecemos, antes nos torna com ganho avantajado".

Á novidade da Raia segue pouco depois a de 12 outras aldeias, 15 de Agôsto, dia da Assunção da Nossa Senhora, conhecido por isso em Salsete pelo nome de *baragãochém-fest* (festa de 12 aldeias). Depois nas restantes até 24.

Em Bardês, entre 6 a 15 de Agôsto, sendo a primeira a Comunidade de Sirulá que celebra o benzimento na freguesia do Salvador do Mundo, uma das três em que a aldeia se divide.

> " Les premiers fruits (les premices) qu'ils proviennent d'un animal ou d'une plante, jouent un rôle spécial. On considérait dans les premiers temps qu'ils étaient impregnés de divinité puis on crut ensuite qu'ils étaient créés par les dieux et on les offrait à titre d'action de grâce ou de sacrifice, au dieu ou au chef." (32)

Para haver bôa colheita as classes inferiores de Satari fazem o *muttoi*: um gãocar parte um côco, mata um frango, e amassando um pouco de arroz cozido com o sangue do frango espalha-o pela seara e, acto contínuo, ceifa um punhado de espigas.

Para ceifar o arroz usam os cultivadores de *villó* ou *coiti*, espécie de foucinho, e cortam o colmo com grande cuidado e destreza pelo terço superior, afim de que o grão que fácilmente se desprende da espiga, não se espalhe pelo solo. Depois de o bate ser ceifado, conduzem-no em feixes (*borés*) ou (*penduc*) para a eira (*khallém*) onde tem que ser debulhado.

A debulha *(mâllnim)* faz-se pegando nas gavelas *(mutto)* ou paveias, pela extremidade inferior do colmo, e batendo com elas contra um poste, ou no terreno da eira. Depois de terem feito largar às espigas a maior parte do grão, ajuntam-nas em montão, e em seguida os trabalhadores agarrados a um pau *(moulog)* atravessado horizontalmente sôbre duas forquilhas perpendiculares, esmiuçam-nas com os pés, e completam êste trabalho batendo alternadamente com bambús sôbre a palha, afim de extrairem os grãos que ela ainda possa conter depois das primeiras operações. Em algumas localidades é executada a debulha por um cordão de bois ou de búfalos em torno do calcadouro.

---

(32) Prof. Thurnwald—*L'Economie Primitive*—trad. franc., pag. 47.

Acabada a debulha, levantam os trabalhadores a palha, ajuntam o grão, padejam-no ao vento, limpam-no e tornam a juntar num montão todo o bate debulhado e limpo. Em seguida, mede-se o arroz com um cesto de bambú (*dhal*) ou com uma caixa de madeira duma determinada capacidade.

Pare conservar o arroz (*bate*) os agricultores, enceleiram-no em *coddés* (esteiras de vergas de bambú), ou em *pataia* (celeiro de madeira) ou em *muddy* (fardos esféricos de palha do mesmo arroz). A palha fica na residência do lavrador formando *cuddém* (palheiro de forma cónica) onde é conservado para ser empregado na alimentação do gado vacum e bufalino.

Para ser usado na alimentação os cristãos e os hindús não-brâmanes cozem o arroz com casca e secam-no, depois é pilado num lugar plano (*vansal*) com um pilão de pau rijo para ser descascado; pila-se depois em um gral de pedra (*vana*) enterrado no *vansal* com um pilão que tem na extremidade um anel de ferro (*anôsse* ou *való*) para separar a película (farelo, *cunddó*), e joeira-se depois com a *supa* e o *chaôn*, utensílios de bambú. Convém notar que os hindús brâmanes não cozem o arroz antes de descascado. Este arroz é conhecido por *surôi* e o cozido por *ucdém*. A proporção do arroz bruto ao arroz limpo é de 2/3 por pêso e quási 1/2 pelo volume.

Do bate antes de ser descascado preparam-se duas espécies de comer; a 1.ª se chama *fova*; para fazer esta cozem primeiro o bate em água com sal, e fazem-no depois secar por metade ao fogo, pisa-se logo com uma massa de pau encastoado de ferro, chamada *latti*, ou com pilão, o qual o esmaga, e descasca. Este é um comer muito estimado entre os indianos, e se pode ainda chamar o biscoito dos viajantes. A 2.ª espécie de comer preparada de bate se chama *laió*, pouco usada: para fazer esta fazem escaldar bem sôbre o fogo uma panela, e depois lançar nela o bate crú e sêco, o qual pelo calor estoura, despe-se da casca e cresce muito.

O bate sendo descascado chama-se *tandul*. A casca de fóra chama-se *tus*, ou *mottó cunddó*. Tirada a casca de fóra resta ainda uma pequena pelicula apegada ao arroz, a qual se chama *cunddó*. Emquanto não se tira do arroz esta pelicula dá-se-lhe o nome *carddo*, que significa *roxo*, e dão-lhe o tal epíteto ainda quando resta pouco daquela pelicula, posto que a maior parte tenha sido tirada. Quando já não resta nada da tal película lhe dão o epíteto *sâddica*, que quer dizer *limpo*.

O arroz sendo o principal sustento dos índios, comem-no de diversos modos; mas em geral fazem-no cozer em água e sal (e alguns ainda em sal), e quando cozido separam dêle a água: o arroz cozido dêste modo, isto é, fervido em água chamam *xit*, e cozido dêste modo o comem temperado com algum môlho. O *pulau*, é arroz cozido em pouca água (que no cozer tôda se consome) e com manteiga. O *khiddi*, é arroz cozido como o precedente ajuntando legumes; o *pulau* ou *khiddi* são pratos maometanos. O *paissa* é arroz cozido com medíocre quantidade de água, com manteiga, ou com muito leite de côco, e pela maior parte com jagra. Êste mesmo se chama também *khir*, quando é doce. Há uma espécie de comer o arroz, de que gostam muito os rapazes. É feita de arroz limpo. Molha-se o arroz em água e sal, e feito secar bem, se põe em uma panela com muita areia bem sêca sôbre o fogo vivo; com êste calor o arroz se dilata em volume, e se assa; chama-se *chirmuliô*.

O arroz cozido em muita água com sal sem mais nada pode dizer-se a principal sôpa dos índios, e tomam-na por almoço, muitos ainda por merenda: e êste é o único comer dos enfermos; chama-se *péz*. A's vezes conservam o caldo, o qual depois de alguns dias vem a ser muito ácido, e se servem dêle para vinagre; chama-se *canzim*.

O arroz muito diluido e azedado *(canji)* é usado pelos lavadeiros indígenas em lugar de goma.

O decocto, esbranquiçado, opaco, e abundante em fécula é um dos melhores demulcentes nas inflamações da mucosa gastro-intestinal, empregado na India desde tempos imemoriais e sempre com felizes resultados.

Emprega-se também nas inflamações das vias aérias, nas dos órgãos gènito-urinários, e nas da pele, em todos estes estados mórbidos pode empregar-se só ou conjuntamente com outros emolientes.

Nas bronquites e pneumonias junta-se-lhe o decocto de *gunchiorió.*

Nas dos órgãos gènito-urinários o decocto de quiabos.

E' muito benéfico nas febres, especialmente nas periódicas nas quais durante o acesso calma a sêde, sossega o coração, abranda o calor, e promove a sudação; depois do acesso nutre, e combate perfeitamente a anoréxia, predispondo assim o estómago para a recepção de alimentos restaurantes, muito eficazes no tratamento destas pirexias: deve-se-lhe juntar ou algum vinagre muito fraco, ou sumo de limão.

É muito frequente o receitarem-se as limonadas para bebida ordinária dos febricitantes, prática esta nem sempre destituida de inconvenientes: porque não só muitos doentes se afectam desagradávelmente usando os temperantes mas a anoréxia em vez de se dissipar, aumenta.

Os clisteres feitos com o decocto são emolientes e bom veículo para o ópio e beladona, etc.

Em resumo, o decocto de arroz é perfeito sucedâneo do decocto de cevada que desde antes de Hipócrates até hoje é um dos mais usados e elogiados.

Em pó substitue perfeitamente a farinha de trigo, e como tal é eficaz para combater os eritemas, os eczemas, as erisipelas.

Com a mesma farinha e água fazem-se magníficas cataplasmas que como emolientes são superiores às de linhaça, por se conservarem húmidas mais tempo e incomodarem menos: diz Devergié que nas inflamações cutâneas se deverão usar cataplasmas de farinha de arroz, porque as de linhaça muitas vezes aumentam a doença.

O pó serve também como antídoto nos envenenamentos pelo iodo.

Os caldos da farinha de arroz são restaurantes e analépticos convindo aos tisicos e escorbúticos; nas afecções crónicas do pulmão e canal digestivo.

Em Goa, usa-se de arroz cozido sem sal, e na forma de

cataplasma para combater as cólicas, as diarreias, e as disenterias: esta aplicação será sempre vantajosamente substituida pela cataplasma da farinha.

Chama-se *ghormanda* ou *ghorbatlém* a várzea que fica junto a casa de morada do proprietário.

O Coqueiro (*cocos nucifera*)

O coqueiro é designado vulgarmente pelo nome de palmeira. Daqui deriva o solo plantado de coqueiros o seu nome de *palmar* ou *bhatt*, em Goa. Existem porém no Estado da India as seguintes espécies de palmeiras: Madd (coqueiro), Birlamadd, *caryota urens*; Tadmadd, *brassus flabellifer*; Cajuri, *phœnix silvestris* que abunda em Damão, e o Cazurmadd *phœnix dactylifera*, tamareira.

O coqueiro reproduz-se por semente. Os côcos para semente (*biac*) são colhidos duma palmeira vigorosa e de boa qualidade. Logo que a palmeirinha atinja o desenvolvimento de $0^m,30$ a $0^m,40$ de altura está apta para ser transplantada. A aldeia de Benaulim é conhecida pelo fornecimento de coqueiros para as plantações.

A transplantação do coqueiro é feita por uns na estrêla gentílica *Bharanim*, isto é de 24 de Abril a 7 de Maio, ou em Agôsto, na estrêla *Mogô*; e por outros do mês de Novembro em diante, na conjunção da lua nova. Disposta a palmeirinha (*covató*) no lugar em que deve desenvolver-se e frutificar é protegida contra o gado por um cercado de bambú (*virlem*). Os correctivos mais usados são: a cal, a caliça resultante da demolição das casas, as conchas fósseis; e os adubos são: o sal, o lôdo dos rios de água salgada, peixe, folhagem (*sanvol*) e cinzas. Ao redor das palmeiras abrem caldeiras (*alengas*).

O côco é geralmente colhido em três meses. O coqueiro produz por ano 12 a 15 cachos e na média 50 côcos. Os côcos são colhidos por derrubadores ou *padecares* que sobem a palmeira munidos de uma coita (*faca*) segura no *acddi*, encaixe de osso ou madeira apertado na cinta, com a qual dão os golpes na raiz da espadice e deitam ao chão os cachos maduros. O derrubador sobe a palmeira com o auxílio de um anel de corda (*khaddum*) onde introduz ambos os pés, e cingindo-os e apertando-os à palmeira, fixa-se sôbre o espique, e assim vai subindo até chegar à parte superior.

Assiste ao colhimento um indivíduo chamado *julgador* que declara quantos são os cachos que faltam, e logo pelo estado da fecundação arbitra o número dos côcos que cada um dos cachos devia dar. Esta declaração é a base da conta do *terlo* (vigia) que, mediante certo prémio, se obriga a vigiar os coqueiros e a pagar ao proprietário os côcos que faltarem (*dentt* ou *selins*). Além disso, o julgador observa a copa da árvore e conforme o número de cachos que possam ser colhidos no colhimento imediato, marca o respectivo número batendo fortemente no espique com a chapa—espécie de martelo com 4 braços, em cada um dos quais está gravado um algarismo de 2 a 5.

Os cachos largam pela queda parte dos côcos, ficando o solo juncado dêles. As apanhadeiras recolhem-nos para o pátio do armazém (*loja*) onde os amontoam, emquanto os derrubadores descem para subir a outras palmeiras, depois de terem destrinçado os côcos bons dos *vanz*, destituidos de endosperma.

Acabado o colhimento, passam todos os que nêle intervieram ao lugar onde as apanhadeiras os amontoaram, e aí, emquanto se tiram tantos côcos quantos se têem de dar, segundo o costume, aos que trabalharam na colheita, os derrubadores separam com as coitas as espadices a que ainda se acham aderentes os côcos e depois passam a fazer a contagem. Para isso, colocam-se em linha, curvando-se, tomam em cada mão um côco, e os vão deitando atrás de si, emquanto um dêles conta compassadamente. Afinal multiplica-se a soma pelo dôbro do número dos homens e obtem-se o total que é apontado numa lasca de pericarpo de côco verde (*capi*).

O coqueiro é planta esbelta e útil. Os hindus chamam-lhe *calp-vrucxa*, isto é, árvore que dá tudo quanto se quer dela, consideram o seu fruto o emblema da felicidade, por isso o noivo o leva na mão ao dirigir-se para a casa da noiva, onde se realiza a cerimónia nupcial.

O coqueiro vive uns 120 anos e atinge às vezes a altura de 20 metros.

O tecido esponjoso que cobre o corpo lenhoso da raiz quando ténue, moído com água da segunda lavagem de arroz, e depois adoçado é ministrado para combater as gonorreias; e das raízes do coqueiro de três anos de idade extrai-se um remédio contra as mordeduras da cobra de capelo *(panró)*.

O espique é usado para estacadas *(arimago)* nos rios; para especar árvores que ameaçam queda. De ordinário, divide-se em duas ou mais partes *(corvé)* conforme o uso a que se destina, reduzindo-o a traves *(pattiô)*, meias-traves *(foddam* ou *patsalim)* e aguieiros *(vanxé)*. Adelgaçando, arredondando e alisando os toros fazem-se artísticas bengalas.

Usam da casca e dos filamentos para combustível. O envoltório *(pissondri* ou *pistori)* que se assemelha à talagarça, serve para fazer casco de chapéus e barretes dos clérigos e de entretela para os fatos.

O cozimento das fôlhas (*chudtam*) tenras e brancas é empregado nas indigestões. O pecíolo despido das fôlhas (*piddó*) tem várias aplicações: forquilhas (*diguiôs, chunttiôs*) para suster os cachos afim de não quebrarem com o pêso dos côcos; pés para candieiros (*madd*) nas iluminações, pinceis, extraem-se filamentos que servem de cordel para vários usos; os lavadeiros usam de cinzas para barrela.

As fôlhas tenras servem de palmas nas procissões do domingo de Ramos e das verdes fazem-se chinelas dos pobres. Com as sêcas cobrem-se as casas e barracas, fazem-se resguardos no inverno às janelas e portas das casas, e archotes.

As fôlhas sêcas tecidas teem várias aplicações: guarda-chuva dos operários *(condó)*: servem para forrar as barracas, os cercados e os toldos das embarcações.

Os foliolos *(chutteô)* ou lacinias são empregados para ornamentar os arcos triunfais das processões, e tomar apontamento dos côcos colhidos e *selins* nos colhimentos, e bem assim em brinquedos de vários feitios: cobras *(sorop)*, ventoinhas (*guirguirim*), braceletes *(toddé)*, trombetas *(corné)*, tranças *(fantiô)*.

Do talo do foliolo *icle* (*vir*), fazem-se vassouras (*sanim*), gaiolas (*pandrim*) e palitos. Aplicam-se sôbre as fontes icles frescos moidos em água nas dores de cabeça e moidos em vinagre nas erisipelas, esquinências.

Os curandeiros prescrevem espigas tenras pisadas nas hemorragias. Na sumidade do coqueiro acha-se um grosso palmito, chamado *murindo,* ou *cavalo,* de sabôr delicioso, quer comido quer em conserva. Usa-se da casca do côco (*sodnam*) e do endocarpo como combustivel. Do endocarpo *cherêta* (*cotti*) utilizam-se os mendigos para recolher a esmola e tomar o alimento, e fazem-se colheres (*doulé*) e cachimbos.

Xivor, cacho que apenas se desembaraça do envoltório, ou *cacho flor* é aplicado pelos curandeiros, quando tenro, moído em álcool, nas insónias, sôbre a cabeça.

Coquinho, ainda unido à flor, a que chamam *bondy,* roçado em vinagre ou fenim é aplicado na cura do reumatismo.

Dá-se a água do côco verde como refrigerante; também a usam nas gonorreias.

O *endocarpo,* queimado e misturado com cal, empregam-no sôbre os bubões para os resolver. Estas cascas, quando ainda verdes, queimadas, dão um óleo que aplicam nas dôres de dentes.

A cinza desta casca misturada com açafrão da India (*curcuma*) ou com o âmago do *gunji* ou *gunchió* (*arbus precatorus*) é usada pelos hindus para pintarem a testa.

A *cherêta* reduz-se a carvão de que usam os ourives e fundidores. No talo da fôlha junto ao tronco da árvore aparece uma espécie de musgo de que se faz uso para isca. Os filamentos das folhas são como guita, com que cosem as almadias.

O mesocarpo (cairo, *cató*) tem várias aplicações: fazem-se cordas, capachos, escôvas, enchem-se os colchões e os travesseiros, serve de estôpa para calafetar as embarcações, usa-se para forrar os garrafões de vidro e bilhas de barro. Tem-se empregado como isolador nas canalizações eléctricas. Da amêndoa fazem-se doces e extrai-se o óleo e entra na composição do caril.

–Descasca-se o côco com a *coita* (facalhão) ou com um instrumento de ferro, em forma de lança, chamado *sulli* ou *cumbló*.

Usa-se do côco nas cerimónias religiosas hindús e na preparação do *caril* e doces. Na ocasião da abertura da barra de Aguada os comerciantes hindús deitam ao mar, perto de Aguada, mil côcos, sendo um pequenino de ouro.

Os troncos do *birla-madd* são aproveitados para comportas das várzeas (*cori-muss*), para arados e pregos para a construção das casas e as palmas para ornamentação, e os filamentos das palmas para linhas de anzóis. Nas Novas Conquistas extrai-se farinha de *birla-madd*. Do grosso da raiz (*mull*) faz-se o balde (*colmém*) da cegonha (*latt*). Das palmas de *tadd-madd* fazem-se guarda-chuvas (*satli*), e das de cajuri fabricam-se, em Damão, esteiras e vassoiras.

Do coqueiro extrai-se a *sura* (seiva) e distila-se aguardente, que tem largo consumo e constitui uma das principais receitas do Estado, e a sura transforma-se em jagra, que é o açucar do povo, e em vinagre. Calcula-se que um coqueiro pode produzir durante um ano cêrca de 432 litros de *sura*.

Emprega-se o óleo de côco como artigo culinário, e de iluminação.

O óleo de côco conforme as doses é emoliente, laxante e emético.

Em pequenas doses administra-se nas inflamações das vias aéreas, principalmente quando há tosse sêca e expectoração dificil.

Em grandes doses provoca vómitos e para êste fim se usa no caso de envenenamento pelos alcalis minerais, para expulsar o veneno e actuar sôbre a parte irritada ou inflamada.

Forma bons clistéres emolientes proveitosos nas diarreias e disenterias.

Como laxante dá-se às crianças, às pessoas débeis ou debilitadas, e nos casos em que se pretende lubrificar os intestinos para obter a deslocação de qualquer corpo.

Externamente emprega-se nas contusões, nas escoriações e nos eritemas.

O *lichen tropicus*, flagelo dos europeus não aclimados a nada cede tão prontamente como às unções feitas com êste óleo.

A *acne rosacea* que tanto aflige as jovens tornando-lhes a face *amorangada* também se cura com êste simples medicamento.

Nos prurigos parciais, o *podicis, pudendi muliebris* e *scroti*, mas especialmente o primeiro e terceiro de tão comum ocorrência em Goa, alivia às vezes os atrozes sofrimentos do doente quando se tem já esgotado todos os recursos terapêuticos.

Na conjuntivite e oftalmia a introdução de algumas gotas dêste óleo produz às veses melhoras instantâneas.

Na otite e otalgia consegue-se o mesmo resultado pelos mesmos meios.

Nas picadas dos mosquitos que nos trópicos são consideráveis, havendo dor bastante intensa e mesmo inflamação, o incómodo cessa logo no comêço com a fricção oleosa.

Nas picadas das viboras os efeitos dos óleos são tão notórios que na opinião dos antigos os óleos neutralizavam o veneno, a opinião moderna atribue todo o benefício aos efeitos emolientes destas substâncias.

A aplicação do óleo de côco também tem lugar nos partos das primíparas afim de facilitar a dilatação do útero.

Dá flacidez aos tecidos e mobilidade às partes, serve para destacar as crostas.

Favorece a resolução dos engorgitamentos.

A sua pouca condutibilidade para o calor dá-lhe a propriedade de bem prevenir as supressões da transpiração.

Na India tôda a criança, ou pessoa fraca, unge-se bem com este óleo antes de se banhar, prática esta muito razoável.

Falaremos por último do emprêgo do óleo do côco como meio de curar a sarna, e profilático da peste.

Delpech tratava a sarna pelos óleos; depois de bem esfregar o doente com sabão e um tecido áspero, ungia-o, êste tratamento dizia-se mais feliz que outro qualquer.

Em 1838 aparece o mesmo tratamento elogiado numa publicação alemã.

Benett assevera que os óleos e gorduras curam a sarna asfixiando o ácaro, razão porque êle recomenda o uso da gordura sem a intervenção do enxofre.

O mesmo tratamento recommenda Basin que com seis fricções gordurosas durante três dias cura a sarna.

¿Não será esta a explicação de muitos curativos de sarna, que o povo de Goa não quer medicar com o enxofre com mêdo do *retrocesso*; e que eles vão em seguida curar com banhos e unções de óleo de côco?

A reputação dos óleos como profilácticos da peste é antiga.

Baldwin, consul inglês no Egipto em 1797, assevera que durante quatro anos que a peste grassára no país, entre milhão de vítimas não havia nem um fabricante nem um negociante de óleo.

J. M. Gregor notou que na campanha do Egipto nenhum dos servos que oleavam os pés dos camêlos, tinha perecido.

No dizer de Luigi de Paiva, que vinte e sete anos esteve na Casa de Peste, de Smyrna, nenhum agente é mais poderoso como preventivo e curativo da peste.

Numa doença que em 1815 e 1819 grassou ao Norte da India e que se não era peste, muito se assemelhava, preconizou-se também o óleo de côco.

No tempo de terral, em que toma a forma sólida é bom sucedâneo da banha de porco: possue a vantagem de se não tornar rançoso tão prontamente como a banha; é empregado geralmente em fricções de preferência a qualquer outro, bastando o calor da pele para fluidificar facilitando pronta absorção, emquanto que a banha é mais morosa neste efeito, enxovalha muito mais os tecidos, por maior que seja o cuidado no asseio e exale cheiro menos agradável.

As pomadas preparadas com iodeto de potássio e banha tornam-se amarelas em pouco tempo, sinal certo de o iodeto se transformar em iodo puro, o que não tem logar quando preparadas com o óleo de côco, se alguma vez tem logar é muito mais tarde.

Como emoliente dá-se internamente às colheres na dose de meia e uma e meia onça.

Como laxante até duas onças.

Como emético de seis a oito onças.

Externamente, à vontade: em clistér, de três a seis onças.

A plantação de coqueiros chama-se *bhatt* ou *palmar* e a *gorbhatt* é o palmar junto a casa do proprietário.

A Bananeira (*musa sapientum* e *m. paradisiaca*)

E' um vegetal que os indígenas cultivam nos seus quintais.

Os portugueses chamaram por analogia figos às bananas, *quêlli*, do sânscrito *kadali*. "*Também nos mandou outra fruyta que sam como figos*" (Roteiro de Vasco da Gama).

Cultivam-se em geral quatro variedades: figos de assar ou de Moirá *saldattim*, bananas compridas, de casca grossa, (*musa paradisiaca*), *rosballim* ou figos de horta (*musa sapientum*), *sonbollim* (bananas de casca fina e do feitio dos *figos de horta*, mas pequenas). Os *figos de assar* pela sua dureza só assados ou cozidos ou empregados em doce se podem usar sem temer indigestão. Há também uma variedade de bananas denominadas *khapri quellim*, utilizadas na culinária hindú. Nas montanhas das Novas Conquistas cresce a *chonoi*, bananeira silvestre (*musa sylvestris*).

A bananeira reproduz-se por pimpolhos: com um golpe de enxada separa-se um pimpolho da mãi, corta-se a hástea à altura de 7 a 8 polegadas acima do bolbo, e depois de se ter aberto uma cova apropriada, enterra-se nela obliquamente a nova planta, da qual se deixa a descoberto uma pequena porção, cousa de duas polegadas de altura. Passado um ano, e mesmo antes, pode-se colher um cacho de bananas. A planta morre logo depois de dar o fruto, isto é, um cacho (*gôdd* ou *gueddaó*) mas alguns novos rebentos que provém da raiz, lhe sucedem.

A cultura da bananeira é, em regra, uma das menos penosas e das mais vantajosas. A bananeira uma vez criada não carece por assim dizer, de mais trabalho do que o de colher frutos.

Mas em Moirá a cultura da bananeira é uma especialidade, é metódica, cuidadosa e dispendiosa.

Fazem a plantação em Junho ou Julho.

Depois de se cavar a terra, destina-se uma área de 4½ mãos quadradas para cada bananeira e abre-se uma valeta da largura dum palmo para drenar a água no inverno e conservar a humidade no verão.

No meio do quadrado abre-se uma cova de um palmo de profundidade, deita-se nela pouco de terra vermelha e planta-se a bananeira raspando cuidadosamente as raíses sem magoar a planta, põe-se terra em volta e cobre-se com palha Decorrido um mês retira-se a palha e deita-se terra sêca e adubo de peixe preparado do seguinte modo:

Mistura-se um cêsto de peixe fresco com 4 cêstos de terra e deixa-se isto uns 8 dias para apodrecer ou se usa, nas mesmas proporções peixe sêco que se faz passar pela água, deixando 15 dias para apodrecer. Emprega-se também adubo químico introduzido pela Repartição de Agricultura misturando-se um arrátel com 32 de terra que se põe ao redor da planta, evitando o contacto com a planta e cobre-se com palha.

Na falta de chuva é preciso regar em 3 dias seguidos, e depois um dia sim, outro não.

Até Janeiro do ano seguinte põe-se o adubo aumentando sucessivamente a qualidade.

Em Março ou Abril especa-se a bananeira com 3 bambús para evitar a queda durante o inverno e regam-na em três dias seguidos.

No 3.º ano suspende-se a cultura e renova-se no 4.º ano.

O fruto colhido verde contém o mesmo princípio nutritivo que o trigo e o arroz, e a farinha que dêle se extrai constitui um bom alimento infantil. As bananas maduras são agradáveis ao paladar. Calcula-se que uma porção de terreno de 100 metros quadrados pode alimentar para cima de 50 hindús. Um cacho contém 160 a 180 bananas.

A água que por meio duma incisão feita no tronco, corre abundantemente, é empregada pelos indígenas como adstringente nas hemorragias. Uma espécie de tisana que êles preparam com as bananas cozidas a sêco em um vaso de barro e com a casca que se destaca delas, fazendo depois ferver tudo em pouca água, é empregada com maravilhosos resultados contra as tosses e pneumonias. O pedúnculo pisado e desfeito em água ministra-se em clistér sendo bom remédio para curar disenterias. As flôres, infundidas em água e postas ao sereno da noite, são um banho salutar para oftalmias. As fôlhas empregam-se no curativo das superfícies vesicadas; a cicatrização dá-se em cinco dias ordináriamente, devendo nos dois primeiros aplicar-se imediatamente sôbre a derme a face mais lisa da fôlha, depois a outra; nas feridas resultantes das varadas são do mesmo modo usadas.

As bananas sêcas ao Sol ou em estufa servem para fazer um decocto altamente emoliente que se usa na diarreia, disenteria, pneumonia, pleurisia e bronquite.

Comem-se as flores como hortaliça e o caril de flores de bananeira chama-se em bengali *moctarghanta.* As flores consideram-se astringentes e bom alimento para os diabéticos.

As fibras do caule empregam-nas os mercieiros no cordame. As cinzas das folhas sêcas são usadas para barrela. Extrai-se tinta preta da casca de banana verde e a raiz é boa forragem. Emprega-se o âmago do caule no caril. Servem-se das suas folhas sêcas para fazer pratos (*potravolis*) e *viddis* (cigarros) e para substituir o papel como invólucros nas mercearias.

O nome *musa paradisiaca* teve origem em se crer que Adão à sombra dela se escondeu quando corrido de vergonha.

A *musa sapientum* é assim denominada porque segundo a lenda os sábios da India jaziam à sua sombra em indolente e sábia contemplação.

A Arequeira (*areca catechu*)

E' cultivada nas Novas Conquistas pelos *bottos* (sacerdotes hindús). Escolhem-se para formar os *ticans* ou *culagâr* (arecais) nas proximidades dos rios de água doce, ou das nascentes de água potável.

A *sementeira* faz-se em viveiros como os do côco e quando a planta alcance o vigôr conveniente, abrem-se pequenas covas no arecal e aí se transplantam. Põem-se da mesma maneira como os coqueiros em linhas paralelas e perpendiculares umas às outras, guardando porém a distância do 2^{m},66.

A areca que tem de servir de semente deve ser colhida com cautela de modo que o cacho não seja deitado do alto a baixo e o fruto não receba pancada violenta. Expõe-se ao Sol 4 ou 5 dias e depois enterra-se no viveiro em terreno já preparado com o intervalo de 2 palmos entre semente e semente. Esta sementeira é feita no comêço ou no meado da estação pluviosa. Três anos vegetam as plantas no viveiro estrumadas com a bosta do gado vacum; e depois passam ao arecal nivelando-se o terreno e entrecortando-o de regos; são postas em covas da profundeza de 3 a 4 palmos; as covas são cheias de terra à meia altura e recebem a rega e estrumação necessária, ficando sucessivamente cobertas à medida que a árvore cresce. Ao mesmo tempo se plantam bananeiras ou cardamomos. O arecal é cavado todos os anos no tempo das chuvas e recebe entulho bienalmente. Uma arequeira bem tratada frutifica em 4 anos da data da transplantação, isto é, 7 de sementeira. No 3.º ano da transplantação plantam-se junto de cada arequeira uma pimenteira e duas plantas de betle.

A *colheita* da areca tem muita semelhança com a do côco. Os derrubadores sobem com o anel de cordas nos pés, mas não precisam de descer para tornarem a subir a outra árvore, apenas cortados os cachos da primeira pegam numa fôlha da mais próxima, e puxam-na a si: como as árvores são flexiveis e pouco distantes umas das outras aproximam as cabeças de maneira que o homem abraça a segunda e deixa a primeira, e assim dá um passeio aéreo, deitando sucessivamente ao chão os cachos maduros que vai cortando.

De três maneiras se prepara a areca para ir ao mercado: 1.ª colhendo-a verde e passando por uma cozedura, o que a faz mais branda para mastigar e chama-se *bheddi*; 2.ª colhendo-se madura e cozendo-a e então é chamada *supari*; 3.ª colhendo-a madura e não a sujeitando à cozedura e então denomina-se *beddó*.

Cada arequeira dá 8 a 10 seiras de arecas.

O fruto entra na preparação do mastigatório de areca e betle. O tronco que atinge entre 10 e 16 metros de altura tem várias aplicações: estacadas nos rios (*mag*), vigas laterais (*adbar*) e colunas de barracas (*mattou*), andaimes canos para conduzir água para os arecais, casco das paredes francesas. Do envoltório (*pōulí*) fazem as classes inferiores alparcas, farnel, e ventarolas.

Descasca-se a areca com um instrumento de ferro (*rampi*) em forma de lança.

A Pimenteira (*piper nigrum*)

A pimenteira propaga-se por estaca, ou pelos rebentos que saem ao pé da planta, dispostos no princípio do inverno num terreno rico, e suficientemente húmido. No fim de três anos começa a dar fruto, e cada planta produz libra e meia de pimenta por ano. A colheita faz-se em Março e Abril.

O fruto deve ser colhido antes de estar completamente, maduro, e secar-se ao Sol em esteiras. A pimenta branca, só difere da preta em ser privada da pele exterior por uma curta maceração em água pura, e depois brandamente esfregada

A Jaqueira (*artocarpus integrifolia*)

A palavra indo-portuguesa *jaca* deriva do malaiala *chak*

Desenvolve-se em tôda a nossa India. Há duas espécies: báricas (*borcoi* ou *capó*) e geriçais (*rossal*).

O fruto (*ponôs*) que é a mais volumosa fruta da India, atingindo 0m,55 de comprimento sôbre 0m,22 de diâmetro e chegando a pesar 10 a 12 quilos, oferece um alimento adocicado, muito estimado dos indígenas que fazem pastas e as secam ao sol (*sattam*). As sementes, conhecidas pela denominação de *castanhas de jaca*, por se assemelharem no gôsto ao fruto do castanheiro, são preparadas de diversos modos e constituem um bom alimento. A casca serve para engorda do gado. O visco sêco da jaca (*panc*) é empregado para tapar furos e rachas de bilhas e de outros vasos de barro. O tronco fornece excelente madeira de construção, amarela que resiste ao *cariá*.

Esta árvore propaga-se por semente que para êsse fim é lançada à terra, por uns no mês de *pouch* ou *magh* e por outros no de *cheitra* ou *vâichakha*. A sementeira mais racional é feita naqueles meses de *pouch* ou *magh*, em cestinhos de bambú de 2½ palmos de altura sôbre 1½ de diâmetro. Depois de encherem estes cestos de bôa terra, semeiam neles algumas castanhas de jaca, para mais tarde aproveitarem a planta que oferecer maior robustez. Esta, depois de atingir certo desenvolvimento, é transplantada com o mesmo cestinho que apodrece e lhe serve de estrume para o lugar onde se deve desenvolver e dar fruto.

A Cana de açucar (*saccarum oficinarum*)

" A cana sacarina produz em 12 meses e porisso a plantação é feita onde houver facilidades de irrigação durante a época sêca. Em Gôa, com o fim de se evitarem as despesas de vigia das plantações contra as devastações causadas pelos chacais, porcos, gado e homens, vários lavradores reunem-se e fazem a plantação da cana limitando-se possívelmente a um campo. Os canaviais são protegidos por meio de vedações de bambú ou de quaisquer outros paus ou construindo-se muros provisórios de terra, da altura de quási 4 pés e da grossura de 4 a 6.

Éstes muros são protegidos contra a chuva cobrindo-se de folhas de coqueiro.

Na região de Astragar que compreende Colomba, Curdi, Netorlim e " Jacky nundem " e onde há abundantes veios de água, a cana sacarina é cultivada em razoável escala individualmente ou pelo sistema cooperativo. A cana é plantada em pequenos pedaços de terra em quási todo o território de Goa. Mas é cultivada mais largamente nos concelhos de Canácona, Sanguém, Pondá e Perném. A área cultivada é geralmente calculada pelo número dos pés plantados. Segundo dizem, dos terrenos florestais, consegue-se obter 4 ou 5 rebentos; mas em outros sítios só um ou dois, o máximo.

A cana sacarina exige um solo bem drenado. Nos terrenos baixos o desenvolvimento da cana é relativamente pequeno comparado com o desenvolvimento nas terras altas. Em Goa a cana sacarina é plantada nas terras de *Molloy* ou *Morolas* quando houver facilidades de irrigação. Se a plantação fôr situada nas margens dos riachos, como frequentes vezes se vê, a cana fica submergida na água durante muitos dias a seguir na época da chuva. Isto impede até certo ponto o crescimento da plantação.

O terreno em que se semeou o arroz do soródio é geralmente escolhido. O método ordinário, seguido em todo o território, é de se plantar a cana nos rêgos preparados com o trabalho manual. Raras vezes se vê a preparação do solo com lavras. A primeira operação neste segundo método, é de se fazer algumas sangrias temporárias no terreno para se espalhar a água por tôda a área. Para facilitar a distribuição de água pelo campo todo, emprega-se uma colher (*Tarlem*) para tirar a água das sangrias.

Dois ou três dias depois de o terreno estar bem ensopado, lavra-se 5 ou 7 vezes em ambos os sentidos. A seguir destorroa se e nivela-se o talhão que é depois dividido em canteiros. Nestes canteiros faz-se rêgos horizontais com o *Cudolim* à distância de 2 pés um do outro. Êstes rêgos são conhecidos como *maqris*. Os rêgos tem a profundidade de 12 polegadas e a largura de 9. A terra removida dos rêgos é cuidadosamente amontoada dos lados. Quando os rêgos estiverem prontos, queima-se neles ramos de árvores, bosta, fôlhas sêcas de cana, etc. Esta é a prática dominante : mas em alguns casos só se espalha cinza nos rêgos, dá-se a seguir entrada à água e remexe-se bem a terra para a pulverizar.

As extremidades da cana, do comprimento de 1½ pés, que em parte já tem produzido rebentos, são colocadas cuidadosamente nas trincheiras tocando uma a outra e às vezes uma por cima da outra. A época da plantação estende-se de Janeiro a Abril. Plantam-se 12 a 15 mil estacas por acre.

A segunda irrigação é feita no segundo dia depois da plantação e a terceira rega é no quarto dia. Outras regas posteriores fazem-se em dias alternados ou de 3 em 3 dias, conforme a natureza do solo. Desta forma chega-se a fazer 25 a 30 regas antes de começar a monção. Geralmente os canaviais em Gôa não são irrigados logo depois das chuvas, resultando daí o amarelecimento das extremidades da cana devido à falta de humidade.

Alguns mondam duas a quatro vezes mas por via da regra faz-se apenas 2 mondas. Feito isto, aplica-se pequenas quantidades de cinzas a cada pé e irriga-se. Nos terrenos planos costuma-se aplicar também em uma ou duas doses, bosta, cinzas e estrume de peixe em volta de cada cana sendo coberto com terra depois de cada aplicação do estrume. A sacha fica completa antes do fim de Maio. Nos distritos montanhosos onde há facilidades de se obter folhagem, os rêgos de ambos os lados das canas são enchidos de folhagem verde que é coberta da terra extraída dos cómoros entre as fileiras das canas.

Do terceiro mês para o fim do ano, as fôlhas sêcas das canas são removidas de tempo a tempo e deitadas na plantação. A' medida que estas fôlhas apodrecem, elas formam parte do estrume. Esta remoção das fôlhas tem ainda a vantagem de arejar melhor a plantação e intensificar a côr da cana que se torna uniforme em se amadurecendo. Em certos sítios as fôlhas são enroladas à própria cana para se evitar a danificação pelos chacais e javalis. Isto continúa até meados de Setembro quando começa-se a meter espeques (como se faz em Canácona) que são de bambú ou de qualquer arbusto florestal. Isto evita a quèda das canas. Com a excepção da vigia, não se dedicam nenhuns outros cuidados subsequentes a estas plantações. Depois de a plantação ter 11½ a 12 mêses começa o côrte da cana e o fabrico da jagra". ([33])

Além de jagra, açúcar mascavado, dá aguardente e vinagre.

O resíduo da cana ou é dado aos animais ou serve de lenha para a concentração de xarope ou pode servir de estrume.

Em 8 de Setembro, dia de Natividade de Nossa Senhora em algumas freguesias se colhem as primicias desta produção ainda tenra e muito aquosa.

A Mangueira *(mangifera indica)*

O vocábulo *manga* deriva do malaiala *manga*. A manga contém goma e ácidos cítrico e gálico.

([33]) *Relatório* do técnico agrícola G. K. Kelkar.

Cultiva-se em tôda a nossa India uma grande variedade de mangueiras.

No *Mahâbhârata* encontramos referência à cultura da mangueira que dava fruto no 5.º ano.

Budha foi recebido por Ambapali no seu mangueiral. ([34]) Já nos séculos VI (antes de Cristo) se cultivava, pois, a mangueira na India.

A mangueira reproduz-se por semente; para conservar certas variedades apreciáveis que a semente abastarda costumam enxertá-la. O método de enxertar as mangueiras consiste em fazer um córte horizontal no tronco, ou nos ramos que destinam à introdução dos garfos. Depois de efectuado êste córte com uma navalha (se é feito simplesmente nas zonas circulares da casca, como geralmente praticam) abrem pequenas cavidades com uma cunha de osso ou de madeira feita *ad hoc* para êste fim, entre a camada geradora da casca do tronco ou dos ramos, e o alburno do lenho da árvore, à profundidade de $0^m,02$ e a $0^m,05$ de distância umas das outras, e nas quais introduzem os garfos de próximamente $0^m,05$ de maneira que não fica na parte inferior unilateral senão um pedaço de madeira unido à casca. Preparados os garfos dêste modo são introduzidos nas cavidades feitas em tôrno da secção do tronco ou dos ramos da mangueira: esta introdução é feita de modo que a superfície cortada do garfo corresponde perfeitamente ao alburno, e a parte externa da casca do garfo à parte interna da camada geradora da casca da árvore que se pretende enxertar.

Depois atam os garfos por meio de sólidas ligaduras feitas da casca de combió *(arborea careya)* ou de cairo e abrigam-nos do contacto do ar, da luz e da chuva, servindo-se da terra de ninhos da formiga branca *(roinnim mati)* ou da terra argilosa e fina. Logo que reconhecem que a soldadura dos garfos está completa, cortam a mangueira pela parte superior à enxertia.

([34]) E. H. Brewster—*Gotama le Bouddha d'après les écritures palies*, pag. 202.

Para obterem bons resultados, costumam fazer a enxertia na época em que a mangueira tem entrado no seu engorgitamente seivoso, e em que o garfo está próximo a entrar nêle; porque se o garfo já estivesse excitado por êste movimento orgânico e lhe faltasse depois a continuação dessa excitação, logo nos primeiros dias da enxertia, antes de se estabelecer a soldadura, pereceria com grande facilidade.

Os enxertos são feitos em diferentes épocas, mas com especialidade no mês gentilico de *Xravan* durante a influência da estrêla *Mogô* para se aproveitar das chuvas benéficas. Esta circunstância e a de as Posturas das Ilhas de 1535 classificarem as mangas em *baricas* e comuns levam a supôr que a enxertia não foi introduzida pelos portugueses, mas é incontestável que foi por êles aperfeiçoada, pois as variedades de árvores enxertadas e seus frutos se distinguem em geral, por nomes portugueses às vezes feminizados: Afonsa, Barreto, Bispo, Carreira, Colaço, Costa, D. Bernardo, D. Filipe, Dourada, Derrubada, Fernandina, Filipina, Frias, Ferrão, Bem-curada, Malcurada, Malagesta, Monserrate, Papel, Papel Branco, Peres, Rebêlo, Reinol, Salgada, Salgadinha, St. António, Santiago, Sacratina, Tanque, Temudo, Xavier, etc.

Os indivíduos que enxertam são raros e fazem da profissão segrêdo. Encontrado e contratado o enxertador leva consigo um molho de garfos.

Todos os anos os proprietários costumam limpar as mangueiras de parasitas *(bendôr)* porque de outra sorte se tornam estéreis.

A manga não pode esperar na árvore a sua completa madureza, porque a fermentação vem rápida e uma mancha alaranjada, a que chamam *coração* se manifesta no centro e lhe dá um gôsto desagradável. É por isso que a colhem num estado semi-maduro chamado *sazonado*.

Como as frutas nascem nos ramos mais altos e delgados, onde a mão às mais das vezes não alcança sem risco de queda, fazem um saquinho de rêde de cordas de cairo *(coblém)* fixam-no à extremidade de um bambú tendo a bôca aberta por meio de um arco de bambú também, e introduzindo nela a fruta, esta cai dentro em consequência de uma ligeira torção, que lhe parte o pedúnculo.

Por ocasião do casamento, à hora da cerimónia *Punea Ochona* os hindus enterram um raminho de mangueira à frente da porta principal da casa e dependuram fôlhas de mangueira à mesma porta.

A manga *(ambó)* é a melhor fruta da India. As mangas distinguem-se em *chupadeiras,* se provém da árvore brava, e em *cortadeiras* se são de mangueira de enxêrto.

Antes de amadurecerem, conservam-se em vinagre, água e sal, cozidas, com recheio de pimenta, sal, assafétida, mostarda e azeite (*miscut*). Estas conservas servem de *toca-bôca.*

Fazem-se doces de manga: compota, geleia, mangada e pastas sêcas ao Sol, *sattam*. Faz-se xarope (*mangoada*). As *solans* (talhadas de manga verde sêcas e salgadas) servem para condimentar o caril e moídas com sal aplicam-se para curar leicenços. A manga verde é antiscorbútica. O tronco fornece madeira para pranchas de andaime e barcos de pesca e os hindús servem-se para queimar os cadáveres. O extracto fluido da casca de manga é recomendado nas hemorragias uterinas, pulmonares e intestinais.

Uma goma resina fresca, um pouco semelhante ao *Bdelio,* transuda dos golpes feitos na casca da árvore. E' principalmente usada como medicamento.

Em 1811, o Vice-rei Conde de Sarzedas, a pedido do Príncipe Regente, depois el-rei D. João VI, remeteu para o Rio de Janeiro, onde estava então a côrte, quatro caixotes com pés de mangueira: *afonsa* e *fernandina.*

O TAMARINDEIRO (*tamarindus indica*)

O étimo é árabe *tamar-hindi* (tâmara da India), o fruto denominado tamarindo é uma vagem grossa, curta, achatada, e arqueada, com estrangulamentos de espaço a espaço; o epicarpo é duro, existindo entre êste e o endocarpo uma polpa avermelhada ou amarelada, que é muito ácida estando o fruto verde, e ácida adocicada estando maduro; as sementes são luzidias, irregularmente quadradas, e em número de 3 a 6. Colhe-se em Janeiro e Fevereiro.

Vanquelin foi o primeiro que analizou esta polpa encontrando:

Acido citrico	9,40
„ tartárico	1,55
„ málico	0,45
Sôbre-tartarato de potassa	3,25
Açucar	12,50
Goma	4,70
Pectina	6,25
Parenquima	34,35
Agua	27,55
	100,00

A madeira é compacta, durável e ornada de bonitos veios, sendo como tal mui própria para a confecção de objectos nos quais se requeira solidez, como bengalas, pilões e moinhos para a extracção de óleo de côco.

O dr. Balmain, da Presidência de Madrasta, obteve das fôlhas do tamarindeiro, uma bela côr amarela fixa.

O hidro-infuso desta polpa serve para tingir de verde as sedas depois de tintas com indigo: tinge também as sedas de amarelo, e as lãs de vermelho.

Concentrando-se o hidro-infuso e adicionando-lhe pequena porção de sal comum, obtem-se um bom líquido para limpar a prata, que é muito empregado pelos ourives da India; os objectos que se querem limpar fervem-se por algum tempo no líquido.

O maior consumo desta substância é como condimento, entrando como artigo obrigado no maior número de *caris*, e em muitos outros pratos.

Preparam o tamarindo, como condimento, pela seguinte forma: colhem a vagem, poem-na ao Sol por 2 ou 3 dias até perder a humidade; descascam-na, isto é tiram-lhe a polpa e privam-na de filamentos e sementes, e se ainda conserva alguma humidade deixam por algum tempo ao Sol; juntam-lhe sal (regula 4 libras para arroba de polpa) pisam no almofariz ou em pedras de moer os temperos até formar massa que dividem em bolos, e guardam em vasos de barro.

A grande avidez que nos povos da India se observa na procura de substâncias ácidas, não é, como muitos julgam, um simples capricho de paladar, mas sim uma necessidade que desatendida em breve traz graves perturbações.

Os ácidos ingeridos em quantidades moderadas saboreiam os cereais, favorecem a digestão e beneficiam o sangue.

Provou Leith, por observações feitas na India, que a anemia, a caquexia e notóriamente o escorbuto se tornavam frequentes tôdas as vezes que os ácidos faltavão no caril, desaparecendo gradualmente quando outra vez as substâncias ácidas faziam parte da alimentação.

A limonada e sorvetes de tamarindo são preferíveis como refrescos à limonada e sorvetes de limão.

As sementes pulverizadas e fervidas formam pasta, que pela adição de pequena porção de cola, é um dos bons cimentos para madeiras.

A polpa do tamarindo é temperante em pequenas doses e em maiores é bom laxante.

A sua ingestão deixa na bôca gôsto ácido adocicado, agradável, o estómago recebe-a bem e 5 a 6 horas depois de ingerida causa 3 a 5 evacuações fáceis.

É dos laxantes um dos que não constipa o ventre nem deprime as fôrças.

Aproveita na *constipação de ventre* das pessôas cuja alimentação é quási exclusivamente feculenta: na *constipação* dos sedentários e na dos chamados biliosos.

Na *ictericia*, *hiperemia*, e *phlegmasia hepática* é muito recomendada, asseverando alguns autores que o benefício provém duma acção própria e característica desta substância, além do proveniente da evacuação.

É um dos bons evacuantes, quando indicado, na febre *efémera*, *contínua comum*, *intermitente* e *remitente*.

Os antigos criam na eficácia dêste medicamento como

antipútrido, e como tal o davam nas febres pútridas; na actualidade ainda se empregam os ácidos nas febres que os nossos antepassados denominavam pútridas, mas não se recorre a esta polpa.

É bom nas *diarreias* e *disenterias* nas quais às vezes se dão pequenas doses como adstringente, em doses evacuantes para remover as fezes ou quaisquer outras substâncias que pelo seu contacto com a mucosa agravariam a doença.

Zimmerman diz que na epidemia de *disenteria biliosa*, na Suissa, falháram todos os medicamentos menos êste.

É as vezes empregado contra as *hemorragias* e *fluxos mucosos*.

Aublet diz ser um bom *antiscorbútico*.

Alpino e Fallopio dizem que cura a uretrite.

As sementes são administradas nas *diarreias* e *disenterias*.

Reduzidas à pasta pela ebulição formam um efitema que se aplica sôbre as partes inflamadas, quando se quer acelerar a supuração, tal é pelo menos a virtude que lhe atribue a medicina caseira da India.

A conserva das flôres é usada para combater bem as doenças do *estómago*, *fígado* e *baço*.

As fôlhas de sabôr ácido agradável são usadas em decocto contra várias inflamações, mas principalmente nas dos olhos.

Os árabes dão-nas em hidro-infuso às crianças, como antihelmintico.

Diz Garcia da Orta no *Colóquio 53*:

"Eu uso muito delles espurgados, comendo-os com açucare, acho-me com êlles melhor que com xarope acetoso. E também lhe digo que muitas vezes xaropo os meus doentes com infusão dos *tamarindos*, deitando quatro onças em água fria ou de *endivia*, e deitados ahi per tres oras, feita expresam lhe tiro os tamarindos, e lhe lanço um pouco de açucare, e com isto me acho muito bem, porque digere e evacua alguma parte do humor colérico, e incide e corta o freimático. E a gente da terra toma purgas dêste tamarindo com azeite de *côco* que é o fructo da *palmeira*, e certo que é bôa purga, e sem moléstia e trabalho. E assim os physicos indianos usam das fôlhas pisadas para defensivo nas partes erisipiladas e nós usamos dêlle nos comeres, em logar de vinagre; porque é mais agradável azedo, quando é maduro, e levam-o a Portugal com sal, e às terras da Arabia, Persia e Turquia, porque dizem que dura mais; mas eu tenho em casa muytas vezes, com a sua bainha ou corteza, e está muito fresco; e comtudo póde ser que não dure muyto; e por isso a gente da terra o conserva com sal; e fazem dêste *tamarindo* huma muyto graciosa conserva com assucar, e é feita dêlle fresco e sem sal. E póde-me crêr que é um digestivo e purgativo muito bom, e muito aprazível ao gôsto"

Ou por causa da frondosa ramificação ou porque as raízes se aprofundam pouco, o tamarindeiro é fácilmente arrancado pela ventania rija da estação pluviosa. É por isso perigoso ao pé das habitações expostas a violentas correntes do ar.

O CAJUEIRO (*anacardium occidentale*)

O cajueiro ou *caz* é cultivado nas encostas dos oiteiros pedregosos. Foi indroduzido na India pelos portugueses, pois é conhecido no Malabar por *parankimava*, isto é, manga dos portugueses. Garcia da Orta não se lhe refere. Só na segunda metade do século XVI, Cristovam de Costa diz tê-lo visto em jardins em Cochim.

O fruto é denominado *bibó* ou castanha de cajú, e o seu pedúnculo carnoso *pêro de cajú*. Êste pêro está cheio dum suco muito adstringente, com o qual se prepara a aguardante de cajú. Da castanha extraem-se dois óleos: um (*dic*), obtido pela combustão do pericarpo, negro, espesso, vesicante, preventivo contra a formiga branca, é empregado para calafetar os barcos e preservar as rêdes e a madeira. O outro que se obtém pela maceração do pericarpo no álcool é usado para cicatrizar as gretas dos pés.

A amêndoa, que é saborosa, come-se crua ou assada e dela se faz uso na confeitaria e é exportada para a América.

Pode-se extrair dêle uma mui bôa goma fazendo incisões na casca da árvore. E pode-se usar em substituição da goma arábica, à qual é preferível onde convenha atalhar a invasão dos insectos. Por isso é muito usada pelos encadernadores, posto que não tanto como devera ser. Os insectos não tocam cousa alguma em que esteja esta goma, a qual é empregada nas inflamações dos órgãos urinários, nas tosses com irritação da laringe e nas disenterias, sendo um sucedâneo da goma arábica. Obtem-se das incisões feitas no tronco do cajueiro, de Novembro a Maio.

O Bambú (*bambusa*)

Há diversas espécies: *sabri* (ôco e direito) é da melhor qualidade; *babri* (macisso e algumas vezes tôrto), só serve para cêrcos, ramadas, ripar casas; *vellu* (ôco grosso, espinhoso) conhecido por cana da India de que se fazem os varais das machilas e palanquins, e escadas.

Produz uma semente igual ao trigo, da qual os habitantes das *Novas Conquistas* extraem uma excelente farinha, com que fazem apas.

Geralmente é semeado de estaca com raízes tiradas do mesmo bambú tenro de um ano no inverno pelo S. João: para isso se lhes cava a raiz, e descoberta se aparta da outra antiga com uma machadinha, e depois se corta o bambú deixando da parte do pé para se semear coisa de oito palmos de comprimento, e esta cortadura se faz a modo de aparo de pena, de sorte que quando se semear fique o corte para a parte de baixo, o que feito se semeia com a ponta da raiz para baixo e algum tanto inclinado para aquela parte para o que se faz uma cova funda para que a raiz fique bem enterrada, e se cubra com terra bem acalcada, porque quanto mais apertada ficar a raiz com a terra mais depressa bota raizes, e sendo esta operação de tirar a estaca em quarto mingoante da lua é muito melhor porque tôda a fôrça do bambú está na raiz.

De três em três anos bota-se-lhes entulho de terra nova no pé. Vão crescendo até dez anos, depois outros dez se conservam na mesma grandeza e depois de vinte anos ficam vãos até aos trinta anos em que dão flôr e se extinguem.

O tempo de se lhe fazer o córte é de Novembro para diante e cortam-se os de idade de três anos.

Descasque de castanhas de caju

Dessais maratas de uniforme

Ás margens dos palmares, os sítios pedregosos são os destinados aos bambús. Carece de estrume.

Os novos rebentos de bambú são cortados em talhadas e empregados na confecção de *axares* (conservas de vinagre ou água e sal) e lhe dão o nome de *kirlo*.

A casta dos *mahars* (farazes) faz esteiras (*hatri*) e vários artefactos de bambú: cestos, ventarolas, gaiolas, capoeiras, joeiras, canastras, condessas, celeiros, cabazes, etc. Fazem-se de bambú ripas para barracas, cabanas, casas dos pobres e resguardos das janelas.

Antigamente se empregava o bambual (bosque de bambús) para as fortificações, pois que enlaçando-se ficam tão impenetráveis os bambús que se não podem escalar nem bater em brecha; sempre que os queimam dão um estalo, como se fôsse um tiro; serviam por isso de aviso aos soldados.

Os hindús crêem que o florescimento de bambú, *connqui* (que se observa após um longo decurso de tempo) anuncia epidemia ou fome.

Pimenta longa (*capsicum species*)

Durante a monção semeiam-se as pimenteiras nos terrenos altos. É bem conhecida a cultura de pimenteiras em regiões montanhosas de Canácona. As pimenteiras são também cultivadas em pequenos talhões nas proximidades das correntes, rios e riachos.

O fruto colhe-se geralmente antes de maduro, porque é então mais picante, e séca-se ao sol. Ás vezes os frutos são colhidos singularmente, outras vezes com o ramo. Usa-se para o *caril* e em gargarejos nas faringites e anginas.

Hortas e Pomares

Nos quintais vicejam pomares e hortas em que se cultivam: abóbara cabaça, *concno-dudi, lagenaria vulgaris*; abóbara porqueira, *dudi, cucurbita máxima*; açafrão, *curcuma longa*; agave, *anôs, agave americana*; algodoeiro, *gossypum indica*; alho, *allium*; ambaddó, *spondias mangifera*; amendoim, *arachis hypogea*; amoreira, *moros indica*; amendoeira, *ter-*

minalia catappa; ananaz, *ananás sativa*; anoneira, *anona squamosa*; árvore de durião, *anona muricata*; árvore de pão, *artocarpus incisa*; batata dôce, *ipomea batatas*; baunilha, *vanila aromática*; betle, *piper betle*; beldroega, *gôuchi-bhagi, portulaca. olaracea*; beringela, *vainguém solanum melongena*; bilimbeiro, *averrhoa bilimbi*; bredo, *amaranthus gangeticus*; bretalho, *basella alba e rubra*; brindoeiro, *garcinia purpúrea*; cafeeiro, *caffea arábica*; canela, *cinamon ceilanicum*; carandeira, *carissa carandas*; catcongui, *dioscorea spinosa*; chircó, *dioscorea alata*; cebola, *allium cepa*; chicú, *achras sapota*; cidreira, *citrus médica*; comalenga, *cucurbita pepo*; couve, *brassica oleracia*; erva babosa, *alvevera*; favas de chapa, *pongamia glabra*; fruta de Adão, *mimusops kanki*; gengibre, *zinziber oficinale*; goiabeira, *psidium pyriforme*; gonçalim, *cucumis acutangula*; inhame redondo, *carandó, dioscoria heterophila*; inhame de China, *chinem, dioscorea* var; jagomeira, *flacourtia cataphracta*: jambo, *eugenia jambus*; jambo de Malaca, *eugenia malacencis*; jamboleiro, *eugenia jambolana*; jujubeira, *zizyphus jujuba*; laranjeira, *citrus aurantium*; limoeiro, *citrus limonum*; linho, *ssôn, crotolaria juncia*; malagueta, *grana paradisi*; mamongueira, *flacourtia inermis*; mandioca, *manhiot utilissima*; mangostão, *garcinia mangustana*; marmeleiro, *aegle marmellus*; matombeira, *parinarium excelsum*; melão, *cucumis melo*; *mendqui, limonia pentaphila*; moringueiro, *morynga pterygosperma*; nabo, *brassica campestris*; nóz moscada, *cryptocaria moschata*; olsandó, *phaseolus vulgaris*; papaeira, *carica papaya*; pateca, *citrullus vulgaris*; pepineiro, *cucumis sativus*; panheira ou sumauma, *bombax malabaricum*; patola, *poddolém, trichosantus anguina*; pimenteira, *capsicum species*; pimenta redonda, *piper nigrum*; quiabo, *hibiscus escolentus*; rábano, *raphanus sativus*; romeira, *punica granatum*; tendlim, *cephalandra indica*; tomate, *lycopersicum*; toronjeira, *citrus decumana*.

Merecem registo as seguintes culturas:

Bilimbeiro. Reproduz-se tanto pela semente como de estaca. Serve para os temperos, conservas de vinagre e sal, para o acepipe chamado *balchão* e compota. Empregam-na em caminhos por causa da sombra que dá e agradável vista que causa. As flôres dum rôxo agradável respiram fragrante cheiro.

Goiabeira. Originária da América foi introduzida pelos portugueses. As folhas são adstringentes. E' produzida de semente. A goiaba, em vernáculo *pér*, ora é redonda ora oval. A redonda veio de Malaca. E' mais agradável ao paladar no comêço da maturação. Os frutos aparecem no fim de 3 anos de nascimento da árvore e amadurecem nos meses de Janeiro e Fevereiro. A geleia é primorosa. A *perada* dura muito tempo.

Fruta de Adão. Originária da Oceania; parece que foi introduzida em Goa pelos jesuitas. Doce no gôsto e com seu carôço despegado interiormente da polpa, do qual nasce, leva tempo a crescer e produzir. A árvore dá belissima sombra, é própria para ruas do bosque.

Papaieira. Originária da América foi trazida de Malaca para a India pelos portugueses. A semente que se deita ou cai no chão germina; mas pega fácilmente de estaca. Pede algum cuidado o livrá-la de morcegos. Os frutos verdes servem como hortaliça ou são aproveitados para conservas azêdas ou salgadas, os maduros para a sôbremesa.

Ateira. Entregam-se as sementes à terra ou deitam-nas em cestinhos como as de jaca e em tempo oportuno põe a planta no seu lugar, rompendo o cestinho e sem molestar as radículas. No fim de dois ou três anos os frutos entram a nascer. As flôres vem em Abril a Maio e em Agôsto e Setembro; os frutos da florescência de Abril amadurecem em Agôsto e os da florescência de Setembro ficam completos em Fevereiro. A árvore dura 40 a 50 anos. Pede cuidado de a estercar e livrar o fruto dos morcegos, pelo que se costuma não deixar amadurecer na árvore. As frutas depois de colhidas não se conservam longo tempo. As sementes são usadas em pó para destruir os piolhos; as folhas pisadas são empregadas para cicatrizar úlceras.

Laranjeira. Usa-se fazer viveiros em que uns põem sementes, outros laranjas inteiras, e depois que as plantas nascem as transplantam à distância duns trinta palmos umas das outras. Desta maneira em oito anos dão fruto. Depois de posto o pomar é necessário cavá-lo todos os anos e estrumá-lo com folhagem e com cinzas das próprias laranjeiras que se deitam a uma certa distância do tronco. A poda consiste no córte dos ramos sêcos e tortuosos. As fôlhas postas entre a roupa livram-na de lhe dar a traça ou bicho. Das flores tira-se por distilação na forma ordinária um mui agradável óleo cheiroso, que é largamente usado pelos perfumistas na fabricação da água de flôr de laranja, e de várias essências compostas. Um fino óleo, útil na perfumaria, e em medicina, pode também obter-se da casca do fruto.

A laranja da China *(citrus aurantium, sinensis)* trouxe-a D. Francisco de Mascarenhas em 1635 da China a Goa e da India para o seu jardim de Xabregas (Discurso político de dr. Duarte Ribeiro de Macedo—Ms. de 1675).

Limoeiro. Propaga-se do mesmo modo que a laranjeira, basta-lhe pouco de humidade. Os limões redondos (*sambarlimbé*) exigem rega mais regular.

As fôlhas postas entre a roupa dão-lhe bom cheiro e a livram de lhe dar a traça ou bicho. O sumo dos limões mata os piolhos e sarnas, limpa as manchas ou nódoas de pano branco e é um poderoso diurético e remédio o mais proficuo contra tôda a febre biliosa, dá um óleo aromático um pouco semelhante ao da laranja e cidra, muito apreciado como perfume, por muitas nações orientais.

Toronjeira. Planta-se da sua semente. Além do proveito para doce, assim da casca como de miolo, tem a virtude de ser refrigerante para febres de calor.

Cidreira. Cultiva-se como o limoeiro. Usa-se para doces. As pevides matam as lombrigas.

Romeira. Pega de estaca. Quer ser regada a miudo. Poda-se desde 24 de Setembro a 24 de Outubro. Cavam-se raízes e põe-se esterco do porco e cabra e rega-se com água misturada com urina.

As flôres e a casca desta bem conhecida árvore dão tintas vermelha e amarela. O marroquim de Tunis amarelo é tinto com a casca.

Jambo. Planta-se de semente. Entra a frutificar em

quatro anos na época de calor. Pede trabalho para livrar seu fruto de morcego, para o que se servem de matraca cujo estrondo os afugenta ou embrulham seus frutos com palha. São conhecidas quatro variedades: o branco e rosado refrigerante; o amarelo, doce, cheirando bem, de Malaca; o opalino e sumarento da Pérsia, o pequeno encarnado e ácido.

Ambaddó. Pega de estaca em pouco tempo. Frutifica em Janeiro e Junho.

Há duas variedades, uma doce (*môv-ambaddó*) e outro ácido-amargo (*cottuc-ambaddó*). Os frutos verdes são aproveitados para *achar* e os maduros para condimentar os guisados.

A colheita da goma tem lugar nos mêses de Novembro até Maio. Sai espontâneamente da árvore por meio de rupturas, que naturalmente aparecem no tronco. Também se obtem fazendo algumas incisões na árvore.

A boa ou má qualidade desta goma depende do modo por que é obtida. Quando exsuda naturalmente da árvore, vem em lágrimas brancas e é mais pura; quando é obtida por meio de incisões, sai com uma côr mais carregada. Se a incisão é pouco profunda, apenas produz uma pequena quantidade de líquido viscoso e corado, sendo porém mais profunda sai a goma melhor.

As suas propriedades são exactameute as da goma arábica.

Convém nas inflamações dos órgãos torácicos, nas diarreias e disenterias.

Nas disenterias é um dos melhores emolientes, o doente medica-se e alimenta-se simultâneamente e porisso a debilidade não é muito notável.

Rhinde e Blim elogiam muito a goma arábica nas queimaduras; a goma do ambareiro pode perfeitamente aplicar-se do mesmo modo e com o mesmo resultado.

Panheira. Não recebe cultura regular. A colheita consiste em deitar ao chão os frutos antes que se abram e entreguem ao vento a sua lanugem, expô-los ao Sol e depois abrindo-os recolher a sumauma.

O algodão que cerca as sementes é empregado para encher colchões e travesseiros.

As raízes quando sêcas são muito estimadas por suas propriedades tónicas e demulcentes.

Pulverizadas formam com a água uma mucilagem espessa que segundo *O' Shaugnessy* é um dos melhores demulcentes nutritivos, que os convalescentes podem usar.

Waring considera-o um bom tónico de estómago e ligeiramente laxante.

Dorião. Depreende-se do *colóquio* XX de Garcia da Orta que o dorião foi trazido de Malaca pelos portugueses. Wallace conta que a princípio o mau cheiro lhe causava repugnância e termina dizendo: "comer dorião é uma sensação nova e vale a pena ir ao Oriente para a experimentar." (*Colóquios dos Simples e Drogas* por Garcia da Orta, edição anotada pelo Conde de Ficalho, I, pag. 301).

Árvore da fruta de pão. A fruta torrada dá farinha de que se faz pão na Oceania, donde lhe veio o nome português.

Ananás. Foi Hernandez quem primeiro o tornou conhecido na Europa em 1513. Deve ter sido introduzido na India pelos portugueses, pois no Malabar lhe deram o nome de *pharanguichaka*, jaca dos portugueses e nas línguas da India é designado pelo nome brasileiro *anâsi* ou *nanas.* O sumo das fôlhas é antihelmíntico e o da fruta anti-escorbútico, abortivo e eficaz na tosse convulsa. A fruta come-se em lascas rejeitando o pedúnculo interno e presta-se para a preparação de *chetni* (acepipe), xarope e compota. A essência é empregada na confeitaria. Das fôlhas extraem-se fibras de que fazem cordas e pode preparar-se umas linhas que substituem a sêda e serve para os trabalhos de costura, rendas.

Anvalló mirabólano (*phylantus emblica*). O fruto ácido amargo é empregado para conservas. A madeira serve para caixotes.

Aonli ou *roz-anvaló* (*phylantus disticus*). O fruto ácido é usado para conservas.

Jamboleiro. É criado em viveiros. A madeira suporta a humidade e por isso é usada para ripas dos tectos das casas e grades para os poços. Dos frutos faz-se excelente vinho.

Chicú. Produz uma fruta deliciosa. A casca é usada na América como tónica e febrífuga e as sementes como diurético.

Brindoeiro. Das suas raízes tornam a brotar outras plantas sendo cortadas em quarto mingoante para lua nova, e também nascem dos caroços do próprio fruto que cai na terra. Da casca do fruto fazem-se *solans* sêcas ao Sol para tempêro, do sumo um bom xarope e dos caroços por cocção sebo para preservar os instrumentos da oxidação, o fruto comido em jejum pela manhã é um refrigerante contra a cólera. A madeira é própria para estacas.

Jujubeira ou *macieira.* É espontânea. Os frutos véem duas vezes ao ano em Março e em Setembro. Do fruto faz-se conserva de vinagre ou salmoura.

Jagomeira. O fruto é anti-escorbútico e refrigerante.

Matombeira. Segundo a tradição, foi trazida da África pelos jesuitas. As matombas aparecem em Maio.

Cafeeiro. Fez-se plantação de café em grande escala em Satari. Era espontâneo na Abissínia. Atribue-se a descoberta da bebida ao árabe Al Schesile no século XV. Cultivou-se em Moka (Arábia) donde foi no século XVII levado pelos holandeses para Java e pelos ingleses trazido para a India. Em 1727 os franceses introduziram a sua cultura na Martinica donde irradiou para a América Central e para o Brasil que é hoje o principal centro da cultura. ([35]) Precisa de terrenos húmidos. Costumam plantá-la à sombra da bananeira.

Dá fruta em 3 ou 5 anos. A bosta de gado vacum e ossos triturados são o melhor estrume.

Pau-rosa. A madeira serve para roldanas, rodas de carros, remos e tôda a obra de marcenaria. Postas à linha servem para ornamento e sombra dos caminhos. Reproduz-se por estaca.

Tabaco. Convinha propagar a cultura do tabaco que é importado em grande quantidade, drenando *laques* de rupias para a India vizinha.

([35]) H. Wagner — *Tratatto di Geografia*, trad. italiana III, pag. 99.

"Foi em 1492, ao desembarcar numa das ilhas americanas que acabava de descobrir, que Cristóvão Colombo e os seus companheiros que ficaram surpreendidos perante o espectáculo que a seus olhos ofereciam os índios dando inequivocas provas de prazer a aspirarem um tubo de fôlhas sêcas, acêso das extremidades e expelindo densas baforadas de fumo. Alguns dos companheiros do célebre descobridor quiseram experimentar as virtudes da planta. Começaram a fumar e tal planta não tardou que fôsse introduzida na Europa pelos espanhois. Contudo, o seu uso só começou a generalizar alguns anos depois.

As primeiras plantas de tabaco que se criaram na Europa fôram cultivadas em Portugal e, em 1568, Jean Nicota Senhor de Villemia, embaixador de França em Lisboa enviava a Catarina de Medicis uma pequena caixa com tabaco em pó destinada a curar as enxaquecas que com freqüência martizavam essa raínha, mãi dos dois últimos Valois que se sentaram no trôno de França". ([36])

Quiabos. É conhecida a cultura de *quiabos* da ilha de Jua donde se exporta para Bombaim.

Batata doce. Figuraya entre os produtos oferecidos por Colombo à Raínha Isabel.

"Há (na ilha de Cuba) outra fruta de que se mantem muita gente e principalmente escravos a que chamam Batatas estas se dam na Ilha Terceira e parecem com ynhame" (Relação verdadeira dos trabalhos q̃ ho Governador Dõ Fernãdo do Souto e certos fidalgos portugueses passaram no descobrimento da provincia Frolida agora novamente feita por hũ fidalgo Delvas—Evora—1557).

É principal alimento dos negros do Brasil. ([37])

Segundo Watt apareceu na India depois dos portugueses.

Há duas variedades: uma de interior branco, menos doce e outra de interior amarelo.

Pedem assim uma, como outra, terra solta, arenosa, fresca, assistida de copiosa rega.

Rábano. Semeia-se pelas várzeas acabada a chuva.

([36]) *Boletim Geral das Colónias,* ano II, n.º 11, pag. 204.

([37]) H. Wagner, *Trattato di Geagrafia,* trad. italiana, III, pag. 94.

Pepino. Produz de suas sementes lançadas à terra na invernada.

Pateca. Costumam dispô-la e semeiam pelas várzeas acabada a invernada. Pede rega abundante e copioso estrume. Costumam as suas novidades estender-se desde Janeiro até Maio.

Gengibre. A conserva de gengibre que se acha no comércio é feita metendo em xarope as raízes recentemente colhidas. A essência de gengibre tão apreciada como carminativo, é preparada lançando o gengibre em álcool e depois coando.

Mandioca. Foi introduzida pelos portugueses. O sumo tem propriedades venenosas; come-se cozida ou assada.

O tubérculo ralado cede por pressão o sumo que deixado em repouso, deposita a farinha chamada *tapioca*, usada em dieta para doentes.

Açafrão. Dá uma brilhante tinta amarela sem mordente É largamente usada no país como condimento, e como tinta· Usam as fôlhas como invólucro dum doce de jagra *(patoiôs)* É usado para tingir algodão de amarelo, côr de palha, verde etc. e para isso os processos são os seguintes:

Côr amarela. Mistura-se em água uma porção de cúrcuma, deita-se de môlho o fiado por 24 horas, espreme, e põe-se a enxugar: repete-se a operação quatro dias sucessivos depois põe-se ainda de mólho o fiado em uma solução de pó de cúrcuma com alúmen; de manhã e à tarde espreme-se o fiado e põe-se a enxugar; e então aparece uma brilhante côr.

Côr de palha. Bota-se de môlho o fiado numa solução de pó de açafrão em água, quatro ou cinco vezes, espreme-se e torna-se a botar de môlho ainda em uma solução de sumo de limão e água por espaço de uma hora pouco mais ou menos, espreme-se bem, e faz-se enxugar, e então aparece a côr de palha.

Côr verde. Bota-se de môlho o fiado corado em uma solução de anil, enxuga-se, e depois, bota-se em uma solução de açafrão em pó e água por 48 horas; lava-se o fiado em uma mistura de sumo de limão e água, enxuga-se à sombra; e então aparece a côr verde.

Cumerins, covlans, cereais e legumes

Nas montanhas das Novas Conquistas, povoadas de arvorêdo, fazem-se em alguns pontos queimadas (*cumerins*). Estes terrenos, denominados *bhorod* ou *varkas* sendo cultivados de legumes e cereais três anos sucessivos, ficam, alguns anos depois, à espera que o arvoredo se desenvolva. Há ainda o sistema de *covlans* em que a fertilização é dada pelas cinzas dos ramos de árvores trazidos de algures para o terreno em que se cultiva.

Os cereais e legumes principalmente cultivados são: cangu (*setária itálica*), chounli (*vigna catiang*), culit (*dolichos biflorus*), janló (*andropogon sorghum*), mug (*phaseolus mungo*), nachinim (*eleusine coracana*), oriô (*panicum miliacium*), pacôd (*paspalum scrobiculatum*), urida (*phaseolus radiatus*), tori (*cajanus indicus*), sanvó (*panicum miliare*), val (*dolichos lab-lab*), gergelim (*sesamum indicum*). Em Damão: grão de bico, milho, ervilha e feijão e em Diu o bageri (*panicum spicatum*).

"O nachinim medra bem nos solos leves e em anos de chuva abundante. É semeado geralmente nos terrenos muito leves e acidentados que fácilmente não podem ser convertidos em arrozais. O solo típico do nachinim é de laterite vermelho, saibroso, pedregoso ou margoso. Também é cultivado nas aluviões ao longo das margens dos rios. As melhores colheitas obtém-se nos solos florestais bem como nos diques ou valados das casanas.

Existem duas principais variedades ou tipos de nachinim em Goa. A primeira tem uma espiga muito compacta e é conhecida como *Muthalo* ou *Charo-muthalo*; e a segunda é *Cero*, que tem a espiga muito aberta e espalhada. A variedade que é cultivada nas aluviões é conhecida por *Dudha-mogra*. A variedade de espiga compacta produz geralmente mais grão do que a outra. Quando semeada nos terrenos baixos amadurece em três meses e meio enquanto que nos *Cumerins* leva quatro meses e meio a cinco meses.

Não existe um afôlhamento sistemático, mas as práticas seguidas são as seguintes:

Nachinim é a cultura principal nos terrenos altos e sempre vem como segunda cultura depois do pousio, sendo a cultura do

1.º ano Culid.

2.º ano Nachinim.

3.º ano *Pacôd* ou *Saivó*.

4.º ano Gergelim (Dang til).

Depois disso, pousio durante 3 a 5 anos.

De vez em quando o arrôz da montanha entra em afolhamento com o nachinim. Nos terrenos de cumerins, ao nachinim segue no segundo ano o *ori*. Depois disso fica a terra em pousio por 3 a 4 anos.

Em Canácona o nachinim vem depois das pimenteiras. Só no caso do nachinim transplantado é que êle constitue uma cultura independente. Noutros casos, as culturas subsidiárias ordinárias entram em mistura, tais como *urid*, *culid* e *tôr* que são misturados em pequenas quantidades com a semente principal.

Tôr é cultivado em rêgos ou como mistura nos cumerins de Sanquelim e Sanguém. Também em pequena escala é cultivado no Concelho de Perném.

A mistura ordinária em todo o território é *urid* e *culid*.

Existem dois métodos, um por transplantação e o outro por sementeira à lanço. No método de transplantação faz-se geralmente um viveiro nas proximidades dos arrozais. O solo dos viveiros é cuidadosamente preparado e bem estrumado com o estrume de peixe, gado, pôrco e cabras (êste último especialmente pelos pastores), ou então o viveiro é queimado com fôlhagem, bosta e palha nos meses de Abril e Maio e a semeação é feita misturando-se cinza exactamente como se faz com o arroz no sistema de *Jalap*. Cinco ou seis arráteis de semente grelada em dois ou três *gunthas* da terra dá plantas para se transplantar uma área dum acre. Quando as plantas tiverem 3 semanas ou 1 mês, são desenraizadas para serem transplantadas. Nêste intervalo o solo é preparado para receber as plantas.

Quando o solo estiver bem ensopado de água no mês de Junho, os terrenos de nachinim recebem duas ou três lavras e uma gradagem nos intervalos. Em fins de Junho ou meados de Julho a terra é nivelada abrindo-se a seguir rêgos a distância de 9 a 12 polegadas em que é feita a transplantação do nachinim guardando-se a distância de um pé. O nachinim assim transplantado enraiza-se e fica direito em uma semana ou dez dias. Este sistema vê-se na região de Embarbacém. É algo incerto porque se a chuva fôr torrencial logo depois da transplantação, as plantas correm o risco de serem levadas pela corrente, e havendo escassez da chuva muitas destas estiolam e perecem.

Depois de as plantas pegarem espalha-se a lanço uma pequena quantidade de cinzas e um mês depois da transplantação o terreno é mondado. Após estas operações, nada mais é necessário até a colheita.

Em certas partes de Pernêm (Mandrém, Morgim, Harmal, Querim, etc.) e em diversas partes de Bardês e Sanquelim onde é seguido o método de transplantação, a terra do nachinim é bem preparada por lavras sucessivas ou cava manual e depois no mês de Julho, as plantas que primeiro desenvolvem nos viveiros são transplantadas nos buracos feitos à distância de 9 a 12 polegadas entre si. Nestes buracos deita-se uma pequena quantidade do estrume de peixe no acto da transplantação. Quási 300 a 400 arráteis do estrume de peixe é aplicado por um acre.

Nas margens do rio Tiracol a transplantação é feita nas aluviões quando a água baixa nos meses de Agôsto. A variedade aí semeada é *Dudha mogra.*

Da mesma forma a variedade *chari-nachinim* é transplantada nos valados das casanas em Combarjua, Jua, Macasana, Sirodá, Loutolim, etc. onde se consegue obter excelentes colheitas.

O sistema de sementeira à lanço é geralmente seguido em Goa. Depois de acabarem os labores dos arrozais, começa-se a preparar o solo para o nachinim. Por via de regra, nos terrenos de nachinim crescem arbustos que são cortados no mês de Abril e espalhados para serem queimados. Em Kalay, Colém, Canácona, etc. onde áreas inteiras são queimadas com ramos de árvores, costuma-se deitar a lanço 10 a 12 lbs. de semente por acre e depois das chuvas enterrá-la com uma lavra.

Nos solos razoàvelmente inclinados, como em Corgão de Pernêm, ou nos cumes dos oiteiros, como em Sirodá, a terra é lavrada e nivelada depois duma lavra cruzada. Deita-se depois cinzas, e a semente do nachinim é atirada a lanço e misturada com o solo pela lavra. A operação final é o funcionamento do *Ghutó* quando estiver a chover. Quando se faz funcionar o *Ghutó* fica sôbre êle um indivíduo de pé e põe pêso de maneira que as sementes fiquem no mesmo nível depois de germinadas. Quando o terreno não seja plano, contendo cepos de árvores e arbustos, tôdas as operações são feitas à mão. O instrumento principal usado, é o *cudôl.*

Em Perném, Satari, Sanquelim, Sanguém, Canácona, etc. onde o nachinim constitui uma cultura importante, por causa da natureza montanhosa destas regiões a semeuteira a lanço conclui-se em fins de Junho ou na primeira semana de Julho, mas em outros lugares a época da semeação continúa até o fim de Julho.

Faz-se uma monda em meados de Agôsto quando a plantação tenha quási um pé de altura. Costuma-se reduzir o número das plantas em lugares onde estiverem densas e encher de plantas as clareiras mais ou menos nesta época.

No território de Goa uma grande parte da cultura do nachinim dos campos altos encontra-se espalhada em pequenos pedaços nas florestas. O método adoptado da semeação é chamado *cumerim*. Consiste em se queimar o solo antes da semeação. Este método é largamente seguido nas matas de Satari, Sanquelim, Sanguém e Quepém. Os semeadores dos cumerins são os *Savadis* (ou curumbins), Gavadas, Marathas e a gente das regiões montanhosas.

Na semeação dos *cumerins* todo o trabalho tem que ser feito à mão, porque os campos não são de fácil acesso aos bois. No caso desta semeação, ramos das árvores e arbustos são cortados no mês de Abril e espalhados densamente por tôda a área. Até os meados de Maio êsses ramos são queimados no sítio onde fôram deitados e a semente do nachinim espalhada a lanço nas cinzas. A semente lançada começa a germinar depois de começar a monção. Faz-se uma monda durante o mês de Julho. A semeação precisa de vigia, nos campos oiteirais. A colheita é feita nos meses de Outubro ou Novembro. É secada e deixada em pequenos montes. A debulha é feita entre Dezembro a Fevereiro.

Em sítios onde há facilidades da água, uma variedade temporã do nachinim conhecido por *Ginivas* é cultivada escassamente por meio de irrigação.

A ceifa é feita entre Setembro a Dezembro, segundo a situação e métodos adoptados de cultura.

Quando as ceifas são grandes, são geralmente cortadas à mão deixando ficar a palha no campo. Nos cumerins a palha não é, em geral, cortada. É queimada no mesmo sítio na época da semeação do ano seguinte. Em outros casos, quando a semeação é pequena, a seara é cortada à fouce e deixada ficar no campo para secar por uns 4 dias sendo depois atada em feixes e levada à eira para ser debulhada. O grão é separado batendo-se as espigas com bambús ou empregando-se gado para as pisar, contorme a quantidade que houver de ser debulhada.

Em condições vulgares uma sêra de semente produz 7 a 10 curós (1 curó=8 sêras) de nachinim; mas nos cumerins diz-se que uma sêra de semente produz 20 curós ou mais.

A produção dum campo alto cuidadosamente cultivado varia entre 700 a 900 lbs. por acre : mas o mesmo campo numa época de muito boa produção e sendo cultivado da mesma forma, dá 1300 a 1500 lbs. de grão e 2000 a 2400 lbs. de palha.

Como alimento o nachinim é muito usado pela classe proletária.

A palha do nachinim é geralmente considerada como forragem de qualidade inferior, mas isto não é facto ". (38)

Gergelim. Duas variedades são cultivadas, o branco e o preto; o primeiro dos quais é mais apreciado que o segundo, porque o óleo, que dêle se espreme, é havido por superior.

O óleo que se espreme das sementes de gergelim é um dos mais úteis que a Índia produz. Permanece sem ranço durante qualquer tempo. Tem grande venda na Europa, onde com certa pequena preparação, se usa na mesa como o azeite de oliveira. Na India usa-se principalmente na cozinha, e para luzes.

Janló — Quatro variedades são cultivadas nos terrenos altos de Goa: branca, vermelha, parda e preta.

Cresce na Índia vigorosamente, e dá uma colheita muito vantajosa, tanto em forragens, como em sementes; sendo a opinião geralmente formada, relativa a esta planta, que ela, comquanto não possa ser comparada à cana d'açucar ordinária como produtora da substância sacarina, é de subido valor para forragens.

A superioridade, finalmente, do *andropogon sorgum* sôbre outra qualquer forragem consiste nas seguintes vantagens: 1.ª abundância da colheita, 2.ª rapidez do crescimento, 3.ª abundância em matéria sacarina, 4.ª o poder suportar altas temperatu-

(38) G. K. Kelkar —*Relatório* cit.

ras e mesmo sêcas, vegetando perfeitamente nos meses sêcos e quentes, quando as outras plantas se acham queimadas.

Bageri—Em Diu "ordinàriamente as primeiras chuvas pelo S. João, é quando se podem lavrar as terras e semear o bageri. Se êste depois de semeado apanha uma pancada de água vinga, posto que enfézado, se apanha duas ou três produz abundantemente. O tempo da colheita é em Outubro. Se se quizer mandar vir para semente, deve ser comprado nos meses próximos da colheita, antes do calor de Abril, e se não puder ser transportado em barris, que seja misturado com cinza que é como os habitantes de Guzerate preservam o grão dos bichos que o destroem". ([39])

"Na região do litoral, onde se encontra água à pequena profundidade e, por isso, é possível fazer-se culturas hortícolas na estação fria, não é raro vêr-se pequenos pedaços cultivados de pimenteiras, cebola, batata dôce, melancias, *tendulins* e outra hortaliça, como bretalha, quiabos, bringela, *chitkimitki* e as que pertencem à família de cucurbitáceas. Estas culturas se encontram muito em Agaçaim, Jua, Cumbarjua, Moirá, Aldonã, etc.

Nas Novas Conquistas onde existem facilidades de água, a cultura da cana sacarina é feita em pequenos talhões. Durante a monção semeam-se pimenteiras nos terrenos altos. A cultura de pimenteiras nas regiões montanhosas de Canácona, é bem conhecida. As pimenteiras são também cultivadas em pequenes talhões nas proximidades das correntes, rios e riachos. Geralmente são regadas à mão. Uma variedade de tubérculos, tais como *madis*, *cangars*, *carandas*, *yams*, *zad-cangas*, etc. são cultivados pelos pastores *(Dhangars)* e outros montanheses. Na região montanhosa, estas culturas são feitas em pequena escala quási por tôdas as famílias." ([40])

Terrenos de plantação de árvores frutíferas, de cereais e de legumes

"Há duas qualidades dêsses solos. A primeira fica ao longo do litoral e a segunda é oiteiral ou *dongri*. As plantações em terrenos do litoral são em solos arenosos e nas margens dos rios

---

(39) Annais do Conselho Ultramarino, pag. 365.

(40) G. K. Kelkar—*Relatório* cit.

sujeitos às marés. Os coqueiros medram aí bem. As plantas são regadas até três ou quatros anos e depois disso a humidade natural do solo e da atmosfera contribuem para o seu crescimento. Em Rivona, Colomba, Curdi e Netorlim, que estão incluidos na região de Astagrar, os coqueiros são regados aproveitando-se dos cursos de água. Êsses coqueiros produzem bem.

Os terrenos oiteirais, próprios para a plantação de árvores frutiferas, são abundantes nas Novas Conquistas. Encontram-se êstes geralmente em cima dos vales ou nas encostas dos oiteiros onde a água é profusa. Êsses terrenos, que são de natureza rochosa ou argilosa, tem plantações de arequeiras e coqueiros aqui e acolá.

Bharod ou *Varkas*. Êstes terrenos são altos. São rochosos e argilosos, e têm uma côr mais clara. Há duas espécies de terrenos de *Bharod*, uma é oiteiral ou *dongri* e outra *mol*. Os terrenos oiteirais estão situados nos declives mais ingremes e são geralmente cultivados à mão. São da cultura de *nachinim*, *ori*, *tur* e *culid*. Os terrenos de *varka-mal* são razoávelmente planos e encontram-se nos cumes dos montes. São rochosos, com uma pequena quantidade de argila e onde não se pode deixar acumulada a água. Êsses campos são semeados de *nachinim*, *pacod*, *gergelim*, *sawa*, *culid*, "*niger seed*" e *san* (crotolaria juncia) algumas vezes". (41)

A Irrigação

"Os meios de irrigação são os canais, tanques, alagoas, cursos de água, nascentes e poços.

O canal de Parodá é o único canal em Gôa cuja água pode ser aproveitada na época sêca.

Todos os anos o canal é aberto pelos fins de Outubro ou comêço de Novembro e fechado pouco antes das chuvas. A água do canal tem a sua origem em Quepém e passa por uma extensão de quási 15 quilómetros atravessando as aldeias de Parodá, Mulêm, Cavorim e Chandor...

A vasta área arenosa na região do litoral tem vários tanques e reservatórios que foram engenhosamente construidos nos tempos

(41) G. K. Kelkar — *Relatório* cit.

antigos. Em alguns lugares têm-se feito um arranjo para levar a água dum tanque a outro, quando a quantidade da água no último tanque diminue. Ainda últimamente foi construido um grande tanque pela Comunidade de Calapur. Esses tanques são construidos lançando-se um paredão através de uma linha de drenagem, de maneira a interceptar a drenagem da superfície que passaria aliás para as correntes. Esses tanques são em geral pouco profundos, captando sòmente águas pluviais e ficam dependentes das águas das escoantes de construção permanente que levam as águas pluviais das aldeias e das correntes temporárias, indo tudo isto desembocar nos tanques. Em geral os tanques pertencem às comunidades e raras vezes aos particulares.

Em Novas Conquistas há muitos veios de água e fontes nas fraldas dos oiteiros. O sistema vulgar de aproveitar esta água para irrigação é por meio de diques temporários lançados em vários lugares através dos cursos da água, desviando desta forma a água para outros canais abertos. Além de fontes e veios de água, existem também vários tanques em Cundaim, Marcaim e Sirodá, como também em algumas aldeias de Salsete que têm um grande número de fontes e correntes.

Na fralda dos Montes Sahyadri a água é abundante. A água para irrigação é desviada colocando-se diques temporários e abrindo-se canais estreitos cortados nas rochas de laterite até os campos cultivados.

Poços profundos são raras vezes empregados para os fins de irrigação, porque a quantidade da chuva em todo o território de Goa é grande. É sómente em Loliem (Canácona) que os pequenos arecais e palmares são irrigados por meio de água tirada dos poços pelo sistema de *Lat*. Êste sistema é também seguido em algumas aldeias de Bardês, Ilhas, Perném e Pondá." ([12])

Engenho para elevação das águas

"Quando o campo, que tem de ser irrigado, fica alguns pés acima do nível da água do tanque, canal, rio, corrente ou poços pouco fundos, é necessário algum engenho para se elevar a água.

([12]) G. K. Kelkar — *Relatório* cit.

Quando a profundidade da água é pequena, emprega-se geralmente três espécies de engenhos. O que digo a seguir servirá de informação útil com respeito às capacidades, preços e trabalho dêsses engenhos.

Doni. É um engenho para a elevação da água do formato dum bote tendo uma extremidade fixa no canal de água onde tem de ser descarregado. É empregado no caso de irrigação com água dos tanques que não tem mais de três ou quatro pés de profundidade. É trabalhado à mão. Trabalham geralmente dois homens de cada vez e a quantitidade de água, elevada por hora, oscila entre 1200 a 1500 galões. Este engenho vê-se em Canácona e custa entre 3 a 5 rupias.

Lat.—Vê-se êste engenho em quási todo o território de Gôa. Consiste duma alavanca de mão com um balde e emprega-se para elevar água de poços pouco profundos e tanques onde a profundidade da água varia entre 5 a 10 pés. Á outra extremidade da alavanca está atada uma pedra para contrabalançar o pêso. Dois homens trabalham juntos e elevam 600 a 1500 galões de água por hora. A quantidade da água extraída varia conforme o tamanho do balde e profundidade da água. É muito útil quando a área que têm de ser irrigada é pequena. Em Moirá, Aldoná, Combarjua e Jua abundam êstes engenhos.

Topli ou *Gullo.*—Este é um engenho que se vê em tôda a parte onde a água tem de ser elevada à uma altura de 2½ a 3 pés. É um cesto triangular feito de bambú e que é movido por meio de cordas. Emprega-se para a irrigação quando a água do tanque não seja profunda. Quatro homens ou mulheres trabalham, alternadamente e baldeam 1500 a 2000 galões de água por hora. O cesto custa 6 a 8 tangas.

Tarlêm —Vê-se duas espécies dêstes aparelhos de mão para a rega, a primeira sendo uma grande colher leve, pequena, muito cómoda e de formato dum bote tendo quási 2½ pés de comprimento. É feita da madeira de *Ponguiró* (Erythrina indica). É empregada para se espalhar água dum tanque pequeno sôbre as plantações, tais como pimenteiras, bringeleiras, bananeiras etc., onde a água geralmente não corre pelos canais.

A outra espécie é maior, mais profunda e parecida antes com um cotovélo, e vê-se em Sanquelim, Maém e Satari.

É empregada nos arecais para se espalhar água. Contém mais

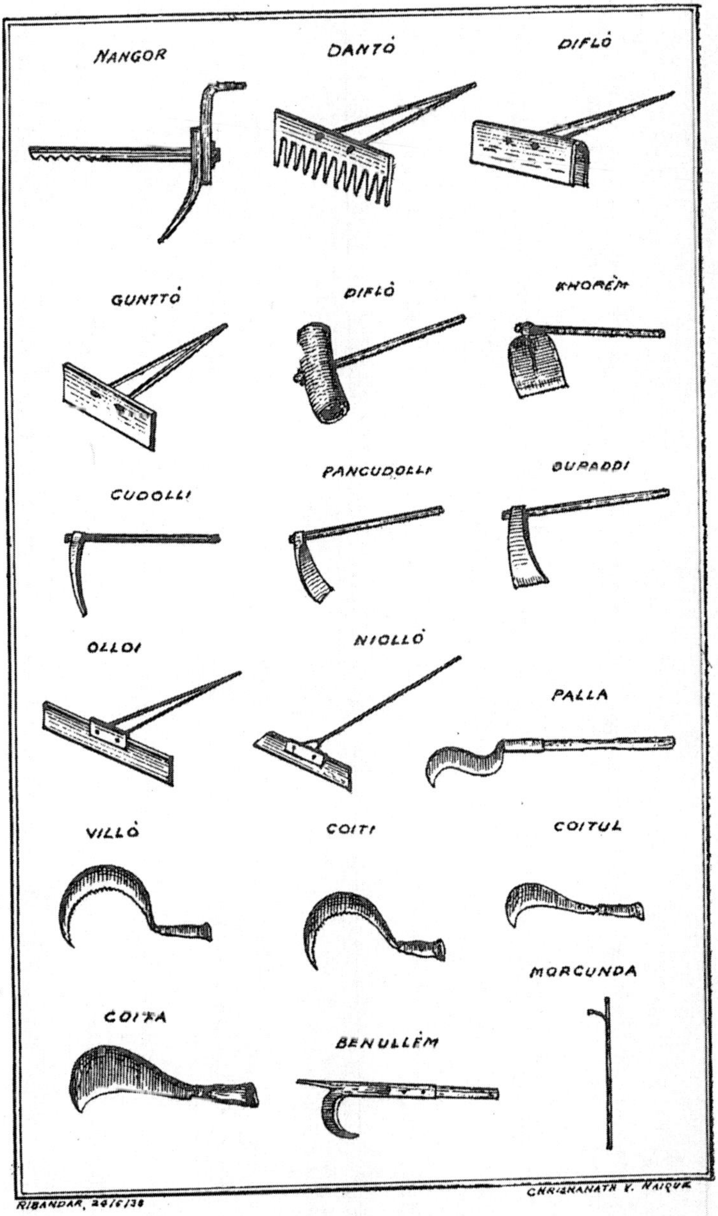

Instrumentos agricolas

água e deita-a a uma distância maior quando se dá um impulso com o joelho levantando-se o pé direito. É feita da madeira do cajueiro e custa aproximadamente 1 rupia.

Persian Wheel (Nora). Esta roda que é empregada geralmente no distrito de Ratnaguiri vê-se também em alguns lugares no concelho de Perném. É utilizada para se levantar água de poços e tanques quando a profundidade da água varia entre 5 a 20 pés. Emprega-se para êste fim homens como também bois e um aparelho para engatar. Custa entre 25 a 100 rupias conforme o material usado na sua construção." ([13])

INSTRUMENTOS AGRÍCOLAS, ANIMAIS DE LAVOURA, PREPARAÇÃO DAS TERRAS E ADUBOS

Os instrumentos agrícolas são:

Nangôr, arado; *dantó*, tábua com dentes de madeira para misturar estrume e revolver o lodaçal em arrozais de vangana; *niolló*, bloco de madeira para expelir a água dos arrozais e nivelar o lodo; *difló*, estorroador; *gunttó*, estorroador; *oloi*, ter: iplenador; *khorém*, enxada; *moqui*, *cudoli*, sacho ponteagudo; *pancudoli*, sacho de ponta larga; *curadd*, machado; *pala*, *viló*, *coitul* ou *fircut*, *coita* e *coiti* (instrumentos cortantes), *pavadi*, pá de madeira para reunir o grão na eira; *morcund* gancho de ferro fixado na extremidade dum bambú, que se emprega para revolver o grão e o restolho e sacudir a palha de arroz na eira.

Em Damão empregam-se, além do arado (*ôll*) o *panium*, taboão largo e pesado, com tirantes e canga, puxado por bois; e o *datardu*, foice de ferro, em forma de meia-lua destinado à ceifa.

O *nangôr* (arado) é todo feito de madeira, tendo simplesmente a ponta do *pane* (dente), *zogol* ou relha revestida de uma lâmina de ferro triangular. Compõe-se de 3 partes principais: temão ou *ichaddem* que prende a *zuum* (canga) e por onde puxa a junta de bois ou de búfalos; a rabiça

([13]) G. K. Kelkar — *Relatório*, cit.

(rumoddi) e o *pane* (dente) cuja ponta *(zogol* ou relha) rasga a terra.

Os lavradores *(coxtti)* não espicaçam o gado jungido, para o fazer andar mais ligeiro, limitam-se a gritar-lhe e a torcer-lhe a cauda. Em lugar de aguilhada, fazem uso de um ramo de qualquer delgado arbusto que lhes serve ao mesmo passo para excitar os animais e para lhes sacudir os insectos.

Os animais de lavoura são: o boi (*bos indicus*), duma raça que tem sôbre a cernelha uma grande gêba, o da raça surratana que não tem gêba, o da raça curta dos Gates, e o *reddó* ou búfalo (*bos bufalus*) caracterizado pelo frontal arqueado e amplo entre as pontas um tanto prismáticas. Os búfalos mais possantes que os bois gostam de viver nos pântanos, onde passam horas mergulhados, tendo apenas as ventas de fóra.

> "As principais forragens de Goa consistem em palha sêca ou verde, palha do arroz, nachinim, *orisawa* e outros produtos secundários, tais como "*cowpea*", val, urid, mug, culid, palha verde e sêca dos diques dos arrozais, as ervas nocivas, e as partes das plantas do arroz cortadas devido a excessivo desenvolvimento. O gado é em parte apascentado e em parte arraçoado.
>
> Quando o pasto escasseia e principalmente na época de calor, o gado é alimentado de variada folhagem de árvores e arbustos tais como:
>
> Rumbod (Ficus glomerata), Marandi (Acanthus Ilicifolius), Bhendi (Thespesia populnea), Asan (Brindelia retusa), Ponguiró (Erythrina indica), Kevan (Helictens Isora), Bambú (Bambusa vulgaris), Dhaman (Grewia tiliaefolia)...
>
> As rações alimentares concentradas dadas aos animais leiteiros são: farelo, *Bhordo* (casca e bocados de legumes) semente do algodoeiro, pinaca do *côco* e gergelim." [44]

Empregam como adubos: bosta, peixe, sal, cinza, lôdo e folhagem *(sanvol)*. Quanto aos esgotamentos dos campos

---

[44] G. K. Kelkar — *Relatório* cit.

alagados, fazem-nos por meio de fossos profundos, de valas cobertas, e por pequenas sarjetas.

ESSÊNCIAS FLORESTAIS

Adulsá (casalpina). As suas fôlhas servem de forragem para o gado vacum.

Anjan (pentaptera arjuna). É madeira de construção, superior à marêta.

Aptá (bahuinia racemosa). Da casca extraem-se filamentos que produzem belas cordas. Das fôlhas fazem-se cigarros.

Ardás (terminalia cheluba). Os produtos são adstringentes e entram na preparação da tinta.

Assân (pterocarpus marsupium). A madeira resiste à humidade, é porisso própria para obras hidráulicas, travejamento e fôrro das casas.

Babul árvore da goma da Índia (acácia arábica). A madeira aplica-se para rodas de carros, instrumentos agrícolas, lenha e as fôlhas para forragem.

Bêl marmeleiro da Índia (aegle marmelus). É árvore sagrada. Usa-se o fruto para conserva e dôce. A semente possue um lindo verniz. A polpa do fruto é aproveitada contra a diarreia e a disenteria. A madeira é de construção.

Benteca, fatorfôd ou kamte-assan (brindelia retusa). E' madeira de construção; é usada para alfaias agrícolas.

Bibó (semecarpus anacardium). O fruto produz tinta escura para marcar roupa. Garcia da Orta (*Coloquio V*) denomina-o *anacardo*, diz que os árabes lhe chamam *balador* e os portugueses *fava de Malaca* e acrescenta "porque se dá nestas terras deitado em leite e nutrido para a asma, e também usam delle contra as lombrigas e fazem delle, quando he verde, conserva com sal para comer... e quando he sêco usão delle em modo do caustico para as alporcas".

Cazró (strichnos nux vómica). Do fruto extrai-se a estricnina, um dos melhores tónicos do sistema nervoso.

Combió (careia arborea), *pereira brava*. A madeira que resiste à acção da água é empregada para cavername de barcos, revestimentos de poços e coronhas de espingardas. A casca é magnífica para morrões.

Champó (michelia champaca). A' madeira é aproveitada para fôrro das casas.

Corombôl (dilema pentagina). A madeira é usada para taboadas de barcos.

Colomb (anthocephalus cadamba). A madeira é empregada para coronhas.

Daman (grevia thiliafolia). A madeira é usada para coronhas; da casca fazem-se cordas.

Faci ou *Fasqui* (dalbergia paniculata). Dá madeira amarelada de construção.

Fanci (caralia integrifolia). A madeira dura e compacta é própria para tornearia.

Guelá (randia dumetrum). A madeira é usada para cabos de instrumentos.

Edu (adina cordifólia). A madeira amarelada é usada para coronhas de espingardas, taboados, tabiques, instrumentos agrícolas, caixas e fôrro.

Onvôl (ulnus integrifolia). A madeira é de construção.

Hum (guateria cerassoides). A madeira avermelhada é usada para mastros, vergas e obras de marcenaria.

Kalame (nanchia parviflora). A madeira avermelhada é usada para coronhas.

Kharvant. A fôlha é lixa vegetal empregada pelos marceneiros no polimento das suas obras.

Kaint (hidrocarpus inebrians). Dos frutos extrai-se óleo para combustão. A madeira é consistente.

Kalicarei (wrigthia tinctoria). A madeira é branca e compacta. As fôlhas são empregadas em medicamentos veterinários e quando passadas por água a ferver dão tinta semelhante ao anil.

Khôir (acacia catechu). É o *pau-ferro* ou *árvore de cato* porque se extrai a terra japónica que entra na preparação do *pan-supari*. É usada como eixo ou pião nas noras, cegonhas, engenhos para cana de açucar e azeite, caixilhos para portas e janelas, cubos para rodas, pilares e pilões.

Kurci (ixora parviflora). É usada para tochas por ser combustivel.

Kussam (chelenchera tringa). E' empregada nas roscas e parafuso para espremer açucar.

Mart (terminalia tormentosa). A madeira é excelente para vigas, forros, soalho e para postes da linha eléctrica. A casca é usada na tinturaria. A madeira queimada produz cal.

Mirió (polialthia fragrans). Boa madeira de construção, é usada para mastros.

Nagolcoró (mirium anti-disentericum). A madeira é empregada em objectos de torneiro e em combustível.

Naguina (steronlia fœtida). É usada para mastros.

Nanon (lagerstromia parviflora). É usado para forros e soalho.

Olomb (artocarpus lacoocha). A madeira é usada para ripas. O fruto sêco em talhadas é um dos ingredientes do caril.

Oll ou *vhôdd*, árvore de gralha (ficus indica). Tem a peculiaridade de lançar dos seus ramos raizes compridas que penetram o solo e com o tempo formam novos troncos grossos. As gralhas acoitam-se de preferência na sua ramagem e alimentam-se de suas frutas. Plantam-na nos palmares húmidos para corrigir o terreno e pelos descampados para dar sombra e descanço aos passageiros.

Pat-ponôs, jaqueira brava (artocarpus hirsuta). É empregada em canôas, alfaias agrícolas, eixos das rodas.

Panri (bauhinia alba). Madeira branca própria para obras delicadas de marcenaria: pentes, bengalas.

Conguiró (erithrina indica) fôlhas de trindade. A madeira é usada para imagens dos santos e objectos laqueados.

Pimpôl (ficus religiosa). Árvore sagrada e de sombra.

Quinzol (terminalia paniculata). Boa madeira de construção, usa-se para construção de barcos.

Qhoxteira (Hydnocarpus wightiana). Da semente extrai-se óleo *(kavantel)* que é usada contra as sarnas e a lepra. As sementes são expostas ao Sol; depois partidas para se separar a amêndoa da casca, finalmente a amêndoa é moída para extrairem o óleo. O residuo é bom adubo.

Rintó (sapindus emarginatus). Do seu fruto extrai-se o sabão vegetal usado pelos lavadeiros. É combustível.

Rumbôd (ficus glomerata). A madeira, durável debaixo de água, serve para engradamento de poços. A casca produz goma que se obtem por decocção.

Teca (tectona grandis). É a melhor árvore de construção pela circunstância de resistir a tôda a acção climatérica.

Sirôs (acacia especiosa). Madeira escura que se assemelha ao *sissó*.

Sissó (dalbergia sisso). Madeira própria para a marcenaria. O óleo é empregado para medicamentos de animais domésticos.

Sivân (gmelina arborea). É branca e usada para fabrico de caixas de carruagens, estatuetas, coronhas e afiar facas.

Undeira undi (calofilum inofilum). Emprega-se para mastros, *sleepers* de caminhos de ferro e construção de barcos. Dos frutos extrai-se o óleo *punai*.

Puna branca (calofilum angustifolium) *puna vermelha* (calofilum spurium). Usam-se para mastros e construção de barcos.

Vonvoleiro (mimusops elengi). A madeira e forte e usada para construção de pontes.

Zambó (xilia dolabriformes). É aproveitada para ripas, *sleepers* e instrumentos agrícolas. Não e atacada pelo cariá.

Glossário das matas

Sotá—E' um tronco de árvore de comprimento superior a 2^{m},50. É de primeira sorte quando a circunferência medida ao centro exceder a 15 vassás (0^{m}54); de 2.ª sorte quando exceda a 12 vassás (0^{m},432); e de 3.ª sorte (dandá) quando exceda a 9 vassás (0^{m},324).

Patinga é um tronco de árvore de comprimento superior a 2^{m},50. É de 1.ª sorte, quando a circunferência medida ao centro acuse mais de 7 vassás (0^{m},252); de 2.ª sorte quando exceder a 5 vassás (0^{m},16); e de 3.ª sorte quando medida ao centro acuse 5 vassás ou menos.

Quitá é um tronco com o comprimento máximo de 2^{m},50 e circunferência superior a 0^{m},26. É de 1.ª sorte quando inteiramente são de comprimento superior a $1^m,50$; de 2.ª sorte quando apresenta apenas algumas partes sãs e serviveis para obra e $1^m,50$ ou menos de comprimento.

Corjá é uma colecção de 20 peças.

Vassá é a vigésima parte do côvado indiano e que corresponde a $0^m,036$.

Côvado (linear) é igual a $0^m,72$.

Carrada é a carga que pode ser conduzida em um carro puxado por uma junta de bois ou búfalos. Quando puxado por duas juntas, paga-se pelo duplo dos preços indicados.

Concharans é tronco e ramos de árvore não prestável para qualquer obra.

CERIMONIAS PARA ATRAIR A CHUVA E SUPERSTICÕES.

Embostam determinada área.

O boto reza a *parjania sucta jâp.*

Abluções do *linga* por 7 ou 11 dias, recitando *rudras.*

Jantar aos botos que rezam a *anusthana.*

Os cultivadores das várzeas não aram a terra nos dias do *Ecadaxi* (11 de cada quinzena do mês) e Amavacia (15.º dia do mês).

" Nous ne savons pas en quel lieu on fit la découverte décisive qui consiste à planter délibérément des graines ou des plantons... Il est possible que l'agriculture ait débuté simultanément en divers endroits et avec des plantes différentes. Tout ce que nous savons, c'est que les céréales sont venues plus tard que les plantes tropicales, car ces dernières fournissent souvent leurs fruits sans que l'homme ait à prendre beaucoup de peine.

Nous sommes certains d'une chose : le premier agriculteur ne se servit pas d'une charrue, instrument qui n'apparait que vers l'âge du Bronze. Le premier outil d'agriculture fut certainement le plantoir, bâton pointu pour faire des trous dans le sol, donc une adaptation du bâton avec lequel les "sauvages" déterraient les racines. Les Samoans modernes enfoncent leur bâton dans la terre et pèsent sur le gros bout pour ameublir le sol, puis ils agrandissent le trou avec un bâton plus gros et y plantent des tubercules de tar, leur principal aliment...

Outre le plantoir, les Tanala de Madagascar ont une bêche de fer qu'ils soulèvent avec le deux mains et qu'ils enfoncent dans le sol lorsqu'ils veulent sarcler un terrain. Comme la houe est inconnue à Madagascar, ils se servent de cet outil pour construire des terrasses et pour travailler la terre avant de planter le riz...

A la place du plantoir de nombreuses tribus ont la houe qui leur permet de ratisser le sol après l'avoir bêché. La charrue et la houe peuvent toutes deux être considérées comme une évolution du plantoir...Grâce aux peintures égyptiennes et aux fouilles faites dans ce pays, nous pouvons suivre toutes les étapes de l'évolution qui fit de la houe une charrue. Le manche devint une pièce de bois, ou age, la lame un soc, puis on ajouta des mancherons. Bien tôt l'instrument ne fut plus trainé para les hommes mais par des bêtes de somme, signe typique des hautes civilisations. Bref la charrue s'associa dans l'histoire avec les grands animaux domestiqués. Dans les temps anciens, cette découverte demeura limitée à l'Egypte, la Babylonie, les Indes et la Chine, l'un de ces peuples l'ayant sans doute enseigné aux autres. Tout d'abord elle resta cantonnée dans ces civilisations, puis elle atteignet l'Europe, mais sans parvenir jamais au Nouveau Monde. Avant que Colombo découvrit l'Amérique, les indigènes de ce continent avaient des plantoïrs, des bêches et des houes, mais pas de charrues..

Les civilisations occidentales ont cultivé surtout le blé, l'orge et le millet ; cette dernière céréale passe au second plan en Europe et en Amérique, alors qu'elle conserve toute son importance en Afrique. Dans le sud des Indes et en Indonésie, le riz est l'aliment principal de centaines, des millions d'hommes. L'Amérique indigène se nourrissait surtout de maïs (remplacé par le manioc dans les forêts tropicales) tandis que la pomme de terre passait en premier rang au Pérou. En diverses régions de l'Asie méridionale, en Indonésie, en Océanie et en Afrique occidentale, la base de l'alimentation est constituée par l'igname, le taro, la banane, la noix de coco et le fruit de l'arbre à pain.

Mentionnons rapidement les légumes et les fruits. Quelques-uns de ses légumes favoris proviennent des Indiens d'Amérique. On connaissait la pomme autour de 2900 avant notre ère en Babylonie où l'on récoltait également depuis longtemps les dattes, les figues, le raisin et les grenades, alors que les poires et les amandes n'étaient pas cultivées, bien qu'on connût leur existence. En

Egypte, on avait des dattes, des melons et des culebasses, ainsi que des choux, du cresson et des artichauts. L'olivier était apprecié dans l'antique Syrie et en Palestine tandis que les abricots et les pêches proviennent de Chine...

Ce qui importe, c'est que toutes les espèces cultivées essentielles étaient déjà connues des peuplades ignorantes. Avec toutes nos connaissances en botanique et en chimie agricole, nous n'avons rien fait d'autre que d'améliorer les diverses variétés de plantes, alors que les peuples primitifs ont réussi à les faire passer de l'état sauvage à l'état domestique. Les pommes de terre, les meilleurs variétés de haricots, les courges, le maïs, les tomates et les ananas étaient totalement inconnus des Européens jusqu'au jour où ils les empruntèrent aux Indiens d'Amérique. Le millet, l'orge, et le blé remontent aux civilisations de l'Egypte, de la Babylonie, des Indes et de la Chine septentrionale, mais dans ces pays également ils furent cultivés tout d'abord par une population primitive. Nous devons donc une immense dette de reconnaissance aux précurseurs des anciennes civilisations de l'Orient, ainsi qu'à d'autres races. Sans l'Indien américain l'Irlande et l'Europe oriental auraient toujours ignoré leurs plantes alimentaires essentielles: la pomme de terre et le maïs...

A' l'est des Indes et dans toute la Mélanésie le kava était remplacé par une noix de palmier le "bétel" qu'on mastiquait, mélangé à de la chaux et à une espèce de poivre. Les Indiens d'Amérique avaient plusieurs variétés de tabac et quelques tribus de chasseurs elles mêmes se mirent à cultiver cette plante. Les Chinois connaissent le thé depuis des temps immémoriaux, le caféier est originaire d'Abyssinie et ce fut des Indiens du Mexique que les Espagnols apprirent à boire du cacao.

Ces stimulants inoffensifs nous amènent à parler de la canne à sucre qui, à cause d'eux, fut cultivée sur une large échelle. Elle fut découverte pour la première fois, par les Européens lors de l'expédition d'Alexandre le Grand aux Indes, en 327 avant notre ère, mais elle ne fut introduite en Europe que mille ans plus tard par les Arabes et demeura un luxe jusqu'au XVIII siècle. Beaucoup d'indigènes océaniens cultivent la canne à sucre dont ils sucent la tige sans réussir à fabriquer du sucre, tandis que les Samoans s'en servent surtout pour couvrir leurs toits.

La noix de coco a, elle aussi, des usages variés. Dans les

atolls de coraux, elle est l'alimentation principale des insulairés de Mers du Sud, mais en des régions plus favorisées de cette aire, sa valeur nutritive disparaît devant ses autres utilisations. Les indigènes tressent ses feuilles pour en faire des paniers ou des nattes; ils découpent des armes dans son bois, emploient sa coque comme coupes et bols, enduisent leur corps de son huile pour le rendre luisant et confectionnent avec les fibres de son enveloppe une corde fort solide. Pour citer un autre cas les Maori cultivaient la calebasse (*Lagenaria vulgaris*) et préparaient avec ce fruit, avant qu'il fût arrivé à maturité, un plat analogue à de la courge à moelle. Mais ils se servaient surtout du fruit mûr dont ils faisaient des récipients pour l'eau et les aliments...

Les agriculteurs, égyptiens et babyloniens semaient à la volée le blé, l'orge et le millet. *Nous savons aujourd'hui que les indigènes du nord des Indes étaient en contact avec les Babyloniens et qu'ils cultivaient le blé autour de l'an 3000 avant notre ère. Il est fort possible qu'ils en soient venus à appliquer cette même méthode à une plante de leur pays, le riz, dont ils perfectionnèrent la culture selon les nécessités de cette céréale.* Mais nous nous trouvons devant des processus tout différents, lorsque nous voyons d'un des indigènes prendre les rejets de bananier pour les replanter dans le sol ou faire passer des tubercules de manioc et des patates. Si la culture du blé peut provoquer celle du riz, elle est, par contre, fort éloignée de la manière dont on obtient des bananes et vice-versa". (45)

Encontramos em Goa desde os processos primitivos como as queimadas até os mais adiantados.

"Nous avons déjà dit que l'emploi de la charrue s'opposait, de ce point de vue, à tous les autres. Si donc on ne veut pas donner un sens extensif au terme de *houe* (pièce à lame transversale, à proprement parler), on comprendra les procédés autres que celui de la charrue sous la terme de *cultivation aux outils rudimentaires* en y faisant rentrer le défrichement; car même dans le défrichement, après incendie des arbres, si le sol ne subit aucun remaniement, les graines ou les plants sont cependant mis en terrre à

(45) R. Lowie — *Manuel d'Anthropologie Culturelle*, pag. 38.

l'aide d'un bâton pointu. La *plantation* n'étant qu'un mode de cultivation à la houe qui tient compagnie à la cultivation à la charrue de la civilisation occidentaloïde, ne recevra pas de signature spéciale sur la carte. Le *jardinage* qui, lui, est une combinaison de l'apport, de l'engrais, de l'irrigation et du travail à la houe, en recevra par contre une et cela nom pour le rôle qu'il joue dans la civilisation occidentaloïdes, mais pour son rôle dominant dans la culture sinoïde. En définitive, nous établirons comme suit notre tableau de la cultivation :

Tableau des modes de cultivation:

- Cultivation
  - aux outils rudimentaires
    - défrichement (incendie et bâton de labour)
    - apport d'humus ou déblayement (pelle et récipients)
    - retournement du sol (houe)
    - irrigation ou drainage (canaux ou digues)
      - terrassement
      - inondation
    - jardinage (combinaison des procédés)
  - à la charrue

La relation des différents modalités économiques aux cycles culturels s'établit enfin comme suit :

Correspondances des modalités économiques aux cycles culturels.

Cultures primordiale et primitives: cueillette, petite chasse, chasseurs isolés des grandes forêts.

Cycle culturel totémique: grande chasse.

Cycle culturel arctique: chasse et pastourage (du renne).

Cycle culturel pastoral: pastourage.

Cycles culturels matriarcaux: cultivation aux outils rudimentaires.

Cycles culturels austronésoide et mexico andinoïde: terrassements irrigués.

Cycle culturel sinoïde: jardinage prédominant.

Cycle culturel islamoide : pastourage et cultivation à la charrue. *Cycles culturels indoide et occidentaloïde :* cultivation à la charrue." ([46])

d)—A indústria

MINAS

Entre as densas florestas das *Novas Conquistas* encontram-se muitas minas de ferro, sendo as mais notáveis as de Embarbacém, Astagrar e Chandravaddi, das quais se extraía todo o ferro de que se fazia uso no território de Goa. Estas minas eram exploradas por *dovôlos* (fundidores) pela mór parte naturais de Navelim de Salcete. A indústria mineira está abandonada, passando os *dovôlos* a exercer o mister de ferreiros.

Em quási todos os pontos acima indicados encontram-se numerosas massas de mineral, isoladas, soltas de 1, 2 e mais quilos de pêso. Estas massas oferecem superficialmente o aspecto de óxidos de ferro e, quebradas, mostram uma côr cinzento-azulada. Além destas, encontram-se outras pequenas massas de óxidos de ferro. Quanto mais se profunda o terreno mais abundante e mais puro é o minério.

Conhecer o minério, recebê-lo da superfície de terreno em abundância e fundí-lo, eis a que se reduzia a exploração praticada pelos *dovôlos* que o preparavam e o fundiam para o vender aos ferreiros purificadores. Todo o processo para a redução a minério consistia em calcinação, trituração e fusão no forno alto, *solone.*

"Os locais, onde se encontram as mais notáveis e ricas minas, são os seguintes: Corcoremansotembo, Sersodém, Pigáun, Colém, Calem e outros pontos juntos às fraldas dos Gates; todos na província de Embarbacém; Nentornim, Batim, Curdim, Bodém, Torssai, Rivona, e Colombo, na província de Astragar. Molcorném, na província de Chandravady.

([46]) Dr. George Montandon — *Traité d'Ethnologie Culturelle,* pag. 255.

Estado em que se encontram os minerais

No Torôfo de Salaulim, que apenas dista 20 minutos de Portugal e Castro, nota-se uma pequena colina, que terá 60 a 80 braças de extensão por lado, em cuja superfície se encontram numerosas massas de mineral, isoladas, soltas, do pêso de um a quatro e cinco arráteis.

Estas massas oferecem o aspecto de óxidos de ferro superficialmente (amostra n.° 1), e quebradas mostram uma côr cinzento-azulada, brilhante e granulosa.

Além destas, encontram-se outras pequenas massas de óxidos de ferro, cravadas em grandes rochas, que parecem formadas de peroxidos de ferro.

Achão-se algumas misturadas com princípios terrenos, sem que a análise demonstre combinação alguma com o enxofre arsénico etc. etc.

Profundando-se progressivamente no terreno, encontram-se muitas e mais numerosas massas em um estado mais puro (amostra n.° 2), porém soltas, e de dimensões iguais às supramencionadas.

Finalmente; quanto mais se profunda, mais abundante, e mais puro é o mineral.

Em Molcornem, no logar de Vaguiximpy, distante de Portugal e Castro uma hora e 20 minutos, encontra-se o mineral em rochas grandes, as quais não são procuradas em razão da grande despeza do combustível, indispensável para as quebrar, visto ser necessário préviamente aquecê-las, e do grande trabalho, que aquela operação demanda.

O mineral de Batim, no Torôfo do mesmo nome, é reputado como superior; mas é pouco procurado em conseqüência da grande distância, em que se acha o combustível.

....

Vêr e conhecer o mineral; recebê-lo da superfície do terreno em abundância, e fundi-lo!!

Eis o que praticam os denominados *dovôlos*, que o preparam e o fundem para o vender aos ferreiros purificadores de Panchavady.

Preparação do Mineral

Combustivel

Nos fins d'outubro partem os *Dovôlos* de Navelim e doutras aldeias de Salcete para os lugares de Embarbacém, e Astragar acima notados. Internam-se nos bosques mais próximos da mina, e assentam as suas forjas na proximidade dalguma fonte ou riacho. Sete operários se empregam em cada forja. Construida esta, e as outras partes da oficina, partem todos para o interior do bosque a procurar a lenha, e preparar o carvão. Preferem o pau Zambó para factura de carvão, por isso que a experiência lhes há mostrado arder com suma facilidade, dar um fogo mui intenso e vivo, tornar o ferro mais macio, e não deixar quasi residuo ou cinza depois da combustão.

As tribus, que de Salcete partem anualmente para aquelas províncias a semear o nachinim, cortam as árvores dos vales e terrenos planos, para neles fazerem as suas sementeiras.

São estas árvores, as de que se servem os *Dovôllos* para a factura do carvão, visto acharem-as já sêcas e cortadas depois de um ano. Escolhem o Zambó; preparam o carvão, gastando nisto os dous primeiros dias da semana; e os cinco, que restão são empregados (bem como as noites) na fusão do mineral.

Processo para redução do mineral

Divide-se todo o processo em três partes, a saber: *calcinação, trituração e fusão no forno alto.*

1.ª parte

Calcinação

Antes de submeterem as minas à redução ou fusão, praticam os ferreiros d'Embarbacem uma operação particular, a que chamaremos calcinação, e que consiste em aquecer os minerais em contacto do ar.

Executa-se esta operação em um fôrno de forma cilindrica, grosseiramente construido de pedras irregulares e barro; tem quatro a cinco palmos de alto, e dous a três de diâmetro na sua largura. Êste forno é aberto superiormente, e na sua superfície externa se notam muitos orificios que comunicando com a parte interna, permitem a entrada, e o contacto do ar com o mineral.

Lançam no fundo do fôrno dous cestos de carvão, e por cima dêstes um cesto do mineral, e assim alternadamente até complemento de doze cestos de carvão, e seis ditos de mineral; conservam a combustão por espaço de seis horas, findas as quais desfazem o fôrno deixando arrefecer o mineral em contacto do ar.

Notou a Comissão, que assim a primeira parte referida do processo, como as outras abaixo mencionadas muito arremedam as hoje seguidas na Europa.

Os mineiros não atribuem o seu ensino a algum europeu, mas sim a seus pais e avôs, que de gerações a gerações se tem empregado naquele mister. Também nenhuma resposta dão sôbre a utilidade, ou fim de cada uma das partes do processo, e nada praticam, que não fosse executado por seus ascendentes, ignorando plenamente a parte teórica do processo.

A operação acima descrita, que na Europa se pratica em minas, que contém arsénico, enxofre, ou sub-carbonatos de ferro nativo, com o fim de volatilizar o arsénico, ou o enxofre, ou a água de cristalização nos sub-carbonatos, é olhada aqui pela comissão como indispensável para facilitar a trituração, visto que por aquele meio se torna o mineral mais poroso, e fragil, mais reducível, e liquificável, (amostra n.º 3). Não tem ela por fim nas minas em questão a volatilização de enxofre, ou arsénico, que nelas não existe em quantidade sensível mas talvez a da água de cristalização d'alguns sub-carbonatos, que porventura a mina contenha.

2.ª PARTE

Trituração

Arrefecido o produto da primeira operação (amostra n.º 3), e grosseiramente triturado por um ferreiro por meio de uma pequena e leve massa de ferro, sôbre uma pedra lisa (amostra n.º 4).

3.ª PARTE

Fusão

Executa-se esta operação em forno, que pela grande semelhança e quási identidade com os da Europa denominaremos *forno alto*. A estampa que a Comissão julgou dever reunir a esta memória, mostra assim a forma interna em diferentes secções, como a forma externa dos *fornos altos* de Embarbacem. Figura A mostra o forno pela frente; Fig. E, lateral; Fig. B, mostra a secção por um plano vertical paralelo às faces anterior e posterior, a qual deixa vêr a capacidade interna; Fig. D, mostra a secção por um plano vertical paralelo às faces laterais; Fig. C. mostra a secção por plano horisontal na parte superior do cadinho (V. T.).

Estes fornos são construidos de pedra e barro ordinário, mas forrados interna e externamente de greda. A parte superior, (H. C.) é formada de barro cozido, e abraçada externamente por tres arcos de ferro. E I (Fig. B) mostra a grossura da parede. E E, representa a vestidura exterior do forno. I I é a revestidura do interior do forno, e indica o diâmetro do vazio cilindrico; H C O T é a altura total do forno, a qual se concebe dividida em três partes.

A abertura superior—H—serve de dar saida ao ar e vapôres do forno, e também para lançar no interior dele o carvão, e o mineral strato por strato.

Desta abertura—H—até à altura, V, se estende a parte denominada *chaminé do forno*, e na capacidade da qual o mineral desce, e sofre a maior parte d'acção desoxigenante.

Na parte, V, que se pode própriamente chamar o *fogão*, é o máximo de calor; em certa altura desta parte o mineral, e os vidros térreos fundem.

Finalmente a parte V. T., denominada o *cadinho* destinado a reunir-se nela o mineral fundido.

A porta, I, do fôrno serve para tirar o produto da operação e para dar entrada ao tubo comum de dous foles, conservando-se fechada durante a operação.

Os foles são dous, e formados de duas peles de chitela, terminados cada um por um tubo de barro cozido, comunicantes com um terceiro; estes tubos servem só para uma fusão ou cozedura a escala, que se vê na estampa, marca pouco mais ou menos as dimensões dos fornos, que a Comissão vio.

Tal é a construção dos *fornos altos* de Embarbacém e Astragar, a qual comparada com a dos fornos altos da Europa, descritos no 3.° tomo de Física, e Química de L. S. M de Albuquerque, e por outros autores, pequenas diferenças apresenta.

Operação

Antes de lançarem o mineral no *fôrno alto* lastram e forram o *cadinho* V. T. com carvão moido e amassado em agua; feito isto, tapam a porta, I. com barro ordinário, deixando introduzido o 3.° tubo acima referido, coberto, e envolvido em grêda, e conservando aberta a parte superior da porta, I, na extensão de três a quatro polegadas. O fôrno é forrado internamente por uma capa de grêda, que renovam depois de cinco cozeduras.

Cada um dos foles é movido por um homem, e um outro introduz pela abertura, H, o carvão e mineral até se encher o fôrno à altura, H, pela maneira seguinte.

Lançam três cestos de carvão, cada um dos quais equivale a curó e meio, pouco mais ou menos; acendem o carvão, e lançam por cima uma colher de mineral triturado, que pezará dous a três arráteis; por cima um cesto de carvão, uma colher de mineral, e assim alternadamente até à altura, H, que acabam de encher com duas colheres de mineral. Contém o fôrno, assim cheio, cinco cêstos de carvão, e quatro colheres de mineral triturado. Fecham com barro a pequena abertura, que ficou na parte superior da porta e continúa a operação da seguinte forma: logo que pela combustão tem descido o mineral e carvão a três palmos abaixo de, H, acabam de encher com carvão; e quando êste tem descido um palmo, lançam por cima cinco colheres de mineral; e descendo êste dous palmos e meio, tornam a encher até H, com carvão, e deixando descer a um palmo, lançam por cima mais cinco colheres de mineral.

Tais são as porções de carvão e mineral, que entram em uma cozedura. Equivale pois o mineral triturado, empregado na operação de fusão a quarenta arráteis, pouco mais ou menos.

Continúa a acção do fogo sôbre o mineral, e passado algum tempo aparece súbitamente na abertura, H, uma chama azulada, que tendo subido progressivamente, e mais viva, a quatro ou cinco palmos acima de, H, vai descendo gradualmente até acabar, o que indica o termo da fusão; mas antes da cessação completa da chama, abrem uma parte da porta, I, e com um *estilão* de ferro procuram frequentes vezes fazer cair no cadinho as partes do mineral, que porventura aderem às paredes, V. T. Abrem a porta tôda; retiram com uma colher de ferro o residuo do carvão e substâncias vitreas, que cobrem a superfície de ferro fundido; tiram para fóra a massa com tenazes; batem a sôbre a terra, dando-lhe a forma de elipsoide, que cortam em duas partes iguais, em quási todo o comprimento, a golpes de machado. No fundo, T., do *cadinho* e no centro da massa de ferro fundido nota-se um líquido incandescente, que pouco a pouco se solidifica (amostra n.º 5); são as substâncias vitreas terreas, que se achavam combinadas com o mineral n.º I.

O produto desta operação, ou massa de ferro fundido peza vinte e quatro a vinte e cinco arráteis, pouco mais ou menos. Por conseguinte; comparado êste pêso com o do mineral empregado na operação (quarenta arráteis) temos deseseis arrateis de perda ou diferença.

Tal é o processo da redução ou fusão das minas de ferro nas provincias de Zambaulim: processo seguido com igual exactidão por todos os ferreiros, que se empregam naquele serviço.

Dos sete ferreiros da oficina empregaram-se só três na operação, durante a qual um dos quatro restantes, depois de preparar os tubos dos foles para outra cozedura, triturava o mineral, que nesta se havia de empregar. Os tres oficiais, que restavam descançaram para entrar no segundo processo, que repetem cinco ou seis vezes durante vinte e quatro horas, fazendo por conseguinte vinte e quatro, ou trinta fusões durante os cinco dias da semana, em que trabalham na forja.

Purificação do ferro

Cada produto, ou massa da operação antecedente, é transportada à cabeça de uma mulher para Panchavaddy, que muito dista de Portugal e Castro, e ali é vendida aos ferreiros purificadores por o módico preço de três a quatro tangas, cobre; e às vezes ainda por menor quantia, segundo a maior ou melhor facilidade de compra da parte dos ferreiros que segundo testemunharam, os *Dovolos*, manifestam às vezes nenhuma precizão de compra para obrigarem aqueles infelizes a baixar o preço a duas tangas!

Amostra n.° 6 é o ferro purificado.

Processo da Purificação na Fábrica de Pólvora

A massa do ferro fundido, produto da operação última, que fica descrita é levada à forja, e aí submetida a um fogo intenso por espaço de uma hora, e transportada para uma bigorna, é malhada por dous homens durante meia hora; em seguida exposta ao fogo da forja por nove vezes, e outras tantas conduzida à bigorna, e batida; demorando-se por cada vez na forja vinte minutos, e na bigorna dez minutos.

Quando a massa tem de voltar da bigorna à forja é mergulhada em um barro amarelo, denominado *barro de solda*, diluido

Mahar fazendo artefactos de bambú

Artefactos de *bambú* obrados por *mahrs*

Solone (forno alto de fundição)

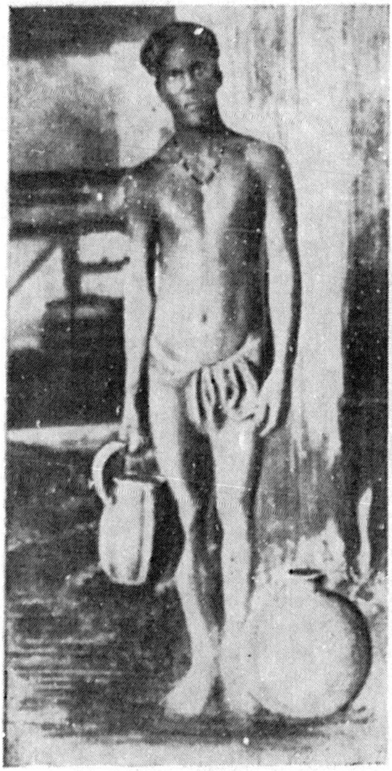

Bandari subindo um cajuri em Praganã (Damão)

Lavrador de palmeira

Destilação de aguardente de cajú

Ghannó ou engenho de espremer cana de açucar

em água doce na consistência conveniente; esta operação tem por fim aproximar as moléculas do ferro, e promover a sua coesão.

Por meio da purificação a massa de ferro fundido impuro, que pezava vinte e quatro arráteis, reduziu-se a onze arráteis, e uma onça de ferro purificado.

Êste ferro, produto da purificação (amostra n.º 6) é segundo a opinião de todos os ferreiros mui superior ao Inglês, e pouco inferior ao Sueco. É mui maleavel (amostra n.º 7) e sobremaneira ductil (amostra n.º 8), e muito mais o será, aperfeiçoados os meios para o reduzir à lámina ou a fio, pois que, não obstante os poucos meios, de que o actual director da Fabrica de Pólvora pode dispor para ensaiar a maleabilidade e ductilidade, são muito para admirar as amostras n.ºs 7 e 8.

A despeza na purificação foi igual a um xerafim, e dez e sete reis cobre, feita com um ferreiro, dous malhadores, e carvão: despeza excessiva, por isso que o processo foi executado em ponto pequeno na referida Fábrica, na qual os salários dos operários, e o carvão são mais caros do que nas Novas Conquistas, onde por certo será menor de um a dous terços. Fica portanto (como abaixo se mostrará) o arrátel do ferro purificado por quarenta e cinco réis ao emprezário!

Deus Guarde a V. Ex.ª. Sala das sessões da Comissão. 11 de Fevereiro de 1847.

Ilm.º e Exm.º Sr. José Ferreira Pestana, Governador Geral do Estado da India—Dr. Francisco Maria da Silva Torres, Presidente, José Joaquim Soares da Veiga, Diogo de Melo de Sampaio, Severino Gonsalves Ferreira."[47]

Extracção da sura do coqueiro e fabrico de jagra *(açucar)*

É ofício das castas dos *bandaris, comorpaicos e rendeiros.*

A seiva da palmeira é recolhida num vaso de barro *zamonó* ou *damonem*, que se adapta a uma das espigas da palmeira. Para que a espiga possa produzir sura é necessário cingí-la e apertá-la com um cordel, que é feito de filamen-

[47] *Archivo de Pharmacia*, n.º 80, 1870, pag. 92 e seguintes.

tos tirados da base da fôlha por onde o limbo se continua com o pecíolo *(gofés)*. Depois de apertada a espiga, deve-se tocar levemente em tôrno dela com o cabo de *cati* (faca em forma de meia-lua) em dias interpolados, até ficar redonda e flexível.

Assim preparada a espiga, corta-se-lhe a extremidade, e passados alguns dias, logo que para ali tenha afluido a seiva, é esta recolhida no *zamonó.*

A sura recolhe-se 2 vezes por dia no *dudquem* (vaso feito de abóbora carneira) às seis horas da manhã e às seis da tarde. Ao meio dia apara-se a espiga, cortando-lhe um pequeno fragmento horizontal da parte superior, para renovar e activar o fluxo da seiva. A parte que se corta da espiga denomina-se *chêu.* Há três variedades de sura: a comum, o *niró* e a sura de jagra.

O *niró* é a sura depurada que se obtém limpando cuidadosamente a espiga, e aparando-a mais do que de ordinário. É uma bebida deliciosa, que os curandeiros dão de beber para combater a febre lenta e a gonorreia. A sura de jagra, que é mais doce do que a *comum* é recolhida no *zamonó* onde se deita cal. Evaporando-a a fogo brando e misturando-a com o côco ralado obtem-se a jagra que é o açucar indiano. A jagra fresca cozida em água com rasura de gengibre é ministrada como expectorante.

Da sura extraem-se diversos produtos, a saber:

O *sircó* ou vinagre de palmeira, que se obtém pela fermentação acética da sura.

O *fenim,* que é espírito alcoólico do coqueiro, produto da 2.ª distilação.

O *cajuló, dobrado* ou urraca é o produto da 1.ª distilação.

O *goddó,* o resíduo da distilação, é empregado na alimentação dos suinos, e aplica-se como anti-reumático.

A sura emprega-se no levedamento do pão.

Distilação da aguardente de coqueiro

O alambique (*batti*) é composto de duas grandes peças de barro, que se comunicam entre si por meio de um tubo de bambú. Uma das peças, conhecida por *bhann*, e que assenta sôbre a fornalha, é a caldeira dêste aparêlho distilatório, a outra chamada *launim* é o capacete onde se fazem condensar os vapores alcoólicos por meio de constante refrigeração com água fria. A primeira aguardente é muito fraca (*cajuló*) sendo necessário distilá-la segunda vez para lhe elevar o grau.

Extracção do óleo de côco

Pela expremedura de copra ou *khobrém* (pôlpa de côco) no *ghannó* ou moinho de azeite obtém-se *narlachem tel* ou *narlela* (azeite) que se emprega na economia doméstica, na medicina e na iluminação, e o *pênnd* ou pinaca, resíduo da extracção do óleo que serve para arraçoar os animais de trabalho.

Extrai-se o óleo igualmente de caroços de brindão, (*garcinia purpurea*), de gergelim (*sesamum indicum*), e do fruto de undeira (*calophylum inophyllum*). Êste só serve para a iluminação e aqueles também para usos culinários.

Extracção da jagra de cana

Quando as canas estão maduras, cortam-se junto à raiz, tiram-se-lhe as fôlhas e em seguida extrai-se-lhes o suco Passam-se as canas por entre dois cilindros dum engenho simples de expremer, e que chamam *ghannó*. Esta máquina apenas consiste nêstes dois cilindros de madeira que são postos em movimento por meio de um parafuso sem fim, e pelo esfôrço de um ou mais bois ou búfalos. Dêste modo obtém-se o líquido (*rôs*). Como os fabricantes de açucar ignoram a arte da refinação extraem depois a jagra por meio de cozimento do *rôs* e fazem dela umas bolas grosseiras e negras, e assim as levam ao mercado.

Fabrico da cal

Os *kharvis* (pescadores) de Ribandar, Jua e Cortalim obtém a *chuname* (cal indiana) pela calcinação de conchas de mariscos. Sôbre o fabrico de cal em Goa, escreveu Gaspar

Correia: "e mandou cortar muyta pedra, e *fazer muyta cal que se fazia de ostras queimadas*". (*Lendas da India*, tomo II, pag. 157)

Extracção do sal.

Fabricam-se duas espécies: branco e escuro. Estas duas variedades são colhidas do modo seguinte:

Prepara-se o leito, deixando absorver água e depois de a superfície se tornar lamacenta e nivelada pela pressão dos pés, o sal é colhido diàriamente e logo se formam montículos; daí o sal fino que sai branco, quando o leito é bem formado e escuro no caso contrário.

Emprega-se o sal não só na alimentação, mas ainda para salga e preparo do peixe e para adubo fertilizador dos palmares.

A Olaria

A argila é reduzida a pó com o maço. O oleiro molha a argila e faz uma massa; põe-na sôbre a roda *(zontor)* que faz girar horizontalmente, imprimindo-lhe movimento com as mãos; emquanto a roda gira molda a argila formando bordas circulares dos vasos e faz a parte restante dos vasos com um pau *(petnem)* e pequena pedra, formando as paredes do vaso que liga aos bordos e fazendo-os secar passa-os pelo fôgo.

" Bref, dans la poterie, l'invention et l'application sont toutes deux fort difficiles. Voilà, pourquoi cette découverte fut rare et que beaucoup de peuples ne connurent jamais la céramique. De nombreux savants sont même d'avis qu'en Amérique elle prit naissance en un seul point, situé quelque part entre le Mexique et le Pérou, et que de ces centres culturels élevés elle s'est répandue parmi les peuplades plus primitives...

La poterie est soit modelée à la main, soit mécaniquement sur un tour. La tour du potier a été inventé en Egypte, autour de l'an 3000 avant J. C. et se répandit de là aux autres civilisations de l'Ancien Monde. Très lentement il atteignit les peuples peu civilisés de l'Europe. Au début du Moyen Age encore, les peuples germaniques modelaient presque toute leur poterie à la main et les

Lavadeiros

Salina

Serração de madeira

Carpinteiro hindú

Ourives

Sapateiro hindú

Um ferreiro hindú

Roda de oleiro

Tear manual

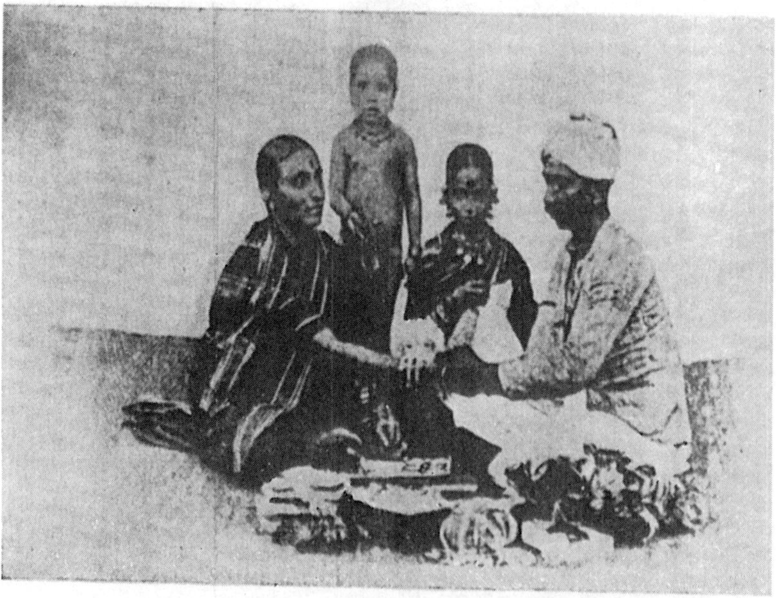

Cancanacar

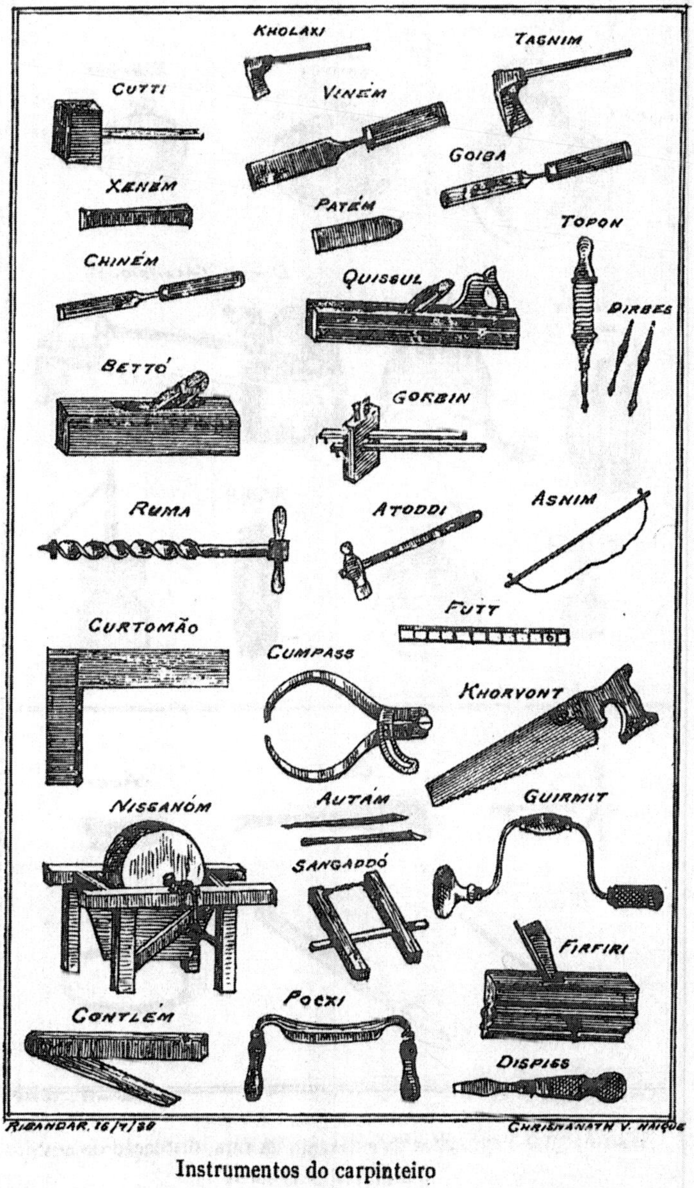

Instrumentos do carpinteiro

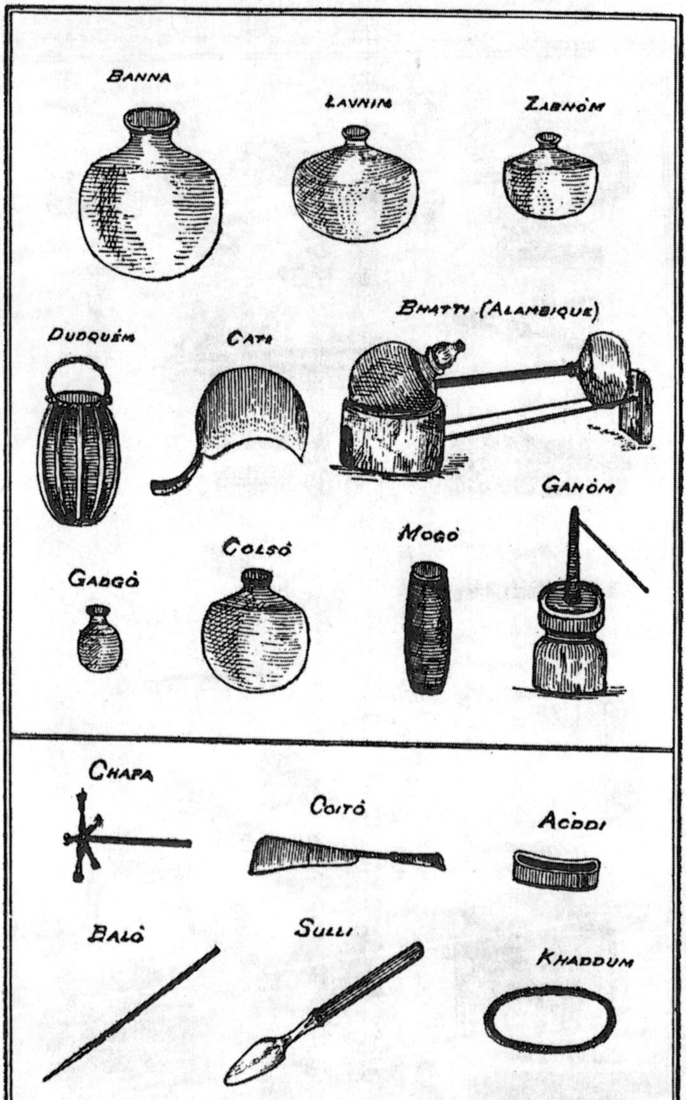

Instrumentos e aparelhos da extracção da sura, distilação do espírito e colhimento de cocos

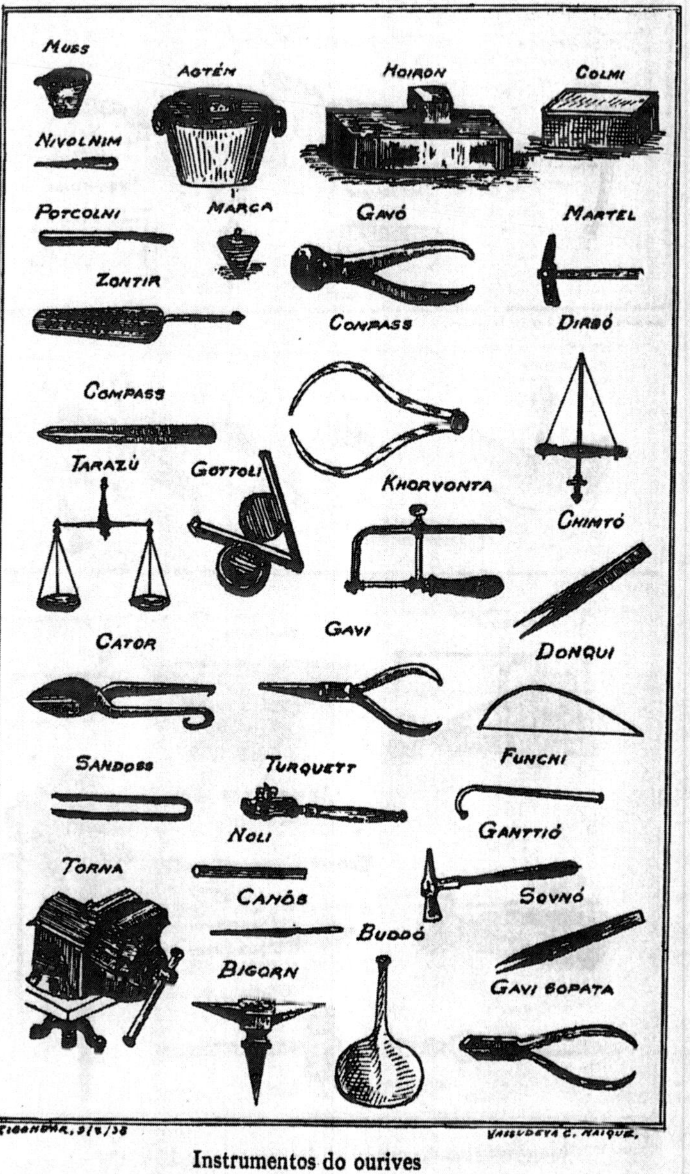

Instrumentos do ourives

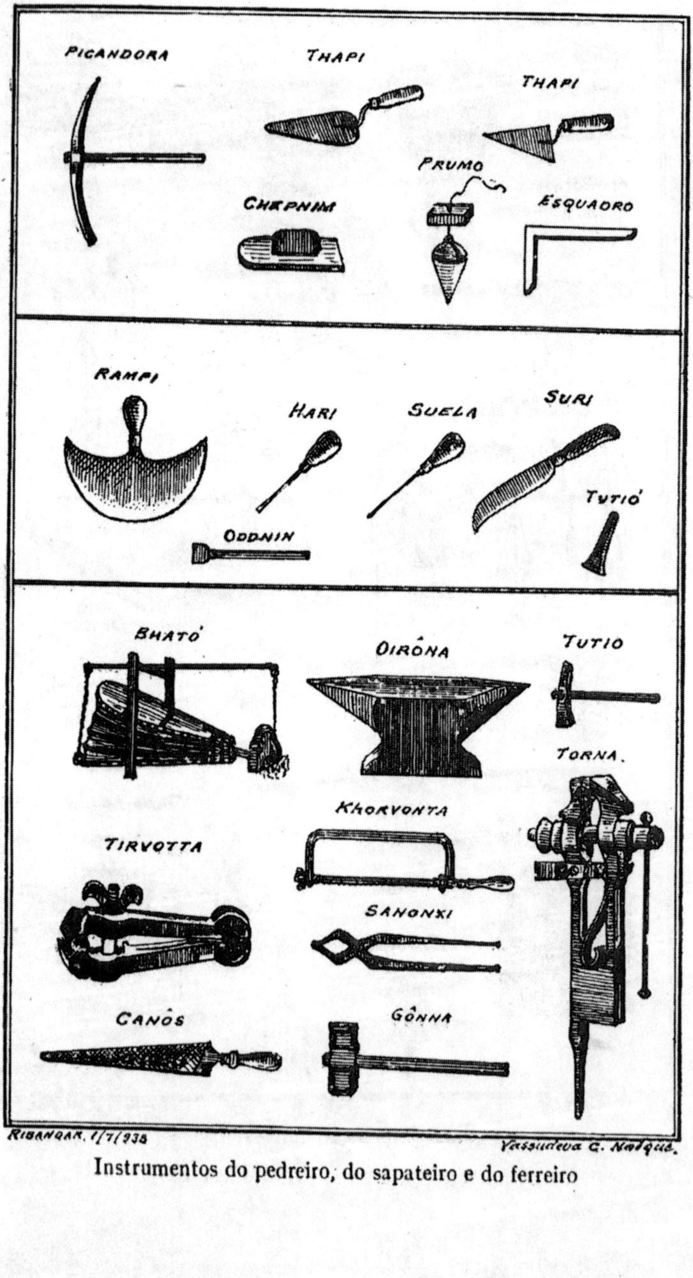

Instrumentos do pedreiro, do sapateiro e do ferreiro

Slaves firent de même jusque vers 1000 après J. C. Dans le Nouveau Monde, aucun tribu n'enprunta ni n'inventa le tour du potier. Autrement dit, toute céramique primitive, la poterie américaine en particulière, est faite à la main." (48)

O Curtimento

Para macerar a pele e cair o pêlo os *chamares* metem a pele na água misturada com cal. Para curti-la, metem-na em água misturada com fôlhas de *anvali* ou casca de *marêta*, durante uma semana.

São os *mahrs* que tiram a pele dos animais mortos e vendem aos *chamares*.

A lavagem da roupa

Para preparar a barrela os *modvôls* molham a roupa suja em água misturada com *khar* (sódio), em que conservam durante algumas horas, deixam escoar a água e colocam a roupa sôbre as paredes do forno *(ghudd)* por forma a ficar uma noite inteira sob a acção de vapores de água que fica a aquecer no vaso da parte superior do forno.

No dia seguinte tira-se a roupa do forno, lava-se com sabão ou *rinttó* e expõe-se ao Sol. Para clarear a roupa branca, metem-na em água misturada com anil. Engomam a roupa com canja de arroz. Tiram nódoa com sumo de limão ou *bilimbim* e com azeite de côco misturado com cal. Marcam a roupa com visco do *bibó*.

Serração da madeira

Os serradores desbastam um tronco de árvore, marcam os alinhamentos por meio de linha embebida em tinta feita de pó de carvão, armam uma tesoura de paus, firmam-na verticalmente em terra e colocam nela uma das extremidades do tronco a serrar, ficando a outra extremidade em terra. Um dos serradores empunha com ambas as mãos o cabo da serra e o outro pega

(48) R. Lowie — *Manuel d'Anthropologie Culturelle*, pag. 150.

na outra extremidade da serra, ajudando-se mútuamente na operação.

Pequenas indústrias

Em Damão constroem-se patemarins, indústria que também existe em Chaporá (Bardez). A indústria de tecidos de algodão, em Damão e em Diu, vai arrastando-se no último período da decadência. Em 1846, em Diu a indústria de fiação da linha ocupava mil mulheres (*Boletim do Govêrno*, n.º 12 de 1846). Em Diu obram-se pequenos objectos de marfim e tartaruga, e em St.ª Cruz (Ilha de Goa) e Varcá (Salcete) violinos e guitarras.

Em as Novas Conquistas introduziram-se recentemente teares manuais.

As indústrias caseiras resumem-se na criação de porcos galinhas, patos e perus.

Branqueia-se a cêra em rama que se importa da India, vizinha para o fabrico de velas.

Em Saligão havia uma fábrica de açucar (*Boletim do Govêrno*, n.º 27 de 1843) e na Ilha de Ratos uma fábrica de telhas (*Boletim Oficial*, n.º 28 de 1883). Existe uma fábrica de telhas em Sanvordém.

Artifices indigenas

As variadíssimas aplicações que o índio soube dar aos produtos naturais do país revelam peregrino engenho. Com instrumentos grosseiros e rudimentares o artífice indígena obra prodígios de arte e de paciência, na ourivesaria, marcenaria e olaria. São conhecidos os trabalhos de Cuncolim, de sândalo e *sissó* lavrado, as imagens de marfim feitas em Ribandar e os produtos das olarias de Bicholim.

A respeito dos artifices indígenas escreveu Afonso de Albuquerque:

> "... os calafates e carpinteiros com molheres de ca trabalho em terra quente como passa hum ano nom sam mais homens, com Goa pode vossa alteza escusar os desses Reynos, porque os ha mais e melhores que os que cá andam."

" Mando tambem a vossa alteza hum ofyciall dos de Goa, que fazem tam boas Espyngardas como as de boemea e asy lavradas com parafuso". (*Cartas t. I*, pag. 21 e 74).

e)—O comércio—pesos e medidas

Goa, já no século XI, sob a dinastia dos Cadambas, mantinha relações mercantis com os portos de Guzerate, Kathiavar, Malabar, Ceilão, Bengala e Malaca, como consta dumas láminas de cobre descobertas em Goa e cuja tradução se encontra a fol. 1392 do *Livro das Monções* n.º 93.

Goa era, quando Albuquerque a conquistou, um centro importante do comércio de cavalos de Ormuz e Arábia, que eram reexportados para o Decão e India do Sul. Capital da India Portuguesa, Goa foi o grande empório do comércio do Oriente que os baldões da sorte reduziram a um padrão imorredouro da epopeia portuguesa.

"Das Molucas vinha o cravo, de Sunda a massa e a noz, de Bengala tôda a sorte de finíssimos tecidos, de Pegu os rubis, de Ceilão a canela, de Masulipatan os diamantes. Na pequena ilha de Manaar, junto a Ceilão carregavam se as pérolas e aljófares; em Atchin, na Sumatra, o benjoim; das Ilhas Malaia trazia se ambar; e Ceilão exportava elefantes por Jafanapatan. Katchi contribuia com os angelins, tecas e couramas; tôda a costa com a pimenta, e com o gengibre o Canará. Na ilha de Sunda, Madura fornecia o salitre, Solor o pau, e Borneo dava a cânfora. De Cambaia vinha o anil, o lacar, os tecidos; e Chala era célebre pelas suas baetas. Ormuz vendia os cavalos da Arábia, e as sêdas e as alcatifas da Pérsia..." (49)

Mormugão, na província de Salcete, o melhor porto da costa ocidental da India, acha-se mais próximo, algumas horas de viagem, da Europa do que Bombaim; a via férrea *Mormugão-Bellari* encurta de cêrca de metade o trajecto de Bombaim ao centro meridional da India Inglesa. Sendo nulas a nossa agricultura e a nossa indústria, fraca é a nos-

(49) Oliveira Martins—*História de Portugal*, vol. I, pag. 303.

sa produção, pois exportamos: côco, mangas, areca, castanhas de caju, sal, madeira, peixe, hortaliças e aves. País pobre, pobre é o consumo local, pois importamos: arroz, tabaco, fósforos, bebidas e tecidos de algodão, de lã e sêda. Dêstes factores resulta ser principalmente de mercadorias em trânsito o movimento da nossa linha férrea. Mormugão é, por isso, um centro do comércio de reexportação. Por lá passam mercadorias que descem ou se dirigem ao planalto do Decão.

O comércio rural da nossa India cifra-se nas mercearias (*posré*) que se deparam em cada aldeia ou povoação; e nas feiras semanais (*santa*) e anuais (*zatrá*) em determinados lugares, junto aos pagodes e igrejas e por ocasião de certas festas; nos mercados das vilas ou *cassabés*; e nos mercadores ambulantes que das vilas levam para as aldeias, e vendem às portas das casas roupa e quinquilharia.

Notam-se entre os comerciantes hindús certas práticas interessantes e algo supersticiosas. Não se faz a crédito a primeira venda do dia, e à hora em que acendem a luz.

Dantes o mercieiro, para haver extracção, quebrava um côco, vasava a água sôbre o paradeiro da janela da loja, e deixava ali um fragmento do côco partido.

As principais feiras anuais hindús são:

5.º dia *Cheitra*, em Bandorá, Sanquelim e Chandernath.
5.º dia de *Vâixakha* em Sirigão.
4.º minguante de *Xravan*, em Naroá.
9.º dia de *Cartic*, em Marcaim.
9.º dia de *Cartic*, em Amoná.
9.º dia de *Margaxirxa*, em Fatorpém.
10.º dia de *Margaxirxa*, em Cundaim.
15.º dia de *Poucha*, em Marcela.
5.º dia de *Mágha*, em Queulá.
15.º dia de *Mágha*, em Manguexa.
21.º dia de *Mágha*, Márdol.
29.º dia de *Mágha*, em Sirodá.

Nestas feiras expõem-se à venda roupa, doces, objectos de metal, e na de Naroá, mobilia. Merece especial menção a feira

Mercado de hortaliça em Pangim

Feira de Banastarim

Mercado de olaria em Pangim

Tirta dc Naroá

semanal de Banastarim, que se realiza às sextas-feiras, das 3 às 6 horas da manhã. Nas feiras semanais vendem-se gado, comestiveis, artefactos de bambu e utensilios de barro.

São as seguintes as principais feiras anuais cristãs:

Reis-Magos—6 de Janeiro.
Cuelim—6 de Janeiro.
Pomburpá—2 de Fevereiro.
Mapuçá—Festa da Sr.ª dos Milagres.
Aldoná—Festa da Sr.ª da Conceição.
Saligão—Festa da Mãi de Deus.
Colvá—Fama de Menino Jesus.
Navelim—Festa da Sr.ª do Rosário.
Margão—8, 9, 10 de Dezembro.
Pangim—8, 9, 10 de Dezembro.
Calangute—8, 9, 10 de Dezembro.
Ribandar—Festa da Sr.ª dos Prazeres.

São as seguintes as feiras semanais:

Sanquelim—segunda-feira.
Cuncolim—terça-feira.
Valpoi, Bicholim, Sanvordém, e Sanguém—quarta-feira.
Margão—quinta-feira.
Mapuçá, Banastarim, Ássolná—sexta-feira.
Margão, Curtorim, Chandor, Calangute, Pondá, Quepém, e Sanvordem—Domingo.

Medidas—A base das medidas de comprimento na India Portuguesa é o palmo craveiro português, que se considera igual a 22 centímetros, sendo a polegada oitava parte do palmo igual a 27½ milímetros.

As medidas dependentes do palmo, mais ou menos vulgarizadas, são:

		Met.
Palmo craveiro	. . . .	0,22
Mão	2 palmos craveiros	0,44
Côvado	3 » »	0,66
Jarda	4 » »	0,88

		Met.
Vara	5 palmos craveiros	1,10
Braça	10 » »	2,20

Na avaliação das terras em Goa.

			Met.
Bambú dos palmares. . .	18 mãos. . .		7,92
» das várzeas . . .	12 » . . .		5,28
» dos arecais . . .	6 » . . .		2,64
Na Praganã:			
Kati	6 mãos. . .		2,64

Em Damão:

Os terrenos são medidos por *arados*, *unddós*, e *carós*. Entende-se por arado 5 vigas de terreno, tendo cada viga 20 bambús quadrados de 4 côvados cada um, e por *unddó* uma porção de terreno maior ou menor, segundo as posses do colono. O *caró* divide-se em 28 punhos de comprimento. O terreno que abrange um *caró* quadrado denomina-se *visvassi*, 20 dos quais fazem um *vassá* e 20 *vassás* 1 viga, que equivale a 20 bambús quadrados de 4 côvados cada bambú.

Medidas privativas:

Da madeira... *Jota*, que corresponde a $\frac{1}{5}$ do metro cúbico.

Em Damão o côvado, para medição da madeira, divide-se em 20 partes e tem 28 partes das 12 em que se divide o pé da construção naval ou 24½ polegadas ordinárias. O pé da construção naval corresponde a 10½ polegadas visvassi, e o cubo de uma das 20 divisões do côvado *Vassá* é igual a 20 *visvassis*.

O côvado cúbico tem portanto 400 *visvassis* ou 20 *vassás*, porque um *visvassi* é igual a $\frac{1}{20}$ do *vassá* e o *vassá* a $\frac{1}{20}$ do côvado.

Da cal

		Lit.
Caixa.	2 mãos. . . .	47,916
Moio	32 caixas . . .	1533,212

Das alvenarias

A braça compreende 300 palmos cúbicos que correspondem a 3,1944 metros cúbicos.

Da distancia

Gaum (quási 2 léguas) divide-se em 4 *cossos* e 1 *cosso* em 2 *davârnins.*

Medidas de capacidade para secos

A medida denominada *pôdd* é considerada como base do sistema das medidas de capacidade para sêcos e corresponde no sistema métrico decimal a 0,998 litros.

As medidas de capacidade dependentes do *pôdd* são:

		Lit.
Solavó	$\frac{1}{16}$ de pôdd	0,0625
Guirnacti	$\frac{1}{8}$ » »	0,125
Ardh-nacti	$\frac{1}{4}$ » »	0,250
Nacti	$\frac{1}{2}$ » »	0,499
Pôdd		0,998
Paili	4 poddis	3,993
Curó	2 pailis	7,986
Mão	3 curós	23,958
Candil de 20 curós		159,72
» de 20 mãos		479,16
Cumbo de 20 candis de 20 curós		3194,4

Nas Novas Conquistas, especialmente encontramos uma outra base denominada "seira" que corresponde a 0,95045 litros e as medidas dependentes desta unidade são:

		Lit.
Pauseira	$\frac{1}{4}$ da seira	0,2376
Ardh-seira	$\frac{1}{2}$ »	0,4752
Seira		0,95045
Paili	4 seiras	3,8018
Mão	40 »	38,018
Fardo	48 »	45,6216
Saca	96 »	91,2432

Em Damão:

O ará divide-se em 32 parás:

O pará tem 8½ 2 paiás.

O paiá tem 4 seiras e corresponde quási a 3 pôddis de Goa.

A seira divide-se em metade, quartos e oitavos.

Em Diu:

O candil divide-se em 8 parás e o pará em 76 medidas.

Outra medida: pará de 20 manás e maná de 4 medidas.

Medidas de capacidade para líquidos

A seira é a base das medidas para líquidos e neste caso corresponde no sistema métrico decimal a 0,352 litros.

As medidas dependentes desta unidade são:

Ardh notanca . .	$\frac{1}{16}$ da seira.	0,022
Notanca	$\frac{1}{8}$ » »	0,044
Pauseira	$\frac{1}{4}$ » »	0,088
Ardh-seira . . .	$\frac{1}{2}$ » »	0,177
Seira	. . . .	0,352
Canada	4 seiras	1,408
Calão.	6 canadas	8,448
Mão	2 calões	16,896
Candil.	20 mãos.	337,920

Em Damão:

Candil que se divide em 20 mãos.

A mão divide-se em 45 quartilhos na medição dos vinhos e 32 ditos na dos mais líquidos.

Em Diu:

Mão que se divide em 8½ canadas, e também em 40 seiras.

Pesos.

		Gram.
Grão	. . . .	0,0498
Oitava	72 grãos. . . .	3,5859
Onça	8 oitavas . . .	28,6875
Arrátel	16 onças . . .	459,00

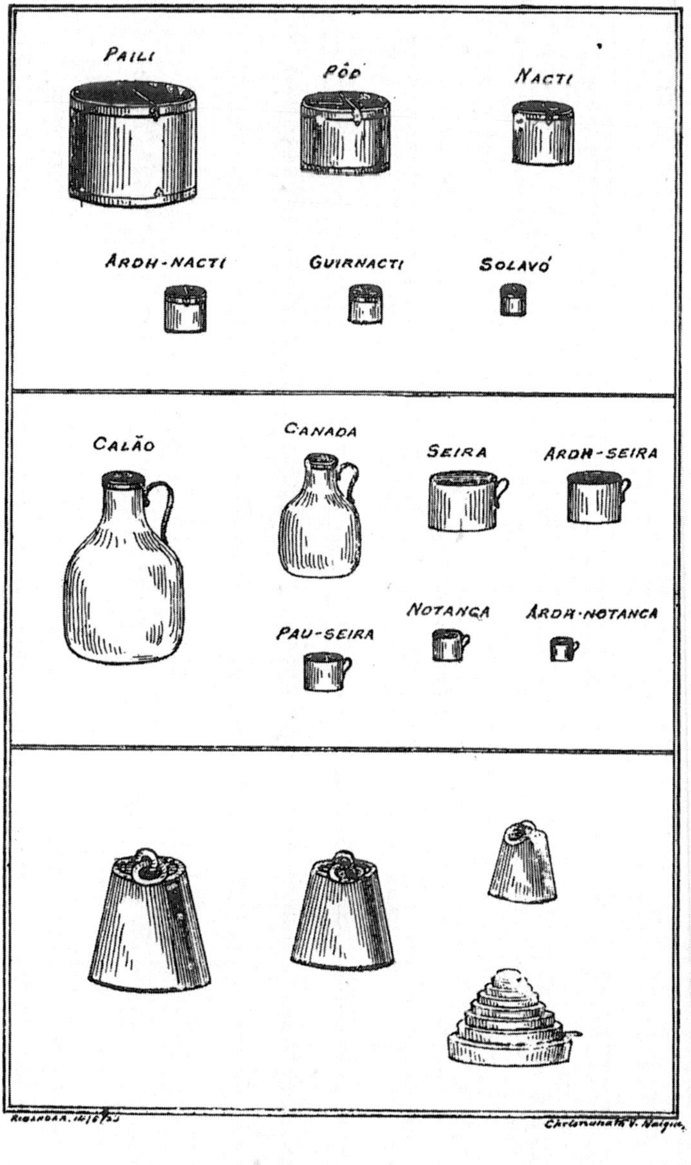
PAILI
PÔD
NACTI
ARDH-NACTI
GUIRNACTI
SOLAVÓ
CALÃO
CANADA
SEIRA
ARDH-SEIRA
NOTANGA
ARDH-NOTANCA
PAU-SEIRA
RIBANDAR. 14/6/23

		Quilogr.
Arroba	32 arráteis . . .	14,688
Candil	20 arrobas . .	.293,76

Em Damão:

Candil que se divide em 20 mãos.

A mão tem 40 seiras ou $26\frac{2}{3}$ arráteis.

Esta medida serve para pesar ferro, manteiga, especiarias e outros géneros. Há outra *mão* que tem 42 seiras ou 28 arráteis.

Seira que é igual a $\frac{2}{3}$ de um arrátel ou 27 tolás, e se divide em 2 meias, 4 quartas e 8 oitavas da seira.

Para pesar metais preciosos: tolá de 32 vales e o val de 3 gungis.

Para pesar aljôfres e pérolas: tolá de 32 vales, vale de 3 ratis, rati de 20 vassás.

Em Diu:

Candil, que se divide em 20 mãos, tendo a mão 40 seiras e a seira $10\frac{5}{8}$ onças e $8\frac{1}{2}$ grãos, ou ao todo $26\frac{3}{5}$ arráteis.

Para pesar metais preciosos:

Tolá de 32 vales e o val é de 3 gungis. Para pesar pérolas e aljôfres: tolá que vale 32 vales, 1 val 3 ratis, 1 rati 20 vassás.

Muitos dêste pesos e medidas cairam em desuso em virtude da Portaria do Govêrno da India de 4 de Julho de 1898 que adoptou o seguinte sistema português indiano:

A medida de comprimento é a dupla-mão, igual ao metro, dividida em 4 palmos e o palmo em 10 angulés.

As medidas de capacidade para secos são:

	Lit.
Solavó	0,0625
Guirnacti	0,125
Ardh-nacti	0.25
Nacti	0,50
Pôdd	1,00
Paili	4,00
Curó	8,00

As medidas de capacidade para líquidos são:

	Lit.
Paunotanca	0,03125
Ardh notanca	0,0625
Notanca	0,125
Pauseira	0,25
Ardh-seira	0,50
Seira	1,00
Calão	8,00

As medidas de pêso são:

1 Arroba	16,00	quilogr
½ Arroba	8,00	»
8 Arráteis	4,00	»
4 Arráteis	2,00	»
2 Arráteis	1,00	»
1 Arrátel	0,50	»
8 Onças	0,25	»
4 Onças	0,125	»
2 Onças	62,50	gram.
1 Onça	31,25	»
4 Oitavas	15,625	»
2 Oitavas	7,813	»
1 Oitava	3,906	»
64 Grãos	3,475	»
32 Grãos	1,738	»
16 Grãos	0,869	»
8 Grãos	0,4344	»
4 Grãos	0,2172	»
2 Grãos	0,1086	»
1 Grão	0,0543	»
½ Grão	0,0272	»
¼ Grão	0,0136	»

f)—A milicia e as armas

A casta marata é a casta militar de Goa. É nesta casta que se recrutam principalmente os soldados da nossa India.

O Vice-rei Marquês de Alorna descreveu da seguinte forma a táctica dos maratas, de que ainda hoje encontramos vestígios nas serranias das Novas Conquistas, nas chamadas *revoltas dos ranes.*

"Não suponha V. Ex.ª que as Tropas do Maratta, e de outros Régulos de que tanto boato tem soado de tempos a esta parte, assim na Asia, como na Europa tem nada mais de formidável, que o imenso número de gente desordenada, de tal sorte, que pela experiência que já tenho dela, não se me oferecia dúvida com um corpo de cinco mil homens de tropas reguladas atacar um Exército de cinquenta mil: A desordem que tem na sua formatura, essa mesma observam na marcha, e no Acampamento: o seu Arraial difere pouco dos de Ciganos, cada um busca o sítio, a sombra, e a árvore, que mais se lhe acomoda; tem pouca vigilância nas guardas e sentinelas, e são por êste respeito mui fáceis de ser surpreendidos... A cavalaria é composta de poucos cavalos capazes e de número infinitivo de sendeiros, a que chamam Quartão; alguns Soldados dêste corpo são armados com lanças e outros com espadas largas. Os sipais, que é a sua Infantaria, são armados com Caitocas, que é uma espécie de esmerilhões, que cursam muito mais que as nossas Armas; alguns, com uma, e duas espadas compridas, e largas... Estas tropas não são tais que esperem a pé firme um inimigo bem ordenado, e que acometam com intrépida resolução; tôdas as suas operações consistem em surtidas, surpresas, e emboscada; e nos bosques, e desfiladeiros em que supõem seguro são terríveis, e muito mais formidáveis nas derrotas... e se semelhantes tropas tivessem ordem e valor à proporção das outras circunstâncias, seriam invencíveis. Nenhumas como estas sofrem tanto qualquer incómodo: não necessitam de fardamentos, porque andam nus da cintura para cima; com três ou quatros apas, que é uma espécie de bolos feitos de arroz, ou de trigo, tem que comer para vários dias, e em razão desta desigualdade escusa-se o grande embaraço de carriagem, que necessita um grande exército para a condução de mantimento".

São as seguintes as principais armas indígenas: *godá* (clava), *vagnokh* (unhas de tigre), *nimchó* (punhal), *cottear* (punhal), *chacra* (disco), *dhall* (escudo), *khanjir* (sabre), *tomar* (alfange), *ardhachandra* (crescente), *khetaca* (cutelo), *tolvar* (cimitarra), *pottó* (espada comprida e larga), *mugdol* (seta), *bhaló* (lança), *trixul* (tridente), *paraxu* (machado), *angucha* (aguilhão do elefante), *zuranti* (espingarda), *bonduca* (espingarda). Os indígenas de Praganã usam de arco e flecha (*danucha-ban*).

Maratas armados

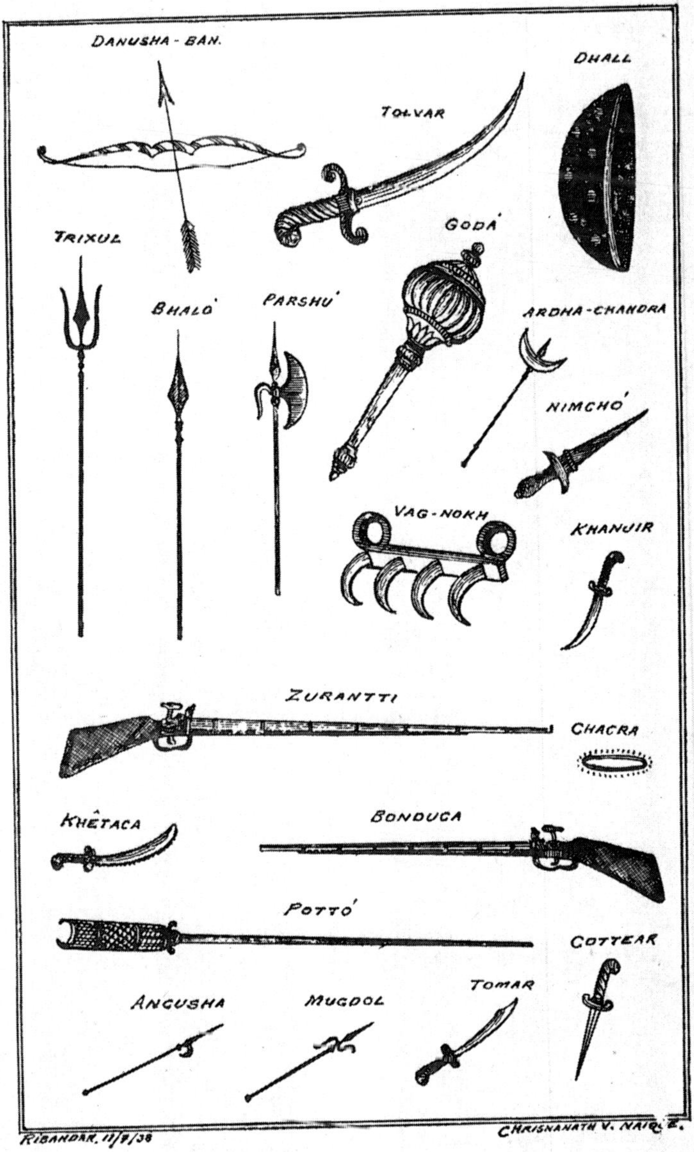

RIBANDAR. 11/7/38 CHRISNANATH V. NAIK E.

CAPITULO IV

A vida espiritual

1—Da linguagem

Em Goa, o povo fala o *concani.* Os hindús aprendem nas escolas o *marathi,* que é empregado na correspondência particular e comercial, e entre os mesmos circulam livros e jornais em *marathi.*

Os brâmanes *chitpavanas, caradés, quirvonts* e *padhés,* que em as *Novas Conquistas* exercem a profissão agrícola ou sacerdotal, embora em público falem o *concani,* em família exprimem-se em *marathi.*

Em Goa encontramos escritos marathis em caracteres *balbôdh, moddi* e *canarêses.* O *moddi* apareceu ao tempo de Sivagi. Existem livros de escrituração das comunidades agrícolas de Goa em caracteres canarêses que antigamente se usavam igualmente na escrituração comercial.

Em Bombaim, os emigrantes cristãos de Goa publicam jornais, novelas, livros religiosos, e peças de teatro em *concani,* mas em caracteres romanos. Em Goa ensinase o catecismo ao povo em *concani* e é em *concani* que se fazem prédicas nas igrejas rurais.

Em Damão e em Diu, o povo fala o *guzerati* e aí circulam jornais em *guzerati* publicados na India Inglesa. Em Praganã Nagar-aveli há tribus, sôbretudo do interior, que falam o *marathi.* Há escolas oficiais de *marathi* nas *Novas Conquistas* e de guzerati em Damão e em Diu, e no Liceu de Nova Goa uma cadeira de sânscrito e marathi.

Os maometanos falam em Goa o *concani* e o *hindustani,* em Damão e em Diu o *guzerati* e o *hindustani,* e escrevem em caracteres árabes. O concani — observou Grierson no *Linguistic Survey of India*— aproxima-se do *guzerati,* e é possível que os árias ou os arianizados tenham descido do Guzerate para o Concão.

Certo é que a difusão das línguas áricas, sanscritoides, como o *guzerate*, o *marathi* e o *concani*, pela costa ocidental da India é uma prova eloquente da expansão da cultura árica pelo Guzerate e Concão, quer pela acção dos missionários jainas e budistas, quer sob o influxo da dominação política dos príncipes arianizados...

Passado o primeiro ímpeto da conquista de Goa pelos portugueses, da demolição dos templos hindús e da destruição dos livros escritos nas línguas indígenas, o poder civil e o eclesiástico numa justa compreensão das necessidades de ordem religiosa, política, diplomática e comercial favoreceram o conhecimento das línguas vernáculas.

Os *Concílios Provinciais* recomendaram que os sacerdotes aprendessem o vernáculo e se traduzisse o catecismo da doutrina cristã; que se ordenassem clérigos indígenas conhecedores da língua da terra; que nenhum sacerdote fôsse nomeado pároco sem conhecer a língua dos fregueses. Houve ordens régias obrigando os frades e os curas de almas a aprender as línguas vernáculas, e o Vice-rei António de Melo e Castro declarou dar-se ao estudo do concani para poder bem reger os povos.

Ao passo que as igrejas das Ilhas de Goa foram confiadas aos dominicanos, aos jesuitas e aos agostinhos, as cristandades de Bardês foram entregues aos franciscanos da Observância e as de Salcete aos jesuitas. Tanto entre os franciscanos como entre os jesuitas apareceram cultores e mestres do concani, compondo gramáticas, dicionários, catecismos, orações, e obras religiosas, como a *Vida de Jesus Cristo*, em verso, à imitação dos *Puranas*, escrita pelo jesuita inglês Tomás Estevão, e o *Flos Sanctorum* pelo franciscano Fr. Amador de Santana.

Mas o enervante clima tropical amodorrava os espíritos e amolentava os caracteres. A austeridade fugira dos cláustros. Os frades desamparavam a vinha do Senhor para se entregarem aos prazeres mundanos. Ao zêlo pela propagação da fé havia sucedido o amor ao ócio e como conseqüência a repugnância de aprender a língua da terra. Os frades sofismaram as determinações dos concílios, escolhendo coadjutores indígenas e ouvindo a confissão por intérpretes! (1)

A resistência ao estudo do concani culminou no célebre Alvará do Vice-Rei Conde de Alvor, publicado, a solicitação dos franciscanos, a 27 de Junho de 1684, o qual assinava o prazo de três anos para todos os indígenas aprenderem o português, e na famosa Pastoral de 21 de Novembro de 1745, publicada pelo Arcebispo D. Fr. Lourenço de Santa Maria que criou o impedimento "de não poder contrahir matrimonio todo aquelle homem ou mulher que não souber ou não uzar e fallar a lingua portugueza"!

Todavia os indígenas continuam a falar o concani e os hindus a cultivar o marathi, lendo as obras de Spencer, Stuart Mill, Tolstoi e Anatole France, traduzidas para o *marathi.* A mulher hindú de Goa lê novelas em *marathi* e assina jornais e revistas *marathis.*

O *concani* não morreu porque é a língua do povo:

> "Une langue populaire opposée à une grande langue commune se trouve en état d'infériorité. D'abord elle manque d'unité. C'est un ensemble de parlers locaux sans cohésion, dont certains sont si aberrants qu'on ne se comprend que peu ou point à quelques kilomètres de distance. De plus, c'est une langue qui manque de culture; elle est sans littérature, sans tradition; elle n'a pas été façonnée pour permettre a ceux qui la parlent de se exprimer avec toutes les nuances que sentent les gens cultivés. *C'est une langue qui a sa destination propre, attachée aux usages vulgaires ou communs de la vie pratique, surtout rurale. Elle peut se maintenir longtemps avec cette destination qui n'est pas méprisable... Une langue meurt quand ceux qui la parlent n'éprouvent plus le besoin, le goût, la volonté de la parler".* (2)

(1) O Breve do Papa Alexandre VII *Sacrosancti Apostolatus* de 18-1-1658 proïbiu a confissão por meio de intérpretes (*Bullarum Patronatus,* II, 92).

(2) Vendryés — Professor na Sorbonne — *La Mort des langues,* na *Revue des Cours et Conférences,* vol. 35, pag. 77.

2 — Da escola hindú

Na primeira lição o professor (*xenoi*) escreve e lê na ardósia, que cada aluno deve ter, as sílabas do abecedário que reunidas formam o nome de *Xri Ganêsh* (deus da sabedoria) o discípulo lê e escreve algumas vezes até aprender. Segue-se o mesmo método nas lições seguintes, de modo que o aluno aprende simultâneamente a ler e a escrever em marathi, a contar, e a recitar poesias indianas. Começa e termina a aula, entoando todos os alunos cânticos religiosos (*ichastuti*) em côro, de pé, com as mãos cruzadas.

A escola hindú (*sall*), que funciona, em regra, no vestíbulo do pagode da aldeia, como em Bengala ([3]) é frequentada por alunos de um e outro sexo, de 4 a 12 anos de idade, de tôdas as castas, excepto *dangores*, *mahres*, e *chamares*. Os alunos mais adiantados auxiliam o professor no ensino dos principiantes.

As mãis ensinam às filhas costura, bordados, cozinha e *stôtras* (cânticos religiosos).

Os candidatos a *bottos* (sacerdotes) aprendem particularmente com os *xastris* (teólogos) sânscrito, filosofia, teologia, astronomia, astrologia, cronologia, e medicina.

Dantes as letras eram traçadas na escola primária com o dêdo index sôbre a táboa de *santon (alstonia scholaris)* coberta de poeira ou com um bocado de bambu fino sôbre fôlhas de bananeira. As esculturas de Gandhara representam Budha aprendendo a escrever numa táboa. ([4])

A 28 de Novembro de 1548 escreveu o bispo D. João de Albuquerque a El-Rei comunicando-lhe que andava coligindo os livros dos gentios, com intento de acabar com a idolatria. ([5]) A 24 de Outubro de 1583 o jesuita inglês Tomás Estevam escrevia a seu irmão Richard Stephens: "quasi tudo que se

---

([3]) Dr. A. S. Altekar — *Education in Ancient India* — 1934 — pag 216.

([4]) *Archeological Survey of India*, 1903-4, pag. 246.

([5]) *Índice geral dos documentos da Torre do Tombo*, 1, pag. 176.

Escola primária hindu

Prassada

encontra escrito é nas suas folhas (de palmeira)». A Provisão do Vice-Rei de 31 de Julho de 1593 determina: "*daqui por diante todas as escripturas de venda e compra, e quaisquer outros contractos feitos entre os ditos christãos de terra e gentios, ou quaisquer outros infieis, se façam e escrevam em papel e não em olas* (fôlhas de palmeira), *como até agora se fizerão.*" (6)

3—Da medicina hindú

Em Goa não há escolas de medicina hindú. Quando morre um *vaidya* (médico) deixa a seu filho ou algum parente um livro de receitas, com o qual o novo *vaidya* começa a exercer clínica, fazendo segrêdo dos conhecimentos legados. Em Goa há vários especialistas na medicina e cirurgia: doenças das crianças, fracturas, tumores, doenças das vias respiratórias, do figado, etc.

O *vaidya* hindú examina a urina e toma o pulso, aplicando por diferentes vezes os dedos sôbre as artérias dos braços. Depois de as ter compulsado por alguns momentos olha atentamente para a fisionomia do doente, persuadido de que o movimento dos olhos junto com o das artérias é meio seguro para diagnosticar a doença.

> "Dos muitos médicos de que se orgulha a Arábia, nenhum ao que parece, pode ser comparado a Thabet, que, pelo movimento só do pulso, indicava duma maneira irrefrágavel a causa das enfermidades." (7)

Bem dizia Garcia da Orta: "sam homens, que não curam senam per esperiencia e per costume" (Col. 36) "se vem a orina branca, sem nenhuma digestam, tem a por boa, e se a vem vermelha e grossa com digestam louvada tem a por má" (Col. 36) "sei vos dizer que curam bem nas camaras, e

(6) Arq. Port. Oriental, 1.ª edição, fascículo V, doc. 997.

(7) Cavaleiro de Oliveira — *O Galante Século XVIII* — tradução de Aquilino Ribeiro, pag. 267.

pollo pulso dizem se tem febre ou não, e se está fraco ou rijo, e qual he o humor que peca se he sangue ou colera, ou fleima, ou melamcolia: dam bom remedio para as opilações" (Col. 36).

"nunqua usarão sangria, senão desque nós somos nesta terra; bem que usavam deitar ventosas e çarrafar e deitar sanguexugas". (Col. 36).

"nas cousas dos metais sabem os Indios médicos fazer obras; porque, queimando e polvorisando os metais, eu vi aço e ferro queimado e polvorisado, e azougue". (Col. 56).

Nos casos de inflamações externas costumam escarificar a parte inflamada com a ponta de uma *coiti* ou de uma navalha; depois aplicam uma espécie de ventosa de cobre, que tem um tubo, por meio do qual chupam o sangue com a bôca.

Para curarem a cólica têm um remédio que segundo êles dizem, nunca deixa de ser eficaz. Consiste em anel de ferro de uma polegada e meia de diâmetro, e de proporcional grossura; depois de escandecido, colocam o doente na posição horisontal, e lho aplicam em braza sôbre a região umbilical. Êste cautério actual produz uma súbita revulsão no abdomen, e as dores de cólica em pouco se dissipam.

Suprem as sangrias pelas sanguesugas e pela dieta.

Aplicam bichas nas hemorroidas e para resolver abcessos.

Abrem sangrias no caso de ataque de sangue.

Tratam a icterícia por meio de cauterização aplicando na barriga dum dos antebraços vareta de ferro em braza.

Tratam a mordedura de cobra com *zhaddó* que consiste em o *mântri* recitar mantras, em voz baixa, e bater a cabeça e corpo da vítima com talos do *lingudd*; dão também duches de água fria na cabeça.

Fazem massagem de azeite de côco para as puérperas e de óleos medicamentosos para os paralíticos.

O viajante Gemelli Careri (1695) notou que em Damão para o tratamento de cólera se empregava o ferro em braza nos calcanhares "elle (*mordazia*) ne se passe qu'en appliquant un fer rouge aux talons, jusqu'a ce que le malade sent l'ardeur du feu." [8]

Os médicos hindús curam com facilidade os ferimentos mais graves, reduzem as luxações e fracturas com bom êxito. Para quási tôdas as doenças prescrevem dieta rigorosa e bebidas extraídas de certas plantas medicinais em que abunda o país e que, em grande número de casos, produzem curas maravilhosas.

Megástenes (século IV antes de Cristo) observou que na India a dieta era muito recomendada no tratamento das doenças. [9]

O chitrac (*plumbago*) é usado nas dispepsias e nas hemorróidas; a pitmari (*narengamia*) ou as fôlhas de parzonto (*nyctantes arbor tristis*) nos estados biliosos; o decocto de fôlhas de dudi (*lagenaria vulgaris*) na icterícia; o pó das flores de nag-champó (*mesua ferrea*) misturado com manteiga nas hemorróidas fluentes; a satagana (*casearia esculenta*) na glicosuria, obstruções do fígado e hemorróidas.

Na diabetes empregam a casca da raiz de quivani (*helicteres isora*), vinho de jambolão (*eugenia jambolana*), frutos sêcos ou sumo de frutos maduros de rumbôdd (*ficus glomerata*), sumo das fôlhas ou fruto de anvali (*phylantus emblica*), decocto da casca de vôdd (*ficus indica*) e flôres cozidas de bananeira; na diarreia infantil a casca de romã roçada em água quente e sumo da casca de jamboleiro (*eugenia jambolana*) com leite de cabra; na flatulência intestinal das crianças a casca da raiz de quivani (*helicteres isora*); na disenteria e diarreia o fruto verde de bel (*aegle marmelos*), sumo das fôlhas de *mirió* (*polialthia fragrans*), a goma do tronco de sanvôr (*bombax malabaricum*) na dose de 40 ou 50 grãos, para os adultos, pó da semente e cozimento da casca de mangueira, decocto de areca, da raiz de cuddó (*holarrhena anti-dysenterica*) ou de pitmari (*narengamia alata*) e infusão de palha de Balagate; na diarreia e disenteria crónicas a casca de aptá

---

(8) *Voyage au tour du monde*, edição de 1727, pag. 27.

(9) Megastenes—Fragmento 41.

(bauhinia racemosa); na hipertrofia do fígado e do baço a seiva de rumbôdd *(ficus glomerata)*; nos incómodos de lombrigas nas crianças *ajoão ovom* ou semente de Alexandria em infusão, a casca de ponguiró *(erythrina indica)* contusa com pouco de água ou espírito nativo, em forma de cataplasma sôbre a moleira; para expulsar a ténia o óleo das sementes de comalenga *(cucurbita pepo)* na dose de meia onça repetida dentro de 2 horas e seguido de laxante ou raiz roçada de romeira e em seguida purgante.

Um curandeiro hindú curava a pneumonia com a casca de ancli *(alangium lamarkii)* e outro com o visco de savó uró *(sapium insigne)* misturado com farinha de nachinim.

Emprega-se o norvol *(viburnum fœtidum)* nas hemorragias das puérperas; o emplasto de fôlhas pisadas de môgri *(jasminum sambac)* para impedir a secreção do leite quando haja ameaça de abcesso; o fruto maduro de comalenga *(cucurbita pepo)* ou uma oitava de pó de frutos de rumbôdd *(ficus glomerata)* nas hemorragias pulmonares e uterinas; a baínha do fruto de baió *(fistula cassia)* misturada com açafrão, açucar e água de rosas no parto laborioso; para expulsar lóquios o decocto de nós de bambu; a raiz ou casca de aghastá de flôres vermelhas *(sesbania grandiflora)* moída sem mistura de água, na dose de 2 colheres de 2 em 2 horas na laringite e bronquite sufocante; externamente, sob a forma de roçadura, sândalo vermelho *(santalinus pterocarpus)* na inflamação da garganta; pó de açafrão *(curcuma longa)* com manteiga na tosse pulmonar; o pocllem-mirim *(piper trissicum)* para a dôr de dentes e na cólera; o chinch *(tamarindus indica)* com óleo de côco como purgante e as fôlhas pisadas na erisipela; o jatmansi *(nardostachys jatamansi)* e a cebola como antispasmódicos; o govardhan *(bovinum bezoar)* obtido da vesícula biliar dos bois na variola e sarampo.

Prescrevem para a asma inalações de pó de casca do fruto de condol (*trichosantes palmata*), cozimento de calegirem (*vernonia anthelmintica*) e sumo adoçado de nivôl-canti (*euphorbia nerifolia*) assada no borralho; para o catarro brônquico fomentações ao peito de fôlhas de betle (*piper betle*) aquecidas ao lume ou inalações de fumo de açafrão queimado; para as glândulas escrofulosas supuradas o óleo das sementes de nimb (*melia azadiracta*); para a anemia jagomas, cozimento da casca de *cuddó* branco, infusão da casca de maulling (*citrus medica*), decocto da raiz de paddvêl (*cissampelos pareira*), raiz de vaqueri (*cesalpinia muga*) misturada com leite; como tónico cardíaco a flôr de lotus (*nelumium speciosum*); como tónico, na convalescença das febres, flôres sêcas de nimb (*melia azadiracta*) ou raiz de vaqueri (*cesalpinia muga*) roçada em leite; para a esterilidade frutos sêcos de pimpôll (*ficus religiosa*) e raiz de *daponi*, moída em água misturada com mel d'abelhas; para o reumatismo articular frutos de carit (*cucumis trigonus*) e externamente casca de santon-ruc (*alstonia scholaris*) ou fôlhas de marjadvêl (*ipomea biloba*) ou lingudd (*vitex negundo*) em fomentações; para a conjuntivite purulenta sumo da planta verde de dhurvá (*panicum dactilum*); para os cálculos vesicais decocto de rizomas de dhurvá; para a irritação da bexiga e uretra casca de cazuli (*clitorea ternatea*) na dose de 1 a 2 oitavas em infusão; para a hidropisia sumo de fôlhas de marjadvêl; para as congestões e hidropisias renais uma onça de cant-mogri (*achirantes aspera*); para os orelhões sumo das fôlhas pisadas de pimenteira (*nirvoli*) e fomentações de cozi; para as dôres de ouvido sumo de flôres de betle ou sumo das fôlhas de *tumbó* (*leucas linifolia*) ou sumo de *nivol-canti* (*euphorbia neriifolia*) assada no borralho; para a supuração do ouvido e do meato urinário óleo de flôres de ató (*pandanus odotatíssimus*); para as poluções areca; para a leucorreia pó da semente de manga na dose de 1 grama; para a dismenorreia casca de raiz de algodão (*gossipium religiosum*); para a dôr de testículos durante as febres periódicas semente de algodão (*gossipium religiosum*); para a blenorragia sumo da raiz da variedade branca de doxinn (*hibiscus rosa sinensis*) na dose de 9 gramas com leite, açucar e cominhos ou seiva de rumbôdd (*ficus glomerata*) com açucar e cominhos na dose de 4 oitavas; para a sifilis undri (*hydrocetile asiatica*) e fôlhas de ponguiró (*erithrina indica*); para a lut (ardência e comichão dos pés) fôlhas de champó (*michelia champaca*) moídas com vinagre ou pó de flores de nag-champó (*mesua ferrea*) misturado com manteiga; para as doenças cutâneas óleo da fruta de carange (*pongamia glabra*) ou o talquiló (*cassia tera*); externamente para as afecções cancerosas a casca de babalia (*acacia arabica*) bem pisada e misturada com óleo de gergelim; para resolver bubões venéreos, tumores e matar bichos das chagas fôlhas de ponguiró; para psoriase, externamente, visco do fruto de pau rosa (*hibiscus populneus*); para os abcessos casca de raiz de panheira branca (*bombax malabaricum*) moida e feita em pasta; para os furúnculos e sarna cozimento de uparsal (*hemidesmus indiceu*); para os leicenços talhadas (*solans*) de mangas verdes moídas com sal; para a empigem sumo de fôlhas de alfuli (*cassia sophera*); para o inchaço a raiz roçada de aghastá (*sesbania grandiflora*) que, depois de um purgante, se esfrega à parte inchada, junto com a raiz de dutró (*datura stramonium*), aquecendo o líquido; para as ulcerações crónicas óleo das sementes de ran-erôndd (*jatropha glandulifera*); para limpar úlceras fétidas sumo das fôlhas de betle ou fôlhas de nimb (*melia azadiracta*) pisadas e misturadas com sumo de limão; para as fracturas o pó de rizomas de açafrão e kantekunvôr (*aloes vera*) pisada que também se emprega nas torsões e queimaduras; para as contusões aplicação externa de nivôl-canti (*euphorbia nerifolia*) cujo suco também se usa nas escaldaduras de azeite ou água fervida ou o tumbó (*leucas linifolia*) em fomentações; para as feridas o sumo da planta verde de dhurvá (*panicum dactilon*); para a lavagem de úlceras e feridas o decocto da casca de pimpôll, de babaliá (*acacia arábica*) ou de vôdd; para a lepra óleo das sementes de nimb (*melia azadiracta*) misturado com óleo de chaulmogra e gurjim; para a sarna sumo das fôlhas de tumbó (*leucas lenifolia*) ou das de moringueiro (*moringa concanensis*).

Para combater as febres palustres ministram com sucesso plantas amargas, especialmente o cozimento da raiz e fôlhas de nimb (*melia azadiracta*) e cuddó (*holarrhena antidysenterica*); nas febres remitentes o decocto de porpotó (*olae-*

landia biflora) e nas febres intermitentes o decocto da casca de bel (*ægle marmelus*).

O mênnqui (*glycosmis penthaphylla*) passa como um dos melhores contravenenos para as mordeduras da cobra de capêlo; e as fôlhas de moringueiro (*hyperanthera moringa*) reduzidas a massa para as mordeduras de cãis. Nas mordeduras de cobra empregam-se também a casca e a raiz de pandri (*strychnos colubrina*) decocto de sapus (*aristolochia indica*), raiz de carandeira roçada em água e bebida, sumo das raizes tenras e brancas do coqueiro e ambrutivêl roçada em água de arroz.

Em quási tôdas as doenças os hindús consultam o oráculo no templo (pagode), ao qual recorrem também para escolher o médico.

As mulheres histéricas e certos loucos são considerados possessos: são levados pela família ao pé de certos deuses; se o espírito resiste aos exorcismos do estilo, o sacerdote recorre à vara do deus, um junco dobrado cingido por anéis de prata. Em regra, depois de algumas varadas, o espirito pede perdão e resolve-se a sair.

Em Damão, sacode-se o corpo duma pessoa, ou dum animal com raminhos de árvores, de ordinário de *limbrá*, para o libertar do espírito maligno, ou para curar de qualquer doença (*japatium*) ou o *bagate* com um movimento desordenado do corpo evoca o espírito dos deuses (*dunem*) para intervir na cura ou passa 7 vezes sôbre o doente uma vasilha apropriada, contendo arroz que fica uma noite sob a cabeceira do mesmo (*bagatai*). Os indivíduos, principalmente mulheres, que tenham o *moti-mai* fazem movimentos desordenados do corpo, cantam, dançam e falam diversas línguas; o bagate toca durante 9 dias o dôl e fá-los dançar e no nono dia, o doente deita flôres, côco e uma *patala* (banco) ao mar.

A variola depende da deusa *Chitalá* ou *Saibina*. Sendo atacado um membro da família, durante 14 dias oferecem aos deuses água do côco verde, bananas, açucar (*naivêdia*) e recitam preces diante de um côco e bilha de água. Não comem peixe nem fritam cousa alguma; mas não saem da casa, como os cristãos. Preferem a inoculação à vacina. No 7.º e 14.º dia dão banho ao varioloso, deitando na água fôlhas de methi (*lausonia alba*).

Em Praganã a variola e a febre de vacina são adoradas sob a invocação da *Sitlamaia*, não podendo os membros da família, durante os nove primeiros dias, barbear, nem mesmo aparar as unhas, nem sequer lavar as roupas. Satisfazem-se tôdas as vontades do acometido. Dentro do quarto e ainda sôbre a cama do doente deitam ramagens de *limbdá*, porque a deusa Sitlamata tem o seu hábitat debaixo dessa árvore. Ao redor do doente que é considerado um ente sagrado, reunem-se as mulheres que entoam, durante nove dias, cânticos e orações. Ao nono dia, o doente toma o seu primeiro banho fazendo promessas a Sitlamata de fazer uma romaria até a árvore de *limbdá*, levando-lhe oferendas: côcos, areca e betle

Havendo epidemia, o povo dirige preces a *Xantadurgá*. É que a doença é castigo dos deuses ou vingança dos demónios, ou conseqüência da posição dos astros. O doente expia os pecados da vida anterior no ciclo da transmigração (*adheatmico*) ou os actuais (*adhideivico*) ou é perseguido pelos demónios (*adhibhoutico*) ou os astros não são propícios (*nâchitá-graha*).

Aplaca-se a ira dos deuses com as preces (*jâp*). Esconjuram-se os demónios (*bhuts*) com promessas de galos e cabritos que são oferecidos aos deuses *Râvalnath* e *Vetal*. Satisfazem-se os astros com esmolas aos sacerdotes (*dana*).

As doenças das crianças são atribuidas ao mau olhado. Para o combater empregam vários processos: tomam na mão sal, pimenta, e alúmen e passam-nos por cima da cabeça do doente e deitam-nos ao fogo; penduram-lhe ao pescoço certas raizes, ou um gémeo corre a mão pelo corpo do paciente, ou o *mahar* (faraz) sacrifica uma galinha, faz uns bolos de farinha e passa-os por cima da cabeça do doente às quartas-feiras e domingos ou lhe dão fumo de retalho de roupa ou madeixa de cabelo do suspeito de ter maus olhos, cortados, sem êle o sentir, ou dão de beber sumo de fôlhas de certas plantas como a cobra vibora (*gratophyllum hortense* ou *justitia picta*). Para preservar as flôres de jardim do mau olhado colocam no meio dêle uma bilha de barro, caiada de branco com manchas negras, ou um espantalho.

Cura-se a torcedura, correndo pela parte torcida o pé dum indivíduo, cujos pés foram os primeiros a sair do ventre materno. Pára a cura de incómodos do ventre faz-se a seguinte operação:

Enche-se uma taça de água e coloca-se sôbre ela uma bilha de boca estreita vasia, tendo-se préviamente rarefeito o ar por meio de um morrão de palha acêso. Posta sem demora a boca da bilha sôbre a água, sobe esta para a bilha, e durante a operação o doente sustenta a taça sôbre o ventre.

" Havendo mais dum facultativo cristão na localidade, mandam consultar um *bramine* para lhe dizer qual dêlles devem chamar.

O *bramine* vai ao pagode consultar o ídolo; isto é, vai ali tomar o *prôssado*. Eis aqui um: O *bramine*, ou à falta dêste, o chefe da família, coloca em frente da sua divindade um vaso de cobre, e mete dentre dêstes uma varinha com outra atravessada na parte superior, e em cujas extremidades prendem mal seguras, duas flores ou raminhos de *tulossy*, tendo em cada uma ou cada um dêles os nomes dos facultativos. Depois imprimem um movimento de rotação à varinha perpendicular, esperando que uma das flores caia primeiro do que a outra: será esta a que indicará o facultativo que deve tratar o doente. Só depois desta e doutras muitas práticas supersticiosas é que o gentio doente se sujeita a tomar as substâncias medicamentosas e alimentares, que o facultativo cristão lhe prescrever, menos caldo ou carne de vaca ". (10)

Em Praganã para os casos de mordedura de cobras, escorpiões ou quaisquer animais venenosos, o Bagat com um ramo de qualquer planta, principalmente mangueira ou *limbrá*, começa a bater na cabeça do doente, ou até onde o doente sente as irradiações, vai baixando até o local da ferida, *por onde deve sair o veneno*, continuando sempre a bater e a rezar.

Para quaisquer dôres empregam a cauterização com o ferro em braza (*dôm*). Faz-se o *dôm* na parede abdominal das crianças com cólicas ou timpanismo; faz-se o *dôm* nas hepa-

(10) Archivo da Farmácia, n.º 22, 1865, pag. 175 e seg.

tites, contusões e algias de tôda a espécie. E' raro encontrar-se pessôas sem as cicatrizes de *dôm!*

Havendo qualquer epidemia de carácter pestilencial, que se considera uma manifestação da deusa irada, faz-se a cerimónia de "*utar*". Reunem-se no extremo de uma aldeia situada ao Norte, todos os *Bagats* da aldeia para a cerimónia de *Dunem*, pacto com o demónio que os deixa possessos numa grande excitação. Fazem as oferendas: um cabrito, 7 ou mais galos aos quais arrancam as cabeças e num vaso de barro colocam côcos, areca, betle, incenso, flôres e frutas. Esta oferenda é levada processionalmente, incorporando-se todos os habitantes da aldeia numa grande algazarra, até o limite aonde devem ficar aguardando os habitantes da aldeia contígua que sucessivamente vão passando para os doutra aldeia, até atingir o extremo Sul. A oferenda não pode ser depositada em qualquer parte, emquanto não se atravesse todo o território.

4—Da religião hindú

Deuses

Os principais são:

Brahmá (criador)
Xivá (destruidor)
Vixnú (conservador) } *datatraia* ou *trimurti* (trindade)

Crisna
Ramá } incarnações *(avatares)* de Vixnú.

Savitri, esposa de Brahmá.
Sarasvati (deusa da ciência) filha de Brahmá.
Parvati, esposa de Xivá.
Lacximi (deusa da riqueza) esposa de Vixnú.
Sitá, esposa de Ramá.
Rucmini, esposa de Crisna.
Ganês, filho de Parvati.

Estes deuses são adorados sob várias invocações. Assim Xivá também se chama Ananda, Bhairava, Balchandra, Butnat, Caxinat, Gangadar, Ichvar, Mahadeu, Malicarjuna, Manguêxa, Naguêxa, Nilconta, Niracar, Ramanatha, Sadassiva,

Trimbaca, Visvanata, Xembú, Xancara; Vixnu tem os seguintes nomes: Ananta, Atchuta, Bagavanta, Hari, Kexava, Madhava. Mocunda, Naraina, Panduranga, Podmonaba, Pondorinata, Pundolica, Purxotoma, Sirnivassa, Trivicrama, Upindra, Vamana, Vassudeva, Vitobá, Vital, Xridar; Crisna os de Achiuta, Damodora, Gopala, Govind, Jaganata, Janardana, Murari e Venctexa; Ramá os de Ramachandra, Raghunath, Roguvir; Ganês os de Duideha, Duaimatura, Ekadanta, Gajanana, Gajavadana, Heramba, Karimuca, Lambocarna, Lanbadara, Vignahari, Vighnesa; Sarasvati o de Bharati; Parvati os de Bhagavati, Bhavani, Kali, Mahamai, Navadurga, Santeri, Vijiadurga, e Xantadurga, e Lacximi os de Bumica, Camacxá, Mahalacximi, Mahalsá, Mauli.

Vejamos a significação das invocações:

	Nomes	*Significação*
Vixnú	Ananta.	O eterno
	Damodar	O que foi ligado com uma corda
	Gopinath	Senhor das *gopis* (pastoras)
	Keshava	O que tem lindo cabelo
	Crisna	O preto
	Madhava. . . .	Marido de Lacximi
	Narasinha . . .	O homem leão
	Narayana. . . .	O morador na água
	Ramachandra . .	O ilustre, ou Rama semelhante à lua
	Ramadeva . . .	O deus Rama
	Vamana	O anão
	Venkatesa . . .	Senhor da montanha Venkata
	Vishnudeva . . .	O deus Vixnú
	Vitola	Vixnú (forma corrupta).
Lacximi	Lacximi	Deusa da prosperidade, mulher de Vixnú
	Mahalacximi. . .	A grande Lacximi
	Bumica	Deusa da terra (id)
	Camacxá. . . .	Deusa dos olhos fascinantes
	Mauli	Mãi de todos (id)
	Mahalsa	A muito preguiçosa.

Xivá

Nomes	*Significação*
Adinatha	O primeiro senhor
Amritêchvara . .	Senhor do *amrita* (nectar)
Chandrêchvara. .	Senhor da lua
Cundanêchvara .	Senhor da Kundana (Cudnem)
Dharêchvara. . .	Senhor de Dhar, talvez Dhargali
Dyanêchvara . .	Senhor da sabedoria
Hatakêchvara . .	Senhor de Hataka
Kalanatha . . .	Senhor de Kala, deus da morte
Kapilêchvara . .	Senhor de Kapila (da côr de macaco)
Kamalêchvara . .	Senhor do lótus
Kalabhairava . .	O preto terrível
Kavisvara . . .	O senhor dos poetas
Kanakêshvara . .	O senhor de Kanaka (aldeia)
Kotiavara . . .	O senhor de 10 milhões (de seres)
Manguêxa . . .	Senhor de Manga (logar)
Mahadeva . . .	O grande deus
Màdhavanatha . .	Senhor de Madras, discípulos de Madhu
Mallinatha . . .	Senhor do demónio Malla
Mudêchvara. . .	Deus da felicidade e alegria
Mandalêchvara. .	Senhor de Mandalo (localidade)
Naguêxa	Deus das serpentes
Naganatha . . .	Deus das serpentes
Prayaga-mahadeva	O grande deus de Prayaga (localidade)
Ramanatha . . .	Senhor de Rama
Rudrêshvara. . .	Senhor dos Rudras
Somêshvara. . .	Senhor da lua
Saptakotêshvara .	Senhor de sete vezes 10 milhões
Somanatha . . .	Senhor da lua
Salêshvara . . .	Deus de Sala, logar sagrado
Xancara	Deus do bem
Xrinatha	Senhor de Xri
Sidhêchvara. . .	Senhor dos siddhas
Vimalechvara . .	Senhor dos puros de espírito.

	Nomes	*Significação*
Parvati	Ariadevi	Deusa dos árias
	Bagavati	A santa divindade
	Chamudesvari	A senhora Chamada
	Durgadevi	Deusa Durga
	Matá	A mãi
	Mauli	A mãi
	Mahamava	A grande *mayá* (ou ilusão)
	Navadurga	A durga de 9 formas
	Parvati	A nascida da montanha
	Xantadurga	A Durga acalmada
	Santeri	A deusa da paz.
	Baladeva	O deus Bala, irmão do Crisna.
	Bhauka	A deusa do amor.
	Gramadeva	Deus da aldeia.
	Ganapati Ganexa	Deus dos hóspedes.
	Gautama	Rixi notável.
	Hanuman	O de grande queixada.
	Maruti	Filho do Maruto, deus dos ventos.
	Karadadevi	Deusa de Karada (logar).
	Mandodari	Mulher de Ravana.
	Nirakara	A que não tem forma.
	Ramadeva	O deus Rama.
	Sidha	O asceta.
	Satpurusha	O bom.
	Vetalésvara	O deus Vetal, chefe dos demónios.
	Purvachari	O primeiro preceptor religioso.

Em Carambolim-Brahmá (Satari) adora-se a imagem de Brahmá, trasladada, segundo a tradição, de Carambolim (Ilhas de Goa) em 1541. A estátua de granito mede 1^m, 50 de altura; dizem os satarienses que tinha em uma das mãos que estão partidas, um livro e no outro o fogo, na terceira tem um círculo (*chacra*) e na quarta sustenta uma ânfora, contendo o *amrita* (licor da imortalidade). Aos lados vêem-se Sidi e Ridi, suas favoritos, e aos pés duas bailadeiras.

Sarasvati é a Minerva hindú, a deusa da ciência e da eloquência, padroeira da arte. Monta um pavão, toca o *vinom*.

Nos templos consagrados a Xivá vê-se a imagem do boi (*nandi*) e no interior um cilindro de granito que o simboliza (*linga*), e a imagem de Parvati.

Nos dedicados a Vixnú encontram-se as imagens de Vixnú, de Lacximi e de Garud (águia). Nos de Ramá deparam-se-nos as imagens de Ramá, Locximona, irmão de Ramá, e Sitá espôsa de Rama. Nos de Crisna as imagens de Crisna, de Rucmini e Satiabama, espôsas de Crisna, e de Maruti (macaco) comandante do exército de macacos que auxiliaram Ramá na conquista de Lanka (Ceilão).

Vimos que a população hindú de Goa (vol. I, pag. 174) professa o xivaismo de Xancaracharia, e o vixnuismo de Madevacharia, dividindo-se nas duas conhecidas classes dos brâmanes *advés* (xivaitas) e brâmanes *ubés* (vixnuitas).

Das dinastias que dominaram em Goa, os Chalúquias (século VI) eram vixnuitas, os Rastracutas (século VIII) eram xivaitas ou vixnuitas, como o eram os Chalúquias de Kalian (século X). (11)

Madevacharia (século XIII) que esteve em Goa converteu ao vixnuismo uma parte dos xivaitas de Xancaracharia.

A primeira dinastia de Vijaianagar, (1336-1486) era xivaíta e as outras vixnuitas, e Goa esteve sob o dominio de Vijaianagar desde 1366 e 1470.

Eram xivaítas Madhav e Saiana, os filósofos da côrte de Vijaianagar. Os xivaitas de Xancaracharia prestam culto a cinco deuses: Sol, Ganês, Xri, Vixnú e Devi (*Panchayatana*) reconhecendo a supremacia de Xivá. O culto de Ganês ascende ao século V da nossa era. (12)

São preferidos pelos maratas:

Bairau, que segura na mão direita uma espada e na esquerda um tridente, é invocado nos envenenamentos; *Bai-*

---

(11) D. A. Pai — *The Religious Sects in India*, pag. 34 e 44.

(12) D. A. Pai — *The Religious Sects in India*, pag. 70 e 86.

Imagem de Bramá (Codal, Satari)

Palanquim do idolo

roba, patrono contra as epidemias; *Khandoba*, deus da guerra; *Hanuman* ou *Maruti* (deus macaco) que é invocado para a cura das doenças mentais e nos exorcismos dos possessos; *Masoba*, consultado, como oráculo, nas guerras e epidemias; e *Vetal* ou *Betal*, chefe dos espíritos malignos e patrono dos atletas e dos homens d'armas.

LISTA DAS DIVINDADES HINDUS, SEXO, E DOS PAGODES ONDE SE ADORAM

Nome	*Sexo*	*Localidades dos pagodes*
Ananta	m	Verém de Pondá.
Damodara. . . .	»	Margão.
Gopinatha. . . :	»	Neturli.
Kexava	»	Loliem, Priol e Candiapar.
Crisna.	»	Cuncolim, Morpirla, Cacorá, Velinga, Querim, Queulá, Curchorém, Agapur e Latambarcem.
Madhava	»	Canácona.
Narasinva . . .	»	Port-gal, Sancoale, e Sannavoli.
Narayana	»	Colla, Cuncolim, Querim, Virnora, Amonã, Corgão, Port-gal, Vaddem, Tiurém, Betqui, Carapur, Navelim, Bicholim, Queulá e Marcaim.
Ramachondra . .	»	Piligão.
Ramadeva. . . .	»	Port-gal.
Vamona	»	Loutulim.
Vencatexa. . . .	»	Nanorá.
Vixhnudeva . . .	»	Loliem.
Vittala	»	Cundaim, Sirodá, Nachinolá, Paliem, Queulá, Sanquelim, Cuncolim, Manguexa, Sanguém, Assolna, Bally, Saligão e Usgão.
Lacximi ou Xri Mahalacximi . .	f	Pangim, Taleigão, Colvá, Nachinolá e Neturli.

Nome	*Sexo*	*Localidades dos pagodes*
Bhumika	f	Assagão, Corgão, Goltim, Anjuna, Paliem, Mopa, Chandel, Sal, Nerul, Chorão e Poriem.
Mauli	»	Mencurém, Uguém e Parascorem.
Mahalsá	»	Vernã.
Adinatha	m	Colla, Usgão e Cordem.
Amritechvara. . .	»	Amonã.
Chandrechvara . .	»	Parodá, Vinchondrém e Cotomba.
Cundanechvara . .	»	Cudnem.
Dharesvara . . .	»	Dargalim.
Dyanesvara . . .	»	Mandur.
Cataquesvara ' .	»	Naroá.
Calanata . . ' .	»	Udorna e Baty.
Capilesvara . . .	»	Queulá.
Camalesvara . .	»	Colla.
Calabhairava . .	»	Colvale e Divar.
Cavisvara . . .	»	Curpa.
Canaquesvara . .	»	Naroá.
Cotisvara . . .	»	Naquerem.
Manguêxa . . .	»	Cortalim.
Mahadeva . . .	»	Cottomby.
Madhavanata . .	»	Curpém.
Mallinatha . . .	»	Chorão.
Mudésvara . . .	»	Bally, Cusmane e Chandel.
Mandalésvara . .	»	Sirodá.
Naguêxa	»	Bandorá.
Naganatha . . .	»	Naiquinim
Raiagamahade . ,	»	Corgão.
Ramunatha . . .	»	Loutolim.
Rudrésvara . . .	»	Arvalém.
Somechvara . . .	»	Curdy.
Saptacoteshvara .	»	Mompirla, Pirla, Avedém e Candiapar.
Somanatha . . .	»	Adnem.
Salesvara . . .	»	Corgão.
Xancara	»	Loliem.

Xrinatha	m	Padoxem.
Siddhésvara . . .	»	Surla, Poinguinim e Cacorá.
Ariadevi	f	Loliem.
Bhagavati	»	Camorlim, Paliem, Chimbel, Pally, Aldoná, Virnorá, Parxem, Perném e Mandrém.
Chamudechvari . .	»	Sirvoi, Curtorim e Zuarim.
Durgadevi	»	Cuncolim, Adcolna, Volvoi, Collomba, Poinguinim e Cotigão.
Camacxá	»	Sirodá.
Catiagani	»	Chorão.
Mauli	»	Uguem.
Mahamaga	»	Sulcana, Naroá e Maina.
Mahadevi	»	Ravodém.
Navadurga	»	Palle, Borim, Marcaim e Cundaim.
Santeri	»	Fatorpá, Xeldem, Xelvona, Assoldem, Malocpona, Priol, Mapuçá, Cavorem, Bally, Orgão, Tiurem, Advolpalle, Piligão, Sarvona, Vagurbem, Pissurlem, Combarjua, Dumaxem, Amoná, Candiapar, Arambol, Chopdem, Virdi, Calangute, Saligão, Querim, Candolim, Carapur, Ibrampur, Bhoma, Agarvaddó, Verém, Pilerne, Mongal, Neturli, e Romatim.
Baladeva	m	Adném.
Bhauka	f	Visnorá.
Gramadeva	m	Panchavaddy e Talaulim.
Ganapati-Ganexa .	»	Navelim.
Gautama	»	Perném.
Maruti	»	Perném e Querim.
Caradadevi	f	Bandorá.
Mandodari	»	Betqui.
Naracara	m	Loliem.

Siddha . . . . m Usgão, Quirla, Cazurem, Quirascorem.
Satpuruxa . . . » Morgim.
Vetalechvara. . . » Velinga.
Leladevi . . . . » Sirgão.
Purvachari . . . m Bandorá.
Chetrapala . . . » Rivona.

Em conseqüência de perseguições religiosas, foram trasladados alguns deuses das Velhas Conquistas para a India Inglesa e para as Novas Conquistas, onde são adorados em ricos templos, como se vê do seguinte mapa:

Aldeias	*Deuses*	*Lugares onde se encontram*
Aldoná . . .	Bhâgâvâti	Candolá (Pondá)
Arossim . . .	Boguechvar	Talaulim (Pondá).
Benaulim. . .	Banechvar	Ankolá (Canará).
Candolim. . .	Xantadurgá	Latambarcém (Sanquelim).
Calangute . .	Xantadurgá	Nanorá (Sanquelim).
Carambolim. .	Brahmá	Caramboli-Bramá (Satari).
Camorlim. . .	Bhâgâvâti	Tuém (Perném).
Chimbel . . .	Bhâgâvâti	Marcela (Pondá).
Chorão . . .	Râvâlnath	Marcela (Pondá).
Colvá	Râvâlnath	Talaulim (Pondá).
	Mahalacximim	Bandorá (Pondá).
Cortalim . . .	Manguêch	Priol (Pondá).
Cuncolim. . .	Xantadurgá	Fatorpá (Quepém).
Curtorim . . .	Xantadurgá	Avedém (Quepém).
Divar	Saptacotêchvar	Naroá (Sanquelim).
Gancim . . .	Nâvadurgá	Marcaim (Pondá).
Loutulim . . .	Ramanath	Bandorá (Pondá).
Margão	Damodâra	Zambaulim (Sanguém).
Moirá	Deu	Mulgão (Sanquelim).
Nachinolá . .	Vitobá	Advolpale (Sanquelim).
Nagoá. . . .	Santeri	Ankolá (Canará).
Navelim (Ilhas)	Ganapati	Candolá (Pondá).

Nerul	Xantadurgá	Mandrém (Perném).
Parrá	Deu	Advolpale (Sanquelim).
Pilerne. . . .	Xantadurgá	Naroá (Sanquelim).
Pomburpá . .	Deu	Mulgão (Sanquelim).
Quelossim . .	Xantadurgá	Queulá (Pondá).
Raia.	Camacxá	Sirodá (Pondá).
Saligão . . .	Vitol	Advolpale (Sanquelim).
Sancoale. . .	Lacximi	Velinga (Pondá).
Sirçaim . . .	Mahalacximi	Dargalim (Perném).
Sirulá	Vetal	Mulgão (Sanquelim).
Verná	Mahalsá	Mardol (Pondá).

Emquanto os deuses superiores são conhecidos em vernáculo por *devas*, os inferiores agrupam-se nas seguintes classes, sob o nome de *devatás*:

Grama-devatá (padroeiro da aldeia).

Sthana-devatá (divindade local).

Cula-devatá (deus da família).

Ixtta-devatá (patrono individual).

Graha-devatá ou *Vastu-devatá* (padroeiro da casa).

Os *devatás* são espíritos dos antepassados, espíritos dos heróis divinizados, à memória dos quais se levantam estelas, funerárias (*viragal*), e ainda espíritos malignos: das vítimas da morte violenta ou acidental, espíritos que são representados por uma pedra, um poste de madeira, massas informes de barro ou habitam uma árvore, um rio, uma rocha.

Ofertam-se-lhes sacrifícios animais: galos, cabritos, não intervindo, porém, os sacerdotes brâmanes.

São adorados por ocasião do casamento, da semeação) da ceifa, das epidemias.

Aos *comorpaicos* é defeso o casamento entre os que adoram o mesmo *cul-devatá*. Nas outras castas, excepto entre os *brâmanes*, *sonares*, *mests* e *forgentos* adora-se um raminho da planta—*cul* (totem) por ocasião do casamento.

Astros sagrados

Os hindús, quando a doença ou o infortúnio os persiga

e em certas cerimónias religiosas, propiciam os astros, queimando no fôgo sagrado *(hôme)* esgalhos de certas plantas *(samidhás)*. Assim oferecem a Suriá (Sol) raminhos de rui *(calotropis gigantea)*; a Sôma ou Chandra (Lua) os de palas *(butea frondosa)*; a Mangâl (Marte) os de cair; a Budha (Mercúrio) os de aghada *(achyrantes aspera)*; a Brihaspati (Júpiter) os de pimpôll (*ficus religiosa*); a shucra (Venus) os de rumbôdd (*ficus glomerata*); a shani (Saturno) os de shami (*prosopis spicigera*), Rahu e Quetu espíritos dos *mahars* tocam, segundo a crença popular, no Sol ou na Lua; daí o eclipse.

Aguas sagradas

São sagradas as águas (*tirtas*) do rio de Naroá (*Hathquêsvar*), da cascata de Arvalém (*Bhimá-cund*) e duma fonte no oiteiro de Velha-Goa (*Brama-Camandolu*).

Montes sagrados

Sidha-natha em Borim (Pondá) e *Chandra-natha* em Porvôt (Quepém).

Pedras sagradas

São adoradas certas pedras e aerolitos em determinadas localidades.

"Dans ces manifestations les plus grossières d'apparence, la croyance fétichiste se prend aux pierres. Des blocs bruts, surtout sur les hautes cimes, passent pour être habités par des esprits. D'autres fois, l'homme fait subir quelque apprêt aux pierres sacrées: il les dégrossit et les dresse. Souvent il choisit dans la nature des roches qui présentent une vague ressemblance avec la forme humaine ou animale. Plus souvent encore, il recueille pieusement quelque pierre d'origine météorique, et d'un aérolithe il fait un bétyle la "demeure de Dieu". Toutes ces variétés de fétichisme ont laissé des vestiges dans la Grèce historique: Zeus Kappôtas, le "dieu tombé du ciel" et Zeus Kéraunos, le "dieu foudre" étaient de simples pierres, et l'omphalos de Delphos passait pour la résidence d'un dieu... Pendant ce temps, les Mycéniens dressaient sur les tombes des stèles qui remplaçaient peut-être des pierres levées; ils voyaient les démons faire des libations sur des tas de pierres informes ou sur des piliers." ([13])

Plantas sagradas

Vôdd (*ficus indica*). É uma árvore que se estende e propaga lançando dos ramos para o chão raizes que veem fazer-se troncos. É conhecida também por *árvore de gralha*.

Num certo dia alguns brâmanes, fatigados duma longa jornada, sentaram-se à sombra do *vôdd* sôbre um ramo do qual, sem ser visto pelos viandantes, se achava o deus *Crisna*, em forma de menino. Nêste momento *Garudda* (águia), com uma grande baleia no bico pousou sôbre um ramo desta árvore, que, cedendo ao pêso teria esmagado todos os brâmanes, se Crisna, para os socorrer, não tivesse sustentado a baleia sôbre seus ombros. Os brâmanes, reconhecidos, introduziram a prática religiosa de, cotidianamente, darem algumas voltas em roda de vôdd (*pradacxaná*), colocarem sôbre seu tronco flôres e deitarem-lhe água, arroz e jagra.

Outra lenda, de que se faz eco o *Mahâbarata*:

Estando o príncipe *Satiavana* a cortar esta árvore para lenha caiu-lhe sôbre a cabeça um ramo e matou-o. A pedido da sua mulher, Savitri, Yama ressuscitou-o. Savitri por ter o seu marido recuperado a vida junto do vôdd adorou-o. Daí o costume de as mulheres casados jejuarem, adorarem o vôdd regando-o, oferecendo-lhe sândalo e flôres, e dando certo número de voltas ao redor (*pradacxaná*) para assegurar longa vida aos maridos, no dia da festa que se chama *Vata-Savitri* e que se celebra no 15.º dia de *Jêsta*. Os hindús, para terem sucessão masculina, fazem a cerimónia chamada *udêpon*, em honra de *vôdd*.

Pimpôll (*ficus religiosa*). É a árvore à sombra da qual Budha atingiu o *nirvana*. É adorada nos sábados do mês de *xravan*, de madrugada, porque nêste dia, supõem os crentes, reunem

---

([13]) G. Glotz — *La Civilisation Egéenne*, pag. 264.

no *pimpôll* Brahmá na raiz, Vixnu no tronco e Xivá na copa. Para obterem graças, prosperidade e progénie, os hindús fazem o casamento do *pimpôll* com o *tulôss*. No período *rigvêdico* faziam-lhe libações de Sôma em vasos de madeira de *pimpôll*, Segundo o *Atharva-Vêda*, os deuses estão sentados no terceiro céu à sombra dum pimpôll.

Tulôss (*occimum sanctum*). Tendo falecido Rucmini, espôsa de Crisna, na ausência dêste, os parentes deixando de queimar o cadáver, enterraram-no solenemente. Crisna, tendo voltado para casa, informado do triste acontecimento, dirigiu-se à sepultura de sua espôsa; não a achando, porém, ali e vendo em seu lugar o *tulôss*, declarou que Rucmini se havia transformado nêste arbusto, e ordenou aos seus sectários que o colocassem em frente da porta das suas habitações e o adorassem diáriamente.

Cumprindo o preceito de Crisna, os hindús teem-no à porta da casa, e, depois de tomarem banho, dirigem-lhe diáriamente as saudações prescritas pela religião, e volteando em roda dêle terminam o *sandiá* (oração) fazendo uma profunda reverência, com as mãos cruzadas sôbre a cabeça. As mulheres, depois do banho que precede a primeira refeição, dirigem uma prece ao *tulôss*, oferecem-lhe sândalo, arroz, cucume, flôres e incenso, e fazem *rangoli* (pintura de farinha de arroz) ao redor da planta.

Costumam os hindús celebrar anualmente, no mês de Novembro, o casamento de *tulôss* com Vixnú sem o que não podem celebrar os seus. O casamento de *tulôss* consiste em o *botto* (sacerdote) recitar algumas orações, engrinaldar o arbusto, e colocar uma luz nas últimas ramificações do caule.

Afugenta os mosquitos. Atribue-se-lhe a virtude de afastar os espíritos malignos.

Rumbôdd (*ficus glomerata*). Nêle reside a *trimurti* hindú (trindade). As mulheres desejosas de ter filhos dão mil voltas em tôrno desta planta.

Anvali (*phyllanthus emblica*). A religião recomenda aos brâmanes tomar refeições debaixo desta árvore para expiar os pecados. E' sagrada por ter abrigado no seu tronco *Brahmá*,

Vixnú e *Xivá* e suas esposas quando foram expulsos do céu pelo demónio *Mrudumania*.

Bêl (*aegle marmelos*). Nesta reside Xivá; por isso, não se pode sem as suas fôlhas celebrar qualquer cerimónia religiosa em louvor daquela divindade.

Nimb (*melia azadirachta*). Tendo os gigantes e os deuses revolvido o mar descobriram 14 objectos. Na partilha coube aos deuses *amrita*, ambrósia da mitologia indiana. Duma gota de *amrita* nasceu o *nimb*.

Emprega-se o óleo de *nimb* nas doenças da pele e para a cura da lepra.

Shami (*prosopis spicigera*). As suas fôlhas são muito apreciadas pelo deus *Ganês*.

"La culte des arbres, la *dendrolâtree* est un fait universel. Un arbre auquel on attribue un pouvoir singulier devient le symbole de la force végétative, le principe de toute existence. Les Crétois, qui adorent toutes les puissances de la nature, se gardent de négliger l'arbre de vie...

Associée ou non au culte de la Grande Déesse ou du Minotaure, la dendrolatrie donne lieu à des cérémonies variées. Devant les arbres sacrés, les fidèles ne se bornent pas au geste de l'adoration. Par la danse extatique, ils provoquent le travail de la végétation; pas l'arrosage des plantes, lustration démoniaque, ils appellent la pluie; par la cueillete solemnelle des fruits et l'offrande des prémices, ils adressent des actions de grâces et de voeux à la Terre féconde." ([14])

Animais sagrados

Vaca. Dá tudo quanto se lhe pede (*Kama-dhenu*). É a segunda mãi porque nutre as crianças com o leite. E' encarnação da Terra-mãi. As classes inferiores de Damão adoram uma imagem feita do bôlo alimentar que a vaca raras vezes expele durante a ruminação. É mais venerada a vaca preta.

Cobra. Abundam no país os ninhos de formigas bran-

([14]) G. Glotz — *La Civilisation Egéenne*, pag. 274.

cas, monticulos de terra avermelhada. As pirâmides de que é formado o montículo teem por dentro caminhos que comunicam por um túnel central e outras passagens com uma grande esponja de terra, cheia de pequenos pontos. Estes pontos são os ovos, postos pela raínha da colónia, uma formiga enorme que ocupa a célula principal da esponja e cujas funções consistem únicamente na procreação. Está ali um dos alimentos mais apreciados pela cobra de capelo e é dentro dos ninhos de formigas brancas que se alojam quási sempre êsses répteis. O montículo das formigas brancas habitado pela cobra chama-se em concani *roinn.* Sôbre a *roinn* eleva-se o pagode dedicado a Santeri cujo culto está muito generalizado em a nossa India. A cobra é adorada no dia de *Nagpanchami.* Oferecem-lhe leite que se deita sôbre a *roinn.* O culto da cobra anda ligado com o do *pimpôll* e do *vôdḍ*, pois a cobra se encontra nas raizes que lhes formam peanha. Os contos de cobra (*nagas*) são repetidos de noite em voz baixa, batendo-se sempre na bôca com a mão aberta quando se profiram os nomes *sorôp* (cobra), *naguinn* cobra (fémea). O mêdo divinizou a cobra.

Alguns animais são venerados por serem veículos (*vahana*) dos deuses: a águia (*Garudda*) de Vixnú; o boi (*Nandi*) de Xivá; o búfalo de yama (deus da morte); o cisne de Brahmá; o elefante de Indra; o gato de Saxti; o leão de Durgá; o papagaio de Kama (deus do amor); o pavão de Sarasvati; o rato de Ganês.

É possível que os *vahanas* que eram também veículos das imagens budistas sejam vestígios do totemismo. [15]

" Les traces du totémisme grec, sont ces animaux qui dans l'art grec, accompagnent les images des dieux et qui l'on peut croire être des survivances d'images et de statues de totems primitifs: l'aigle de Zeus, la biche d'Artémise, la chouette d'Athéna ". [16]

---

(15) B. K. Sarkar—*The folk element in hindu culture*, pag. 146

(16) M. Besson—*Le Totémisme*, Paris, 1929, pag. 59.

O cuco é tido por encarnação de Sati, espôsa de *Xivá*. Galos e cabritos são sacrificados aos deuses *Vetal* e *Râvâlnat*. Uma vez por ano tem lugar o sacrifício animal (*vaddi*) em honra de *Vetal*. Na véspera durante a noite, vai um indivíduo convocar os espíritos malignos (*bhuts*) ao limite da aldeia, pelas ruas e em volta das árvores que êles freqüentam. Na noite seguinte reunem-se no pagode de Vetal os mahars, os carpinteiros, os ferreiros, os mainatos e outros artífices sudras; levam para dentro búfalos ou bodes, fecham as portas e ficam algumas pessôas e o chamador que se senta abraçado a Vetal, de olhos vendados. A meia noite embriagados todos no meio de gritos que exprimem a alegria dos *bhuts*, e ao toque de tambores, cortam a cabeça dos animais e deitam o sangue sôbre um monte de arroz cozido, aos pés de Vetal. E' o banquete dos *bhuts*. O chamador larga então Vetal que teria caido se o não segurassem, e que se vê e sente vacilar na ocasião em que o *bhut* lhe sai debaixo dos pés e vai, com os outros, sentar-se ao banquete. Os *mahrs* levam em seguida os animais para um palmar retirado e ali ficam e ali os comem, até de manhã, em uma grande orgia.

Na festividade de *divali* são adoradas as vacas, pondo-lhes ao pescôço grinaldas de flôres.

Os hindús não matam pardais nem macacos, aqueles porque anunciam a época da colheita e êstes porque, com Hanuman à frente, auxiliaram Ramá, herói do *Ramaiana*, na conquista de Lanká (Ceilão) e na libertação de Sitá, espôsa de Ramá.

São considerados impuros e, por isso, os hindús não tocam no cão e no burro.

Em Goa, em as casas de Camotim Mamai em Pangim, de Narsinva Damodar Naique, em Margão, e do Prelado de Partagal (Canácona) adora-se uma concha rara, símbolo de Vixnu, talisman, no mês de *Bhadrapada* (Agôsto-Setembro) no 11.º dia depois de festividade de Ganês.

O culto dos animais, das plantas, de pedras de formas geométricas, como o *linga*, símbolo de Xivá, encontrâmo-lo na Grécia primitiva.

"La Crète minoenne, qui n'avait pas ignoré les dieux anthropomorphes, avait développé du moins autour d'eux les ressources, asiatiques à leur origine, d'un *polysimbolisme très spécial, qui choisissait aussi bien ses intermédiaires dans le monde animal ou végétal que parmi les objects inanimés, création de l'industrie humaine. On adorait des symboles aussi facilement que les dieux mêmes: soit dans les étroits chapelles, palatiales ou domestiques, qui n'étaient guère que des locaux temporairement affectés au culte soit sur les hauts lieux, soit enfin dans les grottes.* Le polytheisme hellénique, devenu plus anthropomorphique sous la suggestion des envahisseurs indo-européens, réagit contre le polysymbolisme, limitatif en un sens ; *or c'est lui qui a organisé les usages religieux nouveaux de la Grèce, en donnant plus de place aux dieux mêmes dont les anciens simboles, ne furent plus peu à peu, que les attributs...On a oint les pierres sacrées ; on les arrosait de libations, on les parait de chapes, de bijoux, d'amulettes, de bandelettes etc. C'est que, dans la statue comme dans le pilier, la divinité stabilisatrice ou autre, passait pour s'incorporer. Peu à peu l'instinct de symétrie conduisit semble-t-il, à façonner certaines pierres sacrées suivant des formes tantôt géometriques, tantôt vivantes. On eût des pyramides, des cônes, mais aussi des hermes, et les premières caryatides, les télamons, les atlantes*: Une vieille tradition faisait croire en Grèce que les hommes étaient nés des pierres et des arbres". ([17])

Pagodes

Os pagodes ou *devullas* são templos hindús, ordináriamente de forma rectangular.

Diante da porta principal há sempre um grande vestíbulo, coberto dum telhado piramidal, sustentado por muitos arcos de pedra ou por grossas colunas de madeira lavrada *(montâp* ou *sonddâvó)*.

À entrada segue o *sarvoli*, três naves que circundam o *chouco*, o qual comunica com o *Garbhacudd* (santuário) onde se acha colocado o ídolo. No *garbhacudd* só podem entrar os brâmanes e no *chouco* os outros hindûs, excepto os *mahars* e os *chamares*, que só podem estar no *montâp*. Os

([17]) C. Picard—*Manuel d'Archéologie Grecque*, I, pag. 46.

não hindús não podem passar do *sarvoli.*

Em frente dos pagodes erguem-se artisticas tôrres de alguns andares (*stambha* ou *khambo*).

As imagens dos deuses são de pedra, madeira, cobre, prata, latão e oiro.

Quási todos os pagodes teem em roda de si vastos edifícios destinados para a habitação dos peregrinos ou das famílias dos *mazanes* (instituidores dos pagodes) chamados *agarsal.* Os *mazanes* visitam os pagodes periódicamente e por estas ocasiões oferecem aos deuses valiosas oblatas em dinheiro, jóias, peças de roupa, segundo as promessas que tiverem feito.

O govêrno português, atendendo às queixas e reclamações contra a má administração dos fundos dos pagodes, assumiu a tutela das *mazanias* (corporações dos *mazanes*) confiando a fiscalização aos administradores do concelho. (Port. Prov. de 14-10-1858).

Há duas espécies de *mazanes*: *culavés* e *palvés.* São *culavés* os que originàriamente instituiram e inauguraram para si a divindade existente no respectivo pagode como tutelar da sua geração, e *palvés* os que não tendo por tutelar a divindade do pagode, concorreram com subscrição e observaram o culto religioso na inauguração dela.

O direito dos *mazanes* é hereditário, perpétuo por linha masculina, inalienável e imprescritível.

Em certos pagodes há privilégios e precedências entre os *mazanes.* Assim, no pagode do deus *Vittal* de Carapur (Sanquelim) nas festas religiosas, tomam lugar no *chouco,* à direita da divindade os ranes gululencares, os comerciantes brâmanes, os comerciantes vanis de Sanquelim e à esquerda os *bottos* (sacerdotes), os ranes, os dessais, e os brâmanes *narcornis* e *dubaxis.* Os mazanes do primeiro vangôr do pagode de Santer, de Chandel (Perném) têm o privilégio de cortar a espiga de arroz na festa de *novem* ou *novidade,* que marca o início da colheita.

Junto aos pagodes há tanques quadrados, com escadarias de um ou mais lados, onde os hindús fazem as suas abluções, e os *bottos* (sacerdotes) as suas rezas.

Cada pagode tem um determinado número de *bottos* empregados no serviço do culto. São, em geral, *chitpavanas*, *caradés*, *padhés* e *zoixis*; e são coadjuvados ou substituidos em alguns pagodes por pujaris das castas: *marata*, *vani*, *cunebi*, *gonsavi* e *gurou* (*molicos*, *bogotos*, *velipos*, *motcares* e *zolmis*).

Os principais actos do culto são os seguintes:

Nábât (toque de música ao romper da aurora e ao pôr do Sol).

Nirmalia-vissarjan (que consiste em retirar as flôres postas ao ídolo no dia anterior).

Xodxopcharpujá, que consta dos seguintes cerimónias:

Àvahan (recitam-se hinos religiosos e lançam-se sôbre a imagem fôlhas de *tulôss* ou arroz tingido de vermelho), *assan* (assentam o ídolo), *padea* (lavam os pés do ídolo); *arghia* (perfumam o ídolo com sândalo, põe-lhe flôres, e deitam-lhe água nas mãos), *achaman* (deitam água na palma da mão do ídolo), *snan* (banho do ídolo), *panchamrit* (oferenda de leite, manteiga, sôro de leite, mel, açucar), *abhixêc* (banho do ídolo acompanhado da recitação de hinos), *vâstra* (vestem o ídolo), *gand* (perfumam o ídolo com sândalo), *puchpa* (põem flôres ao ídolo), *dhuparâtha* (oferenda de incenso), *dip* ou *arthi* (agitam-se luzes diante do ídolo); *neivêdia* (oferenda de comestíveis: côco, jagra, frutas, leite, manteiga, arroz cozido, lentilha cozida, trigo, *iadnapâvit* (põe-se a linha sagrada ao ídolo, *parimaleadravea* (perfumam o ídolo com essências aromáticas).

Também na Grécia se lavavam e vestiam as imagens dos deuses.

"Les antécédents divins et héroïques de la statue ont, on le verra, longuement influencée en Grèce, sa destinée. On peut croire que ces origines expliquent la valeur magique donnée au VII.e siècle à la plus ancienne statue—*xoanon*... généralement taillée dans le bois, moins souvent en pierre. Malgré leur gaucherie, ces oeuvres perdues pour nous devaient témoigner déjà d'un grand progrès technique, mais surtout d'une profonde évolution de la conception:

Quiṙtana (prédica)

Interior do pagode de *Camacxá,* em Sirodá

Um fresco no pagode de Sirodá

Arquitectura hindu (*interior dum pagode*)

OBJECTOS DOS PAGODES

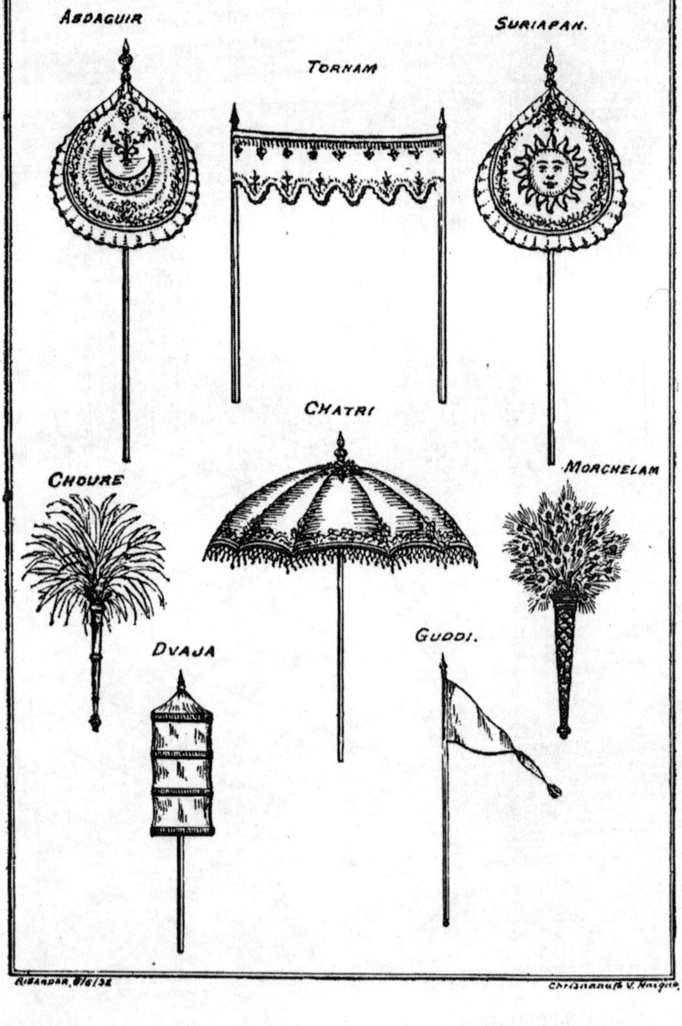

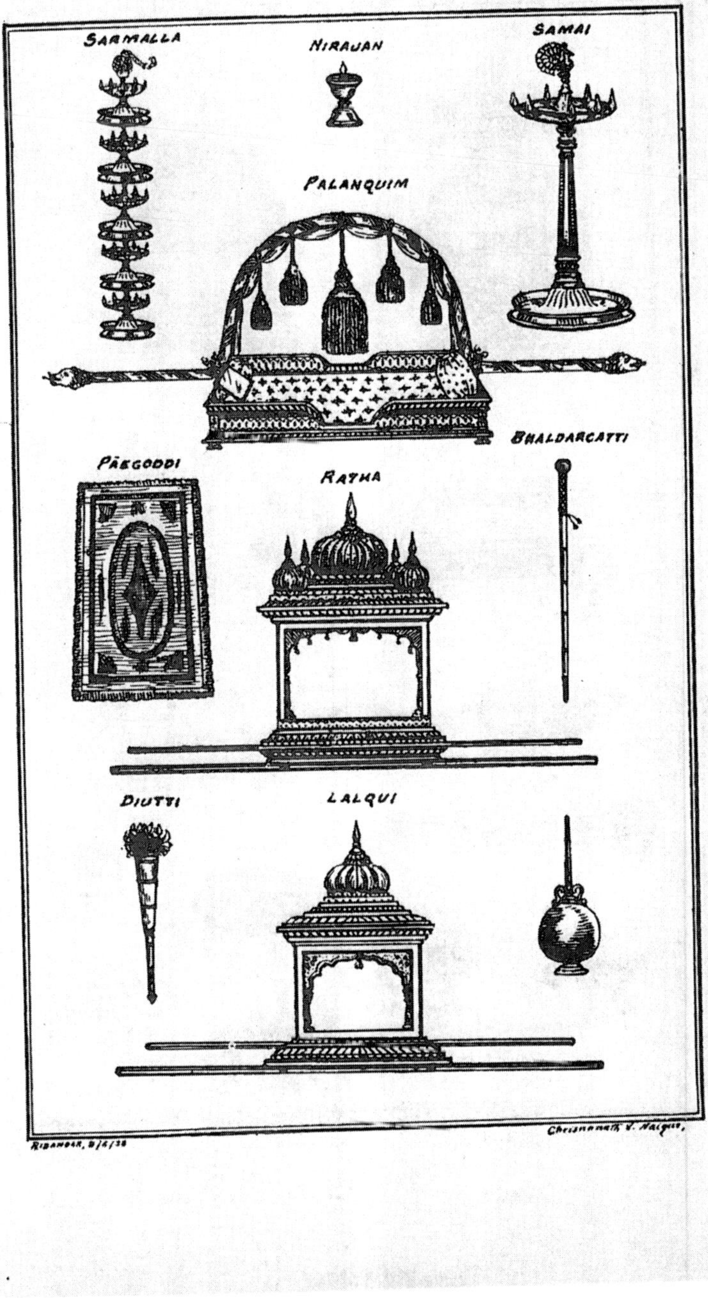

SARMALLA
NIRAJAN
SAMAI
PALANQUIM
BHALDARCATTI
PÃEGODDI
RATHA
DIUTTI
LALQUI

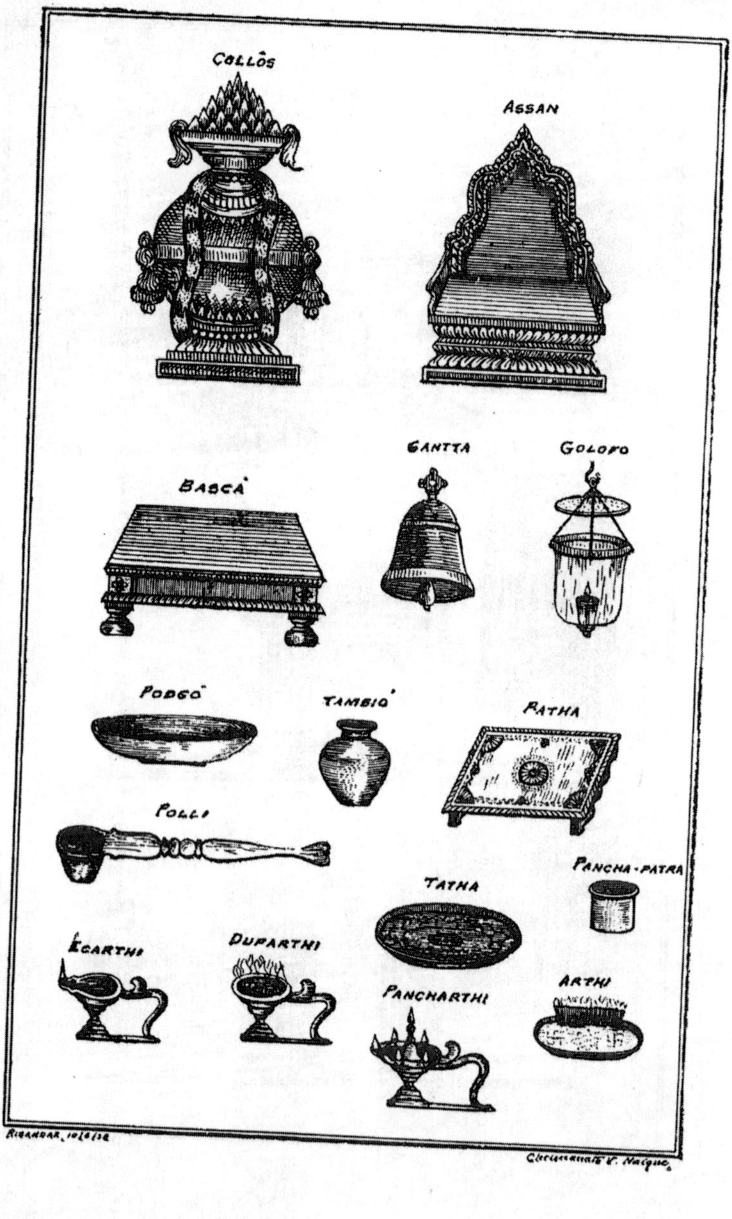
CÔLLÔS
ASSAN
GANTTA
GOLOFO
BASCÁ
PODGÓ
TAMBIÓ
PATHA
POLLI
PANCHA-PATRA
TATHA
ECARTHI
DUPARTHI
PANCHARTHI
ARTHI

Pagode de Queulá (Pondá)

Tirta

1—Peça arquitectónica provávelmente do pagode de Divar

encontrada nas ruinas da Igreja da Serra (Velha Goa)

2—Capitel provávelmente do pagode de Divar

encontrado nas ruinas da Igreja da Serra (Velha Goa)

3—Peça arquitectónica provávelmente do pagode de Divar
encontrada nas ruinas da Igreja da Serra (Velha Goa)

4—Sete túmulos de Cudném

(Oriente Português, nova série, no. 6.)

5—Gujirachem Deul de Cudnem

(Oriente Português, nova série, no. 6.)

6—Templo hindú de Surla

(Oriente Português,

nova série, n.° 22)

7—Templo hindú

de Surla (interior)

(Oriente Português,

nova série, n.° 22)

8 – Templo hindú de Surla

(Oriente Português, nova série, n.° 22

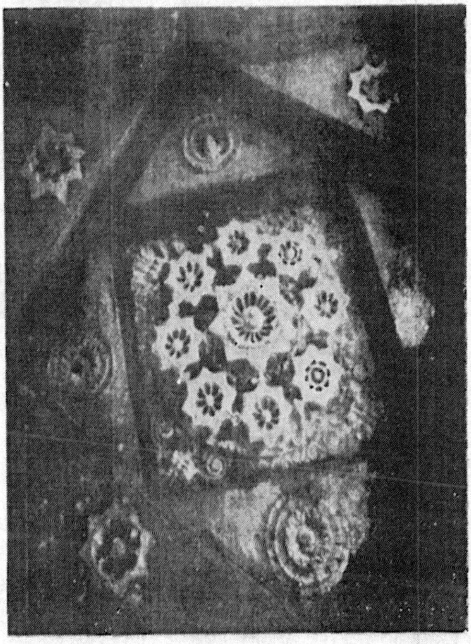

9—Templo hindú de Surla (tecto de pedra)

(Oriente Português, nova série, n.° 22

10—Templo hindú de Surla (porta de pedra)
(Oriente Português—nova série—n.º 22)

1—Imagem de Xivá descoberta em Cortalim
e recolhida pelo autor no Museu de S. Caetano (Velha Goa)

2—Betal de Sarzorá (Salsête)
recolhido pelo autor no Museu de S. Caetano (Velha Goa)

3—Gajanta Lacximi
(escultura descoberta, junto à Igreja de Carambolim, e oferecida ao Museu de S. Caetano—Velha Goa—por A. Felix Pereira)

4—Imagem de Uma-Mahexa de Cudnem
(Orient Português, nova série n.° 6)

5—Imagem de Subramania (serpente)
no templo de Surla, (Oriente Português, nova série, n.º 22)

6 —Escultura de Veluz
(recolhida pelo autor no Museu de S. Caetano—Velha Goa)

7—Escultura de Veluz
(recolhida pelo autor no Museu de S. Caetano—Velha Goa)

8—Viragal do Pilar
recolhido pelo autor no Museu de S. Caetano (Velha Goa)

9—Viragal de Cuncolim
recolhido pelo autor no Museu de S. Caetano (Velha Goa)

10—Inscrição de Orlim

(Oriente Português, nova série, n.° 22)

—Inscrição do rei de Goa, Jaiquexi I num viragal da Raia (Salsete)

12—Viragal de Molcornem

recolhido pelo autor no Museu do S. Caetano (Velha Goa)

13—Viragal de Molcornem, em que está representada uma batalha naval
recolhido pelo autor no Museu de S. Caetano (Velha Goa).

Mesquita de Pondá

Inscrição persa de Guirim
recolhida pelo autor no Museu de S. Caetano
(Velha Goa)

Mesquita de Pondá

Inscrição persa de Guirim

recolhida pelo autor no Museu de S. Caetano
(Velha Goa)

Palanquim do ídolo

Dança de bailadeiras

Festividade do Ganês no Mandovi

Cheitripunom ou procissão de *roth* (carro sagrado) em Carapur (Sanquelim)

religieuse. L'artiste grec est alors déjà capable de representer à sa ressemblance les dieux, dont il commence à fixer l'image et le caractère. Les Anciens avaient conscience de cet effort, et ils attribuaient les plus perfectionnés des *xoana* a Dédale ..ou aux Dédalides. La *xoanon* archaïque reste encore le dieu en personne, agissant et vivant, tourmenté des mêmes instants, des mêmes besoins que l'homme. *Dans le culte qu'on rend au* xoanon *on cherche surtout l'occasion de le servir et de le soigner à la manière humaine: on le lave, on l'alimente, ou l'habille*". [18]

Astopcharpujá (consta de *avahan, assan, padea, arghia, achaman, snan, vastra, puchpa).*

Puran (leitura de contos religiosos, *puranas).*

Cathlá ou *quirtâna*, prédica com cantos religiosos intercalados. O pregador usa *tipri* ou *cortal* espécie de castanholas, para acompanhamento da parte cantante; *Bheta* (visita à divindade).

Além dos *bottos* têm os pagodes os seguintes servidores:

Catcar (sacristão e servente da mesa administrativa).

Bavinas e *deulis*, que se ocupam em trabalhos de limpeza e iluminação. Nas procissões as bavinas empunham o *chouré* (espécie de espanador de pêlo da cauda de elefante) ou o *morchelan* (penacho de penas de pavão).

Ilamotdares que levam as seguintes insígnias, nas procissões: *chatri* (umbela), *tornam* (pálio), *abdaguir* ou *suriapan* (flabelo), *guddiôs* (flámulas).

Divtiôs (levam tochas e archotes nas procissões).

Cambins, que transportam o ídolo, nas procissões, em carro *(roth)*, em andor *(lalqui)*, ou em palanquim *(palqui)*.

As despesas do culto são custeadas não só pelos rendimentos dos pagodes, pelos donativos dos devotos, mas ainda pelas comunidades agricolas.

Em tôdas as festividades hindús cantam e dançam as *calavantas*, bailadeiras duas a duas e face a face. O canto

[18] C. Picard—*Manuel d'Archéologie Grecque*, I, pag. 85.

é monótono e cadenciado. Elevam a voz para formar os sons guturais. A dança reduz-se a algumas contorsões obtidas com grande esfôrço sôbre os calcanhares, e com as pontas dos pés quando recuam. Nestes movimentos fazem grande sonido com os guizos que trazem em volta dos tornozelos. No fim tôdas as dançantes se voltam com as mãos erguidas diante do ídolo, para o adorar, fazendo tôdas os mesmos gestos, de modo que parece serem movidas pelo mesmo impulso. A música que as acompanha é tocada pelos *murdangueiros*. As *calavantas* dedicam-se também a dançar e a cantar nas festividades públicas e particulares, tanto religiosas como profanas.

" Besides Tanjore, the old Portuguese possession of Goa and the neighbouring districts bordering on the ocean, where the forest and rocks of the Western Ghants drop sharply to the rice-lands of the shore, are famous for the excellence of their singers. Here they are known under the name of Naikins or " Ladyships ". (19)

Festividades

As festas religiosas quebram a monotonia da vida rural, recreiam o povo.

São as seguintes as festas hindús:

No mês de *cheitra* (Março-Abril):

Guddi-padvá ou *Varxa-pratipadá*. Recai no primeiro dia do ano hindú. Os hindús bosteam o chão da casa e depois de sêco pintam-no com farinha de arroz. Untam o corpo com óleo de côco e fazem abluções (*teilabeanga snan*). Antes do jantar, como preventivo contra a doença, tomam pilulas de fôlhas de nimb (*melia azadiracta*) misturadas com pimenta redonda, sal, cominho e assafétida (*nimba boxen*). E leem o calendário do ano (*pancheanga xrevon*).

Xri Ramanavami, aniversário do nascimento de *Ramá*, heroi do *Ramaiana*. Festeja-se nos primeiros nove dias do

(19) O. Rothfeld—*Woman of India*, pag. 164.

mês. Os sectários de *Ramá* jejuam no nono dia, expõe a imagem de *Ramá* num berço, e distribuem pó de gengibre misturado com açucar. No mês de *vaichâc* (Abril-Maio), no 5.º dia, realiza-se o célebre *Zatrá* de Sirigão (Bicholim), em que os *dondos* (penitentes) correm sôbre brasas. E' que o fogo purifica...

No mês de *Jêsta* (Maio-Junho) n.º 4.º dia do 4.º crescente *Vatta-savitri* ou *vatta-pornimã.* As mulheres casadas adoram um raminho de vôdd (*ficus indica*) para evitar a viuvez e distribuem cocos pelas amigas casadas. Savitri simboliza o amor conjugal; a seu pedido *Yama*, deus da morte, ressuscitou *Satiavana*, marido de Savitri, que morrera junto dum *vôdd*. Savitri, é a terra, filha do Sol (*Savitar*) e espôsa de Brahmá, deus criador. Satiavana é a Natureza. *Vatta-Savitri* é a festa do casamento da Terra com a Natureza que renasce, como a primavera.

No mês de *axada* (Junho-Julho) no 11.º dia jejuam, e vão em peregrinação a Pandharpur, e no mesmo dia começa o período de 4 meses (*chaturmás*) em que são proïbidas as cerimónias religiosas do casamento e iniciação (*upanaiana*) e que termina no dia do casamento de *tullôss* que se celebra no 4.º dia do 4.º minguante do mês de *cartic.*

No mês de *xravan* (Julho-Agôsto):

5.º dia: *Nagpanchami*; adoram-se imagens da serpente, e é defeso lavrar a terra.

No dia da lua cheia: *Xravan-naroli-pornimã.* Neste dia lançam cocos ao mar, como simbolo de bom agouro para o comércio, os barcos recomeçam a navegação marítima suspensa no inverno, os bramânes renovam a linha sagrada (*zanvem*) e evocam a memória dos *rixis* (supostos ascendentes).

No 4.º minguante: *Jamma-astomi* ou *Gocul-astomi*, (nascimento de Crisna). Os hindús jejuam, à meia noite adoram o Crisna, oferecem-lhe fôlhas de *tulôss*, e tomam a primeira refeição. Nêste dia recai a festa de *tirtha* de Naroá, em que os hindús fazem as suas abluções para lavar a mácula do pecado.

Na primeira segunda-feira, as mulheres hindús oferecem pepinos aos *bottos*.

No mês de *bhadrapad* (Agôsto-Setembro).

No 3.º dia pintam no papel os deuses Mahadeu e Gouri e adoram-nos.

No 4.º dia: *Ganês-chaturti*. Nas casas dos hindús a imagem de Ganês de barro, pintado de vermelho ou branco, sob a forma humana com a cabeça de elefante é colocada num *gumatt* ou *mâcâr* (oratório) e cercada de luzes e flôres de pau rosa, caner (*nerium adorum*), zaiôs (*jasminum grandiflorum*), doxini (*hibiscus rosa sinensis*). Oferecem-lhe durvá (*cynodon dactylon*), que é a sua planta predilecta, e doces (*modâc*), e no tecto do compartimento onde se ergue o oratório suspendem as frutas da época. Cantam *arthis* ao som da música, queimam foguetes e estoiram morteiros. As mulheres das castas inferiores dançam o *fugaddi*, soprando em vasos de metal. No segundo dia é a imagem solenemente lançada ao mar, a um rio ou poço. É a festa da colheita. O Ganês tem cabeça de elefante porque a cabeça de elefante assente num tronco humano se assemelha a um campónio que transporta carga de cereais, porque o elefante é o símbolo do carregador, pois 4 elefantes sustêem o mundo, segundo a mitologia hindú. O Ganês cavalga um rato, porque o rato é o ladrão do campo e Ganês, deus da colheita, o seu vencedor, pois cavalgar é vencer.

É invocado o Ganês nas cerimónias de casamento, investidura da linha sagrada (*upanaiana*), e nas orações diárias sob vários nomes: *Gannapati*, *Sidhi-vinaiaca*, *Gajanan*, *Ecadânta*. Sôbre a procedência de Ganês corre a seguinte lenda: Estando um dia Parvoti, espôsa de Xivá, a banhar-se tivera a veleidade de fazer uma figura de barro amassado com a água de banho que se animara ao contacto do seu hálito. Voltando para casa trouxe Parvoti consigo o pequeno Ganês, que lhe fez companhia durante a longa ausência de Xivá. Decorridos dez anos voltou Xivá ao domicílio conjugal; quando pretendia transpor o limiar da porta da sua casa, o pequeno Ganês opôs-se à sua entrada por não conhecer o espôso da sua mãi.

Xivá, irritado, lança a mão da espada, degola o insolente rapaz, entra nos aposentos de Parvoti. Esta sabe então do trágico acontecimento, e conta-lhe a origem de Ganês, e fala-lhe das ordens que o mesmo tinha de não permitir ingresso nos seus aposentos às pessôas desconhecidas. Xivá corre em procura do cadáver de Ganês, encontra-o, mas a cabeça tinha desaparecido. Então Xivá corta a cabeça ao seu melhor elefante e coloca-a sôbre o tronco de Ganês.

No mês de *asvina* (Setembro-Outubro):

Nos primeiros 9 dias há festas, em louvor de Xantadurgá, espôsa de Xivá (*Navrata*). Na manhã do 1.º dia os hindús erigem em suas casas um altar (*ghat*) para a deusa Nàva-durgá. Há dois modos de consagrar êsse altar: húmido (*olâ*) e sêco (*sucâ*). No primeiro caso põe-se no altar uma gamela de cobre ou madeira cheia de terra, na qual deitam-se a grelar alguns grãos de trigo, arroz e outros cereais, e rega--se o vaso. No tôpo dêste se coloca um outro pequeno vaso de cobre ou prata chamado *tambió*, cheio de água e besuntado por fóra de *ghand*, no qual se mete uma areca (fruto de *areca catechu*) e algumas moedas de cobre ou prata, sôbre o qual se fixam três ou cinco (e nunca 2 ou 4) fôlhas de betle, e por cima de tudo finalmente se coloca um côco, coberto dum chapéu de fôlhas de betle enfeitado com flôres. Faz-se depois para êsse altar um docel de *bambus* artísticamente decorado com as mais selectas flôres do qual pendem, como pequenos globos corados de vidro, renques de vistosos *kandols* (*trichosantes palmata*). Diante dêste altar que se conserva por 9 dias, tôdas as noites o *botto* da família lê um ou mais capítulos de *Saptasiti-pat* (livros sagrados), daí chamam-se estas devoções ou leituras *navrata* (nove noites). No décimo dia é removido o altar, o côco quebrado, sua amêndoa misturada com açucar e distribuida pelos parentes e amigos, e as plantas crescidas dos cereais levadas pelos hindús para envolver nos seus turbantes. A cerimónia *sucâ* faz-se do mesmo modo como a *olâ*, com a diferença de que em vez de terra se usa bate.

No segundo dia de quarto crescente: *Dosró* ou *Vijaia*

daxmi: ou *Xima ulanghan*. Nêste dia os brâmanes adoram os livros, os *ranes* o cavalo e a espada, os vaixias os pêsos e medidas, os agricultores os instrumentos agrícolas; todos os hindús distribuem fôlhas de chami (*prosopis spicigera*) ou de aptá (*bauhinia racemosa*) pelos amigos. Celebra-se esta festa em todos os pagodes. O povo leva até o limite da aldeia ramos de *chami* ou de *aptá* e adora-os (*ximá ulangan*) e em frente dos pagodes dedicados a certos deuses, como Râvâlnath, oferece sacrifícios de cabritos e galos. Em certas localidades, os *mahars* ferem-se na testa com a espada, imaginando ter deus no corpo.

É a festa do cxátrias. Sôbre a origem desta festa corre a seguinte lenda:

Na luta entre Ramá, herói do *Ramaiana* e o demónio Ravana que raptara Sitá, espôsa de Ramá, a cabeça de Ravana renascia tôdas as vezes que Ramá a decepava. Os deuses, alarmados, dirigiram uma prece a Durgá que estava dormindo. Durgá despertou, abençoou Ramá e assegurou que êle mataria Ravana. No 8.º dia Ramá matou Ravana. Durgá então acendeu o fogo sagrado e ofereceu sacrifícios animais. No 10.º dia Ramá voltou triunfante para Ayodia, capital do seu reino e antes de tomar assento no veículo celeste, Ramá adorou a planta *chami*. Daí o nome *vijaia* (triunfo), *daxmi* (décimo dia).

No 6.º dia do quarto minguante: *Naracchaturdaxi* ou *divalli*. Os hindús passam em volta do corpo a planta aghaddá (*achyrantes aspera*) na ablução matinal: iluminam as casas, comemorando, a vitória de Crisna, que matou em combate o gigante Narcaçur; e após o banho matinal pisam o fruto de carit (*cucumis trigonus*) e tocam o suco à língua e à testa. No segundo dia os comerciantes iluminam as lojas, encerram as suas contas, e adoram o cofre, símbolo de Lacximi, deusa da riqueza. Êste costume se relaciona provávelmente com o fenómeno astronómico de o Sol entrar no signo zodiacal de *liber* (balança) e se afastar do hemisfério norte, resultando daí serem cada vez mais compridas as noites.

No mês de *cartic* (Outubro-Novembro) no 1.º dia do

quarto minguante: casamento de *tulôss* com Vixnú (*tulossi-vivaha*). Levam a imagem de Vixnú ao pé de *tulôss*, a quem oferecem cana, raminhos de tamarindeiro (*tamarindus indica*) e *anvalés* (frutos de *phylantus emblica*). No dia da lua nova sai a procissão do templo e vai até a árvore de *anvaló* onde jantam.

No mês de *pouxa* no primeiro dia em que o Sol entra no signo de Macar: *Macarsancrant*. As mulheres casadas oferecem umas às outras confeitos de gergelim (*sesamum orientale*). É dia do nascimento de Budha.

No 5.º dia do quarto minguante: *Mahaxivaratra*. Os hindús, sôbretudo os xivaítas, festejam o nascimento de Xivá, observando jejum rigoroso até o sol pôsto e oferecendo a Xivá ramos de *bêl*, sua planta predilecta. Muitos vão em peregrinação a *Gocarna* (India Inglesa) ou à devalaia de Xri Rudresvar em Arvalém. Rudresvar, invocação de Xivá é simbolizado por um linga: — cilindro de granito que atravessa verticalmente uma pedra achatada com bordos salientes, mais ou menos circular, tendo na periferia um bico. Os peregrinos derramam sôbre o linga água com as suas mãos, segurando um chifre de boi, guarnecido de metal (*abixêca*) após a ablução no tanque da cascata (tirta).

No mês de *falguna* (Fevereiro-Março) na lua cheia: *Holli*, que é representado por uma arequeira, brindoeiro, bananeira ou qualquer outra árvore, segundo o costume da terra, é um monstro feminino por nome *Dhunda*, que causa males às crianças. A festa visa a esconjurar o espírito maligno. Ao cair da noite, o povo brinca com o *holli*, segurando-o pelas extremidades, imprimindo-lhe vários movimentos e enterra-o por último no local do costume. O *botto* faz a cerimónia religiosa e os devotos quebram côcos, atirando-os contra uma pedra ao pé de *holli*; os côcos partidos pertencem ao *mahar* que toca, durante a cerimónia, zabumba e tambor. O *holli* marca o início de *xigmó* que dura 5 dias em que o povo se diverte, havendo danças e representações teatrais.

É interessante a festa dos *goddés* de Salem (Bicholim). Num largo fronteiro ao pagode de Bhumicá ergue-se uma haste de arequeira, em volta da qual dança um grupo de *goddés*, semi-nús, dando enormes saltos, ferindo com estrépito o solo, lançando gritos agudos, estridentes, como possessos.

É que os gãocares de Salem se reunem no templo, fazem uma prece colectiva, suplicando que o próximo ano seja propício. Durante a oração alguns devotos sentem-se tomados do espírito divino que os subjugou e os torna inconscientes, saem do templo numa semi-demência e dirigem-se ao Holli.

Após a dança, saem em correria desordenada, dispersando-se à procura dum *kari*, vaso de barro que certas pessôas colocam sob uma árvore de noz vómica, onde, crêem, o diabo se acoita. Apanhado o *kari*, os *goddés* regressam ao templo, mas o diabo vinga-se apossando-se de alguns e arrastando-os para a floresta, onde os oculta.

Quando os *goddés* chegam ao templo dão com a falta de alguns companheiros; pedem à deusa que interceda em favor dos possessos. Saem do templo e dirigem-se à floresta, em correria, acompanhados de toques de bombos, em algazarra infernal para afugentar o demónio.

A floresta é batida em tôdas as direcções. Os possessos não são encontrados e os goddés voltam desanimados, o *bôtto* (sacerdote) aconselha-os a voltarem na noite seguinte.

Realizada uma busca minuciosa, os *Goddés* descobrem os possessos, surgem no largo em que se ergue o Holli e transportam para o templo os endemoninhados em completo estado de inconsciência. O *botto* asperge-os de *tirta* (água benta) e feitos uns exorcismos liberta-os do jugo do demónio.

Uma testimunha presencial descreve a festa dos *enganchados* de Cundaim, proïbida pela Portaria Provincial de 6-12-1844:

> "No dia 11 de Dezembro último, se terminou o Zatrá de Cundaim, Aldêa pertencente à Provincia de Pondá, com a bárbara cerimonia dos Enganchados, que consiste em serem suspensos, a huma altura não pequena, com ganchos de ferro enfiados nas costas, quatro Gentios de casta Sudra, de familias, que, a preço de mediocres porções de terreno, que lhes dão para cultivarem, se obrigam voluntariamente a tão doloroso sacrificio; e para pre-

senciarmos êste acto, tendo embarcado na Villa de Pangim n'huma Tona com alguns companheiros, e gasto pouco mais ou menos, 5 horas de viagem por mar, e 20 minutos por terra, alli nos achamos no tempo em que começava a concorrencia de Gentios de ambos os sexos, e o estrepitoso, e aborrecivel rebombo dos Arab, Dôll, Sômor, Chinga, Cornon, e outros instrumentos gentilicos, que de quando em quando feria aquelles valles. Huma guarda d'hum Cabo e alguns soldados do Batalhão de Infantaria N.º 2, collocada em posição conveniente, velava para que não houvesse qualquer desordem entre a multidão.—A situação nada offerece de notável, he uma povoação baixa, plantada de árvores, com hum Pagode, que he o maior, a respeito d'outros elevado sôbre hum teso, rodeado de pequenos, e terreos edificios, que servem de alojamento aos individuos, que acodem de fóra, como ha em quasi todos os Pagodes.—Ao lado esquerdo da entrada principal d'êste Pagode, distancia d'uns 40 passos, estavam erguidos verticalmente dous mastros de 20 covados de alto, guardando entre si o intervallo de 5 ditos: a estes mastros, que eram de páo de mangueira uniam-se troncos de arequeira, atravessados horisontalmente de páos de bambu d'hum covado, formando degráos, que facilitavam a subida aos topos dos mastros: nestes topos se apoiava o eixo d'uma roda do feitio d'huma dobadoura, que tinha hum movimento de rotação horisontal, composta de quatro raios perpendiculares de cada lado, com as suas extremidades oppostas, ligadas com páos de madeira rija, e inflexivel: por baixo da roda estava atravessada sobre os mastros huma taboa larga.—Pouco depois da nossa chegada, trouxeram os Gentios da mesma casta dos Sudros hum Bode preto, que arrastado em roda do Pagode com muitos alaridos, e grandes toques o conduziram a hum outro Pagode mais pequeno, situado no recosto d'hum oiteiro, distante quasi 120 passos, na porta do qual foi offerecido em sacrificio a um horrido Idolo denominado Betal. —Espaçadas algumas horas appareceram as quatro victimas humanas, que deviam ser enganchadas, e assentadas no chão, pouco longe dos mastros, alli foram barbeadas, ao effectivo, e lugubre som d'uma música infernal e horrorosa, por dous Barbeiros da Aldea, que tambem lhes appararam as unhas das mãos, e alguns cabellos da cabeça, e raparam os do sobaco.—Alguns mais da sua casta aproveitaram esta occasião para igualmente se barbearem.—Seguiu-se a purificação encaminhando-se as mesmas quatro victimas a hum pequeno, e proximo tanque, aonde, com os pés mergulhados n'agoa, e todos reunindo reciprocamente uma das mãos, espargiam sobre ellas, com a outra, agoa do mesmo tanque, e respondiam á voz d'hum ancião, que parecia ser o mestre de ceremonias d'esta funcção, huma lamentatoria oração aos seus Deoses para serem bem succedidos no sacrificio, que lhes hiam offerecer —Os devotos tambem tocavam as suas mãos nas dos suppostos purificados; e as mulheres fecundas, e as estereis procuravam sofregamente beber a agoa, que lhes cahia das mãos porque assim crêem estas que se tornam fecundas, e aquellas estereis!!! Finda a purificação, em que gastaram muito tempo, passaram para junto d'huma pedra, que estava a pequena distância, e lá se lhes ministrou o vestuario, que constava d'hum Rumal (lenço branco de tecido espesso, e algum tanto grande) e hum Puruem (certo panno que enrolam na cintura), e se lhes fez tambem entrega de huma vara lacreada imitando huma espada, e de huma corda de linho, que produzia quatro aiças, em hum só nó, em cada huma das quaes se enfiava hum gancho de ferro, com que tinham de ser enganchados em forma de anzol de pesca, sem farpa, da grossura, quando muito, de linha e meia, e de ambito 6 pollegadas; e dizem que n'aquella occasião se lhes dá a fumar em um Gurgury o bangue (huma preparação de opio), o que não nos foi possivel verificar, pela difficuldade que achamos em nos deixarem aproximar.—Deste logar, tendo aquellas quatro victimas nas mãos a tal vara lacreada, que effectivamente meneavam, na cabeça o Rumal arranjado em forma de Touca, coroado com grinaldas de flores, e o Puruem circundando os quadris, com muitos toques, e vozearia dos que faziam parte do seu sequito, dançando como espavoridos, ou antes alienados, deram voltas á roda dos mastros e do Pagode maior, onde finalmente entraram.—Começava o crepusculo da manhã a apontar quando duas Bailadeiras, a quem as Graças tinham negado os seus dons, romperam o baile ao toque e visagens d'hum Murdangueiro, e pouco depois sahiram as mencionadas quatro victimas do Pagode precedidas de grande acompanhamento, e da tal dissonante música, com a predita corda de linho ao pescoço, que dando huma volta crusava no peito, e hia reunir os extremos nas costas, segurando os ganchos com uma mão para não os trazerem dependurados, e empunhando com a outra a referida vara lacreada sem alteração alguma nos adornos, com que ultimamente se haviam trajado ; e com estes exoticos enfeites foram ao pequeno Pagode, em que foi immolado o mencionado bode, e demorando-se alli hum curto espaço de tempo se dirigiram, com igual sequito, estrondo, e dança, mais pavorosa do que agradavel, para um palmar, afastado 400 passos proximamente, e do qual não se avistava nenhum dos pagodes, nem os mastros.—Aqui se deu principio á horrivel ceremonia da perfuração, sendo hum após outro enganchado com os quatro ganchos, por operantes tão barbaros, como fanaticos, os quaes obrigando a respectiva victima a crusar os braços por cima dos hombros de hum individuo, que se lhe punha em frente a fim de offerecer o dorso em huma posição quasi vertical, regulavam no meio das costas quatro pontos, que em quadrado não occupassem distancia maior, do que hum palmo; e tomando em prega os tegumentos, em cada hum destes pontos, o ferreiro da aldêa, fazia hum furo com hum ferro exactamente do feitio do chanfro d'huma penna de escrever, e hum outro finalmente introduzia, pelo lado opposto, o gancho, á proporção, que o dito ferreiro retirava o ferro. Assim foram todos enganchados sem a minima repugnancia, á excepção d'hum só, a quem o fanatismo não foi bastante para encubrir o susto, e as dores, que bem manifestava por suas gesticulações.—Daqui encaminharam-se para os mastros, aonde chegados treparam logo acompanhados de alguns da sua casta, e pondo-se hum na taboa que ficava por baixo da roda, e outros no eixo da mesma roda, os que os haviam seguido, desenrolando a corda a ataram no páo horisontal superior, de maneira que pudesse girar livremente, passando depois a dobrar e atar com huma cinta os joelhos para não tocarem os pés no eixo da roda, no seu movimento de rotação, advertindo-os primeiros para que tivessem o corpo encolhido e suspenso pelo braço esquerdo, crusado por cima da referida vara horisontal, posição em que se conservaram até que todos fossem atados da mesma forma— Acabada esta operação se ouvio o unisono grito dos que se achavam sobre os mastros, que foi correspondido por huma parte dos espectadores, e então aquelles largando os braços, ficando suspendidos pelos ganchos, que lhes estendiam os tegumentos em proporção do peso do corpo, e nesta penivel e horrorosa attitude, meneando a varinha lacreada com o braço direito, e com o esquerdo, soffreram tres voltas completas da referida roda lentamente movida pelos que se tinham collocado junto ao eixo d'ella; e tornando a reproduzir o mesmo grito, apoiaram se da mesma forma sobre os braços, e desatados, dous a dous desceram dos mastros, sendo saudados e abraçados, hum a hum por seus amigos e parentes.—Finalmente foram ao pagode proximo, e alli estendidos no chão, com as costas para cima, lhes tiraram os ganchos pela maior parte ensanguentados.—Terminou-se em fim desta maneira o Zatrá de Cundaim, aonde para assistir a este acto concorrem muitos centos de pessoas; e he para sentir, segundo o nosso fraco entender, que, a par da civilisação, que, ha mais de tres seculos, gosam felizmente estes povos, não tenham desaparecido estas scenas de crueldade do paganismo, para que os seus enfurecidos Deoses, não vejam diante de si fenecer victimas humanas, como por ventura pode acontecer."

O Governador Pestana proïbiu pela seguinte Portaria a cerimónia dos *enganchados:*

"Não sendo possivel que uma Nação civilisada permitta que diante de seus olhos se commettam atrocidades, taes como suspender individuos por meio de ganchos, perfurando as carnes, embora se tolerem quantos usos religiosos, e não religiosos se queiram seguir, uma vez que não sejam sanguinolentos e atrozes; mandei chamar á minha presença o escrivão da aldeia de Cundaim de Pondá, a quem fiz saber a desapprovação do governo de Sua Magestade Fidelissima a similhantes actos, e o encarreguei de evitar sobre sua responsabilidade a pratica na sua aldeia deste acto, deste anno em diante, promettendo-lhe evitar o emprego de meios violentos, para fazer respeitar esta benefica intenção de Sua Magestade, e que iguaes medidas serão tomadas a respeito de outros pontos, onde hajam similhantes praticas.

E para que assim conste ao dito escrivão e seus successores, e á mesma comunidade, fiz lavrar a presente pelo secretario do governo geral, e vai por mim proprio assignada. Palacio do governo geral em Nova Goa, 6 de dezembro de 1844.—José Ferreira Pestana, governador geral."

No mesmo sentido se expedio Portaria para Adcolná em 7 de dezembro e em 11 para Betqui, e para os Cagís dos Mouros.

Os gãocares de Betqui dirigiram a seguinte petição ao Govêrno:

Illm.° e Exm.° Sr. Com todo o acatamento e respeito chegam a representar perante a magna pessoa de v. ex.ª, os gancares da comunidade de Betqui, e mais habitantes da dita aldeia abaixo assignados, que, confiados na alta solicitude de v. ex.ª pelo bem estar dos povos deste estado, cujo governo está novamente entregue por Sua Magestade á sabedoria de v. ex.ª se animam a expor o seguinte.

Exm.° Sr., ainda que a ordem assignada por v. ex.ª na data de 6 dezembro de 1844 só proscrevia a ceremonia dos enganchados de Cundaim, por serem contrarios á civilisação do paiz, não havia com tudo prohibido uma igual ceremonia, que os supplicantes faziam na sua aldeia Betqui; porém as authoridades locaes prohibiram tambem na aldeia Betqui.

O Zatrá dos enganchados na aldeia dos supplicantes he talvez mais antigo ao de Cundaim e com quanto fosse prohibida por v. ex.ª por suas sabias considerações, todavia esta prohibição longe de ser proveitosa e benefica á communidade, e aos mais habitantes da aldeia, tem sido pelo contrario, a fonte de toda a sorte de males e desventuras successivas para os habitantes da aldeia, a qual tem sido affligida seriamente por doenças epidemicas, mortandade immensa, absoluta falta de producção nos campos, e a subsequente miseria, e desgraças inremediaveis.

Por quanto durante os vinte annos que já decorreram a essa prohibição, os supplicantes tem experimentado na aldeia toda a sorte de calamidades, resultante da secagem das lagoas das agoas, que outra ora eram bastantes para regadura dos seus campos e sobejavam, hoje não chega nem á terça parte dos campos, e daqui resultando a falta da producção, accrescentando a isto os males physicos, e mortandade de gente, a aldeia dos supplicantes tornar-se-ha em pouco tempo um montão de ruinas e desolação.

Segundo a crença antiga, a população se persuade, que deve attribuir todos esses males á falta da ceremonia dos enganchados, e porque os successos de que a aldeia tem sido theatro durante os vinte annos vem a confirmar a mesma crença, e alem disto o oraculo do deus também o diz.

Conseguintemente para restabelecer a prosperidade na aldeia dos supplicantes já lhes não resta outro meio, mais do que abraçar os pés de v. ex.ª, e supplicar mui humildemente, que attendendo ao exposto, e ser aquella uma innocente pratica antiga, de que não resulta prejuizo a ninguem, visto que similhantes praticas existem em outros pontos da India; imploram a v. ex.ª para que se sirva permittir, que os supplicantes possam fazer a ceremonia dos enganchados em beneficio da sua aldeia; e por tanto P. a v. ex.ª sr. governador geral deste estado a graça requerida. E R. M.—Minguel da Costa a fez. A 9 de fevereiro de 1866. Signal de Pondulica Fortó, dito de Vassu Fortó, dito de Vitolá Fortó, dito de Santú Fortó, dito de Hory Fortó, dito de Venti Fortó, dito do escrivão Naraná Rogunata Sinay."

O Governador Pestana lançou o seguinte despacho:

"Quando o traductor dos desejos dos supplicantes, Minguel da Costa, que este fez, me vier persuadir que da privação do Zatrá dos enganchados em Betqui he que aos supplicantes tem provindo os males, que referem; será possivel considerar este requerimento. — Palacio do governo 9 de fevereiro de 1866. O governador geral; José Ferreira Pestana." (20)

Lugares de peregrinação

Os hindús de Goa vão em peregrinação às seguintes terras santas: Kasi (Benares), Gaiá, Nasik, Pandarpur, Kolhapur, Tirupati, Gangapur, Rameswar, Gokarna, e Puri, na India Inglesa.

Em Goa: Arvalém, por ocasião de *xivaratra*; Naroá no dia de *Gocul astami*; Velha Goa, tôdas as segundas-feiras do mês de Xravân.

Espíritos malignos

Os principais espíritos malignos são: *Vetal*, chefe dos espíritos (*bhuts*); *Brahmó* ou *Mungi*, espírito dum brâmane que morreu durante a investidura da linha sagrada (*upanaiana*) reside no *rumbôdd*, intimida o paciente, o remédio está na peregrinação a uma terra santa; *Sambandha*, espírito de uma pessoa falecida sem herdeiro que pudesse celebrar os ritos

(20) Cf. *Archivo de Pharmacia*—de 1865, pag.108 e de 1866, pag. 50; *Instituto Vasco da Gama* de 1873. pag. 152.

fúnebres, enlouquece o possuidor dos seus bens; *Devachar*, espírito de um sudra, reside nos cemitérios, nos crematórios, no *pimpôll* e no *vôdd*, nas margens dos rios, oferecem-lhe côcos, *ronttas* (apas de arroz), galos e cabritos.

Khavis, espírito dum maometano ou dum não-hindú; *Rudri*, espírito de quem sofreu morte violenta ou foi vítima dum acidente, reside no local da morte, os que por lá passam atiram uma pedra ou um ramo de árvore; *Allivânt*, espírito duma puérpera que se finou sobrevivendo-lhe a criança; *Augât*, espírito duma mulher que faleceu durante a menstruação, ataca com histeria as mulheres fracas, e os varões com sonhos eróticos e poluções nocturnas; *Deugât*, espírito de uma mulher que morreu no estado interessante, persegue as mulheres com sonhos eróticos, causando-lhes anemia.

O espírilo maligno (*bhut, mharu, vento ruim*) abana e faz mover as árvores quando não há vento, apedreja casas, desloca objectos, transforma comidas em fezes, metamorfoseado em homem ou animal amedronta a gente que cai desmaiada. Os homens caídos sob o seu jugo, têm sido transportados para sítios longínquos, içados para o alto das árvores ou acorrentados aos rochedos. Os possessos adivinham factos ocultos, crimes, pecados, falam línguas que desconheciam. Os fogos fátuos são outros tantos espíritos que coroados de chamas volteam junto aos cemitérios.

" La croyance fétichiste, l'idée que les objets inanimés sont doués de vie, a pour conséquence nécessaire et indélebile le refus instinctif de voir dans la mort l'anéantissement de la fonction vitale. Dans le groupe où il a vécu, le trepassé apparait comme un génie cher et bon, dont on a pour devoir d'assurer le bonheur et de qui l'on a le droit d'attendre des bienfaits. Mais, s'il a le malheur d'être mort avant l'âge, d'avoir succombé à une mort violente, de ne laisser personne après lui pour lui rendre les honneurs suprêmes, il se change en un démon malin, un spectre redoutable, qu'il faut reduire à l'impuissance. Opposées à l'origine et contradictoires en apparence, ces conceptions se concilient fort bien dans les croyances et les pratiques de toutes les sociétés. Chez les Egéens, elles coexistent, plus on moins nettes, dès l'èpoque la plus reculée." ([21])

Presságios

E' bom agouro (*chubhaxâcune*) deparar ao sair de casa com uma vaca, boi branco, cavalo, bode, elefante, doninha, pavão, cotovia, leite, manteiga, vinho, carne, mel, bailadeira, rapariga solteira, brâmane, mãi com a criança ao colo, cadáver, gado amarrado, pessoa com a cabeça coberta, espelho, palanquim, bilha cheia de água, armas, bandeiras; sentir espirros ao Sudoeste, Noroeste, e Nordeste. Cair a lagartixa sôbre um varão na cabeça é sinal de felicidade, na face direita, testa, pulso e lábio inferior, de riqueza, no ombro direito e umbigo, de triunfo; sôbre a mulher na cabeça, orelha direita e mão direita, é sinal de riqueza, no peito de felecidade; é bom sinal ver, em sonhos: brâmane, cavalo, flores brancas, rei, mulher enfeitada com jóias, árvore com frutos, o *vôdd*, carne, e espelho, astros, lua, sol, alguém a comer carne, mel, uma mulher casada e mãi de muitos filhos, um cortejo nupcial, archote aceso, um sudra, um *mahr* ou *chamar*, dois *bottos*, ou um levando flores, ouvir o canto da coruja (*natuc*) mais de doze vezes, expirros pares.

E' mau agouro (*apaxacune*) deparar ao sair da casa com uma viúva, anacoreta, mulher grávida, surdo, cego, sangue, sentir espirros ao Nascente, Sul, Norte, e Sudeste, ver, em sonhos: pano encarnado, árvore de *palás*, (butea frondosa) azeite, algodão, ferro, ouvir de noite o uivar da fémea de adibe, a tremura da pálpebra do ôlho esquerdo. E' fatídico o número 3; por isso, se numa familia hindú tiver havido num ano 3 casamentos, faz-se o quarto com o *tulôss*; se o hindú quizer casar pela 3.ª vez terá de casar primeiro com a planta *rui*. A queda de lagartixa sôbre o varão no *xenddi* presagia doença; no alto da cabeça, morte; no calcanhar, morte do filho; no ante-braço, morte da espôsa; sôbre a mulher, na trança de cabelos, doença; no alto da cabeça, morte; na face direita, viuvez. E' mau agouro ver em sonhos: préstito fúnebre, tres *bottos* e duas sudras, um

---

([21]) G. Glotz — *La Civilisation Egéenne*, pag. 319.

gato, a subida do cão para o telheiro da casa ou o seu ingresso no interior da mesma, cobra-capêlo, calão vasio, feixe de lenha, cova, um homem com a cabeça descoberta, ouvir o grasnar dum corvo, o canto da coruja repetido por mais de nove vezes, um não *(nacá)* ou *xi* (não presta) "donde vai ?", espirros ímpares. Em Praganã é agoirento o dia sábado que é consagrado a *Hanuman*, sendo defeso nêsse cortar o cabelo ou fazer a barba.

Uma filha imediata a três filhos varões chama-se *ticli*, traz a ruina da casa dos pais ou do marido e a imediata à *ticli*, conhecida por *niclli*, ocasiona a morte na familia do marido.

"Hesiodo terminara son ouvrage *(O Trabalho e os dias)* en donnant l'inventaire des jours favorables ou défavorables aux diverses besognes" (22)

"Há criaturas que consideram como infortunados e nefastos certos dias da semana e do ano. Os Menezes absteem-se de tentar tarefa alguma de importancia *na terça feira*. É dia aziago—alegam —E não viajam nem empreendem acção de fôlego.

Entre outra superstições que reinam ainda em Inglaterra, de preferência na populaçáo, ouvi a três pessoas diferentes que a *sexta feira* é dia funesto.

....

Os pagãos, igualmente, tinham certos dias por impropicios infames e de mau agouro. Chama-lhes Tito Livio, *religiosi dies* ou dias de superstição. Nônio Marcelo intitula-os de *atri dies* ou dias funestos. Aos mesmos dá Festo o nome de *dierecti*." (23)

"L'observation des présages était pratiquée dans les sociétés antiques, et particulièrement dans la république romaine où elle était un institution officielle...

Ces signes donnés par des oiseaux ou d'autres animaux ne sont pas uniquement des indications, des avertissements, l'annonce de ce qui arrivera. Ils sont en meme temps des causes. La menta-

---

(22) Quennell—*La Vie des Grecs*—trad. franç., Paris, 1937, pag. 88.

(23) Cavaleiro d'Oliveira — *O Galante Século XVIII*, tradução de Aquilino Ribeiro, pag. 222.

lité primitive voit dans ces oiseaux et dans ces animaux des puissances mystiques de qui dépendent les événements qu'ils prédisent. .

Quand le primitif aperçoit un présage favorable, il est pénétré de reconnaissance. Il se sent encouragé à agir, fortifié, sûr de succès. Il fournit tout l'effort qu'il peut, et souvent, en effet il réussit.

Mais s'il aperçoit un présage funeste, que fera-t il ?— Toutes les fois que ce sera possible il s'abstiendra. Il ne se mettra pas en campagne ou s'il est déjà en route, il rentrera chez lui—Il abandonnera l'entreprise commencée." (24)

PRAGA

E' interessante o que um estrangeiro observou em Goa:

"The judge, by his remarks, seems to have thought the crime due to mere "superstition" — but when I was staying in the hinterland of Goa, almost the last remains of the great Portuguese Indian Empire, my host, Senhor Francisco Rodrigues, chief landowner of the village of Curtorim, showed me extraordinary evidence in a neighbouring jungle village, as to the power of a curse. He pointed out one of the largest houses, crumbling to a decay, the compound of which looked as though every tree in it had been blasted by lightning, while on either side of it were compounds luxuriant with fertile coco-palms and mango-trees.

Then, about a mile away, he showed me holdings of palms and paddyfields, equally stricken in appearance, right in the middle of fertile-belts belonging to himself and his neighbours; and this is the story he told, on the authority of village tradition, to account for it: The great residence and lands, equivalent to an English manorial property, belonged to an ancient family of *descendantes*, landowners of mixed Portuguese and Indian descent, whose head, nearly a century ago, was notorious for his brutality, greed, and harshness to his tenants. The whole village got together and enlisted the aid of the witch-doctor, who cursed the family in the following terms: The landowner should die by his own hand; nothing his descendants did should prosper; no land of theirs, or any they sold, should ever thenceforth be fertile; and the family

(24) Lévy Bruhl—*La Mentalité Primitive*, pag. 124.

should die out within a hundred years in poverty and insanity.

The reader may hold what opinion he chooses as to the power of curses, but the fact remains that in 1934 the last remnants of of that family were the feebleminded old mistress of a manor-house tumbling about her ears, and her imbecile son, living in dire poverty; and that their compound, and the patches of land and palm-grove sold by them and their predecessors for two generations, lay utterly barren in the midst of abundant fertility, for no reason scientifically explicable." [25]

AMULETOS

Para preservar de mau olhado, usam anéis de pêlo do rabo de elefante, unhas de tigre, contas de azeviche preto dente de porco espinho, obreias na testa e na face com "*kergoll*" unguento composto de fuligem e óleo de côco, manilhas de tartaruga; põem coleira de coiro aos animais e atam às plantas crâneos e ossos de animais, lascas de carvão vegetal. Para evitar a influência de espíritos malignos fazem as crianças loções de raiz roçada de lodh (*simplocus racemosa*) põem-lhes ao pescoço pele de *zâvadem* (doninha) e carapinha.

"As Senhoras trazem as figas penduradas ao peito em guisa de berloques; os homens atam-nas ao cós das calças. As crianças de ordinário, põem-lhes à cinta, à cabeceira do berço; não é raro ver-lhes no pescoço e nos braços colares e braceletes inteiros delas às vezes delicadamente obradas e tão pequeninas que em cada adôrno há mais de cinqüenta. As da conta são por vezes tão grandes como a mão dum homem. Põem-nas também, aos cãis, aos cavalos e outros animais de estimação.

A virtude peculiar e conhecida das figas consiste em prevenir contra o mau olhado. Ao mau olhado também se chama quebranto.

É corrente que o mau olhado pode ser lançado a uma pessoa por outra que lhe dedique paixão, a estime, ou que lhe tenha inveja e a deteste.

....

[25] M. P. Dare—*Indian Underworld*—Crime and Sorcery—Pag. 60.

Plinio dá ao malefício o nome de fascinação, fascinador ao agente quando masculino e fascinatriz quando fêmea, Priapo. deus de tal enfermidade, era cognominado de *fascinus*.

Consiste o quebranto num estado de prostração e lassitude, acompanhado de dôres de cabeça e espreguiçamentos invencíveis.

Os médicos recambiam tais enfermos para os mezinheiros, por via de regra, pobres e incultas mulheres. O ritual que estas empregam é tão ridículo como os remédios de que lançam mão. Em geral, a operadora planta-se diante do doente, a bocejar vezes ao fio, bôca rasgada até às orelhas, entre mil carantonhas diabólicas, tanto mais que estas espécies de criaturas são velhas e feias, a mais não poder ser. Ele, por sua vez boceja também, contagiado e aí está um espectáculo para fazer rir as pedras.

A benzedeira, depois de defumar o doente numa mistela de incenso, alho, sal, loureiro e rosmaninho, e três vezes se persignar em nome do Padre, do Filho e do Espírito Santo, murmuram palavras sibilinas que só ela entende e mais ninguem. Repetindo-se tres vezes a cerimónia, a virtuosa criatura acaba por chamar a si o mal, pelo que, a titulo de que tem de o enxotar agora do proprio corpo, exige espórtulas condignas.

Os inquisidores não ousam perseguir estas mulheres." (26)

Põe ao pescoço da criança para a proteger da doença: *Doré* (cordões de linha preta benzidos).

Tauza (penduricalhos de pequenas bocetas cilindricas, feitas de cobre ou prata, contendo flores ou cinza (*bibuhta* ou *bhujapatra*) benzidos.

Taita (penduricalhos da efigie de Maruti ou outra divindade, benzidos.

Oráculos

Para responderem às consultas os *gurous* e os *gaddis*, ministros religiosos das castas inferiores, depois de invocações solenes, contorcem-se em movimentos epilépticos, às vezes ao som da música estridente, infernal; o diábo entra-lhes no corpo e fala pela bôca dêles.

(26) Cavaleiro de Oliveira—*O Galante século XVIII*— tradução de Aquilino Ribeiro, pag. 284.

O *prassada* consiste no seguinte: o *botto* (sacerdote brâmane) prega com água, fôlhas e flôres em linhas verticais e paralelas sôbre uma coluna ou lâmina polida. Segundo cair primeiro uma ou outra fôlha ou flôr, o *botto* interpreta a resposta do deus. Em casos mais graves recorre-se ao *bhai* ou *bagate* que se julga possuido de deus e caindo em convulsões apregôa a resposta divina.

" Parmi les données immédiates de leur expérience, les primitifs s'attachent surtout à celles qui proviennent du monde invisible, et qui leur révèlent les dispositions des puissances mystiques dont il est peuplé. La prospérité du groupe social, la santé et la vie de chacun de ses membres dépendent à tout instant des bonnes et des mauvaises influences qui s'exercent sur eux. Tant qu'ils ne sont pas certains qu'une de ces forces mystiques ne s'y oppose pas efficacement, ils ne peuvent espérer mener à bien aucune entreprise. De là, un besoin impérieux de savoir qu'elles sont de leur côté et qu'ils réussiront...

Sous l'aiguillon d'un intérêt si pressant, la mentalité primitive s'est montré ingénieuse et féconde. On peut désigner sons le nom de divination, en prenant le mot au sens le plus large l'ensemble des procédés directs ou indirects qu'elle met en oeuvre pour découvrir ce qui lui importe si fort...

Les primitifs, par exemple, savent utiliser, pour communiquer avec le monde invisible, les propriétés spéciales des médiums, et mettre ceux-ci en "état second". Ils n'ignorent à peu près rien des phénomènes familiers aux spirites de tous les pays et de tous les temps...

Ils savent discerner parmi eux les "sujets" plus sensibles que les autres à l'influence des puissances invisibles, et plus capables de recevoir les révélations de l'au-delà. Ces sujets deviennent des devins, des voyants, des sorciers au bon sens du mot. C'est a eux que l'on s'adresse quand on a besoin d'une révélation particulière. Chez les Esquimaux les opérations divinatoires sont réservés au medicine man à *l'angekok*. Pour les accomplir, il se met lui même en état de sommeil hypnotique ou de *trance*, de catalepsie ou d'extase, c'est-à-dire, il se transporte dans la région des puissances invisibles, et il entre en commuication avec elles." [27]

---

[27] Lévi Bruhl—*La Mentalite Primitive*, pag. 172 e 240.

Jejuns

E' obrigatório o jejum só em ocasião de eclipses, o qual começa 9 horas antes do lunar e 12 antes do solar. Atrás nos referimos aos jejuns facultativos.

Nos dias de jejum é defeso rapar a cabeça, fazer a barba, mascar areca e betle, untar azeite ao corpo ou pintá-lo, excepto com *gopi-chandane*, e exercer os direitos conjugais, e aos banianes (jainas) o fumar.

Práticas de devoção

O brâmane faz o *sandhiá* (reza) duas vezes por dia, de manhã e de tarde.

O *sandhiá* compõe-se de *achamana* (que consiste em invocar Vixnú e tomar água em colheres); *pránaiám* (suspende-se a respiração apertando o nariz); *marjana* (consagra-se a água que é esparzida sôbre o corpo); *arguiâ-pradana* (deita-se a agua na palma das mãos, oferecendo-as ao Sol e a Varuna); *upassaná* (oração mental).

Prelados hindús

O prelado dos brâmanes *vixnuitas* reside em Partagal (Canácona), o dos brâmanes xivaítas em Queulá (Pondá), o dos brâmanes cudalescares em Dabol (India Inglesa), o dos brâmanes pednecares em Satordém (India Inglesa), o dos lingaítas em Chitaldurg, Maiçôr, o das outras castas em Sankeshwar, (India Inglesa). Os prelados são celibatários e renunciam aos prazeres do mundo. Escolhem os seus sucessores. As suas vestes *(caxac vastrem)* são tingidas de almagre e empunham uma vara *(dandacasta)* feita dum ramo de palas *(butea frondosa)*. Recebem esmolas *(gurudâcxâná)* dos fiéis por ocasião da visita pastoral.

Os fiéis, para saudarem o prelado, prostram-se, cerrando os punhos e unindo os dedos polegares (*sastanga*). O prelado corresponde à saudação proferindo a palavra "Narain" e oferece água benta (tirta), côco e flôres.

Suami (prelado indu)

Suami (prelado indu)

Bóto (sacerdote indu)

Formas de saudar

Os brâmanes cumprimentam-se, dizendo, de mãos postas: "*nomoscar*"; os outros levam a mão direita à testa e dizem: "*Rama, Rama*".

5—Da religião maometana

Mesquitas de Goa

Sabha-Masjid em Xapur—Pondá (ruinas).
Jumá Masjid em Queulá (ruinas).
Nagá Masjid em Curti—Pondá (ruinas).
Jumá Masjid em Surla, Satari (ruinas).
Masjide Codil em Bandorá (Pondá).
Azrat Abdula Kan Saheb Xeid em Curti (Pondá).

Festividades

As principais são:

Bakr-Id. No 9.º ou 10.º dia do mês *Zil-hujja*, os fieis tomam banho, mudam de roupa e vão ao lugar de oração (*id-gah*) onde o *Imam* preside à cerimónia, o *khetib* sobe à tribuna e reclinado sôbre uma espada ou arco, explica o significado do dia e após a prèdica os assistentes abraçam-se, e regressando para casa sacrificam um animal, voltando a cara para Meca.

Ramazam. No 1.º do mês *Chaual*, após o jejum do mês de *Ramazam*, os maometanos tomam banho mudando roupa e rezam *Id-gah* e abraçam-se uns aos outros e os inferiores e os novos tocam nos pés dos superiores e dos velhos: fecham-se as lojas, o povo diverte-se, dançando e cantando.

Formas de saudar

Os maometanos saudam dizendo: *Assala-mo-Alaikum* (paz e saúde).

6—Da música indiana

No *Rig-vêda* há alusões a 7 notas de música, conhecidas por *vanis*. ([28]) O *Xatapatha Brahmana* refere-se aos instrumentos de sôpro, a cimbalos e à orquestra *(vinaganagin)* ([29]) A *Kausitaki Brahmana* classifica a arte de música em dança *(nrtia)*, canto *(gitá)* e música instrumental *(vadita)*. ([30]).

No *Ramaiana* há alusões ao ensino da música vocal e instrumental e da dança que se ministrava às meninas (1-32-12). ([31])

A *Natya Xastra* é uma obra monumental que trata do drama, música, estética, retórica, gramática e dança. No capítulo IV, descreve 108 passos de dança (*caranas*), que se encontram esculpidos nas paredes do templo de Chindabaran.

São vulgares em a nossa India as seguintes composições musicais: *drupoda* estribilho ou cântico religioso solene e hierático, introduzido no século XVI pelo rajá *Man Singh*, de Gwalior, ministro do imperador mongol Akbar; *khayal, thumri, tappa, ghazal, dadrá*, (canções de amor, das quais a primeira é criação de *Amir Khusru*, músico da côrte de *Alau-d-din*, sultão de Delhi, a segunda se adapta à dança, a terceira é típicamente maometana); *bhajona, arthis, abhanga*, cânticos religiosos; *avi* canção épica; *sargam, tarana, dekhanim*, e *oviôs*, canções populares; e *natocas*, operetas destinadas à difusão do neo-bramanismo, e que hoje são utilizadas para a propaganda nacionalista.

Indicamos no volume I (pag. 252) os instrumentos da música indiana. São de origem muçulmana os seguintes instrumentos: *senai* (cuja invenção se atribue a Avicena) *toblem, nagaró, arab, satar*, e *sarangui* inventado por Sarangui Khan

---

([28]) *Rig-vêda* III, 12, 5; X, 32, 4; IX, 1, 8.

([29]) *Xatapatha Brahmana* XIII, 1, 5, 1.

([30]) *Kausitaki Brahmana*, 29, 4, 5.

([31]) Miss P. C. Dharma— *Women during the Ramayana Period* no *Journal of Indian History*, pag 2.

que viveu no reinado de Mahomet Shah. (32)

Os pastores tocam flautas feitas de bambu; os *dublás*, *varanes* e *ganchins* de Damão o *pipri* (clarinete); e os *doriás* e *varlis* o *tarfi* (instrumento de sôpro feito de abóbora branca ligado a caniços de bambu com buracos).

Os portugueses introduziram em a nossa India o *mandó* provávelmente de origem africana, pois os hindús o desconhecem. E' hoje a forma popular do canto, poesia e dança, entre os indígenas cristãos. Canta-se e dança-se o *mandó* ao som de *gumot* ou *batuque*. Há *mandós* amorosos, políticos, e satíricos.

"Os grandes do Imperio (do Monomotapa, no Zambeze) pouco cortejo fazem ao seu Rei porque cada hum ordinariamente assiste na sua terra, e só pela lua de S. João o vem buscar todos, assim grandes, como pequenos para celebrar hum rito e ceremonia gentilica, a que chamão *Mandó*, em que fazem mil immundicies; e neste tempo necessita o Rei mais de nossa guarda. (33)

O 5.º Concílio Provincial de Goa (1606) proïbiu bailar e cantar sarabanda, *mundã.* ou *cafrinho* (Arq. Port. Oriental, 1.ª edição, fasc. IV, pag. 266). *Chassez le naturel...*

A' imitação das escolas hindús D. Fr. João de Albuquerque, bispo de Goa, criou as escolas paroquiais, confirmadas pela Carta Régia de 1545.

É a escola paroquial regida pelo mestre de capela que inicia os indígenas cristãos na música europeia, daí saem os cantores da música sacra e os músicos das filarmónicas, muito apreciados na India Inglesa, onde são contratados para as bandas regimentais e orquestras dos teatros.

A indígena cristã das classes superiores toca viola, violino, bandolim ou piano, e são-lhe familiares as danças ocidentais.

---

(32) A. M. A. Shusteri—*Outlines of Islamic Culture.*

(33) Fr. Antonio da Conceição—*Tratado dos rios de Cuama* — 1696 — *Chronista de Tissuari* II, pag. 67.

Damos a letra das canções hindús, vertidas para o português por Tomás Ribeiro:

«D'amor aos braços flácidos
delícias do prazer
vem! goza! nesta alfombra
tentam fragrância e sombra!
que és tu?... simples mulher.

Tanges a Visnum, requebras-te
em novos cantos e danças;
bailas sempre airosa e lânguida
e em tantas voltas não canças.

D'amor aos braços flácidos
delícias do prazer
vem! goza! nesta alfombra
tentam fragrância e sombra!
que és tu?... simples mulher!
Dize ao teu fio de pérolas,
dize, amor estremecido,
que pague d'amor a dívida
a meu desejo insofrido.

D'amor aos braços floridos
delícias do prazer
vem! goza! nesta alfombra
tentam fragrância e sombra
que és tu?... simples mulher?»

—«Homem tisnado, aos teus braços
corro, viril formosura!
deixa embeber-me em teus olhos
cheios de vida e doçura!

Ó crestado semblante, rosto amável,
tentação de morrer!
tu és fonte perene, inesgotável,
única, do prazer!

Homem tisnado, aos teus braços
corro, viril formosura!
deixa embeber-me em teus olhos
cheios de vida e doçura.

Senhor, que sôbre um dedo ergueste um monte
(Quão poderoso és!)
Oh! consente, senhor, que a minha fronte
pouse sôbre os teus pés!

Homem tisnado, aos teus braços
corro, viril formosura!
deixa embeber-me em teus olhos
cheios de vida e doçura.—

—«Oh! que elegantes vestes
e quantas vivas côres,
brocados e primores!...
E, olhai!... tão descompostas!...

Nos alamares soltos
há pérolas pendentes...
tres... quatro... e tão luzentes!...
e olhai... tão descompostas!...»
—«Vamos, é noite velha e eu vou contigo
meu rei, ó meu senhor
vamos depressa, estremecido amigo
eu vou contigo! a noite faz pavor!
Já sondaste desejos da minh'alma
ânsias do meu amor;
toma-me! vem! sou tua, colhe a palma
a noite calma... embora, faz pavor.»
—«Vês, senhor? a lua espreita-me
e vê-me como eu a vi!
conheceu-me o rosto pálido
como hei de chegar-me a ti?»
—«Foge de mim cavaleiro,
que, em fim, já sei quanto vale
o teu falar lisongeiro.

Dize; podes construir
só d'areia um pedestal?
pode acaso algum subir
pelo fio dum punhal?

E's filho de Mathurá
e eu sou gugir paniari;
que podes querer de cá?
que posso esperar de ti?

Foge de mim, cavaleiro,
que em fim, já sei quanto vale
o teu falar traiçoeiro».

Forsan adeus tucá côrtam

(Mandó)

1.º

Forsan adêus tucá côrtam
Ducanch' zorimnim ãu roddtam
Tuzo môgu rê chintunum,
Ecsurponn tucá rê bhettoitam.

2.º

Adêus côrcho vêll chintlear
Mojem calliz fugar zata
Despidiru corchem mhunnlear
Ho sounsar nacá só dissotá.

Estribilho

Vochu, vochu rê, roddum nacá
Dêu feliz côrtolo tucá.

Vinchun caddilolea sucá

(Mandó)

1.°

Vinchun caddilolea sucá
Ingratponn dacoum nacá
Fanteaparavelem noketr munn
Otrekitam tucá.

Estribilho

Aicun tum pollé mogá
Him utram sangotam tim tucá.

2.° Porzollit tujim utram
Sopnnant ãu aicotam [mogá
Borvé gunn tujé chintun
Pixea porim zatam.

3.° Chandineã vellar noketrandô
Sanddun vocho-nacat macá
Souns'rantule vilap chintun
Roddunc etá macá.

Ãu saibá peltoddi vetam

Dekhanim

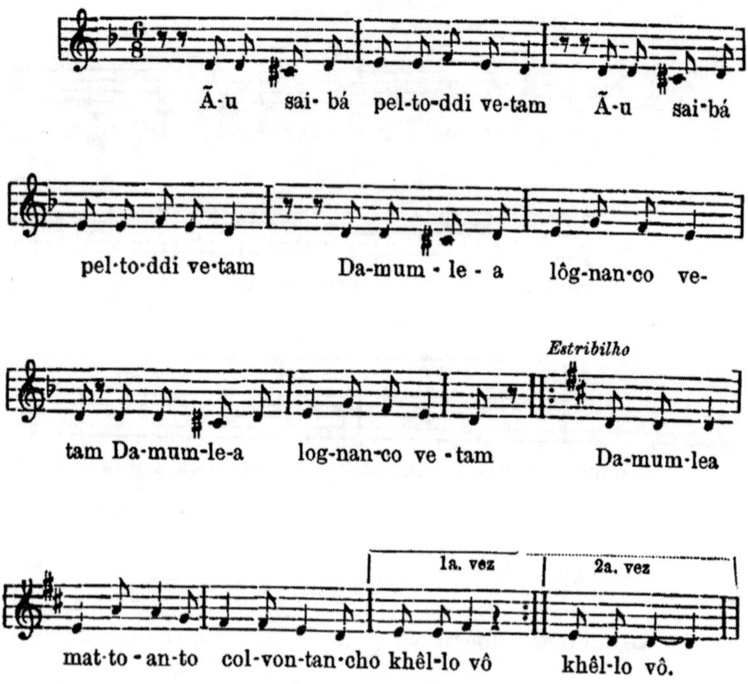

1.° Ãu saibá peltoddi vetam,
Damumlea lôgnanco vetam

Estribilho { Damumlea mattoanto
Colvontacho khêllo vô

2.° Macá saibá vatto dacôi'
Macá saibá vatto collo–nam

3.° Paiantulim painzonnam ditam
Tarir vechi vatto dacôi

4.° Atantuleô pattuleô ditam
Tarir vechi vatto dacôi

5.° Golleantuli gollsori ditam
Tarir vechi vatto dacôi

Estribilho mesmo

6.° Nacantuli nôt ditam
Tarir vechi vatto dacôi

Bhava bhoinni laguim

Dekhanim

2.º

Add eôc sonar xêtti
Pettôi tachem agttém
Foll zai-xem côr dadá
Rumboddachem.

Estribilho

Papá, mamã Sirulê
Chêddva bi nam, bi nam.

3.º

Addu eç khorem dada
Caddu ec tefu
Tantum rôi rompó dadá
Rumboddacho.

Estribilho

Papá, mamã Sirulé
Chêddva bi nam, bi nam.

4.º

Bara monno sacor dada
Tera monno dudu
Rund pedd dhôr dadá
Rumboddaco.

Estribilho

Papá, mamã Sirulé
Chêddva bi nam, bi nam.

Bailean conn eta pollé

Dhôrpod

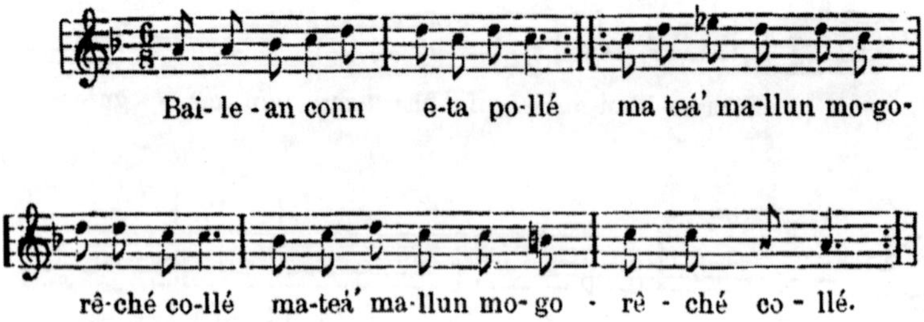

Sogôtt lôc baimcodde, kinn-kinn zatá mujea canam-coddé.
Sôgli rat bountoddé, dissa gemetat muje dollé.
Cazar zatai zalear mujêcodde, vicharun eo tujê mãicodde.

Elapurchea ranant

Dhôrpod

§ Bhiraddant ravun caddlo zhôru, ai bhiraddant ravun caddlo zhôru. §
§ Ropêr aila rôp ghêun, ai ropêr aila rôp ghêun. §
§ Rupian capodd dita mhunnta, ai rupian capodd dita mhunnta. §
§ Cont corunc guelear guspota, ai cont corunc guelear guspota. §

CAPÍTULO V

A vida social

BENJAMIM Constant numa célebre conferência feita em 1819 frisa o contraste entre a concepção antiga e a moderna da liberdade.

"Demandez-vous d'abord Messieurs, ce que de nos jours un Anglais, un Français, un habitant des Etats Unis de l'Amérique, entendent par le mot de liberté ?

C'est pour chacun le droit de n'être soumis qu'aux lois, de ne pouvoir être ni arrêté, ni détenir, ni mis à mort, ni maltraité d'aucune manière, par l'effet de la volonté arbitraire d'un ou de plusieurs individus. C'est pour chacun le droit de dire son opinion, de choisir son industrie et de l'exercer, de disposer de sa propriété, d'en abuser même; d'aller, de venir, sans en obtenir la permission, et sans rendre compte de ses motifs et de ses démarches. C'est, pour chacun, le droit de se réunir à d'autres individus, soit pour conférer sur ses interêts, soit pour professer le culte qui lui et ses associés préfèrent, soit simplement pour remplir ses jours et ses heures d'une manière plus conforme à ses inclinations, à ses fantaisies. Enfin, c'est le droit, pour chacun, d'influer sur l'administration du gouvernement, soit par la nomination de tous ou de certains fonctionnaires, soit par des représentations, des pétitions, des demandes que l'autorité est plus on moins obligée de prendre en considération. Comparez maintenant à cette liberté celle des anciens.

Celle-ci consistait à exercer collectivement, mais directement, plusieurs parties de la souveraineté tout entière, à déliberer, sur la place publique, de la guerre et de la paix, à conclure avec les étrangers des traités d'alliance, à voter les lois, à prononcer les jugements, à examiner les comptes, les actes la gestion des magistrats, à les faire comparaitre devant tout le peuple, à les mettre en accusation, à les condamner ou à les absoudre; mais en même temps que c'était là ce que les anciens nommaient liberté, *ils admettaient comme com-*

patible avec cette liberté collective l'assujetissement complet de l'individu à l'autorité de l'ensemble. Vous ne trouverez chez eux presque aucune des jouissances que nous venons de voir faisant partie de la liberté chez les modernes. Toutes les actions privées sont soumises à une surveillance sévère. Rien n'est accordé à l'indépendance individuelle, ni sous le rapport des opinions, ni sous celui de l'industrie, ni surtout sous le rapport de la religion... Terpandre ne peut chez les Spartiates ajouter une corde à sa lyre, sans que les Ephores ne se offensent. Dans les relations les plus domestiques, l'autorité intervient encore. Le jeune Lacédémonien ne peut visiter librement sa jeune épouse. A Rome les censeurs portent un oeil scrutateur dans l'intérieur des familles. Les lois règlent les moeurs, et comme les moeurs tiennent à tout, il n'y a rien que les lois ne règlent.

Ainsi chez les anciens, l'individu, souverain presque habituelment dans les affaires publiques, est esclave dans tous ses rapports privés." [1]

Nas comunidades aldeãs que eram verdadeiras repúblicas era necessária a unanimidade de votos para uma deliberação (*nemo*); mas a liberdade na vida privada é restringida pela censura dos vizinhos.

"*Dans les sociétés inferieures, comme l'organisation sociale est très simple, la morale a le même caractère et, par suite, il n'est ni nécessaire ni même possible que l'esprit* de discipline soit très éclairé. *Le simplicité même des pratiques fait que elles prennent facilement la forme habituelle de l'automatisme,* et, dans ces conditions, l'automatisme est sans inconvénients; car puis que la vie sociale est toujours semblable à elle même, qu'elle diffère peu d'un point à l'autre, ou d'un moment à l'autre *l'habitude et la tradition irréfléchies suffisent à tout.* Aussi ont elle un prestige, une autorité qui ni laissent aucune place au raisonnemet et à l'examen". [2]

É costume? A consciência está tranquila.

"*Si un individu, une famille, ou un groupe social est éprouv, par un malheur, ou subit une série de mésaventures et d'échecs*

---

[1] Benjamin Constant—*Cours de politique constitutionelle,* pag. 540.
[2] Durkheim—*L'Education morale,* pag. 59.

jamais la cause n'en sera attribué au hasard. Dans nombres de sociétés africains comme on l'a vu, le soupçon de sorcellerie s'éveillera aussitôt : de même, dans beaucoup de tribus australiennes, papoues etc. *Ailleurs, par exemple, chez les Esquimaux, et dans la plupart des sociétés des régions septentrionales de l'Amérique, on pensera tout de suite à une violation des prescriptions sacrées ou de tabou. Dans ce dernier cas, comme dans l'autre, la mentalité primitive passe immédiatement du fait qui l'a frappée à une cause mystique, qui nous paraît imaginaire, mais qui, à vrai dire, fait partie de son expérience, telle qu'elle est constituée par l'ensemble des représentations collectivos du groupe social*". (3)

A influência do costume é contrabalançada pelo espírito de imitação.

"Toutefois, aussi longtemps qu'elle subsiste, *tant que le groupe social se sent être une force vivante et n'abandonne pas la lutte, il repousse, comme par une sorte d'instinct, les éléments nouveaux que l'étranger lui apporte.* C'est ainsi, comme on va le voir, qu'il convient de comprendre ce que l'on appelle d'ordinaire le misonéisme des sociétés primitives. *Laissées à elles mêmes, elles sont de dispositions conservatrices, mais il n'est pas sûr qu'elles soient plus hostiles que d'autres à certaines innovations. Leurs institutions varient, bien que lentement, et il semble qu'elles acceptent des changements quand ils sont proposés par des autorités qu'elles respectent, et sous une forme qui ne leur donne aucune inquiétude:* MM. Spencer et Gillen le disent formellement au sujet des Arunta. En tout autre cas, une défiance opiniâtre, insurmontable, s'éveille et persiste." (4)

O poder judicial não era exercido apenas pelo rei, em pessoa, pelos tribunais do Estado (*pradvivacas*) mas ainda pelos tribunais locais (*pugas* e *panchaiats*), pelas assembleias das corporações das artes e ofícios (*xrenis*), pelo chefe, pela assembleia da tríbu ou pela comissão, eleita pela tríbu (*orgó*). Assim nas *Novas Conquistas*, segundo a Carta Régia de 15-1-1774, as acções cíveis e as questões criminais de pequena importância

(3) Lévy-Bruhl—*La Mentalité Primitive*, pag. 295.

(4) Lévi-Bruhl—*La Mentalité Primitive*, pag. 447.

eram decididas pelos gãocares da aldeia ou pelos árbitros escolhidos pelas partes. A Câmara Geral de Pondá informava, a 21 de Outubro de 1778, que segundo o costume antigo, os gãocares e os dessais de uma província se reuniam em junta para fazer justiça. Segundo o Código dos usos e costumes de Damão (art. 85.º) a expulsão dum indivíduo para fóra da respectiva casta pode ser decretada ou levantada pelo *rancho* (assembleia) da casta ou pelo respectivo prelado. É a casta que pune a adúltera expulsando-a do seu seio. As disputas entre os membros duma família eram resolvidas pela arbitragem dos anciãos *(kulas)*. Por isso, mesmo entre os cristãos tradicionalistas há relutância em levar aos tribunais as questões domésticas.

A ingerência da classe sacerdotal na elaboração e na aplicação do direito data do período bramânico, em que se diferenciaram as funções sociais, tendo destacado o clero e a nobreza do resto da população árica. Passaram então os brâmanes a exercer o *jus respondendi*, desempenhando a função que em Roma era assinada aos jurisconsultos, porque eram os intérpretes dos textos sagrados. "Tem fôrça de lei a opinião de quatro ou três brâmanes versados na sciência védica" (Vassixta, III. 7).

No período védico não encontramos outra fonte de direito senão o costume, o *tacitus consensus populi longa consuetudine inveteratus.*

Afonso de Albuquerque antecipando, de 4 séculos, os modernos princípios de colonização, deu aos hindús um juiz privativo índio (*tanadar*) e manteve-lhes os usos e costumes que em 1526 foram coligidos por Afonso Mexia, Vedor da Fazenda, no *Foral de Tissuari.*

Em conseqüência do *proteccionismo religioso*, os indígenas cristianizados foram equiparados aos cidadãos portugueses pelas Leis de 23 e 5 de Março de 1559 e pelo Alvará régio de 16-5-1583, que o Alvará de 15-1-1691 tornou extensivo aos hindús das Velhas Conquistas. A lei de 4--12-1567 proïbira aos hindús a poligamia, que foi permitida pela legislação posterior.

Mas o Edital de 5 de Junho e os Bandos de 6 de Agôsto e 12 de Setembro de 1763 e os de 25 de Agôsto e 15 de Setembro de 1781, restaurando as normas da política colonial traçadas pelo génio de Albuquerque, garantiram aos hindús das *Novas Conquistas* os seus usos e costumes que foram compilados pelo Código de 14 de Outubro de 1853, ressalvado pelo decreto de 18 de Novembro de 1869 e modificado pelo Código de 16 de Dezembro de 1880, aplicável tanto às *Velhas* como às *Novas Conquistas*. Os costumes hindús de Damão foram coligidos pelo Código de 31 de Agôsto de 1854, alterado pela Portaria Provincial de 19-4-1912, e os de Diu pelo Código de 31 de Agôsto de 1854, substituido pelo de 10 de Janeiro de 1894.

" As Provincias das Novas Conquistas eram hum foco de demandas, chicana: aos seus povos tinham-se promettido manter, como era de justiça, os seus usos, estilos, e costumes, que guardavam no tempo do seu antigo Dominante, os quaes lhes foram garantidos pelo Edital de 5 de Junho, e Bandos do Governo da India de 6 de Agosto, e 12 de Setembro de 1763, confirmados pela Carta Regia de 15 de Janeiro de 1774, e o mesmo se tinha praticado depois da Conquista de Bicholim, e Sanquelim; mas estes usos, estilos, e costumes eram hum mare magnum que os Juizes tinham de percorrer; e para o forte, e injusto, hum pretexto para expoliarem a propriedade do fraco, e do innocente, porque cada hum interpretava estes usos, estilos, e costumes, segundo o dictame de seus interesses, e paixões, pondo assim aos julgadores em grande indecisão, e aperto. O Sr. Cipriano (Nunes) vendo porém o abismo, em que as mais das vezes cahiam estes julgadores, dando a cada hum o que não era seu, aliás contra a sua propria vontade, julgou dever pôr termo a similhante flagello, que de dia em dia crescia, aconselhando ao já mencionado Vice Rei o Exmo D. Manuel da Camara, que mandasse convocar, como se mandou em 19 de Agosto de 1824, as Camaras Geraes de Pondá, Bicholim, Zambaulim, e Pernem, para que ellas junto com pessoas entendidas respondessem por escripto, como responderam, e com a maior clareza possivel, aos differentes quesitos, sobre pontos de Direito, em que se estava em duvida. Estes quesitos todos redigidos pelo Sr. Cipriano, e as respostas a elles, se mandou que servissem de regra certa no julgamento das causas, sujeitas porém às modificações e alterações declaradas na Portaria deste Governo de 18 de Novembro de 1824. Eis aqui hum importante serviço feito pelo Sr. Cipriano aos Povos das Novas Conquistas, e portanto à humanidade, e à justiça; e aos Magistrados huma vereda para por ellas caminharem. E quando o Sr. Cipriano ainda desejava levar avante a sua filantropia, offerecendo hum Projecto de Reforma Judiciaria para aquellas Provincias, logo que aposentado fosse, graça que havia solicitado de Sua Magestade a Rainha, he então, que a morte o surprehende, e priva esses Povos de huma medida, que tão salutar lhes seria, e de que tanto carecem". ([5])

1—A família

A casa é o símbolo da comunidade familiar. O emigrante não só não deve levar dinheiro da casa, mas deve mandar para ela as suas economias, que são absorvidas pela construção duma casa nova, possivelmente apalaçada, ou pelo alargamento e embelezamento da antiga, pelo dote das filhas e sobrinhas, e pela aquisição da propriedade imobiliária ou das acções das comunidades agrícolas.

Para não desmentir as tradições, para manter o prestígio da família, o decôro da casa, os que a habitam vão ao extremo de dissipar a fortuna herdada. Esta vaidade familiar, esta aberração do sentimento de família leva alguns a abusar da procuração que os emigrantes lhes deixam e a justificar as suas prodigalidades. É que a fortuna não é do indivíduo, não o acompanha; é da casa, da comunidade familiar, do templo onde se presta culto aos antepassados.

A filha que casa sai da família, é *amparada* pela família do marido, deve contentar-se com o dote em dinheiro que é obrigatório, não lhe devem ser adjudicadas terras que os avoengos regaram com o seu suor, *ad majorem gloriam* da casa. A venda da propriedade imobiliária só uma grande necessidade pode justificá-la, porque é o património sagrado que os

([5]) O *Bol. do Gov.* n.º 19 de 10 de Maio de 1845, pag. 8.

antepassados legaram. Preferem, por isso, empenhá-la, deixá--la vender em hasta pública numa execução. Por isso, entre os hindús, as filhas casadas não entram em regra na partilha dos bens dos pais, repudiam a herança, contentando-se com o dote. Por isso, entre os cristãos, os solteiros instituem herdeiros os sobrinhos varões, filhos dos irmãos e os casados dispõem da quota disponível a favor dos filhos ou netos do sexo masculino, e alguns compram bens em nome dos filhos varões. Para manter o património na família, os padres ficam por testamento ou em partilha amigável com o melhor quinhão de que os autoritários abusam para impor os seus caprichos à família. Por ocasião de casamentos e enterros, em regra pomposos, reunem-se os vizinhos e os parentes, mesmo remotos. Sucede o mesmo quando um parente seja mordomo da festa principal da Igreja da freguesia, a qual fica a cargo dum membro da confraria religiosa. Vizinhos e parentes próximos congregam-se por ocasião das festas do oratório da família, conhecidas por *ladainhas* e dedicadas à Virgem ou a um Santo de particular devoção.

Os filhos casados continuam, em geral, vivendo com os pais sob a autoridade dêles. A filha solteira ajuda a mãi no govêrno doméstico.

Entre os hindús, os filhos ilegítimos são perfilhados apenas pela mãi. Os engeitados são criados pelas famílias ricas, conhecidos por *poscós* ou *crioulos* e prestam serviços domésticos.

A mãi, em regra meeira do casal, administra a casa durante a viuvez ou delega a administração num dos filhos. O pai viuvo continúa a usufruir todos os bens do casal, ainda depois de a meação da mulher ter sido adjudicada aos filhos.

No antigo direito hindú encontramos vestígios da família patriarcal.

"Três pessoas, a mulher, o filho e o escravo não têm a propriedade dos bens que lhes advenham, propriedade que é daquele a quem êles pertencem" (Manu VIII, 416). "O filho só atinge a maioridade e independência com a morte do pai" (Narada V, 39).

Os princípios que dominam a instituição da família na India encontrâmo-los não apenas no Oriente, senão também no Ocidente antigo:

" Para a mentalidade japonesa, o culto da família é tudo, a razão de ser da existência; não o culto da família viva, mas o culto da familia morta, o culto dos avós desaparecidos. Estes avós pelas suas próprias virtudes durante a apagada existência, e pelas propiciações que os vivos lhes tributam, no desempenho dos ritos familiares, alcançam a bemaventurança; e os seus espíritos agradecidos pagam em afectuosa protecção os cuidados rituais que se lhes votaram, guiando os vivos nos seus passos sôbre a terra aplanando-lhes dificuldades, encaminhando-os também para a bemaventurança esperada. Vive-se pois, pode dizer-se, para morrer; e morre-se para viver. O lar é o templo principal dêste portentoso culto e local escolhido para a execução dos ritos principais, praticados junto do altar dos mortos, a manifestação mais visivel e palpável da inteira doutrina cultual. Sendo a casa o templo, a familia naturalmente constitue o grupo dos sacerdotes oficiantes; destacando-se dentre todos também naturalmente o dono da casa como o principal dos sacerdotes, o patriarca. [6]

" Le famile hellénique a afecté primitivement la forme patriarchale. ...

" Le chef de la famille était armé d'une autorité très forte. C'était généralement le père qui l'exerçait. Si le père était mort, elie passait à son fils aîné et le *pater familias* dans ce cas était le plus âgé des frères vivants. On sait au surplus que le mot *pater* impliquait surtout l'idée de puissance et qu'il servait spécialement à designer la souveraineté des dieux. . .

Dans Homère, le mariage est un contrat passé entre deux pères, et le plus souvent on néglige de consulter les futures conjoints. . . Le père n'est maitre des biens que parce qu'il représente la famille; il en a simplement la garde et le dépôt, et à sa mort, il faut qu'il les restitue tel qu'il les a reçus. Bien plus chacune des générations qui se succèdent est assujetie à la même obligation, car chacun n'est en réalité qu'un moment dans l'existence de la famille...

Platon a fidèlement reproduit les idées des anciens Grecs sur

---

[6] Wenceslau de Morais—*Relance da alma japonesa*, pag. 82.

ces matières, lorsqu'il écrit: "*Je ne vous regarde ni vous ni vos biens comme étant à vous même; c'est à toute votre famille qu'ils appartiennent à vos ancêtres et à votre descendance*". (7)

"Le droit civil des Germains était celui qu'avaient eu toutes les vieilles sociétés, en Grèce, en Italie et même dans l'Inde. Le mari achétait la femme à ses parents et marquait par là que le père lui avait cédé sa puissance sur elle. *La femme était en tutelle toute sa vie ainsi que dans l'Inde et dans la Grèce; de l'autorité du père elle passait sous celle du mari,* puis sous celles des parents du mari défunt, et c'était de ceux-ci qu'un nouvel époux devait l'obtenir par un nouvel achat. *La succession, au moins celle de la terre, passait au fils et non pas à la fille*: le patrimoine se transmettait de mâle en mâle sans que les parents par les femmes fussent admis au partage; cette règle, que l'on peut observer dans la loi salique, dans les codes des Ripuaires des Bavarois, des Burgondes, avait été autrefois en vigueur dans l'Inde et dans la Grèce, et le droit romain en conservait encore de restes très visibles". (8)

a) A sociedade familiar

A sociedade familiar hindú e maometana é a reunião de indivíduos de um e outro sexo que habitam a mesma casa e vivem com a mesma economia doméstica. É representada e administrada pelo membro varão mais velho, chamado maioral ou *vhoddil* que é obrigado a prestar contas da sua administração. Também o govêrno interno da casa fica a cargo duma maioral *(zannti)*.

Todos os bens, direitos e acções, que uma família possua e tudo quanto um membro adquira com os fundos comuns pertencem à sociedade.

Os membros da família, seja qual for o grau de parentesco, teem direito a alimentos pelas rendas comuns enquanto viverem associados e sob o mesmo tecto e economia.

---

(7) P. Guiraud — *Art-Famille*: *Grande Encyclopédie, t. XVI*, pag. 1180.

(8) Fustel de Coulanges —*Histoire des institutions politiques de l'ancienne France, 1re partie, 1875*, pag. 300.

Os contratos feitos pelo maiorial revertem em benefício da família, excepto sendo feitos com fundos próprios. Os contratos de qualquer membro da família só revertem em seu proveito, quando feitos com fundos privativos.

A sociedade familiar dissolve-se nos casos e pela forma estatuida na lei geral e às partilhas entre os sócios são aplicáveis as regras gerais que regulam as partilhas entre os co-herdeiros.

A sociedade familiar distingue-se da família patriarcal e representa um grau superior da evolução. O maioral não é, como o *pater-familias* romano, senhor dos bens da família, mas simples administrador; o seu poder não é absoluto nem vitalício sôbre as pessôas e as cousas da sociedade, é *primus inter pares.*

A sociedade familiar indiana é mais lata do que a definida pelo artigo 1281.º do Código Civil Português; pode abranger muitas gerações.

Esta instituição atenua os efeitos da fragmentação da propriedade. Limitada à administração dos bens e confiada não ao mais velho senão ao mais competente, podia ser adoptada pelos cristãos. A economia doméstica comum é causa de graves atritos no seio da família, donde tem resultado a dissolução de sociedades familiares que vão rareando, acentuando-se a evolução no sentido da individualização da propriedade.

b) O nascimento

A esterilidade é, depois da viuvez, a maior desgraça que aflige a mulher hindú. A esterilidade é uma grande desgraça —diz a *Satapatha Brahmana.* (9) Para ter filhos a mulher casada das classes superiores dá certo número de voltas em torno do *pimpôll* ou do *rumbôdd* e, nas classes inferiores encerrada nos seus aposentos, dança nua o *fugaddi,* soprando em vasos de metal, na festividade de Ganes.

(9) *Satapatha Brahmana*—V, 3, 1, 13.

Cortejo nupcial hindú

Berço hindú

Cadáver dum hindú conduzido para o crematório (*mâssundí*)

Jazigo dos reis de Sundem

Na primeira gravidez da mulher hindú, no quinto mês, a família do marido põe nos pulsos da mulher manilhas verdes, veste-lhe pano e *cholli* verde e, a toque de música, no nono mês, repete-se a festa, e a mulher é levada para a casa dos pais, onde se realiza o primeiro parto.

Os hindús, os maometanos e os parses de Damão celebram no 6.º mês da 1.ª gravidez a cerimónia de "againim". Os pais da mulher oferecem presentes ao genro e os do marido à nora.

No dia de eclipse a mulher grávida hindú nada corta e conserva-se deitada na cama para evitar que a criança nasça com beiços rachados. É-lhe defeso montar a cavalo, viajar no elefante ou trem, subir montes, dar saltos, e ter relações sexuais.

Se o nascimento dum rapaz é acolhido entre os hindús com mostras de alegria e contentamento, a frieza e o silêncio dos que rodeam a parturiente anunciam o nascimento duma rapariga. Logo que a mulher dá à luz batem pratos de metal amarelo (*vattli*) e o chefe de família manda oferecer um côco e um pouco de açúcar ao seu deus, e depois ao marido ou aos pais, segundo o parto ocorrer em casa dêstes ou daquele, participando por esta forma o bom sucesso. A placenta é recolhida num vaso de barro e enterrada dentro da casa. O repouso da puérpera dura um mês. As pessoas das relações da parturiente depõem ao pé da planta rui (*calotropis gigantea*) um *viddó* de areca e betle e uma moeda, e suplicando-lhe a graça duma fôlha, colhem-na e colocam-na sôbre a cabeça da parturiente.

Entre os maometanos, o recem-nascido é lavado pela parteira e apresentado ao pai e aos parentes. O mais velho da família murmura ao ouvido direito o *azama* (a chamada para a oração) e o *kalima* (o credo).

Mete-se por baixo do travesseiro da puérpera a faca com que se cortou o cordão umbilical, e que aí fica durante 40 dias, findos os quais termina o repouso da parturiente, que toma banho quente, deitando na água sete espécies de folhas a saber: norvôl, mangueira, romeira, jujubeira, etc. O decreto episcopal de 27 de Julho de 1784 reprovou o costume de as mulheres cristãs não ouvirem a missa sem decorrerem 40 dias depois do parto.

Durante 10 dias conserva-se a parturiente hindú incomunicável. Desde o 4.º ao 6.º dia colocam brazeiros junto ao quarto da parturiente, e pregam à porta do mesmo aposento folhas de norvôl (*viburnum fœtidum*). As mulheres grávidas, e aquelas cujos filhos não tenham dentes saem com eles da casa e vão morar noutra desde o 4.º ao 7.º dia do nascimento.

No 6.º dia colocam, próximo à parturiente, sôbre um montão de arroz, um vaso de metal, cheio do mesmo cereal e cobrem-no com um côco ornado de flores de *potcolli*. Isto representa a deusa *Sati* que é adorada. Na noite dêste dia mudam o vestuário e a roupa de cama da parturiente e do recem-nascido, e atam ao pulso dêste dentes de alho, e não o deixam dormir durante a noite que passam em claro, cantando e tocando. A parteira fica com o arroz e o côco, que representavam a *Sati*, e com todas as oferendas feitas à deusa.

Em Praganã, põe-se *mandalim* de prata ou oiro ao pescoço de uma criança recem-nascida, para a preservar de má sorte. É a tia paterna quem o deve pôr no sêxto dia e êsse amulêto chama-se=*Foi paglum*=(pé da tia paterna). Festeja-se o 6.º dia com uma batucada durante tôda a noite, servindo-se nesta ocasião bebidas alcoólicas e doces de jagra.

Também os cristãos das classes inferiores festejam o 6.º dia, sem embargo de o alvará de 28 de Dezembro de 1681, o decreto de 27 de Julho de 1784 e o edital da Inquisição de 14-4-1736 terem proïbido os folgares, velando tôda a noite, banqueteando, e disparando tiros, defumando a casa com pólvora, enfaixando a criança em panos pretos, na persuasão de que nêsse dia entra o diabo. O diabo é o tétano. (10)

No 11.º dia, os hindús embostam o quarto e deitam no brazeiro (*hômi*), recitando oração, *panchagavia*: bosta e urina de vaca, leite e leite coagulado e manteiga para purificar o

(10) Dr. Pacheco de Figueiredo— *O Tétano na India Portuguesa e a Seroterápia na Clinica Hospitalar*, pag. 2.

quarto; a lavadeira dá banho à parturiente e ao recem-nascido.

No 12.º dia, pela tarde, colocam o recem-nascido no bêrço, acendem lume à cabeceira, as mulheres, dentre as convidadas, atam ao pulso da criança gengibre com uma linha preta, e duas delas, casadas, munidas duma pedra preta, embrulhada num pano preto, descrevem com a mão cinco circulos em volta do berço, onde colocam, depois, a mesma pedra; em seguida fazem também girar cinco vezes a criança em tôrno do bêrço, e depois deitam-na nele, e metendo açucar na bôca da criança pronunciam o seu nome. A mãi balouça o bêrço do filho, senta-se, e uma mulher casada põe-lhe no regaço arroz, côco e um pano para *cholli*, e depois publica o nome dado à criança distribuindo açucar (*namacaram* ou *barçó*). A parturiente, acompanhada por outras mulheres, dirige-se ao poço da casa e deita nêle bananas, flôres, betle, areca e pó vermelho de açafrão e, tirando cinco vezes água do poço rega cinco plantas diferentes e renova as manilhas da mão.

O hindú leva três nomes: o próprio, o do pai e o da família. É costume pôr ao recem-nascido o nome do avô paterno ou de qualquer antepassado. É uma sobrevivência do costume das tribus primitivas que dêste modo manifestam o culto dos antepassados ou a idéa da transmigração.

"Names also are regarded as concrete...as part of the person or thing to which it was applied and containing part of his life" (*Tribes and Castes of Central Provinces*, vol. I, pag. 109).

"Thus with the Garos the child is nearly named after an ancestor who has been dead for some years. The name of a living relation or of one who recently died is "never given" (*The Garos*, pag. 100).

"The practice of naming children after ancestors also seems to point to a belief in the conservation of spirits in the same family. This is clearly expressed in the ceremony attending the naming of children among the Khonds. A Guru is called on the seventh day after its birth to discover by divination which of the ancestors has animated the new born child"... (*Census Report for 1911* e V, pag. 331).

"For the Bhuiyas all the names taken must be those of deceased relations, for the child is supposed to be the reincarnation of some dead relatives (*Journal of the Bihar and Orissa Research Society*, December 1919, pag. 621).

"The Sema never gives to the child the name of a living relation, though the names of dead ancestors are popular among those with a child to name. The explanation given is that, if the name of a living be given the elder will die; as a substitute for him in this world has been provided...At the same time they do not appear to have at the present time, any belief at all that the dead are reincarnated in the living". (The *Sema Nagas*, pag. 237).

Entre os maometanos, no prazo de sete dias a contar do parto, o sacerdote (*caji*) consulta o *taquime*, onde se leem os nomes correspondentes ao dia da semana do nascimento da criança e os pais escolhem qualquer dêsses nomes. Os banianes (jainas), decorridos 40 dias depois do parto, fazem a cerimónia de *gatraj*, após a qual a tia paterna dá o nome ao recemnascido.

No 7.º ou 14.º dia, depois do parto, os maometanos cortam o cabelo da criança e sacrificam um bode, se é rapariga, ou dois, se é rapaz *(aquica)*. A carne de bode é comida pelos amigos e parentes, exceptuando os pais do recemnascido.

"Lorsqu'il est âgé de quelques mois, on rase les cheveux de l'enfant que l'on a vêtu de neuf pour cette cérémonie. Le barbier déploie un mouchoir brodé, mouille les cheveux avec de l'eau de rose, extraite d'une coupe d'argent, et rase la tête avec un rasoir neuf. A l'origine de cette pratique, on trouve la croyance en l'impureté de la première chevelure, ou peut-être un rite d'offrande ou de passage (Van Gennep—*Rites*, p. 78) (11).

Os hindús, no dia de *dossoró*, furam as orelhas das crianças de três meses de um e outro sexo, (*carnavêda*), e depois de as raparigas terem cinco anos de idade furam-lhes o nariz. Quando um rapaz completa 2 anos de idade, o barbeiro rapa-lhe a cabeça, deixando no alto o *xenddi* (madeixa

---

(11) R. Dollot – *L'Afghanistan*, pag. 223.

de cabelo) e a mãi recebe os cabelos e deita-os sôbre fôlhas de *chami* colocadas sôbre bosta. O barbeiro recebe *tâli* (arroz, côco, pano e dinheiro). Este rito tem o nome de *chuddacarana* ou *zaivâl.* Na primeira dentição, deitam sôbre a cabeça da criança *foguéus* (bolos de farinha de arroz, trigo ou urida, feitos com óleo de côco).

No período védico, introduzia-se um pó nas narinas da mulher grávida, para ter embrião macho. No 4.º mês da primeira gravidez enfeitava-se a cabeça da mulher com frutos verdes, símbolo do embrião que não está maduro. No 10.º dia punha-se nome ao recem-nascido e no terceiro ano fazia-se a tonsura.

As *Griya-Sutras* aludem ao rito denominado *godana,* que consistia em fazer a barba ao rapaz que completasse 16 anos de idade. ([12])

Os cristãos levam o recem-nascido à pia baptismal no 8.º dia, e, de ordinário, dão ao primogénito o nome do avô paterno ou de qualquer antepassado tendo o 1.º Concílio Provincial de Goa, em 1567, proïbido o uso de nomes hindús. ([13]) Em família, são muitos usados os diminutivos: *Pedru* (Pedrinho), *Fanchú* (Chico), *Ilu* (Helenazinha), *Matú* (Matildinha), *Pidú* (Piedadizinha).

As classes inferiores festejam o 6.º dia. Reunidos os convidados (em Salcete premunidos de azeite) cantam algumas orações devotas, e depois se ocupam tôda a noute em toques, e cantos estrondosissimos e entretanto uma pessoa do sexo feminino tem no colo o recemnascido. A parida e o recemnascido são de momento a momento visitados. Asperge-se água benta pelo quarto que é alumiado o mais que possível, acendem-se fogueiras às portas que são guardadas por alguns dos hóspedes armados de espadas desembainhadas, zagaias, coitas, etc.

([12]) Oldenberg—*La Religion du Veda,* trad. de V. Henry—pag. 397; Macdonnel—*A History of Sanskrit Literature,* pag. 252.

([13]) Arq. Port. Or., 1.ª edição, fasc. IV, pag. 31.

Iniciação (*upanaiana*) e Adopção (*datacavidadhan*)

Só as seguintes castas fazem a cerimónia da iniciação: *brâmane, baniane, parbu, sonar, cansar* e *sutar*.

De 8 a 16 anos é o rapaz investido na linha sagrada. Escolhido o dia pelo sacerdote que tira o horóscopo do rapaz, convidam-se parentes e amigos para assistirem à cerimónia religiosa.

O pai é separado do filho por um pano, denominado *antarpat*, os sacerdotes entoam hinos religiosos, e no fim de cada verso os convidados deitam sôbre a cabeça do rapaz e do pai grãos de arroz tingidos de vermelho (*acchatá*). O rapaz veste um traje especial: uma corda na cintura, langotim, *pudvem* tingido de vermelho, e põe a tiracolo a linha sagrada (*ednopâvita*) e empunha uma vara de palasse (*butea frondosa*). Recomenda-se-lhe tudo quanto um brâmane deve observar (*updêcha*). O rapaz pede esmola aos circunstantes. fingindo ir a Benares iniciar o estudo dos *Vêdas*. No 2.º ou 4.º dia, como se já tivesse feito o curso e passado pela primeira fase da vida dum brâmane, a fase de estudo (*bramacharia*) pede aos pais licença para entrar no terceiro período (*vanaprasta*), o período de eremita. Os pais respondem-lhe que não há salvação dos pais sem o filho atravessar a segunda fase, a de chefe de família (*grahasta*) O rapaz faz a vontade dos pais. O tio materno promete-lhe dar em casamento a sua filha, e, então o rapaz tomando por testemunha o fôgo sagrado (*hôme*) entra na fase de *grahasta*, muda de roupa e enverga o traje vulgar de rapaz. Entre os ranes há uma cerimónia de iniciação na vida militar de 12 a 15 anos.

Os maometanos fazem a cerimónia de iniciação (*bismilá*) quando a criança começa a falar. A criança toma banho, veste o traje de gala e, acompanhada de amigos e parentes que formam o cortejo, dirige-se à mesquita, onde o sacerdote pronuncia a palavra: *bismilá* (em nome de *Allá*) que a criança repete.

À *upanaiana* hindú corresponde o *navjat* parse: crianças de um e outro sexo são investidas no *caxti* (cordão sagrado de lã de ovelha).

A *upanaiana* era no período bramânico a iniciação na vida escolar, era a entrega do discípulo (*bramacharia*) ao mestre (*guru*); mas remonta aos tempos anti-védicos, em que os árias se não tinham separado dos iranianos, pois também na religião de Zoroastro há a cerimónia da iniciação na comunidade dos adultos, do rito da adolescência, vulgar entre os povos primitivos e selvagens.

"L'initiation est une longue série de cérémonies qui ont pour objet d'introduire le jeune homme à la vie religieuse: il sort, pour la première fois, du monde purement profane où s'est écoulée sa première enfance pour entrer dans le cercle des choses sacrés. Or, ce changement d'état est conçu, non comme le simple et régulier développement de germes préexistants, mais comme une transformation *totius substantiae*. On dit qu'à ce moment le jeune homme meurt, que la personne déterminée qu'il était cesse d'exister et qu'une autre, instantanément se substitue à la précédente. Il renait sous une forme nouvelle. Des cérémonies appropriées sont censées réaliser cette mort et cette renaissance qui ne sont pas entendues dans un sens simplement symbolique, mais qui sont prises à la lettre." (14)

Os trabalhos de Sumner Maine e de Fustel de Coulanges puseram a claro a relação sociológica entre o culto dos mortos e a herança: "Ao herdeiro incumbe depôr oferendas sôbre o túmulo dos mortos". (Leis de Man, IX, 166). Buhler, a propósito de *Baudhaiana* um dos mais antigos autores das *Xastras*, diz: "Unido a outra autoridade, Baudhaiana permite aos árias sem filhos satisfazer o seu desejo de representantes do seu nome, evitando assim o perigo de quando morrerem cairem em um lugar de tormentos por falta de oblações fúnebres procurando-se, por onze diferentes modos, o equivalente de um filho legítimo". (*Sacred Books of the East* tomo II, pag. XIX.

"Mais ce fils a son rôle aussi dans le culte; il remplit une fonc-

(14) E. Durkheim — *Les Formes Elémentaires de la Vie Religieuse*, pag. 54.

tion dans les cérémonies religieuses; sa presence à certains jours est tellement nécessaire que le Romain qui n'a pas de fils est forcé d'en adopter un fictivement pour ces jours là, afin que les rites soient accomplis. Et voyez quel lien puissant la religion établit entre le père et le fils! On croit à une seconde vie dans le tombeau, vie heureuse et calme, si les repas funèbres sont régulièrement offerts. Ainsi le père est convaincu que sa destinée après cette vie dépendra du soin que son fils aura de son tombeau, et le fils, de son côté, est convaincu que son père mort deviendra un dieu et qu'il aura à l'invoquer." (15)

Por isso, quando um casal não tenha filhos ou descendentes varões, pela linha masculina, tendo decorrido dez anos, depois da consumação do casamento, é permitido, excepto entre os banianes, escolher um adoptivo *(pôscó* ou *dâtâco)*. É a seguinte a ordem de preferência na escolha do adoptivo:

1.º Filho secundogénito de irmão germano.

2.º Filho secundogénito de irmão consanguíneo.

3.º Um indivíduo da família do tio materno ou da família da irmã casada do pai.

4.º Os da mesma *gotra*.

5.º Os de *gotra* diferente.

É defeso aos brâmanes adoptar o filho da irmã.

Entre os brâmanes e os cshátryas só podem ser escolhidos para adoptivos os ainda não iniciados na cerimónia da linha (*upanaiana*).

A's bailadeiras e às bavinas é permitida a adopção de indivíduos de um e outro sexo, ainda tendo filhos.

Para a adopção é necessário o consentimento do adoptando, sendo púbere, e dos seus pais, e na falta, do maioral da família.

Existindo um adoptivo, ou seus descendentes, não se adopta outro.

Os adoptivos saem pela adopção e se tornam inteiramente estranhos às famílias de seus pais e gozam nas dos adop-

---

(15) Fustel de Coulanges—*La Cité antique*, liv. II, cap. IX.

tantes de todos os direitos dos filhos legítimos, aos quais são equiparados para os efeitos civis e religiosos; não herdam dos pais legítimos ou parentes do lado dêles, quando êstes não tenham outros herdeiros, e subsistem os impedimentos matrimoniais derivados da consanguinidade.

Há uma adopção, especial, denominada "*palac*" que os *indiarus* (sacerdotes parses) fazem no terceiro dia do falecimento de algum correligionário que não tenha descendência masculina

Os cristãos educam órfãos e crianças pobres que, depois de adultos, prestam serviços domésticos, e são designados pelo nome de "*pôscó*" ou "*crioulo*".

Não são apenas os motivos de ordem religiosa que explicam o instituto da adopção. Não é uma criação bramânica. Os sacrifícios só podem ser oferecidos pelos filhos varões, mas havia tribus na India do Sul que adoptavam filhas e em a nossa Índia fazem o mesmo as bailadeiras e as bavinas. É que os filhos são um arrimo na velhice e não são adoptados apenas para oferecer sacrifícios (*xradda*). Os árias não fizeram mais do que imprimir carácter religioso a uma instituição social que espontâneamente se formou e ainda subsiste no direito francês.

c) O casamento

"La religion de ces premières âges était exclusivement domestique; la morale l'était aussi...

Si elle ignore absolument les devoirs de charité, du moins elle trace à l'homme avec une admirable nettété ses devoirs de famille. *Elle rend le mariage obligatoire; le célibat est un crime aux yeux. d'une religion qui fait de la continuité de la famille le premier et le plus saint des devoirs.* Mais l'union qu'elle prescrit ne peut s'accomplir qu'en presence des divinités domestiques; c'est l'union religieuse, sacrée, indissoluble, de l'époux et de l'épouse. *Que l'homme ne se croie pas permis de laisser de côté les rites et de faire du mariage un simple contrat consensuel, comme il l'a été à la fin de la société grecque et romaine.* Cette antique religion le lui défend, et s'il ose le faire, elle l'en punit ..

L'antique morale, réglée par ces croyances, ignorait la charité, mais elle enseignait du moins les vertus domestiques. L'isolement de la famille a été, chez cette race, le commencement de la morale. Là les devoirs ont apparu, clairs, précis, impérieux, mais resserrés dans un cercle restreint." ([16])

O casamento é para o hindú um dever religioso, pois que só o filho varão pode presidir à cerimónia de *xradha*, necessária à salvação da alma dos pais. Daí, a adopção e a poligamia, que, em regra, só é permitida na falta de prole masculina. Entre os cristãos, a falta de filho varão é suprida pelo genro que se estabelece na casa do sôgro. O homem completa-se — diz a *Satapatha Brahmana*—com o casamento e a procriação.

Os filhos mais novos não casam antes dos mais velhos, e as filhas nunca permanecem inuptas. O casamento das filhas é a maior preocupação do chefe de família. A mulher casada torna-se estranha à família dos pais.

Entre os brâmanes, vanis e sonares é defeso casar dentro da mesma *gotra*. Pertencem à mesma *gotra* os descendentes pela linha masculina de um tronco comum (*malpuruch*).

Encontra-se a palavra "*gotra*" no *Rig-vêda* no sentido de estábulo de vaca. ([17]). Nas Upanichadas "gotra" é sinónimo de clan. ([18]) Os *clans* áricos, eram, segundo o *Mahabarata*, primitivamente quatro: *Angiras, Kachiapa, Vassichta* e *Bhrigu*. ([19])

No *Asvaliana Xrauta Sutra* eleva-se a 7 o número de *gotras* às quais se pôs o nome dos 7 *richis*, bardos áricos: *Visvamitra*, *Jamadagni* ou *Bhrigu*, *Bharadvaja*, *Gautama* *Atri*, *Vassichta*, e *Kachiapa*. Nas Xastras acrescentou-se a gotra de *Agastia*. ([20])

O impedimento matrimonial da identidade da *gotra* apa-

([16]) Fustel de Coulanges—*La Cité antique*, l II, cap. IX.
([17]) *Rig-veda*, I, 51, 3; II, 17, 1; III, 39, 4.
([18]) *Chandogia Upanichadas*, IV, 4, 1.
([19]) *Santi*, 296, 17-18.
([20]) *Asvalayan Xrauta Sutra*.

rece nas *Sutras* que reflectem a época da ocupação do Norte da India pelos árias e da fusão dêstes com os não-árias. (21) Frazer atribue-lhe origem não-árica. (22)

É proïbido o casamento entre tios e sobrinhos, e entre filhos de dois irmãos ou de duas irmãs, mas é permitido casar com a filha do tio materno.

"Le mariage entre cousins croisés a une très intéressante distribution géographique. Loin d'être universel, il a cependant été signalé dans presque toutes les grandes subdivisions du globe. Dans l'Australie occidentale et près du lac Eyre, les tribus prescrivant le mariage avec la fille de l'oncle maternel coudoient celles qui le prohibent. Cette coutume fleurit dans plusieurs iles de la Mélanésie, les Fidji notamment, mais est désapprouvée par des groupes polynésiens voisins, tels les habitants de Samoa. L'Asie du sud est peut-être le centre où cette institution atteint son plus haut développement; en tout cas, elle nous a été décrite dans tous ses détails chez les Todas et les Veddas; elle se rencontre chez diverses peuplades de l'Inde ainsi que parmi les Mikir tibéto-burmans d'Assam et à Sumatra. Elle existe également en Sibérie... Le mariage entre cousins croisés est, selon toute probabilité un phénomène qui n'a pas évolué à partir d'une cause unique, mais qui a pris naissance indépendamment en des points et pour des motifs différents. (23)

Entre os *gauddés* (curumbins) e os *dangares*, a identidade do *cul* (totem) é um impedimento matrimonial. Aos *comorpaicos* é defeso o casamento entre os que adoram o mesmo *cul-devatá* (deus da família). Nas outras castas, excepto entre os *brâmanes*, *sonares*, *mests* e *forgentos*, adora-se um raminho da planta—*cul*, por ocasião do casamento.

As raparigas, menos entre os ranes, casam antes da puberdade.

---

(21) *Bhaudhayana.*

(22) *Apastamba* II, 5, 11, 15, e 16; Sir J. G. Frazer— *Totemism and Exogamy*, IV, 14.

(23) R. Lowie—*Traité de Sociologie Primitive*, pag. 38.

"We have already stated in vol. I, from the description of Rajijasris' marriage by Bana, that girls until the days of Harsha were grown up at the time of marriage. There is no direct evidence to show that early marriages began to be introduced thereafter. But this may be inferred from the fact that Smritis like those of Parashara and Vyasa which are undoubtedly later Smritis and belong to this period prescribe marriage for girls from 8 to 10 years of age... It is therefore nearly certain that early marriages came into vogue about this period, why they did so it is somewhat difficult to explain. But as we have long ago stated elsewhere, this was a result of the revulsion of feeling against Buddhism and especially Buddhist nuns. A grown up unmarried girl had a right to become a nun according to the Buddhist canon. To effectually prevent women from becoming nuns, girls began to be married when they were 8 or 10 years old even in the north a custom probably borrowed from the south, where among the Non-Aryans such marriages seem to have been a rule from ancient days." (24)

As raparigas *ranes* casam depois da puberdade. É que seguem o costume dos *cxátrias* que não adoptaram o casamento infantil talvez para evitar a viuvez prematura, pois que arriscavam a vida no campo de batalha. Nos dramas sanscritos posteriores ao século II da nossa era encontramos noivas adultas da casta *cxátria*.

Não é permitido o casamento das viúvas, salvo entre os *bandaris, gonsavis, gauddés, cumbares, modvols, dangores, malés, mahrs, chamars, kharvis, comorpaicos*, e *malxis*, que casam com as viúvas, fazendo uma cerimónia chamada de *pano* a que o sacerdote brâmane não preside; a noiva é levada, de noite, à casa do noivo, onda veste um pano novo oferecido pelo noivo, e fica recolhida durante 3 dias. Em Damão, só é proïbido o casamento das viúvas entre os brâmanes, banianes e prabus.

Entre os *brâmanes, vanis, gurous* e *sonares* é a familia da noiva que faz a proposta do casamento à familia do noivo e dota a noiva que, em regra, repudia a herança paterna. Os

(24) C. V. Vaidya— *History of Medieval Hindu India*, pag. 189.

hindús não fazem, em regra, escritura antenupcial, resultando daí ser vulgar o regimen da comunhão de bens. A lei de 4-12-1567 concedera a meação às hindús que se convertessem ao cristianismo. Entre os banianes de Damão há o costume de o noivo dotar a noiva com o *polum*, espécie de arrhas, em joias ou em dinheiro. O *polum* dos parses consiste em móveis e utensílios de cozinha que o pai da noiva dá à filha.

Entre os brâmanes *padhés* e nas outras castas, é a família do noivo que pede a mão da rapariga, e oferece um presente (*dez carbar, cor,* ou *maipon*) aos pais da noiva Entre os *varlis, doriás cancanãs,* e *dublás* de Damão, o noivo pobre presta serviço braçal à família da noiva por um período de um a três anos (*candariá*).

Se os horóscopos se harmonizam, ou o oráculo *(prassada)* dá resposta favorável, as famílias dos noivos fixam a data do enlace *(vagnichei)* que não pode efectuar-se nos meses de *cheitra* e *pouxa* e no período de *chaturmass* que começa no 11.º dia de *axadha* e dura 4 meses.

Nos dramas de Bhasa (século III da nossa era) encontramos referência apenas ao horóscopo para fixar a data das núpcias.

O *puroito* (sacerdote) escolhe o dia propício ao casamento, que é participado aos parentes e amigos pessoalmente, dentro da aldeia e por cartas fóra dela. Adia-se o casamento, se, dez dias antes do dia designado, nascer alguma criança na *gotra* dos noivos e não estiver expôsto o deus das núpcias ou a mãi da noiva estiver com o fluxo menstrual. Falecendo algum membro da família dos noivos quebra-se o ajuste.

Na véspera do casamento, as mulheres casadas das relações dos noivos, nas respectivas casas, dão-lhes banho, untando o corpo com óleo de côco e extracto de açafrão. E os pais dos noivos dão um jantar a um casal da mesma casta, em honra do *cul-devatá* (deus protector da família).

No mesmo dia ou nos anteriores, as pessôas das relações das famílias dos noivos oferecem-lhes uma lembrança levando-os para as suas casas, festivamente, ao som de música e ao estralejar de foguetes, *(quelvon* ou *aher)*.

Desde a participação do dia de casamento até que êste se realize as mulheres cantam *oviôs* em casa dos noivos, encarecendo as virtudes dêles e se dispõem os preparativos para a bôda. O casamento reveste, em geral, um aspecto aparatoso com pompas e festejos, mesmo entre os cristãos sem embargo da Carta de lei de 20 de Agôsto de 1596 e dos alvarás de 1.º de Fevereiro de 1681 e de 1.º de Outubro de 1729, que regularam as despesas dos casamentos.

No dia do casamento os pais dos noivos adoram Ganês, prestam culto aos antepassados e expõem o deus da festa *(mantap deutá)*, as mulheres casadas das relações da noiva, dirigem-se, acompanhadas de música, à casa do noivo e lançam sôbre êle perfumes e oferecem-lhe um traje de gala. A família do noivo obsequia-as com dôces. Fazem o mesmo, as mulheres das relações do noivo em casa da noiva *(rucovoti* ou *téla)*.

Ao som da música, a família do noivo recebe o *mangala-sutra* (fiada de missangas com os grãos ou contas de oiro, símbolo do matrimónio) e a *baxinga* (franja que o noivo ata ao turbante, como um amuleto contra o quebranto).

Algumas horas antes da cerimónia religiosa, o noivo adora os penates, recebe a bênção dos velhos *(namascar)* e dirige-se à casa da noiva, a cavalo ou de machila, levando um côco na mão e acompanhado de seus convidados e de *bailadeiras*, que cantam e dançam ao som da música, por intervalos, durante o trajecto *(varat)*. Abrilhantam o cortejo flabelos e penachos: *suriapan, aptaguir, chouris, morchel* e *pancá*.

Ao aproximar-se o cortejo da casa da noiva, o pai desta, trajando *pudvém* corado, junto com os convidados sai a receber o noivo, e oferece-lhe presentes *(simanta pujá)*. À porta da casa da noiva é o noivo recebido pelas mulheres casadas, convidadás da noiva, que, munidas de candeias, volteiam bolos de farinha em tôrno do noivo, que é, em seguida, conduzido ao lugar de honra *(sâvó)*. Os pais da noiva recitam uma prece a *Naraina*, espôso de Lacximi, deusa da riqueza, representado pelo noivo, a quem oferecem leite *(ma-*

dhuparca-pujá). Os *puroitos* (capelãis) dos noivos escrevem num papel a hora propícia à cerimónia religiosa, lêm e trocam os papéis (*muhurta patricá*). Dada a hora colocam-se os noivos um em frente do outro, o noivo ao nascente e a noiva ao poente, ambos juntos dum montículo de arroz, e separados por um pano com a marca *svastica*, emblema da fé bramânica (*antarpatta*), os sacerdotes entoam o *mangalastacan* (hino religioso), no fim de cada verso os convidados e os parentes deitam sôbre os noivos grãos de arroz tingidos de vermelho (*acchatá*), como um símbolo da fecundidade e, findo o canto, retira-se o *antarpatta*, e a noiva põe ao pescoço do noivo um colar de flôres e êste a *mangalasutra* ao daquela (*antarpatta vidhi*), e adoram-se os deuses Ganês e Varuna. O pai da noiva, dirigindo-se ao noivo, diz-lhe: "Entrego-lhe esta filha que eu criei com ternura, para ter filhos virtuosos, trate-a bem. Fará com ela todos os actos religiosos e todos os que conduzem à felicidade nêste mundo: *dharma* (actos espirituais), *arth* (actos temporais) e *kama* (amôr)", e o noivo repete três vezes: "farei" (*caniadane*); o *puroito* esparze água sôbre a cabeça dos noivos, recitando um texto sagrado (*suvârnabichêca*). Prendem-se pedaços de açafrão a 2 cordéis, e a noiva ata um dêles ao pulso direito do noivo, e o noivo o outro ao pulso esquerdo da noiva. Corôam de areca 7 montículos de arroz do Poente ao Nascente; a noiva fica junto do primeiro dêles, com a frente para o Nascente e o noivo, postando-se de fronte, dá a mão à noiva, que transpõe os montículos, recitando o *puroito* as seguintes 7 *mantras*:

1.ª—Déste um passo, uniu-nos o amor. És minha, e Deus te conceda filhos bons que tenham longa vida.

2.ª—Déste dois passos, a união é cada vez mais estreita, o afecto cada vez mais intenso.

3.ª—Déste comigo o terceiro passo, torna suave o pêso da vida.

4.ª—Dá-me alegria até a morte.

5.ª—Faze crescer a minha raça.

6.ª—Dá-me a glória imortal.

7.ª—Demos juntos sete passos, juntos tenhamos esperança. Sempre viveremos com amizade, cumprindo os nossos deveres (*saptapadi*).

Dentre as outras cerimónias religiosas merecem registo as seguintes:

Vainam dane. A noiva distribui cocos por tôdas as mulheres casadas para o marido ter longa vida.

Mandivar dennêm. O pai da noiva coloca-a no regaço dos pais do novo, dizendo: "dei ao vosso filho esta filha que eu criei com mimo, tratai-a como se fôra vossa".

Saddó. A noiva veste um pano oferecido pelo noivo.

O noivo, acompanhado da noiva, volta à hora da preamar, para sua casa, onde é recebido com manifestações de regosijo, e se celebram várias cerimónias (*partavann*). O noivo com um alfinete ou anel de oiro traça num prato de arroz o nome que a sua família escolheu para a sua mulher e lê-o. A noiva é acompanhada por uma criada (*dheddi*) que fica um ano em casa do noivo.

No dia do casamento há banquetes para os amigos e parentes, tanto em casa do noivo como na da noiva (*lâgnajevân*).

Num dos dias subsequentes, a familia da noiva dá um jantar aos pais e parentes do noivo, e oferece presentes aos pais do noivo. Os pais do noivo retribuem o jantar e os presentes.

Os noivos vão passar uns cinco dias à casa dos pais da noiva (*panch-dissanc*), que os cumulam de presentes.

No decurso do ano do casamento, os pais da noiva enviam em dias de festa presentes ao noivo (*ogim*).

Entre os ranes, emquanto os sacerdotes entoam *mangalastacan*, o noivo empunha arma ou *jamia* (espada curta) rodeado de homens armados de espadas.

As *bavinas* (servidoras dos templos) e as *kalavantas*, bailadeiras, entregam-se à prostituição, aquelas só com os hindus, depois de se celebrar a cerimónia chamada *Xença*, casamento fictício em que uma rapariga se faz de noivo, empunhando uma faca que a noiva adorna com flôres. Os *deulis*, filhos das *bavinas*, casam com as filhas ilegítimas de mãis *braminas, maratas, vanis, bandaris, sonares* e *cansares* e com as *bavinas* que se não entreguem à prostituição. Os *gaiacas*, filhos das *kalavantas*, casam-se com as bailadeiras, que não sejam prostitutas, e com as filhas ilegítimas de mãis *braminas, mests, vanis, bandaris* e *sonares*.

E' de notar que os cônjuges nunca pronunciam o nome um do outro, nem conversam em público. As mulheres casadas não viajam nos seguintes dias: terça-feira, sexta-feira e sábado.

A notícia da puberdade da mulher é comunicada à família do marido ou vice-versa segundo ela se encontrar em casa do marido ou na dos pais. O mensageiro, para anunciar a boa nova, leva côco e açucar e recebe alviçaras.

No 7.º ou 9.º ou 11.º ou 15.º dia reunem-se parentes e amigos, e as mulheres casadas oferecem ao objecto da festa côco e arroz, que lhe deitam no regaço. Daí o nome "*ontibornem*" com que se designa a festa.

Entre as castas superiores de Damão, celebra-se a cerimónia religiosa (*sassarva*) no 4.º dia da primeira menstruação da mulher.

O edital da Inquisição de Goa, de 14 de Abril de 1736, determinou aos cristãos: "Que quando às mulheres casadas lhes vier a primeira vez e principiarem a ter a purgação mênstrua, não façam nesse dia banquete, nem demonstração alguma de festejos, nem mandem sagoate de figos e fulas, nem de outras quaisquer cousas com o pretexto da dita novidade."

Também a consumação do matrimónio tem o seu cerimonial (*garbadhana*). Deve realizar-se do 5.º ao 16.º dia, das manifestações da puberdade da mulher, porque, segundo a astrologia e a medicina hindú, é o periodo mais favorável à concepção. Quando se não possa efectuar nesse prazo deve o dia ser escolhido pelo *bôtto* (sacerdote). O capelão (*puroito*) da família do marido preside à cerimónia religiosa. O marido oferece-lhe cinco espécies de frutas e deita o sumo de durvá (*cynodon dactylon*) na narina direita da mulher que recebe no regaço côcos e arroz, oferecidos pelas mulheres casadas das suas relações. A mulher recemcasada oferece comalenga (*cucurbita pepo*) ao *bôtto* para ter filhos.

A poligamia é, em geral, permitida na falta de sucessão masculina, e em regra com consentimento da primeira mulher. O casamento dissolve-se pelo adultério da mulher, que é excomungada e considerada morta fazendo-se a cerimónia chamada "*ghatacriá*".

O hindú, quando queira contrair terceiras núpcias, casa-se préviamente com a planta rui, *calotropis gigantea*, para evitar a viuvez, e a planta é cortada.

Entre os maometanos, os menores de 15 anos precisam para contrair matrimónio do consentimento do avô paterno e, na falta, do pai ou tio paterno. Os noivos, antes do casamento, vão à casa dos parentes que lhes oferecem presentes (*xadi*). É o noivo que dota a noiva.

E' o seguinte o ritual matrimonial:

Manjha. O noivo usa vestes da côr de açafrão e a noiva rodeia-se das amigas íntimas.

Sachac—Oferecem-se folhas de *sachac* junto com os presentes nupciais.

Mehndi— A noiva tinge as mãos, pés e cabelos com as folhas de *lausonia inermis*.

Barat—Leva-se em cortejo o enxoval à casa da noiva.

Ruct-borani—Corta-se o vestuário para a noiva.

Subgusht—O noivo é levado em cortejo com tochas para a casa da noiva.

Haldi—Fricções da erva ruiva.

Chanti—Os noivos jogam.

É permitida a poligamia e bem assim o casamento das viúvas tanto entre os maometanos como entre os parses e os hindús das classes inferiores de Damão.

Entre os parses, o casamento é celebrado duas vezes: primeiro segundo o rito zoroastriano, após o sol pôsto, e depois segundo o rito hindú após a meia noite, por uma imposição do rajá de Sanjan aos primitivos emigrantes. Os impedimentos matrimoniais dos parses constam de *Gazetteer of India* de 9-9-1865.

Como os costumes hindús subsistissem entre os cristãos de Goa, a autoridade eclesiástica decretou várias providências para os modificar ou abolir. Assim, determinou que os noivos declarassem, sob juramento, perante o pároco se se conheciam, se estavam contentes com o casamento; que os párocos fizessem saber aos fieis que os filhos não eram obrigados a obedecer a seus pais na matéria da escolha do estado, que pecavam tanto os que mandavam como os que obedeciam e reprovou o costume de os pais casarem as suas filhas logo aos 12 anos e coagirem os filhos a casar contra a sua vontade (decretos de 24 de Abril de 1780, de 11 de Janeiro de 1782 e de 15 de Outubro de 1787). Todavia, entre os cristãos, a família da noiva faz a proposta para o casamento à do noivo, que, ouvidos os parentes velhos, a aceita ou não, atendendo à casta, ao dote e aos pergaminhos da família.

Os cunebis ou curumbins, porém, seguem o costume das classes inferiores hindús que pedem a mão da noiva, oferecem presentes aos pais da noiva, e casam as raparigas aos 12 anos, o que é permitido na India Portuguesa por uma portaria do govêrno local. Dantes eram raros os casamentos consânguíneos, modernamente a sua freqüência levou o último Concílio Provincial a reprová-los.

O edital da Inquisição de Goa de 14 de Abril de 1736, determinou o seguinte, quanto aos casamentos dos cristãos indígenas da India:

"1.° Mandamos, que os naturais da India, moradores na Ilha de Goa, e nas mais ilhas suas adjacentes, e nas províncias de Salcete e Bardez, nas ocasiões de seus casamentos, nem antes nem depois dêles, nem em acção alguma, que lhes diga respeito, usem de gaitas, e outros instrumentos gentílicos como até ao presente costumavam fazer.

2.° Que, quando ajustarem seus casamentos, e entregarem os dotes e lançarem as prendas, não convidem aos parentes, assim homens como mulheres, do noivo e noiva, a que costumam chamar

Daigis ou *Gotris*(maiorais da família) para assistirem nas ditas funções; e quando algum dêles sem ser convidado se ache presente, não seja o que em nome do noivo receba o dote, nem lhe lance ou entregue a prenda da noiva; e farão estas acções precisamente os pais, ou tutores do noivo ou outra pessoa eclesiástica, ou secular de respeito, quando assim o queiram fazer por autorizarem o noivo, ou noiva.

3.º Que quando levarem os dotes à casa dos noivos, e quando passarem as prendas, e celebrarem os ajustes, e em tôdas as mais funções pertencentes aos casamentos, assim nos dias dêles, como antes, e depois não mandem da casa do noivo para a casa da noiva, nem da casa da noiva para a do noivo *fulãs* (flores) de qualquer qualidade que sejam, nem betle, e areca, nem outra qualquer coisa, que substitua a falta das ditas cousas proïbidas.

4.º Que nas funções de seus casamentos, e em tôdas as que a êles disserem respeito não repartam pelas pessoas, que assistirem em casa do noivo ou da noiva, *viddós* (rolos) de betle e areca nem em público, nem em particular e quando queiram usar das ditas cousas, os ponham na mesa sem delas fazerem repartição nem delas tirarem as pessoas assistentes com ordem alguma de honra, e, preeminência, mas sim cada uma conforme acontecer.

5.º Que nas funções de seus casamentos e em tôdas as que a êles disserem respeito, não mandem, da casa do noivo, ou da casa da noiva *saguate* (presente) algum de *fulas*, betle, areca, fuguéos, ou de qualquer das ditas cousas, à casa de seus *Daigis* ou *Gotris*, e seus parentes, nem a de outra qualquer pessoa.

6.º Que nas ocasiões de seus casamentos, e em todos os actos, que se dirigirem, e ordenarem para a solenidade dêles, assim em casa do noivo como da noiva, não cantem nem em público, nem em particular, as cantigas, que se costumam cantar na lingua da terra, e se chamam vulgarmente *voviôs* e quando queiram fazer algum festejo em demonstração de alegria não seja com cantigas que tenham semelhança com ditos *voviôs*, e nunca em tais funções cantarão pessoas femininas parentes, ou *Daigis* do noivo, ou da noiva.

7.º Que nas ocasiões de seus casamentos não principiem, assim em casa do noivo como da noiva ou em qualquer lugar em dias determinados antes dos casamentos a pilar o arroz, moer os temperos e farinha, frigir os fuguéos e preparar as mais cousas necessárias para os banquetes dos casamentos, nem fazerem os tais serviços em primeiro lugar alguma pessôa, ou pessoas parentes, ou Daigis do noivo ou da noiva; assim façam os ditos serviços no tempo oportuno, e convenientemente à expedição das cousas, concorrendo nêles simultâneamente as pessoas necessárias, sem preferência alguma, nem respeito à algum costume até agora observado.

8.º Que nas funções de seus casamentos, nem em qualquer acto que se dirigir ou ordenar para êles, especialmente no dia de ajuste, no oitavo dia antes do casamento na véspera, e no dia do casamento e dia seguinte, e no terceiro, quinto e oitavo dia depois se não façam ao noivo e noiva, ou estando juntos ou separados, unturas de açafrão moido, leite, e azeite de côco, farinha de arroz, pós de folhas de abolim, nem de outras quaisquer cousas.

9.º Que nas ocasiões de seus casamentos, nem em qualquer acto, que se dirigir ou ordenar por eles, especialmente nos dias acima declarados, se não façam lavatórios ao noivo e noiva juntos ou a cada um dêles separadamente, para os quais lavatórios concorram outras pessoas, porque sendo preciso lavarem-se, o farão por si mesmo, e sòmente com assistência de outra pessoa, para lhes admitnistrar a água, pessoa não será o parente, ou *Daigi* maior do noivo ou noiva.

10.º Que nas ocasiões de seus casamentos, não façam ramadas às portas da casa do noivo e da noiva.

11.º Que no dia de seus casamentos, quando se recolherem da igreja o noivo e noiva para a casa da noiva e no dia seguinte, quando forem da casa da noiva para a do noivo, sejam nas ditas casas recebidos pelos parentes e *Daigis* a noiva ou noivo nem se sentem debaixo do docel, mas sejam logo conduzidos para casa, que lhes fôr conveniente, nem os parentes ou *Daigis* da noiva ou noivo lancem *fulas* sôbre os noivos, e hóspedes, que os acompanharem nem os borrifem com água cheirosa.

12.º Que os seus casamentos sejam feitos a tais horas que possam os noivos chegar à casa, antes de se pôr o sol, e que com nenhum pretexto se demorem no caminho, de sorte que se recolham depois de sol pôsto.

13.º Que debaixo da cama, em que dormirem os noivos se não ponha betle, areca, nem outra alguma cousa comestível.

14.º Que nos dias de seus casamentos, nem no dia seguinte, assim em casa do noivo, como da noiva, quando entrarem nas ditas casas, não sejam logo conduzidos ao lugar, em que houverem de dormir, por alguma pessôa de suas gerações nem pessôa alguma os cubra com algum pano, nem lhes dê beber pelo mesmo copo a ambos, nem dê a comer alguma fruta ou iguaria, que por ambos reparta.

15.° Que nos banquetes que fizerem nas funções de seus casamentos, não sirvam à mesa os parentes do noivo, ou noiva, que se chamam *Daigis* ou *Gotris*, o que se não entenderá com as pessoas que morarem na mesma casa do noivo ou noiva, nem os parentes do noivo, e noiva, em primeiro grau de consaguinidade por linha recta e transversal, e as pessôas que servirem à mesa nas ditas funções, sendo de qualidade que costumam andar calçadas, não farão o dito serviço descalças.

16.° Que no dia de seus casamentos, depois de recolherem da igreja, em que se forem receber, a noiva não vista os panos, e mais alfaias, nem se orne com as jóias, que no tal dia dos casamentos lhes vierem da casa do noivo, nem quando seja necessário mudar de traje o noivo administre à noiva o pano para ela vestir e na mesma forma, que o noivo no dito dia não mude de traje despindo o vestido com que se receber, e vestindo outro que em casa da noiva se lhe der, nem quando se deitarem, o noivo diante de outras pessôas principalmente femininas, dispa a camisa, e calção branco por vestir outro calção e camisa.

17.° Que no dia de seus casamentos nem depois dêles em outro qualquer dia assim em casa do noivo, como da noiva, nenhuma pessoa lhe toque nas testas com grãos de arroz crú, nem faça outra alguma cerimónia semelhante.

18.° Que nas ocasiões de seus casamentos dêsde o dia da celebração do ajuste inclusive, até passar um mês depois de casarem, não vão o noiva e noiva, ou ambos juntos, ou algum dêles separadamente, nem de dia nem de noite, à casa do *Daigi* maior de suas gerações.

19.° Que se no dia seguinte ao de seus casamentos forem, como costumam ir o noivo e noiva para a casa do noivo, não tornem dentro de tempo de um mês para casa da noiva, e se não forem no dito dia para casa do noivo, se conservem ao menos pelo mesmo tempo de um mês em casa da noiva e de nenhuma sorte se façam convites, nem mandem saguates para efeito de os noivos irem de uma casa para outra.

20.° Que quando o noivo e noiva forem da casa da noiva para

a do noivo, ou da do noivo para a de noiva, nem êles nem alguma das pessoas que os acompanharem levem algum bate, areca, fuguéos, cocos, arroz nem outra qualquer coisa comestível.

21.° Que as pessoas que levarem alguma roupa, e jóias ou outras quaisquer cousas, nas funções de seus casamentos da casa do noivo para a da noiva, não vão adornadas nem enfeitadas, nem levem outros vestidos mais que usuais.

22.° Que nem antes, nem depois de seus casamentos com respeito a êles, deem cousa alguma a pessoa que tivesse servido o oficio de *Muli* (primeiro gãocar) de qualquer aldeia, bairro ou distrito.

23.° Que qualquer pessoa masculina ou feminina, que exercitasse o oficio de Muly em qualquer distrito, ou fizesse as suas vezes, não assista a nenhuma função dos casamentos, excepto sòmente nos de seus filhos e filhas.

24.° Que das cousas comestíveis, de que fizerem seus banquetes nas ocasiões de seus casamentos, não reservem alguma porção para cozinharem em algum dia determinado.

25.° Que nas funções de seus casamentos, assim em casa do noivo como da noiva, não ponham em algum ***daly, supo***, panela ou outro qualquer lugar arroz, legumes, côcos betle, areca ou outra qualquer cousa comestível, que fique reservada em lugar determinado para se cozinhar, e comer em outro dia certo.

26.° Que quando nas ocasiões de seus casamentos lhes seja preciso fabricar fogões novos para fazerem os comeres, não ponham debaixo dos ditos fogões betle e areca, nem outra alguma cousa, que fôr necessária para a fabrica dos tais fogões "[1].

O decreto episcopal de 28-5-1604, coïbindo o abuso de os novamente convertidos e casados não coabitarem senão depois de a mulher emprenhar ou parir, e antes disto estarem por muito tempo apartados em casa de seus pais ou parentes obrigou-os a viver juntos.

O mesmo decreto, atendendo a que as mulheres que enviuvam muito moças, seguindo o costume gentílico, se não casam mais, e os pais e parentes o têm por desonra quási condenando as segundas núpcias, mandou que tôda a mulher que enviuvasse até 40 anos de idade, passado um ano de viúva, fôsse constrangida a casar e as que quisessem viver em continência fôssem mandadas a Goa e postas em casa dos portugueses ou naturais honestos.

O decreto episcopal de 8-7-1644 condenou o costume que havia em Salcete entre os indígenas cristãos, de os nubentes, após o lançamento do primeiro proclama, se lavarem e untarem; de a noiva levar escondida uma jóia para ser posta na orelha ao sair da igreja, depois da cerimónia religiosa; de, após o recebimento, 6 mulheres das parentas mais chegadas fazerem uma massa de certas confeições e as repartirem pelos noivos.

A pastoral de 21-11-1745 proïbiu o acompanhamento de mais de 8 pessoas nos casamentos dos indígenas, sendo o dote de 100 xerafins, mais de dez sendo o dote até 500 xerafins e 20 superior a 500, sob pena de multa de 20 xerafins aos noivos e 2 aos acompanhantes.

O edital episcopal de 27 de Abril de 1780 determinou, sob pena de suspensão ao pároco que no dia de recebimento fizesse descobrir o rôsto da noiva de modo a ser reconhecida, e que a mesma respondesse claramente às perguntas de costume.

O 3.º Concílio Provincial decretou que as festas dos casamentos não durassem mais que dois dias, e quando muito três, um na casa do noivo, outro na da noiva.

O 4.º Concílio proïbiu que na véspera do casamento se désse de comer aos convidados, por ser rito gentílico.

O 5.º Concílio Provincial mandou:

Que nenhuma mulher viúva cristã da terra, que não passasse de 50 anos, rapasse a cabeça, assim por ser rito gentílico, como porque fazendo-o não quererem mais casar, ficando em grave perigo de incontinência.

Que o pai da noiva não lavasse os pés à filha e genro por ser rito gentílico.

Que os párocos no tempo dos casamentos déssem busca às casas dos noivos, e onde achassem côcos juntos com arroz e bazarucos os mandassem presos a seus ordinários por serem também cerimónias gentílicas.

O 6.º Concílio Provincial recomendou, se evitassem os casamentos consanguíneos.

Algumas das práticas proïbidas mantêm-se ainda, tal é a fôrça da tradição e do hábito.

Entre os cristãos uma vez contratado o consórcio, tem lugar o seu acto público denominado simplesmente—prendas—dote e prendas, ou anel, quando porventura se verifique neste mesmo acto a entrega do dote ajustado. Assistem os parentes, e mais conjuntos, e lança o comissionado da noiva, na falta do pai ou irmão mais velho, ou parente próximo, ao colo do noivo (alcançando primeiro licença dos maiores) uma corrente ou põe um anel no dedo anular, a que se segue a enumeração do dote, e quitação pela maneira convencionada (por escritura ou papel privado).

A's prendas segue-se mútua convivência entre as famílias dos contraentes assim como de parte a parte obséquios e mimos *(ojem)*.

As datas são de duas qualidades. Umas ajustadas, e outras voluntárias *(cochem dennêm)*: umas e outras consistem em enxoval e joias, em que entra também a arca (bahú) boceta, tesoura, agulhas, linha de algodão, de sêda, imagens (de ordinário de algum santo ou santa de devoção), armário ou cómoda etc. o que tudo acompanha a noiva.

O noivo, na véspera do dia aprazado, manda à noiva o competente vestuário, e jóias, e no imediato, (os que podem) uma carruagem, dantes andor, dolim, catre, cadeirinha, maca, 2 a 4 umbelas, 2 charamelas, uma orquestra hindú *(vazantâr* ou *suari)* para acompanhar a noiva à igreja, onde se celebra a cerimónia, algumas vezes, com escrupulosas impertinências do pároco em fazer repetir aos noivos, em voz alta e intelegível, palavra por palavra, a fórmula, que pronuncia.

Raras vezes, ao recebimento precede ou sucede uma missa solene, e neste caso, não falta também o panegirico adequado ao acto. A cerimónia do benzimento do anel, e do leito está em desuso.

Dos obséquios mútuos, que sucedem às prendas, é mister especificar, que uns são gratuitos, e outros obrigatórios; aqueles, principiam após a enumeração do dote; e dêstes, uns concluidos os desposórios de futuro, e outros verificado o recebimento; e uns e outros ficam a cargo de certos parentes. A sua falta tem sido algumas vezes, o pomo de sérias discórdias. Os denominados Janeiro e da festa do orago são quási obrigatórios aos pais das noivas.

Além dêstes obséquios há outros saguates. Eles são comuns aos parentes, em geral, amigos e conjuntos, quando porventura tenham obrigação de os satisfazer, ou os queiram estabelecer; e tem lugar no intervalo que decorre entre o convite e a conclusão da função.

Consiste o saguate em dinheiro—vacas—cabras—porcos víveres—frutos etc. O seu quantitativo ou valor é correspondente à grandeza da pessoa que o faz, em relação ao que havia recebido em uma semelhante ocasião, por serem sujeitos ao retorno, com aumento voluntário.

A noiva, depois da exploração, ou pouco antes do casamento, é ordináriamente obsequiada pelos seus parentes, levando-a para suas casas, por alguns dias, que se passam em folguedos, mais ou menos aparatosos, *(porcônd)* e na despedida lhes fazem presentes (mais das vezes em dinheiro).

Os convites do casamento, aos parentes, amigos, e conjuntos, são endereçados com precedência, e se repetem por duas e três vezes, especialmente em Salcete.

Para o primeiro convite é deputada uma pessoa da familia, e na sua falta, um parente: o 2.º e o 3.º são feitos por cartas; sendo o 3.º para designar o dia para mandar machila às pessoas do sexo feminino, às quais, sendo porém de própria aldeia se mandava dolim ou machila.

Entre as classes mediana e pobre não se guardam estas formalidades; todavia os convites são, as mais das vezes, repetidos, e o convidante, que é um parente próximo vai debaixo de uma umbela vermelha de etiqueta.

Há aldeias, onde o convite é incumbido a dois parentes, e na falta a vizinhos; um do género masculino, e outro do feminino, os quais conjuntamente satisfazem a comissão acompanhados da umbela.

A representante da casa, ou as mãis dos noivos também

pessoalmente convidam; mas parentes muito ligados, e raramente fóra da aldeia.

Três dias antes, em que os noivos se preparam com a confissão e comunhão, se efectua, à noite, a cerimónia de *pitans* (moer arroz) a que são convidados os vizinhos, e outras pessoas do sexo feminino, próprias para êste serviço, que ao som de versos em louvor dos noivos, levam aquela tarefa muitas vezes por tôda a noute.

Na noute antecedente à do casamento também tem lugar a reunião de pessoas próprias, para diferentes misteres, as quais com acompanhamento de versos se dão ao trabalho de preparar vários objectos, que devem fazer parte do jantar, ou merenda do dia seguinte.

No dia aprazado, e na freguesia escolhida, reunidos os noivos com os seus convidados, tem lugar o acto do recebimento com as formalidades já declaradas, a que se segue o *Laudate*—repiques, tiros de recâmaras etc. entre os de grande tom, que entre os das classes mediana e pobre se limita a repiques.

Em alguns casamentos se observa, logo depois do recebimento, e mesmo à porta da igreja substituir na carruagem o envoltório (*vôl*) com a toalha, para expôr à vista a riqueza, do vestuário e jóias da noiva; outros porém executam aquela metamorfose poucos passos antes da casa do noivo; contudo, não é uma e outra cousa de uso geral e pode dizer-se já em esquecimento.

O préstito parte para a Igreja e de esta para a casa do noivo ou noiva, de machila ou a pé. Seja de uma e outra maneira, a noiva não sendo da classe mediana ou pobre, era conduzida em dolim ou cadeirinha e acompanhada, com o noivo, de charamelas, ou orquestra gentílica, quando a haja.

Apeada a noiva, cuja chegada se anuncia por meio de tiros de recâmaras, o noivo a conduz, pela mão, até a primeira entrada da casa, onde são recebidos (não geralmente) por dous meninos, vestidos à fantasia, com o diálogo (em prosa ou verso, cantado ou recitado simplesmente) consistindo todo o merecimento da invenção em celebrar o objecto da festa.

A isto segue-se, mas raramente, conduzir a noiva entre os dous meninos a um pequeno oratório, ou nicho, que em muitas casas de construção antiga, tem logo a entrada, onde se canta o *Laudate* ou *Te-Deum*, e terminado êste se entrega a noiva à pessoa do sexo feminino mais graduada da sua família na falta de mãi e avó.

Haja ou não o diálogo, e *Laudate*, de que falamos, é acolhida a noiva, recitando-se apropriados versos segundo uns, e *zotis* conforme outros denominados da entrada. As excepções são mui poucas.

Iguais versos são também cantados, mas em diferente tom, e com a letra cheia de sentimentalismo em casa da noiva, sob o título de despedida, na sua saída para igreja, mas já hoje vai caíndo em desuso.

Pouco depois da chegada dos noivos se serve o jantar, ou merenda, conforme o assentado. Não há muitos anos que apenas era a noiva a única que aparecia à mesa, mas hoje está generalizado o jantar comum; contudo poucos noivos comem à mesa.

Nada é pezado nessas funções, se não satisfazer os *boiás* (carretadores de machilas à cabeça) dos noivos e convidados especialmente em Salcete, os quais aproveitando-se do ensejo não se satisfazem do quanto se lhes dá de comida e bebida. Tudo é pouco para, depois de satisfeitos, levarem para casa. E' para notar, que êsses *boiás* quando saem da casa dos noivos vão prevenidos do almoço, ou merenda, e pelo caminho, sendo longe o lugar para onde se dirigem, não poupam animantes (*fenim*).

Acabado o jantar e a sôbremesa, que de ordinário são acompanhados de orquestra, dividem-se os hóspedes: uns se ocupam em diversos jogos de cartas, outros em baile quando a casa oferece cómodo para isso, e na sua falta em batuque, e outros finalmente em assistir à bênção dos noivos.

A bênção dos noivos é o meio de aumentar o dote.

Em casa do noivo a bênção é à noiva, e vice versa em casa dos pais desta. Tem lugar êste acto, que é um dos aparatosos, e de etiqueta numa casa conveniente, onde se reúnem os noivos e seus parentes, que são os agentes, e pacientes da função, a música, quando a haja, e os espectadores.

Os noivos ficam assentados a par tendo a sua frente uma mesa, e sôbre ela uma salva.

Uma ou duas pessoas, do sexo feminino, deputadas para isso, e outras *tantas* para revezar, cantam acompanhadas da música ou sem ela, convidando os parentes na ordem da sua graduação, e ao mesmo tempo indica ao noivo ou à noiva a pessoa que lhe dá a bênção. A êste tempo levantam-se os noivos e comparece a pessoa indicada que lança a bênção, e larga na salva um presente, (dinheiro ou uma jóia de ouro ou prata conforme as suas posses, ou sua obrigação. Terminado êste acto pela maneira indicada segue-se-lhe a despedida (em casa do noivo) dos parentes da noiva, e por conclusão um dentre eles (o mais graduado) dá cumprimento, na falta do pai, à cerimónia denominada de *hatant diuncheac* (que vem a ser uma recomendação à sogra, ou aos maiores da casa a favor da noiva). Esta mesma cerimónia tem lugar à entrada da noiva em casa do noivo.

Despedidos os hóspedes, na falta do baile, continúa tôda a noute o estrondoso batuque, e outros divertimentos de cartas, versos, ou *zotis* sendo dentre êles um dos mais notáveis, em casa do noivo, fazer acompanhar a batuque, a criada da noiva (*deddi*).

O segundo dia do noivado entretem-se também com os mesmos divertimentos. O jantar mais folgado, e despido de constrangimento, e etiqueta, e à sua conclusão tem lugar em muitas casas, a recitação do *Te-deum,* que em raríssimas das abastadas se executa no primeiro dia, mas é freqüente entre os da classe inferior, e ainda nesta só em algumas partes.

O terceiro dia passa-se igualmente sem mais novidade, que a visita à noiva, dos seus parentes, a qual é de tarde.

A *mesada* é em casa dos pais da noiva. No dia aprasado, por convenção, se manda aos noivos carruagens e um convidante, aquem acompanham, com um ou mais hóspedes, além do *deddó* e *deddi*, (criado e criada dos noivos).

São recebidos em casa dos pais da noiva com o mesmo cerimonial observado no dia do recebimento, e nada falta para esta função estar na linha da primeira.

A' noute porém terminada a bênção, o noivo é objecto de mil judiarias impertinentes e muitas vezes pesadas (entre os que tem pouca ilustração), executadas, em ar de facécia, por pantomimeiros, que põe em apuro a paciência do pobre noivo. Os pantomimeiros, acompanhados do canto tomam a figura do barbeiro, e outras diversas, e levam a efeito, quando contam com o sofrimento do noivo, várias farças, relativas aos mistéres que representam, a-pesar-de tudo isto nada ter de jocoso, nem divertido, e, muitas vezes, fazem passar tôda a noute em claro.

A esta cena, quando tem logar, sucede a cerimónia de lavar os pés ao noivo (real ou aparentemente) que lança na *bática* (bacia) algumas rupias, que são a gorjeta do criado da casa.

No outro dia tem a fazer o noivo outra igual despesa com o barbeiro.

Segue a isto o almôço, em que se apresenta ao noivo um caldo de galinha (muito salgado—amargo—azêdo, etc.) pãis com rãs, e franguinhos vivos—ovos com o fim, segundo nos parece, de divertir os circunstantes à custa do paciente, quando porventura êste dá ocasião lançando mão de qualquer dêsses objectos, que lhe sejam oferecidos acompanhados de versos.

Igual galantaria se usa também em objectos apresentados para merenda; mas hoje tudo é mui pouco usado.

A estas cenas mortificantes sucede tôda a sorte de divertimentos, e o noivo, querendo, toma parte nêles até que lhe dê na vontade de retirar-se para a casa, o que de ordinário, tem lugar no 4.º dia para voltar na véspera do Domingo, para ir à missa acompanhado de hóspedes, que para êsse fim, se reúnem, com o que terminam a mezada e o casamento.

O primeiro parto realiza-se em casa dos pais da mulher.

A mulher casada da classe proletária cozinha, governa

a casa, auxilia o marido na cultura das terras, aluga o braço nos serviços agrícolas e domésticos, de transporte de cargas, de recados. Nas classes superiores, a esfera normal da actividade da mulher casada é o lar doméstico.

Entre os cristãos há médicas, parteiras, telegrafistas, dactilógrafas e professoras.

O divórcio é olhado pelos cristãos como um sacrilégio, preferem a separação de facto, indo a mulher para a casa dos pais. Não é freqüente o casamento das viúvas. É vulgar o casamento dum viúvo que não tenha prole masculina.

d) O óbito

O moribundo recebe na bôca a água vasada pelo filho mais velho sôbre a extremidade do rabo de vaca que é metido na sua mão. O filho mais velho sustém a cabeça do agonizante no seu regaço.

Colocam o cadáver sôbre o *darba*, lugar bosteado de fresco e coberto de hastes da erva *darbha* (*andropogon schoenenthus*) e põem um candieiro à cabeceira. Os alaridos da familia indicam que o doente morreu.

A viúva parte as manilhas, rompe a *mangalasutra* (símbolo da aliança matrimonial), veste pano vermelho, ou branco sendo vixnuita, e só se alimenta uma vez por dia, não usa o *sobaguia*, não masca areca e betle e o barbeiro rapa-lhe o cabelo, chama-se *bôddqui*. Os filhos e os irmãos mais novos rapam o bigode e a cabeça deixando apenas o *xênddi*. Emquanto as pessoas encarregadas do funeral vão construir no *mâssundi* (lugar de incineração) a pira em que deve ser queimado o cadáver, as mulheres da casa, parentes e vizinhos lamentam em altos gritos o passamento. O decreto episcopal de 27 de Julho de 1784 proïbiu o uso, entre os cristãos, de *chorar poéticamente* narrando os actos do falecido e de impedir a saída do caixão pondo-se sôbre êle.

Lavam o cadáver, a cabeça com água de fôlhas de tulôss (*ocimum sanctum*) e sementes de sésamo, põe ao pescoço um colar de fôlhas de *tulôss*, e vestem-no. Na testa do cadáver da mulher casada pintam o *soubáguia* e engrinaldam-no com enfiadas de flôres. Depois colocam o cadáver numa espécie de escada de mão ou padiola de bambú (*quiddbiddi*) e cobrem-no com um pano novo de algodão branco, e quatro indivíduos da casta do falecido transportam-no para o *mâssundi.*

O filho mais velho vai atrás do cadáver, levando fogo num vaso de barro; e o filho segundo ou algum outro parene conduz uma bilha cheia de água.

No *mâssundi* ou *smachana,* o sacerdote oferece dois bolos de farinha (*pinddas*) a *Xamá* e *Xabal* (cãis do céu) e recita a *mântragni,* emquanto o filho mais velho põe fogo à lenha da pira e deita manteiga no lume, venera a terra esparzindo água sôbre ela, e coloca cinco bolos de farinha sôbre o cadáver que é depositado sôbre a pira, onde lançam paus sêcos de *tulôss,* cânfora e sândalo. O filho mais velho abre com uma pedra *(achmá)* sucessivamente três orifícios na bilha e cada vez que o faz dá voltas em tôrno da pira, e guarda a pedra. Em seguida, os que acompanharam o cadáver purificam-se, indo tomar banho ao rio *(udaca-carma),* rito que data dos tempos védicos. ([25])

Logo que o cadáver esteja reduzido a cinzas, dentro de 9 dias, o filho mais velho recolhe-as num cestinho de bambú, deita-as a um rio próximo da localidade ou vai lançá-las ao Ganges, Godaveri ou Crisná. Os maratas enterram as cinzas e sôbre a sepultura erigem túmulos. Os *gonsavis,* os *lingaitas,* os *chamares* e os *mahrs* enterram os cadáveres na posição de sentado. Os gauddés (curumbins) e os dangôres queimam ou enterram-nos.

Os amigos que acompanharam o cadáver ao *mâssundi* voltam para a casa do morto, onde lhes dão cinza e pimenta redonda; põem cinza na testa, e mastigam um grão de pimenta, e seguem para as suas casas, onde entram pela trazeira.

Emquanto o cadáver se conserve em casa nada se come

([25]) Ragozin—*Vedic India,* pag. 359.

nem se cozinha. Por isso, a portaria do Govêrno da India de 18 de Agôsto de 1838 permitiu aos hindús queimar os cadáveres antes de 24 horas.

Nos primeiros nove dias a familia recebe visitas de pêsames e nos mesmos dias o filho mais velho oferece bolos de farinha, colocando a *achmá* (pedra) no lugar da incineração. Os que tiverem pernoitado em casa do morto no dia do falecimento, teem de dormir na mesma casa durante dez noites consecutivas, e nas mesmas noites, no local do passamento, coloca-se uma luz e um vaso de leite acima do qual se suspende uma linha verticalmente.

O luto (*axoucha*) dura dez dias e consiste em os anojados se encerrarem e se absterem de alimentos açucarados e de areca e betle.

No 11.º dia bostêam a casa do morto, no 12.º dia oferecem bolos de farinha aos ascendentes e ao falecido (*sapindi*) e dão esmolas aos *bottos*, em sufrágio da alma do falecido, e jantar aos que acompanharam o cadáver ao *mâssundi*.

Sufraga-se a alma do falecido (*xradha*) oferecendo bolos de farinha (*pinddas*) e flôres brancas de aghastá (*sesbania grandiflora*) que não são, porém, usadas pelos ourives, no 15.º, 27.º e 45.º dia do falecimento. No aniversário da morte, em um dos 15 dias da 2.ª quinzena do mês de *bhadrapad* e na lua nova dão comida às gralhas (*cacôll*) que, segundo creem, levam o alimento aos mortos.

Acontecendo falecer em casa, um membro da família em dia presidido por uma constelação de mau agouro, abandonam todos a casa por 1, 3 ou 6 mêses. Falecendo o pai ou a mãi de um dos cônjuges, os pais do outro não entram em casa do finado antes de decorrer um ano. Não queimam, mas enterram os cadáveres das puérperas, das crianças falecidas antes da época de dentição, e dos perecidos de variola ou cólera. Salvo entre os *brâmanes* e os *vanis*, não se queimam, mas enterram-se os cadáveres das puérperas até três mêses depois do parto; o cadáver das grávidas é enterrado longe da povoação, e os que o acompanham espalham, de regresso para a casa, nachinim por todo o caminho, para que o espirito da morta não volte para casa e persiga os membros da família.

Os túmulos dos maratas são algumas vezes magníficos e sumptuosos, tais como os dos ranes de Satari que se acham aos lados da estrada de Vitalapur, bairro da aldeia de Carapur.

Depois de deitarem sôbre a meda da lenha algum bate nachinim, gengibre, óleo do côco, betle, e de depositarem alguma moeda de cobre ou de prata debaixo da pira, o que representa o preço da compra do terreno em que tem de ser queimado, depositam o cadáver nú sôbre ela.

Em Praganã o cadáver é incinerado, sendo transportado ao ombro de pessoas de familia, descalças e descobertas, purificadas pelo banho e, vestidas de um *pudvém* com que se banharam. Durante todo o percurso faz-se a destribuição de dinheiro, lançando moedas sôbre o cadáver. Os pobres que não possam acarretar as despesas de incineração, fazem o enterramento.

Ao 12.º dia, pela memória do defunto, é distribuido um bôdo a tôda a gente da aldeia, recebendo o *bôtto* um exemplar de todos os artigos que o defunto costumava usar, a começar pelo vestuário e a terminar pela cama. Esta cerimónia é conhecida por *Daró*.

Os maometanos metem na boca do moribundo gôtas de mel ou de água com açúcar, e fecham os olhos e a bôca do cadáver, que é lavado e perfumado com sândalo, cânfora, e água de rosas. O cadáver é enterrado com a cabeça voltada para o Ocidente, isto é, para Meca. No terceiro dia, parentes e amigos mergulham jasmins e rosas num vaso de água que se esparze sôbre a sepultura.

Entre os parses, os cadáveres são transportados em macas de ferro ao ombro, de 4, 6 ou 8 pessoas (*candiás*), que vão sempre aos pares, manietados, trazendo as mãos calçadas de luvas brancas, não podendo tocar, durante o trajecto, com qualquer pessoa ou objecto, excepto ferro ou pedra, nem comunicar, senão pela mímica. Sôbre a *dacma* ou fôrre do silêncio, num taboleiro circular, de bronze, ou lageado de mármore ou granito, com covas pouca fundas, e de tamanhos diversos, expõem os cadáveres à voracidade dos abutres; poucos dias depois, a família recolhe os ossos e os guarda. No 4.º, 10.º, 30.º dia, no 6.º mês e no aniversário fúnebre, a familia sufraga a alma do finado, preparando diversas espécies de iguarias e dôces que distribui pelos parentes e amigos, depois de bentos pelo ministro da religião.

O Edital da Inquisição de Goa, de 14 de Abril de 1736 determinou aos cristãos indígenas:

"34 Que morrendo alguma pessoa, se não bosteie o lugar ou casa em que morrer, como condição para no dito lugar, e casa se poder assistir, e quando seja necessário alimpar o dito lugar, se fará por diverso modo, que não seja bosteando-o.

"35 Que não lancem no mar, nem no rio, a roupa do uso nem a cama de alguma pessoa defunta; e quando seja necessário, por evitar algum contágio, queimarão as ditas cousas.

"36 Que em nenhuma ocasião convidem pobres para lhes darem banquetes em suas casas pelas almas de seus defuntos em comum, ou de algum dêles em particular, e quando queiram dar esmolas aos pobres pelos ditos fins lhas poderão dar por diverso modo, mas nunca dando-lhes banquete.

"37 Que pelo tempo dos finados, ou depois da morte de alguma pessoa, ou em outra qualquer ocasião, não façam banquetes em suas casas em memória dos seus defuntos".

A pastoral de 28-4-1736 proïbe que alguém acenda candieiro, de dia, em casa de defunto ou enterre dinheiro debaixo da panela.

O decreto episcopal de 27 de Julho de 1784 combate a superstição de se não querer receber a extrema-unção sob a falsa persuasão de que entra em casa o demónio.

Sem embargo da proibição, subsistem ainda entre os cristãos indigenas, sobretudo nas camadas inferiores da população, alguns dos costumes condenados. Assim, as parentas e vizinhas choram fazendo o panegírico do falecido; as viúvas pranteam a morte do marido vestindo trajes de gala e adornando-se de jóias, quebram as manilhas de vidro e só as usam de oiro.

"A semelhança do Paganismo, as cerimónias de enterramento dos católicos são pomposas e caras. Então como agora, lavavam os defuntos, fechavam-lhes os olhos com grande cuidado, e acomnhavam-nos até ao jazigo no meio de lamentosa grita.

....

Em Portugal, sempre que há defunto numa casa, nela não se prepara nada ou quási nada de comer. Parentes e amigos têm a obrigação de mandar à família desolada as vitualhas necessárias."([26])

O Arcebispo de Goa D. Fr. Manuel de St.ª Catarina, pela pastoral de 1-1-1793 condenou as excessivas despesas nos funerais dos cristãos. Sufraga-se a alma do defunto com ofícios e missas nos dias privilegiados. As irmandades e grande número de clérigos encorporam-se no préstito fúnebre que se encaminha, ao som de música, primeiro para a igreja, e depois para o cemitério. O edital do Arcebispo de Goa, de 26-9-1779, dando cumprimento à ordem régia proïbiu, se enterrassem os cadáveres nas igrejas.

2—A propriedade

a) A comunidade da aldeia

Os portugueses deram o nome de comunidade da aldeia à *ganvponn* ou *ganvcari* indiana. Os ingleses verteram a expressão "*comunidade da aldeia*" "para *village community*".

Denomina-se *torofo* a reunião de várias comunidades debaixo duma única administração ou reunião de diversas aldeias constituindo uma única comunidade.

A comunidade da aldeia, se actualmente (como a define o Código português das comunidades, promulgado no 1.º de Dezembro de 1904) é uma simples associação agrícola, foi uma *república*, no dizer feliz de Sir Charles Metcalfe. As comunidades da aldeia, autónomas no seu govêrno interno, estavam sob o protectorado dos monarcas índios, aos quais pagavam tributo que os portugueses denominaram fôro. Con-

---

([26]) Cavaleiro d'Oliveira — *O Galante Século XVIII*, tradução de Aquilino Ribeiro, pag. 211.

fundiu-se o tributo com o canon enfitêutico a ponto de o decreto de 15 de Setembro de 1880 considerar o Estado senhorio directo das terras das comunidades, regressando à concepção feudal do domínio eminente e vassalagem.

E' de saber que os portugueses identificaram as comunidades da aldeia com os municípios portugueses, pois ascende a 1526 o *Foral dos usos e costumes*, promulgado pelo Vedor de fazenda da India, Afonso Mexia, e que era como os forais de Portugal o diploma, donde constavam os direitos, privilégios e usos que o Soberano prometia guardar aos povos. Por isso continuaram na posse das comunidades não apenas as terras incultas que ela afora, senão também os terrenos baldios que, segundo o Código civil português, são coisas comuns isto é, *coisas* das quais só é permitido tirar proveito aos indivíduos compreendidos em certas circunscrições administrativas. Pois o código das comunidades estatui no artigo 291.º:

" Não podem também ser aforados:

1.º—Os terrenos de logradouro comum.

2.º—Os indispensáveis e os já destinados para pastagem.

3.º—Os aplicados para as servidões dos vizinhos.

Por isso, as comunidades da aldeia custeam as despesas de carácter municipal: viação, saúde, instrução, polícia rural, etc.

"L'étude des diverses formes de possession du sol décrites au cours des pages précédentes, établit de manière indiscutable l'existence chez les primitifs de cette co-proprieté qui fit tant d'impression sur Sir Henry Maine. Mais il est faux que les co-propriétaires constituent toujours une unité sociale de type invariable. Outre la zone tribale en général, nous n'avons trouvé la propriété communale que dans le cas très spécialisé où un clan consanguin est localisé et se confond ainsi avec la commune. Bien plus souvent, les prérogatives de propriétaire sont réparties entre les corporations de type different, des groupes de proches parents, unilatéraux chez les Ewé par exemple, ou bilatéraux comme cela semble être le cas parmi les Ifugao. Ceci revient à dire que le communisme foncier n'existe pas en ce qui concerne le groupe territorial, mais seulement à l'intérieur d'un groupe strictement limité de parents véritables. En outre la co-propriété, bien que fréquente, n'est pas universelle. Nous trouvons aussi des droits de propriété indivi duels, comme à Rewa et au détroit de Torrès; bien plus, il arrive pa rfois, notamment dans le cas des pâturages Kirghiz, que communisme et individualisme coexistent. C'est à ceux qui croient à un ét at universel de propriété communale, antérieur à la propriété foncière individuelle, à faire la preuve de leurs assertions...

Les études de Baden-Powell aux Indes nous permettent de pren dre l'offensive et de démontrer que selon toute probabilité cette région a été témoin d'une évolution de la loi foncière diametralement opposée à celle que supposent inconsidérément les théoriciens de la sociologie. Baden-Powell fait remarquer que la zone attribuée en commun aux villages, n'atteint pas à la moitié de celle où la proprieté individuelle prédomine. De plus, cette dernière forme se rencontre surtout précisément parmi les populations dont la civilisation est plus primitive.....A ce type de propriété individuelle des indigènes agriculteurs est venu s'ajouter, en certaines localités, le principe de la possession multiple par le village; il arrive alors souvent qu'un groupe conquérant non agriculteur s'empare du sol et rabaisse les premiers proprietaires au rang de simples tenanciers. Dans de tels cas, les propriétaires terriens forment une confrérie à laquelle appartient la zone du village et la brousse qui en dépend, le tout formant une unité foncière. Les parts sont assignées soit au prorata des individus, chaque ménage en recevant un nombre proportion né à celui de ses membres; ou bien les ports ancestrales sont évaluées selon le pédigrée, si bien que l'unique héritier du mandataire originel possède une territoire plus vaste que celui que est attribué à chacun de trois heritiers par exemple. Baden-Powell déclare qu' il n'existe pas de propriété en commun du sol, au sens strict du terme, par quelque groupe important, quoiqu'on décèle un certain sens de la parenté et de l'obligation de s'aider mutuellement; la co-possession ne dépasse jamais un certain dégré de parenté. Sa conclusion est également importante: dans les cas où prédomine la co-possession, elle n'est pas "originaire mais consécutive à un titre de propriété unique et antérieur, détenu par le fondateur ou le cessionnaire etc du village : la co-possession n'est que le résultat de la succession de plusieurs (par parts ancestrales) à un fondateur unique."

Ainsi l'étude intensive d'une zone unique mais vaste conduit à une reconstruction historique qui est en contradition directe avec le dogme de la propriété primitive commune. Ce dernier état ne semble pas être universel; mais représenter plutôt un cas très spécialisé, un développement tardif plutôt que primitif." ([27])

Sôbre a origem das comunidades aldeãs de Goa recolheu João de Barros a seguinte tradição:

"... estas terras, que estão ao pé do Gate, os primeiros habitadores, que tiveram foi gente pobre que desceu de cima da terra Canará, que he a plana, que dissemos estar alem dele; e como em maninhos sem senhor vieram aproveitar o que podiam destes sapaes, valando-os e cultivando-os a maneira dos adiques de Flandres, até que o tempo e a continuação do trabalho os fez fertiles, e viçosos. Finalmente multiplicada a gente e o beneficio da cultura, vieram os principais e Senhores daquele interior do Reino do Canará, a conquistar esta pobre gente; e tanta foi a cubiça, que lhes venderam a herança que eles, e seus padres tinham adquirido per suor do seu rosto e foi per esta maneira. Houve entre eles e o Principe, que os trouxe a este estado, hum contracto perpetuo em que cada parentela tomou huma certa comarca de terra da qual se obrigou a pagar áquele Principe e seus sucessores hum tanto cada ano, sem mais crescer ou dimimuir, quer as terras rendessem ou não, ao qual direito eles chamam Cocivorado ([28])

Pertencem às comunidades os terrenos incultos e de pastagem da aldeia, os terrenos baixos aproveitados para a cultura de arroz e os oiteiros que dão lenha ao povo.

Em tôdas as comunidades os vizinhos levam os gados para os oiteiros, durante as chuvas, e depois da colheita para as várzeas. As terras altas cultivadas de coqueiro e arequeiras e outras árvores frutíferas e mesmo as terras susceptíveis da cultura de arroz foram aforadas aos particulares que pagam uma pensão denominada *cutumbana* ou *foro limitado* (*Foral*, cit. V e IX).

([27]) R. Lowie—*Traité de sociologie primitive*, pag. 231.

([28]) Dec. II, liv. V, cap. I.

O *Foral* refere-se ainda a outras hortas, palmares e arrozais que pagam certo fôro, e mais são obrigados à contribuição das perdas quando as há (Foral, V). São as terras de *foro corrente.*

Alude por última o *Foral* às heranças que os ditos Gancares podem dar de graça à pessoa que lhes bem parecer, sem fôro, nem obrigação de pagar na contribuição das perdas (Foral, V).

São as concessões gratuitas de terras feitas aos seus servidores e aos pagodes denominados *mirás, nelis, namoxins* ou *inamas.* São sócios das comunidades os *gãocares* os *culacharins* e os accionistas.

Os gãocares são os descendentes dos fundadores das comunidades.

"Os gãocares por bem de seus cargos e serem principiadores lhes virem os ditos cargos por geração, não perdem os titulos das ditas Gancarias, a saber, cada hum na aldeia em que o he, por êrro que faça" (*Foral, VIII).*

A 20 de Janeiro de 1680, a Câmara geral das Ilhas de Goa, como representante das comunidades, queixou-se a El-Rei de os culacharins, que os gãocares tomaram para o serviço e expediente das aldeias, os perturbarem com demandas.

Dêste documento se depreende que os *culacharins* eram antigamente servidores. Os seus direitos e obrigações constam do estatuto consuetudinário de cada associação. Na comunidade de Goltim, por exemplo, ainda hoje há servidores culacharins.

A qualidade de *gãocar* e de *culacharim* é perpétua e hereditária.

A qualidade de componente por direito de nascimento é intransmissível (art. 31.º do Código das comunidades).

As acções são transmissíveis e alienáveis (art. 32.º do citado Código das comunidades).

Bouços, são associações forçadas dos arrendatários de *casanas* (várzeas sujeitas à inundação dos rios que lhes ficam próximos e dos quais são defendidas por meio de valados). *camotins* são os guardas dos valadós e *painins* os distribuidores das águas e vigias das comportas.

Há comunidades com servidores hereditários. "Os Gancares poderão dar chãos cada hum em sua aldea de graça para aproveitar, ou aproveitados, estando vagos aos oficiais da Aldea, a saber ao Bramane do Pagode, e ao escrivão, e ao porteiro, e ao rendeiro, e ao mainato, que he lavador de roupa, e ao çapateiro, e ao carpinteiro, e ao ferreiro, e ao faraz que hé servidor do pagode, e as mulheres do pagode que são mancebas do mundo, e ao chocarreiro; e a estas pessoas acima ditas se dão os chãos as hortas de graça por servirem de continuo nas ditas Aldeas" (Foral, XII).

Os serventuários das aldeias e dos pagodes eram remunerados com o usufruto de certas terras (*namoxins*; *mirás*, *nelis* ou *inamas*) ou com pensões certas e hereditárias (*votonas*, jonos fateusins). Eram obrigados a servir gratuitamente os gãocares. A remuneração era hereditária porque hereditário era o ofício. O direito a ela não era uma mercê feita à família do servidor, mas era inerente ao ofício, pois bem diz o Foral "e não poderá ter cada aldeia mais oficios para haverem estas heranças de graças que os sobreditos, nem lhes poderão dar mais heranças sem pagar foro dos que hora tem e *ficando as ditas heranças sem herdeiros* ou *querendo os êles deixar, dar-se-ão a outros oficiais do seu mester*" *Foral, XII*).

O Regimento das comunidades de 1882 aboliu os serviços hereditários pagos mediante o usufruto de certas terras.

As *sobras*, isto é, as receitas das comunidades, deduzidas as despesas, são distribuidas segundo os estatutos da associação. Podemos reduzir a três tipos as formas da distribuição das sobras: *vangor*, *jono* e *tanga*.

Vangor ou *parentela*, como lhe chamou João de Barros, é um grupo de sócios que presumem descender dum tronco comum, dum dos fundadores da associação.

O saldo líquido divide-se pelos vangores.

Jono é o direito ao dividendo hereditário, inalienável e individual; a palavra vem do concani *zânn*, pessoa, indivíduo. O possuidor do *jono* denomina-se *jonoeiro*.

Tanga do cunto é o interêsse alienável nos lucros da associação. A *tanga* subdividia-se em 4 *barganins* ou *barnins* e o *barny* em 24 *leais*.

Os possuidores de tangas chamavam-se *cuntocares* ou *interessados* que podiam não ser gãocares nem culacharins. Pela legislação moderna, os *cuntocares* transformaram-se em accionistas pois que as tangas e os outros interêsses alienáveis: *covas, mélagas, palmeiras, arequeiras, magos* e *jonos fateusins* se converteram em acções de valor nominal de 20 rupias.

Por isso o Código das Comunidades de 1904 diz:

São componentes das comunidades:

1.º Os que têm jono pessoal quer *per capita* quer *per stirpes*.

2.º Os que possuem na comunidade acções alienáveis (art.s 4.º e 28.º).

Catém é o caderno de conta corrente entre a comunidade e um componente.

De entre os encargos das comunidades merecem registo:

1.º Foros que pagam à Fazenda Pública.

2.º Contribuição predial.

3.º *Acas, formás, votonas, sodnadcornas, toinatas, darmadanas, orçasonas, sôdas, tenças, propinas*, que são pensões certas e invariáveis que pagam aos dessais, aos sacerdotes, aos templos e que representam mercês em dinheiro concedidas pela comunidade ou pelos antigos dominantes ou tributos impostos pelos ascendentes dos pensionistas.

4.º Pensões aos filhos órfãos e às viúvas dos sócios.

5.º Despesas do culto, instrução, saúde e viação da respectiva localidade.

Os bens das comunidades são arrendados periódicamente em hasta pública. Os arrendamentos costumam ser arrematados pelos *gãocares* e pelos *interessados* que os *sub-arrendam* aos agricultores. Denomina-se *bouço* a associação dos *colonos* (sub-arrendatários). O lucro do subarrendamento chama-se *alça*. A oblação do acréscimo ou diminuição da sexta parte sôbre o valor da primeira adjudicação tem o nome de *sexima.*

A gerência da comunidade fica a cargo duma *junta administrativa* composta de 3 ou 5 membros, escolhidos pelo Governador Geral, sob proposta do Administrador, que é o superintendente e fiscal dos negócios das comunidades de cada concelho nomeado pelo Governador Geral.

A *junta administrativa* compõe-se além do presidente e de vogais, dum procurador e dum escrivão, tendo êstes dois apenas voto consultivo.

O procurador eleito pela comunidade é o seu representante e fiscal da junta.

As deliberações das comunidades denominavam-se *nemos*, e o escrivão desempenhava, antigamente, as funções de notário e de conservador do registo predial da aldeia.

As comunidades têem *vigias* que, mediante certo prémio pago pela comunidade ou pelos proprietários, tomam sôbre si o encargo de guardar os prédios rústicos, segundo as condições estipuladas por cada comunidade.

O Código das comunidades aboliu as *câmaras gerais* ou *agrárias* que eram os conselhos federais das comunas.

A constituição das comunidades é simples, como simples são os organismos primitivos. A falta de estatutos escritos, a excessiva centralização, a tendência para unificar os variadíssimos tipos comunais, que a diversidade das condições mesológicas criou, tudo isto tem causado graves perturbações na gestão dos negócios destas associações e no bem estar dos povos, enredando nas malhas duma legislação complicada e de arestos complicadíssimos as questões mais simples.

Que diriam se alguém se lembrasse de unificar os estatutos dos sindicatos agrícolas metropolitanos?

É já tempo de a evolução das comunidades atingir o seu têrmo, sendo convertidas em sindicatos agrícolas, desoneradas dos encargos municipais e despesas à agricultura, e privadas das *coisas comuns* e dos terrenos incultos que devem passar aos corpos administrativos, aos quais devem ser entregues as quantias destinadas aos serviços públicos: viação, saúde, etc.

Se é certo, como escreveu Oliveira Martins, que o princípio da associação se torna indispensável para que seja eficaz a exploração da terra, se as comunidades gozam das vantagens da grande propriedade, a actividade delas circunscrita no fomento agrícola será social e políticamente mais útil do que repartida por duas funções: a municipal e a agrícola. Esta reforma é imposta pela lei da divisão do trabalho.

b) Os bhatcarás e os manducares

Bhatcará é o proprietário do prédio rústico. A palavra deriva de concani *bhatt (palmar)* aplica-se não só aos donos dos palmares, mas ainda aos dos outros prédios rústicos.

Manducar ou *roito* é um indivíduo que reside com habitação fixa em período rústico alheio, principalmente com fins de cultura ou vigia e guarda, quer essa habitação seja construida por conta própria quer por conta do proprietário recebendo dêste ou não qualquer auxílio em moeda cu provisões (subsídio de *munda*) para sua construção e estabelecimento, bem assim o que paga ao proprietário qualquer pensão que não seja fôro ou renda pela casa que habita no prédio ou pelos terrenos contíguos que lhe seja permitido cultivar ou fruir. Tal é a definição que lhe dá o decreto de 24 de Agôsto de 1901, que regula as relações jurídicas entre os *bhatcarás* e os *manducares*.

O *manducar* não está adstrito a gleba, pode sair do prédio, prevenindo o *bhatcará* com antecipação de três meses, por intermédio da Administração do concelho e não tem direito algum ao terreno ocupado pela casa, mas apenas ao material com que tenha concorrido para a construção da sua residência. Nem lhe pertence o tracto de terra, denominado *bhattulém* ou *porsum*, que o bhatcar concede de graça ou, por uma renda insignificante, para a cultura de hortaliça.

O *manducar* tem a obrigação de vigiar e defender o prédio e prestar serviço braçal ao *bhatcará* de preferência aos estranhos.

O *bhatcará* é o protector de seus manducares, valendo--lhes na adversidade e nas doenças, e resolvendo as questões que entre êles se levantem; pode fazer sair do prédio os manducares, mediante intimação requerida ao administrador do concelho e deferida com antecipação de seis meses.

Para os efeitos fiscais, a casa do *manducar* não é considerada prédio urbano, mas é levada em conta na avaliação do prédio em que é situada e cujo valor e rendimento colectável aumenta.

A condição social dos *manducares* assemelha-se muito à dos *clientes* de Roma.

"*Arrendatários em parte das terras dos seus patronos* e em parte também encarregados dos negocios comerciais em grande e pequena escala, as suas relações com os *patronos* eram auxiliadas pela religião, tomando os clientes parte no serviço religioso dos patronos cujos eram. *O cliente devia ao patrono fidelidade e respeito, estava obrigado a prestar-lhe certos e determinados serviços; o patrono por seu lado tinha de fazer valer os direitos do cliente,* representá-lo em juízo *cuidar paternalmente dos seus interêsses e prestar-lhe tôda a protecção possível.* O patrono e o cliente não podiam litigar no tribunal um contra o outro, nem servirem mútuamente de testemunhas". (29)

O feitor tem em Goa o nome de *mocadão.*

c) Os Dessaiados

Os *dessais* e os *sardessais* são titulares donatários de feudos concedidos pelos antigos dominantes. Representavam o poder central e cobravam as rendas do Estado numa determinada circunscrição. Correspondem aos titulares europeus que em recompensa dos serviços militares recebiam mercês de terras e direitos, com a condição de auxiliar o Soberano na guerra fornecendo-lhe homens e armas.

Pois quando os portugueses se apossaram das Novas

---

(29) Dr. Herzberg—*História da Grécia e Roma*, no vol. IV, pag. 611 da *História Universal* por Oncken.

Conquistas os respectivos dessais prestaram juramento de vassalagem a El-rei de Portugal.

Se os brâmanes ocupam o primeiro lugar na ordem teocrática, constituindo a aristocracia religiosa, a nobreza civil de origem militar, como a europeia, é representada pelos *dessais*, descendentes dos companheiros de armas dos monarcas e conquistadores indios.

Os *dessais* são da casta *marata* ou *brâmane*, mas os seus secretários são sempre *brâmanes*.

Os 'portugueses utilizaram-se dos seus serviços, nas guerras, e respeitaram os seus direitos, como prova o documento que vamos transcrever:

"Francisco António da Veiga Cabral......... Governador e Capitão General da India etc.

"Desejando beneficiar a Satrogi Rane e atendendo aos serviços de seus Avós, especialmente do Dessai Satrogi Rane que morreu em acção do Real serviço do Magestoso Estado praticando distintas acções de valor e de fidelidade: hei por bem fazer mercê ao dito Satrogi Rane de o nomear Sar Dessai de Sanquelim e Administrador do seu antigo Dessaiado esperando que êle e tôda a sua família se fação dignos desta grande distinção que lhe concedo, empregando-se no real serviço do Magestoso Estado com a mesma fidelidade, amor e zêlo de que goza tantos exemplos na sua família. Dado no Palácio de Pangim aos 2 de Outubro de 1806. Francisco António da Veiga Cabral".

Como, porém, os previlégios inerentes aos dessaiados não se justificam hoje "nem subsistem já os únicos fins a que miravam tais mercês, pois há muito que todos ou a maior parte dos dessais deixaram de satisfazer certas obrigações que elas lhes impunham" o decreto de 15 de Dezembro de 1880 veio regular os direitos e as obrigações dos dessais. Em virtude dêste decreto:

Os bens dos dessaiados (*mocassós*) todos os foros, contribuições, pensões, rendas ou direitos sôbre comunidades agrícolas ou prédios particulares, sejam quais forem as suas

Sardessai

Dessais maratas de uniforme

Dessai de Verém e a sua comitiva

denominações, são alienáveis, partíveis e transmissíveis por sucessão.

Foram abolidos mediante indemnização todos os direitos e réditos que sob quaisquer denominações oneravam o comércio, a indústria, as artes e profissões, os serviços pessoais, e qualquer espécie de trabalho, os mercados, a viação terrestre e as passagens marítimas ou importassem tributos ou impostos de semelhante natureza.

As *acas* (pensões certas) a cargo do tesouro do Estado são transmissíveis por sucessão sòmente aos descendentes legítimos em linha recta dos actuais *acadares* por concessão especial do Govêrno do Estado, em cada vida, sôbre habilitação judicial dos legítimos sucessores, prevalecendo sempre o direito de primogenitura e de varonia. Extinta a descendência do primitivo acadar, revertem as mesmas *acas* à fazenda pública.

Foram ressalvados aos membros das famílias dos mercenários os direitos que, pelas leis gerais ou pelos seus usos e costumes, lhes possam competir à partilha na massa dos bens e rendimentos comuns da família, incluindo as *acas* e mais bens pertencentes aos dessaiados respectivos.

Na divisão das *acas* o acadar administrador tem direito exclusivo à quarta parte da importância delas além da quota que lhe possa caber.

Os mercenários do Estado que forem rebeldes ou se naturalizarem em país estrangeiro ou nêle exercerem emprêgo, profissão, ofício, comércio ou indústria, ou finalmente sairem para fora do Estado sem licença do Governador Geral, perdem em favor da fazenda pública os direitos que tiverem aos bens ou contribuições provenientes da mercê respectiva.

São os seguintes os dessaiados com direito à *aca*:

Concelho de Perném

Dessaiado da província de Perném (Arabó).
Dessaiado da aldeia Parcém.

Concelho de Sanquelim

Sar-dessaiado da província de Sanquelim.

1.º ramo de Maulinguém.
2.º ramo de Saleli
3.º ramo de Querim.
4.º ramo de Gululém.
5.º ramo de Sanvordém
6.º ramo de Poriém.
7.º ramo de Advoi.

Dessaiado da provincia de Bicholim (1.º ramo).

2.º ramo de Naroá.

Dessaiado da aldeia de Maulinguém (Gauntona).
Dessaiado da aldeia de Lamgão.
Dessaiado da província de Satari (Rivém).

Concelho de Pondá

Sar-dessaiado da província de Pondá.

1.º ramo de Bandorá.
2.º ramo de Combarjua.
3.º ramo de Marcaim
4.º ramo de Raçaim.
1.º sub-ramo de Vaddi.
2.º » de Aturli.
3.º » de Loutulim.
4.º » de Adpoi
5.º » de Borim.

São maratas os sardessais de Sanquelim e os dessais de Satari e brâmanes os restantes.

Há mais dessais brâmanes e maratas que não têm *aca.*

As relações entre os dessais e os roitos são análogas às dos *comites*, e *princeps*, de que fala Tácito, referindo-se aos germanos.

A clientela que nos aparece no direito germânico tem um carácter essencialmente militar. Era constituida por um acto em virtude do qual vários guerreiros prometiam seguir incondicionalmente um chefe, obrigando-se a defendê-lo e a não lhe sobreviver fazendo-se matar ou matando-se no caso de êle perder a vida na guerra.

Tácito denomina estes guerreiros *comites* e *princeps*, e as relações que se estabeleciam entre aqueles e este *comitatus*.

> " ...les Germains apparaissent à Tacite comme doués d'une liberté dont Rome depuis bien des siècles n'offrait plus l'exemple. Il admirait que cette royauté ne fût jamais absolue ; c'est que le véritable pouvoir ne résidait pas en elle; il se partageait entre les chefs de famille, les chefs de canton, les chefs de bande, tous ceux qui étaient nobles ou prêtres, tous ceux qui exerçaient cette espèce d'autorité que les langues germaniques appellaient MUND, *tous ceux qui traînaient à leur suite une nombreuse escorte de clients, de compagnons, de serviteurs.* Là était la puissance, là était la force de discipline pour cette société. La liberté, très grande vis-à-vis de l'autorité publique, était à peu près nulle vis-à-vis de ces chefs locaux ou de ces chefs domestiques. On a beaucoup vanté l'esprit d'indépendance des Germains ; pourtant l'immense majorité de ces hommes étaient dans les liens d'une sujétion personnelle. A titre d'esclaves ou de paysans attachés à la glèbe, de lites ou d'affranchis, de compagnons de guerre, ils étaient étroitement soumis, non au roi ou à l'État, mais à la personne d'un autre homme ; ils avaient un maître. Ce qui dominait de beaucoup dans la Germanie, loin que ce fût la liberté, c'était la subordination ". ([30])

O inglês procura aproveitar o natural prestígio dêstes senhores feudais para manter a ordem nas povoações rurais, da mesma forma como se utiliza do ascendente moral dos *rajás*. Protege-os, educa-os, e, colocando-os sob as suas ordens, impõe-se aos indígenas e desta sorte evita o banditismo que tão frequente é em as nossas Novas Conquistas, e cria um ambiente de paz tão necessário ao trabalho fecundo e ao progresso dos povos.

([30]) Fustel de Coulanges—*Histoire des institutions politiques de l'ancienne France*, pag. 303.

"Le régime féodal ne peut prendre naissance que dans une société stratifiée sa forme même est complètement étrangère aux communautés homogènes et il n'a par suite, rien à faire avec les formes les plus élémentaires des sociétés humaines. Mais dans les sociétés stratifiées, il ne tarde pas à faire son apparition. Le fait que la grand majorité des transactions s'effectuent en nature et que la strate supérieure revendique tout le bétail et toute la terre est la vraie cause économique de la féodalité dont on peut, à la verité, distinguer plusieurs formes. Son apparition est conditionée par le régime politique et elle se produit lorsque ce régime est suffisamment, rationalisé pour permettre l'exploitation économique. Comme la stratification est la condition nécessaire de la féodalité, celle-ci parait s'identifier avec l'aristocratie.

Néanmoins, les convulsions que se produisent dans l'aristocratie traditionelle ne sont pas nécessairement suivies des convulsions similaires dans le système féodal et ainsi la balance de l'union politique n'est pas forcément détruite. Le système aristocratique féodal peut être remplacé par l'attribution de fiefs à des fonctionnaires. Toutefois les rapports mutuels de suzerain et de vassal sont toujours basés sur la protection et l'allégiance. A la vérité dans les sociétés où sont intervenus ces investitures de fonctionnaires, le lien personnel déterminé par le fait que le plus faible s'assure la protection du plus fort par des cadaux est encore plus marqué. Etant donné que le suzeraine a intérêt à s'assurer le concours du plus grand nombre possible d'hommes à lui, non seulement pour l'accompagner à la guerre, mais pour accroitre ses revenues, le vassal trouve toujours dans son suzerain un probateur contre les autre chefs.

A l'origine les contributions trouvent toujours dans son suzerain un protecteur contre les autres chefs.

A l'origine les contributions trouvent une certaine compensation dans des cadaux, des services, des fêtes et comme, tant le seigneur que le protegé se trouvent bien de ce régime, il n'existe pas encore entre eux de sentiments hostiles...

C'est seulement quand les facteurs économiques font leur apparition, quand le commerce se développe, que l'usage de la monnaie se répand, que la propriété foncière se mobilise et quand enfin, l'attitude de l'individu à l'égard de la communauté se transforme, que le système est, dans son ensemble, voué à la destruction...

L'Inde nous offre un bon exemple de ce qu'a pu être au III siècle avant J. C. un État féodal de l'Orient ancien. En raison de la difficulté des communications, il eût été impossible de gouverner l'immense Empire d'Asoka (qui comprenait la majeure partie de l'Inde actuelle) autrement que par le moyen d'administrations provinciales. La seule centralisation réalisable consistait dans un certain contrôle de gouvernement et dans les contributions qu'il recevait. Pour tout le reste, chaque partie du pays observait ses propres coutumes, ses traditions et sa législation spéciale." ([31])

d) As relações patrimoniais

Em geral, as propriedades particulares são foreiras à comunidade agrícola da aldeia, senhora da terra. Onde não haja comunidade o Estado afora terras. Os foros são pagos em dinheiro.

As várzeas são, em regra, arrendadas aos cultivadores (*baguelis* ou *colonos*) pelo período de um a três anos, recebendo o proprietário dinheiro, metade ou dois terços do produto. O arrendatário não pode proceder à colheita, sem licença (*bilhete*) do proprietário. Excepcionalmente são arrendados os palmares quando haja falta de braço ou o proprietário resida longe da sua terra.

Segundo a extensão da propriedade os operários agrícolas cultivam-na individualmente ou em grupos. A propriedade que sendo vasta não fôr arrendada a um grupo é dividida em lotes e arrendada individualmente aos colonos. Nas Novas Conquistas é costume pela festa de Ganês levarem os arrendatários ao proprietário um cacho de bananas, de areca e outros frutos, conforme a produção do prédio arrendado. Esta condição tem o nome de "*formas*". Nas vendas a contribuição de registo é paga pelos compradores. Nos contratos de usura, a dívida é garantida pelas jóias, acções das comunidades, ou pela hipoteca geral; a décima de juros é paga indirectamente pelo devedor e é vulgar a cláusula penal da duplicação da taxa de juros no caso de mora, e do pagamento de

([31]) R. Thurnwald—*L'Economie Primitive*, pag. 256.

uma rupia diária desde a distribuição da causa ou citação, até o reembôlso.

São vulgares nos tribunais as acções possessórias, os embargos de terceiro, as acções executivas e as execuções hipotecárias.

Há várzeas, divididas por glebas, que correspondem a um certo número de proprietários com posse alternada, cultivando cada um dos proprietários êste ano uma delas, para o ano a imediata, e assim por diante, até se completar a rotação.

Em partilhas amigáveis era frequente deixar em comum certos compartimentos da casa, certos móveis, certas árvores ou adjudicando estas a um dos herdeiros ficando o outro com o terreno. Era frequente também fazer-se a partilha de um palmar por árvores, preenchia-se, por exemplo, um quinhão com dez palmeiras que estavam em diversos lugares do prédio e davam-se ao segundo quinhão as restantes palmeiras entremeadas com as outras dez, e que se reputavam de valor correspondente; não se pensava na partilha do solo.

3—As sucessões

O hindú não faz, em geral, testamento. Entre os cristãos os solteiros e os casados que tenham filhas fazem testamento, instituindo herdeiros os sobrinhos, filhos e netos de sexo masculino. A forma mais vulgar é o testamento cerrado, não sendo *in articulo mortis*. Nos antigos testamentos eram vulgares os legados pios.

Entre os hindús, a filha repudia a herança paterna, contentando-se com o dote, e os filhos varões fazem a partilha sem a intervenção das irmãs casadas presumindo a renúncia tácita delas.

Entre os cristãos é vulgar a cláusula de a filha casada trazer à colação o dote e os juros, quando queira entrar na partilha. Antigamente eram vulgares os pactos sucessórios nas escrituras antenupciais.

O *Foral de Tissuari* de Afonso Mexia regista os seguintes costumes: Os ascendentes não herdam aos descendentes, nem os irmãos uns aos outros, salvo sendo comproprietários. Na falta de ascendente herda o Estado. As pessoas do sexo feminino não herdam. No caso de poligamia, os bens do pai repartem-se igualmente pelos leitos e não pelos filhos, de modo que o único filho dum leito herda tanto como todos os filhos de outros (XXXIII). Segundo a *Carta de Sentença* de 14 de Agôsto de 1534 (*Livro das Monções*, n.º 76, fl. 56) havia também o costume de os bens dos pais serem repartidos igualmente pelos filhos de diversos leitos.

4—As provas

Encontramos em a nossa India os seguintes meios de prova jurídica: documentos, arbitramento, depoimento de testemunhas e juramento. Havia as seguintes espécies de juramento.

De olhos. Consistia em tocá-los levemente com os dedos polegar e índex da mão direita. Supunha-se que o perjuro seria castigado com a cegueira.

De roda. Prestava-se, ficando de pé no centro de um círculo traçado sôbre a terra, tendo na mão arroz, betle e areca. Julgava-se que o perjuro ficaria privado, por castigo divino, daqueles artigos de primeira necessidade. Sôbre o *Bagavad Guitá* era prestado pelos brâmanes.

No pagode de Malsá de Mardol. Prestava-se, após uma ablução, no tanque contíguo ao pagode, ficando debaixo dum sino, na presença dos mazanes e da comunidade da aldeia.

De rovó. Prestava-se no pagode de Bomecá de Poriém (Satari) recebendo, após a ablução sôbre as palmas da mão cobertas de fôlhas de betle, untadas com manteiga, o ferro em braza.

Sôbre a cabeça da mulher e filhos. Colocava-se a mão direita.

Sôbre a cabeça de vaca preta. Colocava-se a mão direita sôbre o corpo da vaca.

Os mouros de Goa juravam sôbre o Alcorão e sôbre a espada.

Os déres de Damão prestavam juramento sôbre cereais e legumes, invocando o deus *Bauli-Mata* e os banguiás de Damão, colocando uma haste de palha sôbre a cabeça e invocando a sua divindade, e os mouros sôbre o Alcorão. Em Diu, os banianes, os chunares, os vancares, os vanjares, prestavam juramento sôbre o arroz, areca e betle e os coles, os déres e as outras castas inferiores o de *roda* e de *olhos*, os mouros o de ferro e sôbre o Alcorão. Entre os parses havia duas espécies de juramento.

1.º Consistia em ficar de pé com as mãos juntas, ante o peito, e proferir as seguintes palavras persas: *manasni*, *govosni* e *conosni*.

2.º Sôbre o livro *Janvasta*, por intermédio dum ministro da religião.

O *Foral de Tissuari* regista as seguintes peculiaridades:

"Se houver demanda, ou diferença em alguma Aldea sôbre alguns bens de raiz, ou herança, não se poderão desmandar por nenhumas testemunhas, somente por escrituras, ou conhecimentos; e por o livro da Aldea e quando não houver escritura, nem conhecimento, e o livro da Aldea for perdido, será dado juramento ao possuidor da herança que declare por ela o que parecer que cumpre, e convem para a verdade ser sabida e sobre tal caso, e outros semelhantes jurarão em hum Pagode que se chama Uzoo (XXII).

"Se alguma pessoa emprestar a outro dinheiro sobre conhecimento, e por negligencia não lhe requereo, ou demandou dentro no tempo que era limitado no conhecimento, de maneira que quando lhe for pedir o dito dinheiro o devedor se pozer em negar-lho em tal caso será dado juramento ao que tem o conhecimento que diga a verdade do que no caso passa, e jurará no sobredito Pagode (XXIII).

"Não se emprestará a ninguem alem de cincoenta tangas, sem conhecimento, para demandar huma pessoa, ou pessoas a outra, ou a outras, até cincoenta tangas, mostrará o autor conhecimento, ou testemunhas, e alem de cincoenta tangas, sem conhecimento não se poderá demandar a outras somente poderão as partes vir a concerto louvando-se em dous homens a seus contentamentos, juramentados, que julguem entre elles depois que os ouvirem o que acharem que he direito" (XXIV).

"As pessoas que não valem testemunhas são estas, a saber, homem de idade de dezeseis anos para baixo, nem como o bebado: nem como cego, nem como mudo, nem mouco, nem surdo, nem rufião, nem jornaleiro, nem hortelão, nem taful, nem filho de manceba do mundo, nem homem infame por justiça, nem homem que quer mal a outro, não poderá dar testemunho contra elle, e estes porem valerão para cousa de pouca substancia" (XXVI).

São interessantes algumas superstições que se relacionam com a matéria das provas:

Firma-se um *sup* (artefacto de bambú) numa tesoura que lhe serve de fulcro de modo que segurada a tesoura na mão possa o *sup* mover-se livremente. Colocado o *sup* nesta posição repetem-se os nomes de todos aqueles em que recaem suspeitas de culpa. Crê-se que o *sup* se move quando se profere o nome do culpado.

O galo metido dentro duma marmita canta quando a mão do culpado toca na marmita.

O cadáver da vítima transuda sangue quando o assassino se aproxima dêle.

"Though hardly falling under the heading of serious crime and sorcery, a case from Secunderabad is worth recording here, because divination was involved, and combined with rough handling to lead to a court case. A Goanese, a Christian of sorts (being descended from the wholesale converts made at the point of the sword by the Portuguese), accused two lads of stealing his wrist-watch. He took them to a house and there performed a very ancient Christian rite of divination, known as "Bible and key". This was employed so late as the 1840's in our English Midlands, but was there only used for the harmless purpose of finding out the initials of one's lover on Midsummer Eve and Hallowe'en.

The Goanese used a pair of scissors instead of a key, suspended in the Bible by string, but the process was the same. He held it over a fire containing incense, muttering a number of names, and when he came to those of each of the two boys the Bible turned. He thereupon found them guilty, and caned them". (32)

(32) M. Paul Dare—*Indian Underworld*, pag. 66.

ÍNDICE

INDICE DAS ILUSTRAÇÕES

Erratas

Pag.	Onde se lê	Leia-se
28	(8) Arquivo *Português Oriental*	(9) Arquivo Português Oriental
28	(9) J. A Saldanha	(8) J. A. Saldanha
29	duma religiosa	duma seita religiosa
29	Madevacharia que esteve	Madevacharia. A verdade é que êste
30	(11) B. A. Saletore	(11) Char — The life and Teachings of Sri Madevacharia, pag. 3. B. A. Saletore
31	Eovo	povo
69	sadnans	sandnans
70	habitantes q' o acham	habitantes de Diu q' o acham
73	assis	aussi
85	entendait les lits	étendait les lits
94	des vasseaux	des vaisseaux
15●	pode preparar-se	podem preparar-se
152	Nicota Senhor de Villemia	Nicote, Senhor de Villemin
188	paradeiro	parapeito
197	ensinase	ensina-se
229	*ou l'habille*	*ou l'habille*
245	defeso nesse cortar cubelo	defeso nesse dia cortar cabelo
249	commuication	communication
251	mudando roupa	mudando de roupa
264	tendo destacado o clero	tendo-se destacado o clero
277	II renait	Il renait
286	pais do novo	pais do noivo
309	dimimuir	diminuir